國家圖書館出版品預行編目資料

中國近代思想史論／李澤厚著.－－三版一刷.－－臺
北市：三民，2019
面；　公分.－－(李澤厚論著集)

ISBN 978－957－14－6523－4　(平裝)

1.中國哲學史 2.近代哲學

112.7　　　　　　　　　　　　　　　　107020533

© 　中國近代思想史論

著 作 人	李澤厚
發 行 人	劉振強
著作財產權人	三民書局股份有限公司
發 行 所	三民書局股份有限公司
	地址　臺北市復興北路386號
	電話　(02)25006600
	郵撥帳號　0009998－5
門 市 部	(復北店)臺北市復興北路386號
	(重南店)臺北市重慶南路一段61號
出版日期	初版一刷　1996年9月
	三版一刷　2019年1月
編 號	S 120960

行政院新聞局登記證局版臺業字第〇二〇〇號

有著作權‧不准侵害

ISBN　978－957－14－6523－4　　(平裝)

再版說明

　　一九八六年的北京街頭，書報攤小販高喊著「李澤厚」、「中國古代思想史論」來拉攏買氣，證明了李澤厚先生家喻戶曉的知名程度。在美學方面，《美的歷程》、《美學四講》、《華夏美學》的出版，奠定了他美學大師的地位。在思想史方面，《中國古代思想史論》、《中國近代思想史論》、《中國現代思想史論》的發表，更在國內外掀起高潮迭起的論戰，引領著當時代學術發展的方向。

　　「李澤厚」三個字代表著深刻思考、理性批評，因此追隨者眾，其著作更是被廣泛盜版、翻印，劣質品充斥於市。一九九〇年代，在余英時教授的引介下，本局不惜鉅資取得李澤厚先生的著作財產權，隨即重新製版、印刷，以精緻美觀的高品質問世。

　　此次再版，除重新設計版式、更正舊版疏漏之處外，並以本局自行撰寫的字體加以編排，不惟美觀，而且大方，相信於讀者在閱讀的便利性與舒適度上，能有大幅的提升。

三民書局編輯部　謹識

李澤厚論著集總序

　　在大陸和臺灣的一些朋友，都曾多次建議我出一個「全集」，但我沒此打算。「全集」之類似乎是人死之後的事情，而我對自己死後究竟如何，從不考慮。「歸日急翻行戌稿，把空名料理傳身後」，那種立言不朽的念頭，似乎相當淡漠。聲名再大，一萬年後也仍如灰燼。所以，我的書只為此時此地的人們而寫，即使有時收集齊全，也還是為了目前，而非為以後。

　　而且，我一向懷疑「全集」。不管是誰的全集，馬克思的也好，尼采的也好，孫中山、毛澤東的也好，只要是全集，我常持保留態度，一般不買不讀，總覺得它們虛有其表，徒亂人意。為什麼要「全」呢？第一，世上的書就夠多了，越來越多，越來越讀不過來；那麼多的「全集」，不是故意使人難以下手和無從卒讀麼？第二，人有頭臉，也有臀部；人有口才，也放臭氣；一個人能保留一兩本或兩三本「精華」，就非常不錯了。「全」也有何好處？如果是為了研究者、崇拜者的需要，大可讓他們自己去搜全配齊；如果是因對此人特別仇恨（如毛澤東提議編蔣介石全集），專門編本「後臀集」或「放屁集」以揚醜就行了，何必非「全集」不可？難道「全集」都是精華？即使聖賢豪傑、老師宿儒，也不大可能吧？也許別人可以，但至少我不配。我在此慎重聲明：永

遠也不要有我的「全集」出現。因之，關於這個「論著集」，首先要說明，它不全；第二，雖然保留了一些我並不滿意卻也不後悔的「少作」或非少作，但它是為了對自己仍有某種紀念意義，對別人或可作為歷史痕跡的參考；第三，更重要的是由於我的作品在臺灣屢經盜版，錯漏改竄，相當嚴重，並且零零碎碎，各上其市，就不如乾脆合編在一起，不管是好是壞，有一較為真實可信的面貌為佳。何況趁此機會，尚可小作修飾，訂正誤會，還有正式的可觀稿酬，如此等等；那麼，又何樂而不為呢？這個「論著集」共十冊，以哲學、思想史、美學、雜著四個部分相區分。

前數年大陸有幾家出版社，包括敝家鄉的一家，曾與我面商出「全集」，被我或斷然拒絕或含糊其辭地打發了。我也沒想到會在臺灣出這個「論著集」。至今我沒好好想，或者沒有想清楚，為什麼我的書會在臺灣有市場，它們完全是在大陸那種特殊環境中並是針對大陸讀者而寫的。是共同文化背景的原因嗎？或者是共同對中國命運的關心？還是其他什麼原因？我不清楚。人們告訴我，在日本和韓國，我的書也受歡迎，而且主要也是青年學人，與大陸、臺灣情況近似。對此我當然非常高興，但也弄不清楚是什麼原因。臺灣只來過一次，時不過五週，一切對我還很陌生，但有幸能繞島旅遊一周。東海岸的秀麗滄茫，令人心曠神怡，太魯閣的雄偉險峻，令人神驚目奪。但使我最難忘懷的，卻是那最南邊頗為奇特的墾丁公園。在那裡，我遇到了一批南來渡假的女大學生，她們笑語連連，任情打鬧，那要滿溢出來的青春、自由和歡樂，真使我萬分欽羨。如此風光，如此生命，這才是美的本身和哲學本體之所在。當同行友人熱心地把我介紹給她們時，除

一兩位似略有所知外，其他大都茫然，當然也就是說並未讀過我的什麼著作了。那種茫然若失、稚氣可掬的姿態神情，實在是太漂亮了。這使我特別快樂。我說不清楚為什麼。也許，我不是作為學者、教授、前輩，而是作為一個最普通的老人，與這批最年輕姑娘們匆匆歡樂地相遇片刻，而又各自東西永不再見這件事本身，比一切更愉快、更美麗、更富有詩意？那麼，我的這些書的存在和出版又還有什麼價值、什麼意義呢？我不知道。

最後，作為總序，該說幾句更嚴肅的話。我的書在臺灣早經盜版，這次雖增刪重編，於出版者實暫無利可圖。在此商業化的社會氛圍中，如非余英時教授熱誠推薦，一言九鼎；黃進興先生不憚神費，多方努力；劉振強先生高瞻遠矚，慨然承諾；此書是不可能在臺問世的。我應在此向三位先生致謝。特別是英時兄對我殷殷關注之情，至可銘感。

是為「論著集」總序。

李澤厚
1994 年 3 月於科泉市

李澤厚論著集 分冊目次

序

　　思想史部分收《中國古代思想史論》、《中國近代思想史論》、《中國現代思想史論》三書，分別初版於 1985、1979 和 1987 年。

　　據大陸的朋友們說，除《美的歷程》外，這三本思想史是我的著作中流傳最遠、影響最廣的。他們說，《批判哲學的批判——康德述評》一書的影響是深度，《美的歷程》和這三本思想史論的影響是廣度。在海外，無論是美國、歐洲或日本，人們常提到的也大都是這三書，而少及其他，思想史可能比哲學特別是比美學，在國外要更受注意和重視。

　　有趣的是，我收到的反應，也包括我故意問過好些人：這三本書中，你最喜歡哪一本？或者你認為哪一本最好？使我奇怪的是，答覆完全不同，可說人言言殊，大不一樣。有偏愛《現代》的，有稱讚《近代》的，有選擇《古代》的。這倒使我有點糊塗了。人們反問我，我也說不清，只好說，滿意的還沒寫出來。因此迄今為止，我不知道哪一本算最好或最受人歡迎。我只知道，寫在不同時期的這三本書，無論是問題、風格、體例和處理方式都各不相同。三書在外表上也很不一樣，這次放在一起合為一卷，除了從內容上看，可能有試圖從「文化心理結構」角度去處理由

孔夫子到毛澤東這樣一條似有似無、尚未定形的線索外，其他都不統一，這次也不想去強求統一。但總覽全書，畢竟可以看到從古到今的中國思想史一些最為重要的問題和人物都或論述到，或接觸到了。

再回到對三本書的不同反應上來。為什麼對三本書各有不同的選擇或接受呢？我是這樣猜想的：《現代》一書之被接受，甚至為某些青年所偏愛，可能主要是當時在「文化熱」的高潮中，人們（特別是青年一代）對未來中國的走向有鉅大的關懷。特別當時要求政治民主的思想情緒正日趨強烈，反思過去使他們對《現代》一書中提出的「救亡壓倒啟蒙」、「馬克思主義的中國化」（提出實用主義、民粹主義、道德主義的嚴重浸入）、「西體中用」等等發生了極大興趣，於是此書不脛而走，謬種相傳，「流毒」甚大。於是也就有 1989 年後的官方左派圍剿式的大批判。批判認為「……《中國現代思想史論》比較集中地表現出他對中國歷史和現實有一條系統的政治思想綱領。這一綱領性的東西是由三個命題構成，即五四時代『救亡壓倒啟蒙』，後來中國革命是農民革命，建立的政權是封建主義的。現在應該走『西體中用』的道路。這個綱領離開馬克思主義和社會主義太遠了」，「李澤厚思想和著作為資產階級自由化思潮提供了理論基礎」（均見雜著卷附錄之二）。大概這本書的確離開史達林和毛澤東的馬克思主義和社會主義「太遠了」，於是才贏來了當時讀者們的歡迎。其實，平心說來，雖然至今我仍然堅持此書的所有觀點，包括為人詬病最多的「西體中用」；但也如 1989 年前一些評論所指出，此書無論從資料的掌握和處理上，或從論證的分析和展開上，都相當粗糙、籠

統。我在該書〈後記〉中也講過，它是「提前」完成的急就章。為什麼提前？是想趕在某種風雨之前，否則就出版不成了。這一點當時也和一些朋友說過。但這只是當年的一種朦朧預感，卻絕沒想到後來會是那麼一場暴風雨，而且來得那麼快，那麼急，那麼狂暴惡劣，幾乎摧毀了一切，也使《現代》在大陸成了禁書。

　　《近代》一書，情況則頗不相同。特別是其中一九五〇年代的作品，坐而論道，從容不迫，分析較細，材料較全。我非常清晰地記起當年還是大學生，害著肺病，一個人蟄居在被學校廢棄的一間三層斗室中，白天缺乏陽光，得開燈寫作，當時日以繼夜地埋頭於各種線裝書中，摘抄材料。包括該書一九七〇年代的產品，用的也還是那時候所積累的一點原始材料。因此論據似乎比較周全，一些人欣賞這本書，可能這是原因之一。但我覺得這書之所以被接受，主要原因恐怕還不在這裡，而是由於出版較早。時值毛剛去世，人們思想似一片茫然，這書通過近代思想人物的論述，提出了一些看法，其中的確有意蘊含了後來在《現代》中展開以及至今尚未展開的好些觀點。在當時封閉多年、思想阻塞的年代裡，算是起了開風氣先的作用。我吃驚地聽到一些作家、藝術家說，這本書影響了他們的創作。我簡直不能置信如此枯燥的學術論文，文藝家們如何可能去讀的？很簡單，這是因為那時候還沒書可讀的緣故。所以對今天讀者是如此平淡無奇的普通常識，在當時卻是石破天驚、非同小可的危險話語。才不過十餘年，中國畢竟是大步地向前邁進了。回頭想想幾十年一直把梁啟超、王國維等作為反面人物來論述，予以徹底否定，並成為所謂「定論」，也真有點不勝今昔之感。這次雖然對此書作了好些刪削，但

畢竟難作重大變動了。當年對革命的傾心讚頌，對未來的盲目樂觀，並以之作為標準和依據的論述評說，是不可能作全部改動了。當然，我也並不認為此書已經徹底「過時」，它的好些歷史觀察和價值描述是至今仍然有其意義的。

《古代》一冊，更難敍說。上下數千年，十幾萬字就打發掉，如〈後記〉中所承認，是自感會見笑於學林的。自己寫作時，便深感底子太薄，功力不夠，知識太少，不可能也不應該駕馭這麼大的場面，甚至暗暗發誓「以後再不寫這種東西了」。但結果居然還強如人意，這書在海內外的反應都不壞，不斷被人提及甚至還受到讚賞。據說大陸某大學馬列研究生以此書作重點研讀對象。在三本書中，我自己也的確比較喜歡這一本。原因是儘管材料少，論述粗，但畢竟是企圖對中國整個傳統作某種鳥瞰式的追索、探尋和闡釋，其中提出的一些觀念和看法，如「樂感文化」、「實用理性」、「文化心理結構」、「審美的天地境界」等等，我至今以為是相當重要的。我總希望在未來的世紀裡，中國文化傳統在東西方人文世界進行真正深入的對話中，能有自己的立場和貢獻。因此此書之作，即使是鋪磚砌瓦也好，拋磚引玉也好，似乎比《近》、《現》二冊，便有更深一層的目標和涵義了。也有青年從而認為我自相矛盾：《近》、《現》二書反封建、反傳統，《古代》一冊卻大說傳統的好話。其實不然。簡單說來，這正是今日中國現實的深刻「弔詭」和關鍵所在：中國要進入現代化，當然要在一定程度和一定意義上反掉某些前現代的傳統；但今日中國又應該是在看到後現代的前景下來進入現代，從而才可能盡量避免或減輕現代化所帶來的種種災難、弊病和禍害，因此，注意保存傳

統又成為非常重要的事情。我認為，也許這樣，才能嘗試去走出一條既現代又中國、既非過去的「社會主義」又優越於今日資本主義的創造性的道路來。當然，這只是某種想法，也許完全是空想或夢想。但我是主張做做夢的，如我有篇短文所說，只要不夢得糊糊塗塗，瘋瘋顛顛，存留一點對未來的美好希望並為之努力，又有何不可、有何不好呢？思想史論總要有點思想，「究天人之際，通古今之變」，是為了今日和將來，這又有何不可、有何不好呢？

李澤厚

中國近代思想史論

目次

內容提要

一、洪秀全和太平天國思想散論

1. 1949年後研究成果肯定了這場革命的農民戰爭性質，缺點是未深入探討其客觀發展，總結歷史經驗。

2. 洪秀全借來的西方上帝比傳統宗教更便於發動、組織下層群眾，其中特別是「嶄新」的儀式、戒律被改造為嚴格的軍事紀律，起了很大作用。

3. 以宗教信仰、道德說教作為革命的精神動力不可能持久。不應把農民革命和農民領袖理想化。

4. 砸爛的只是孔子的牌位，軍事鬥爭衝擊了「四條繩索」，卻不能變更它。

5. 《天朝田畝制度》的革命性與空想性，純從消費、分配著眼搞平均主義、禁欲主義的共產主義違反了客觀歷史的發展。

6. 集體化、單一化、軍事化的社會結構和生活藍圖，企圖用高度集中的行政組織和權力支配社會。

7. 《資政新篇》是珍貴的續編，它比小生產者的空想更符合歷史進程。

二、十九世紀改良派變法維新思想研究

1. 龔自珍的浪漫前奏曲和魏源、馮桂芬的歷史地位。
2. 一八七〇年代馬建忠、薛福成等人發展資本主義工商業的主張。
3. 發展新經濟必然要求上層建築的改革：一八八〇年代鄭觀應等人的政治主張，開議院成為變法維新的關鍵。
4. 新舊意識形態既尖銳對立，又相互滲透。
5. 一八九〇年代改良派思想的高峰：理論上的成熟，提出了民權、平等等重要觀念。
6. 與頑固派、洋務派的思想鬥爭：反對「中體西用」。
7. 低估了封建頑固勢力，要求資本主義民主改革的第一次失敗，改良派自由主義讓位於革命派的民主主義和民粹主義。

三、康有為思想研究

1. 康的思想體系的四個方面及其成熟過程。
2. 西方傳來的自然科學滲入先進中國人的世界觀，是當時主要特色之一。
3. 傳統人性善惡命題論辯的時代內容：資產階級自然人性論反對封建主義的天理人欲論。
4. 「公羊三世說」的歷史進化論。
5. 「大同」空想反封建的民主主義內容：建立在物質文明高度發達基礎上是其主要特點。

6. 人權、平等、自由、獨立作為理想大同社會的基本原則。

7. 「托古改制」在政治鬥爭中的實踐意義。

四、譚嗣同研究

1. 譚嗣同思想產生的時代階級特徵：一八九〇年代的改良派左翼。

2. 譚的「以太」基本上是物質性的概念。

3. 「仁」與「以太」的多層關係。

4. 「心力」是唯心論概念，「心力」與「以太」能否等同諸問題。

5. 對封建綱常和君主專制的猛烈抨擊是譚思想中最光輝的部分。

6. 唯物論與唯心論、辯證法與詭辯論、科學與宗教、革命與改良……一系列悲劇性的矛盾。

五、論嚴復

1. 嚴的歷史地位不在代表改良派，而在給近代中國人以進化論的新世界觀。

2. 這是他一個創造性的貢獻，影響了好幾代知識分子，《天演論》不只是翻譯。

3. 介紹英國經驗論哲學和邏輯歸納法。

4. 對理論思辨重視不足，從而由經驗論到主觀唯心論，是具有普遍意義的近代中國哲學一個重要教訓。

5. 嚴的自由主義的經濟、政治思想（介紹《原富》、《法意》）

是未起影響的重要方面。

六、二十世紀初資產階級革命派思想論綱

1. 中國近代分為四期（1840～1864，1864～1894，1894～1911，1911～1919）：兩個革命高潮，兩個低潮。

2. 自立軍運動和拒俄義勇隊是革命派發展中的兩個關鍵環節。

3. 由愛國而革命是這個發展過程的基本線索，不是自由、平等、人權、民主而是國家的獨立富強，成為出發點和首要問題，它為以後幾代革命者所不斷重複。

4. 興中、華興、光復三會有不同特色。

5. 陳天華的反帝救國，章太炎、朱執信的主觀社會主義是具有代表性和有社會根源的思想。

6. 鄒容吶喊的人權、民主、自由最終被淹沒在上述兩種思潮之中。

7. 反帝、反滿遮蓋了反封，對封建主義以新形式或舊形式繼續統治估計不足，這是嚴重的歷史教訓。

七、論孫中山的思想

1. 建設富強祖國、反對帝國主義，是民族主義兩大內容。雄偉的《實業計劃（物質建設）》。

2. 民權主義本應是革命的中心。《民權初步》的積極意義。

3. 「權能分開」說的弊病，「萬能政府」在中國條件下便可向封建法西斯變質。

4. 民生主義要求發展資本主義而又反對資本家。

5. 孫的「生元說」。中國近代哲學的某些特徵。

6. 革命的失敗突出了理論的重要性。《孫文學說（心理建設）》的唯物論的認識論。

7. 孫中山的民生史觀，停步在馬克思主義之前。

八、章太炎剖析

1. 決定章的歷史地位的是作為宣傳家思想家的第二時期 (1900～1908)。

2. 章的思想來源、成分、過程、時期的種種複雜性，古文經學和佛學唯識宗是主幹。

3. 反資本主義的思想特徵：反對代議制民主，反對資本主義工商業，反對物質文明，反對進化論。

4. 認為道德才是社會的法規，革命的動力，「用宗教發起信心，增進國民之道德」最為重要。

5. 這獨特地反映了在封建生產方式束縛下的宗法農民思想，表現了小生產者的空想性和封建性。

6. 主觀唯心主義的哲學世界觀，強調主觀戰鬥精神，與上述政治社會思想溶為一體。

九、梁啟超王國維簡論

1. 梁、王均是中國近代史上應予肯定的大人物，功大於過。

2. 梁廣泛宣傳介紹了資本主義人生觀、歷史觀、文藝觀，起了反傳統的進步作用，是影響最大的中國資產階級啟蒙宣

傳家。

3. 王是中國資產階級歷史學家的代表。郭沫若對梁、王二人的評價。

十、略論魯迅思想的發展

1. 對下層人民的愛與對上流社會的憎是魯迅一生特色。提出「國民性」問題。人道主義比個性主義更根本。

2. 早年以 1906 年為界，第一段是自然科學唯物主義，第二段受章太炎的重要影響。

3. 前期以 1925 年為界，第一段是用「文明批評」、「社會批評」作為改變「國民性」的新戰略。

4. 第二段是與文化界統治人物的直接搏鬥，它在魯迅思想發展中有關鍵意義。

5. 前期積累了許多接近或吻合馬克思主義的重要觀念、思想，1927 年秋冬是魯迅成為馬克思主義者的後期的開始。

6. 魯迅作品的抒情風格。

7. 中國革命與六代知識分子。

後　記

1. 偶然與必然應是歷史哲學的中心範疇。

2. 中國近代三大進步思潮及其對立面。

一、洪秀全和太平天國思想散論

　　1949 年以來，中國大陸近代史研究成績最大的應推太平天國。無論在資料的搜集、整理、出版上，或在論著的質和量上，都如此。其中最重要的是明確了這場革命的性質，充分肯定了這場在世界歷史上也是前所未有的農民戰爭。當然，也有很大缺點和不足，最重要的缺點是忽視客觀地探討農民戰爭的客觀發展，總結這場革命及其意識形態的重要的經驗教訓。近些年，在「四人幫」統治下，更不許談這方面的問題。相反，梁效、羅思鼎之流在其所謂歌頌農民革命的旗號下，故意把太平天國和洪秀全說得神乎其神，十全十美，歪曲了事情的本來面目。應該盡速澄清這種混亂。下面試就人所熟知的幾個問題談一點看法。

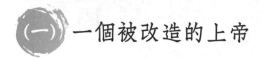

（一）一個被改造的上帝

　　從意識形態看，太平天國有其非常鮮明的特色，它穿著宗教外衣，表現了農民階級在政治、經濟、文化各方面對地主階級進行空前的思想反抗和暴力衝擊。然而，太平天國思想卻無法掙脫封建生產方式所帶來的局限，缺乏近代資產階級基於新的生產力和生產方式的經濟基礎所產生的民主主義等重要內容。相反，像平均主義、禁欲主義、宗教迷信等小生產者的意識形態占據了重要地位。它們違反社會發展的進程，不符合現實生活的要求，起

了導致革命失敗的作用。洪秀全的思想突出地表現了農民階級意識形態這種革命反抗與封建落後的兩重性。

　　洪秀全思想的核心和主流，是中國封建社會農民革命思想在近代特定條件下的繼承和發展。太平天國革命思想的各種內容，如以經濟平均主義為內核的樸素平等觀念，和「太平」「天國」之類的基本觀念和口號，在中國是由來已久的。[1] 從漢代的《太平經》[2] 到唐代的《无能子》[3]，從《詩經·碩鼠》裡的「適彼樂土」到《抱朴子·詰鮑》[4] 的「安土樂業，順天分地」，都確如列寧所指出，「……剝削的存在，永遠會在被剝削者本身和個別『知識分子』代表中間產生一些與這一制度相反的理想。」[5] 太平天國的特點是，它從西方學來了一套新的形式，把這種反剝削的理

1　八十年前就有人強調洪秀全搞的一套與中國下層社會的祕密會社有關，「其稱天為父，及國號天國，官以天名，上下一體，皆以兄弟相稱，非盡本於耶穌，而實有根於洪門之舊規而然也。」（陶成章：《教會源流考》）近人研究表明，太平天國那許多隱語、暗號以及某些觀念，也與下層會社有關。參看謝興堯：《太平天國的社會政治思想》，1935 年。

2　「天生人，幸使其人人自有筋力可以自衣食者」；「天地施化得勻，尊卑大小皆如一，乃無爭訟者」；「太者，大也，平者，正也，氣者，主養以通和也，得此以治，故言太平氣也」《太平經》等等。

3　「強分貴賤尊卑以一其爭，強為仁義禮樂以傾其真，強行刑法征伐以殘其生，……聖人者之過也……。」《无能子》

4　「……身無在公之役，家無輸調之費，安土樂業，順天分地，內足衣食之用，外無勢利之爭……。」《抱朴子》

5　《列寧全集》第 1 卷，第 393 頁。

想提高到一個空前水平，構成了一套相當完備的理論體系，以之來作為發動、組織、統帥農民進行軍事、政治、經濟、文化各方面階級鬥爭的根本思想武器。它搞得如此充分、完整和自覺，在中外農民戰爭史上，都是罕見的。這當然首先要歸功於洪秀全，他是太平天國的締造者，是這場革命的思想家和政治首領（前期的組織家和軍事領袖主要是楊秀清）。與一般思想家很不相同，洪秀全的思想已成為千萬農民和被剝削勞動群眾的現實鬥爭的武器，成為太平軍的靈魂，並且也是太平天國「欽定」的意識形態。他的創造性，就在於他借來了一個西方的上帝觀念來作為農民革命的思想理論基礎。

1837 年洪秀全從傳教士那裡得到了一本《勸世良言》。這是一本並無革命意義和思想價值的基督教的拙劣宣傳品。但它所聯繫某些中國現實所宣傳和翻譯的《聖經》教義諸如天父、耶穌、洗禮、祈禱、儀式以及反對偶像、斥責儒、道、釋……等等，對當時廣大中國人來說，則確乎聞所未聞，是與中國各種傳統觀念和思想形式，從孔孟經書到佛道迷信，大相逕庭的新鮮事物。應該說，正是這一點，符合了最後一次考場失敗正無路可走的洪秀全的迫切需要（他的那場大夢，下意識地表現了他對現實制度的滿腔憤慨和泄憤式地要求報復與反抗的意念：一個沒人瞧得起、屢次考不上的窮書生，偏偏要來統治山河，主宰人世）。但更重要的是，這一套新鮮理論、觀念和儀式符合了當時封建統治比較薄弱、農民運動此起彼伏、方興未艾的廣西地區社會階級鬥爭的需要，借來了一個無所不能無所不在比皇帝的權威還要大的上帝，

來打倒、否定和掃蕩世間的一切物質的和精神的權威。恩格斯在
《德國農民戰爭》中說：「……所有的起義預言者都用他的懺悔說
教來開始活動。事實上，只有猛烈的振臂一呼，只有突然一下拋
棄了全部習以為常的生活方式，才能把毫無聯繫、散居四方、並
且從小就慣於盲目服從的農民發動起來。」6 拜上帝會的這一套
比起三合會、三點會的下層傳統祕密結社更具有上述功能，更便
於與舊觀念和習以為常的舊生活方式決裂，把會眾的思想、行動
和全部生活統一起來，形成為一股強大力量。「脫俗緣，莫將一切
俗情牽，須將一切妄念捐」（《原道救世歌》）。從《原道救世歌》、
《原道醒世訓》到《原道覺世訓》7，洪秀全終於由宣講道德拯
救的「懺悔說教」，發展而為政治鬥爭的號召。《勸世良言》強調
的是人的墮落、神的懲罰；《原道覺世訓》中卻充滿「他是何人，
竟覥然稱帝者乎」之類的戰鬥呼聲。所以如此，根本原因乃在於
它適應了當時當地農民起義的需要。並非如國外某些論著所認為，
是舶來的宗教喚起了中國的革命，事情恰恰相反，是中國革命的
需要使洪秀全採用和改造了這一外來的形式。

　　洪秀全對那種種強調謙怯自卑、逆來順受、甘於屈辱、安於
命運，所謂打你左臉再把右臉送上去之類的《聖經》教導捨棄不

6　《馬克思恩格斯全集》第 7 卷，第 421 頁。
7　這個發展過程尚待進一步探究，因前二篇並無革命意味。國外一些論著
　　強調不是農民起義，而是種族、宗姓之間的械鬥，使教義發生了變化等
　　等（如 Philip A. Kuhn：〈太平天國觀念的根源〉，《社會歷史比較研究》
　　1977 年第 7 期），這不對。

要,明白指出,「過於忍耐或謙卑,殊不適用於今時,蓋將無以管鎮邪惡之世也」(韓山文:《太平天國起義記》),基本捨棄了《勸世良言》中那種種叫人安分守己、服從封建統治、維衛現有秩序、不欠債、要完糧之類的東西。洪秀全強調宣傳的是所謂「皇上帝」與「閻羅妖」的對立和鬥爭,是自己在「天父天兄」指令下去斬妖殺魔,「上帝差朕降人間,……爾等妖魔須走快」(〈九妖廟題壁〉);「高天差爾誅妖魔,天父天兄時顧看」(〈永安突圍詔〉);洪秀全的上帝不是近代資產階級「博愛」之夢,而是農民弟兄的復仇之神。[8] 洪秀全在起義之前還宣傳一些什麼「止殺」「是以先代不嗜殺,德合天心天眼開」(《原道救世歌》),「鄉鄰互殺斷非仁,天生天養和為貴」(《原道醒世訓》)。到了後來卻一再指出,「爺今聖旨斬邪留正,殺妖、殺有罪,不能免也。」「爺誡勿殺是誡人不

---

8 「我們的《聖經》注解,都很難得到他的贊同,我們最好的經本,都被他用朱筆在旁批上天意,全弄壞了。」「我相信在他們的心裡,他們實在是反耶穌福音書的。」「教皇如有權治他,早就把他燒死了。」(《天京遊記》)又如:「如冒稱直接與神晤對……上帝臨凡,此誠與吾人就基督教《聖經》中所習見者大相逕庭也。」「……彼等已創立一種新宗教,可稱之為一種偽的啟示,……足令一般毫無成見者懷疑其信仰是否真有誠意。」(《英國政府藍皮書中之太平天國史料》)「傳教士發現他們很少與太平軍一致之處,……洪秀全的教義是完全不像我們那樣會從天父那裡得來的,也和耶穌所說的話極不相同。」「太平天國運用了基督教特別是《舊約》裡的思想和儀式,例如施洗和遵守禮拜制度等,可是並沒能接受基督教的許多基本道理,……他們略去了愛、寬恕、謙卑,關懷自己鄰人等等基督教特有的教義。」(費正清:《美國與中國》第8章第2節)

好謀害妄殺，非謂天法之殺人也」（《資政新篇》上的洪秀全批語）。正如洪仁玕所說，「咸豐的軍隊對於我們並無絲毫惻隱慈悲之心」，「我們亦不以仁愛給他們」（《天京遊記》）。可見，洪秀全的上帝及其革命的基本內容，正是由現實階級鬥爭的狀況（特別是當時你死我活的極其劇烈殘酷的軍事鬥爭）所決定、支配和改變的。

　　普列漢諾夫講到宗教時曾提出觀念、情緒和活動（儀式）是三個要素（《論俄國的所謂宗教探尋》）。洪秀全把這三者都注入了革命的內容。「人皆兄弟」基督教的博愛觀念，被注入了農民階級的經濟平均主義和原始樸素的平等觀。宗教狂熱被充實以積壓已久的農民群眾的造反欲求。更突出的是，宗教戒律儀式被改造成相當完備的革命軍隊所需要的嚴格紀律。三者之中後者本最實在和具體，一切宗教都必須依賴種種儀式戒律，才能維繫其存在和表現其觀念和情緒。洪秀全把摩西「十誡」改為「十款天條」，成了「太平軍奉此為初期的軍律」（羅孝全：《小刀會首領劉麗川訪問記》），後又不斷擴充發展為更為完備的各種《行營規矩》、《定營規條十要》、《行軍總要》等等。例如，「人皆兄弟」的觀念在這裡便具體化為官長必須愛惜兵士，軍隊必須愛護百姓等等（見《行軍總要》）。[9] 拜上帝會的一些基本宗教觀念和熱烈感情，就這樣

9　「十款天條」是：一崇拜皇上帝，二不拜邪神，三不妄題皇上帝之名，四七日禮拜頌讚皇上帝，五孝順父母，六不殺人害人，七不奸淫，八不偷竊劫搶，九不講謊話，十不起貪心。「五條紀律詔」是：「一遵條命，

在這種神聖化了的紀律和儀式中得到了宣傳、貫徹和嚴格執行，

二別男行女行，三秋毫莫犯，四公心和儺，各遵頭目約束，五同心合力，不得臨陣退縮。」

《定營規條十要》是：「一要恪遵天令，二要熟識天條，讚美朝晚禮拜，感謝規矩及所頒詔諭，三要煉好心腸，不得吸煙飲酒，公平和儺，毋得包弊徇情，順下逆上，四要同心合力，各遵有司約束，不得隱藏兵數及匿金銀器飾，五要別男營女營，不得授受相親，六要諳熟日夜點兵鳴鑼吹角擂鼓號令，七要無事不得過營越軍，荒誤公事，八要學習為官稱呼，問答禮制，九要各整軍裝槍炮以備急用，十要不許謊言國法王章，訛傳軍機將令。」

《行營規矩》：「一令各內外將兵凡自十五歲以外各要佩帶軍裝糧食及碗鍋油鹽，不得有槍無桿，二令內外強健將兵不得僭分千名，坐轎騎馬，及亂拿外小（老百姓），三令內外官兵各迴避道旁呼萬歲萬福千歲，不要雜入御輿宮妃馬轎中間，四令號角喧傳，急趕前禁地聽令殺妖，不得躲避偷安，五令兵軍男婦不得入鄉造飯取食，毀壞民房，擄掠財物及搜抄藥材鋪戶並府州縣司衙門，六令不許亂提賣茶水賣粥飯外小為挑夫，及瞞昧吞騙軍中兄弟行李，七令不許在途中鋪戶堆燒困睡，耽阻行程，務宜前後聯絡，不得脫徒，八令不得焚燒民房，及出恭在路井民房，九令不得枉殺老弱及無力挑夫，十令各遵主將有司號令，毋得任性自便，推前越後。」

《行軍總要》中的規定：「……凡為佐將者當知愛惜兵士，譬如行營，沿途遇有被傷以及老幼人等，遇有越嶺過河，不能行走者，必須諭令各官，毋論何人馬匹俱牽與能人騎坐，……庶無遺棄，至於扎定營盤之期，……務要查實傷癒者幾名，傷未癒者幾名，一一報明，令宰夫官三日兩日按名給肉，以資調養……

「本營兄弟總要小心提理，念同訌父所生，視為骨肉一樣。

在鬥爭中起了統一思想、統一意志、統一步調的重大實際作用。太平天國非常重視這種儀式、紀律和宣傳，非常重視「天情道理」的宣講，這種宣講的突出特點是把宗教觀念與起義前後的革命歷史揉雜在一起[10]，實際是太平天國特有的思想教育。太平天國強調要「換移心腸」，「天晴則操練兵士，下雨則習讀天書」（《天情道理書》），「凡刑人必講道理，掠人必講道理，會卒行軍、臨時授令必講道理，……為極苦至難之役必講道理」（《賊情彙纂》）。太平天國有一套又一套的非常具體的規定，例如關於「升天」「宜歡不宜哭」（《天條書》）等等，例如「同時長跪同默禱，同時蹶起同狂呼 （說殺盡妖魔四字）， 每飯不忘除妖魔」 （《癸甲金陵新樂府》）。這種重視宗教宣傳（太平天國的思想教育）和儀式規定（太平天國的組織紀律），使廣大的太平軍戰士團結一致，奮不顧身，

「凡巡更把卡兵士，若遇天寒雨雪之夜，尤當加以體恤，若見其衣裳單少，或被褥不敷，即當傳令各官，如有多餘，即當挪出，分散兵士。倘各官亦無多袍裳，即令各官夜間將皮袍裳與把卡兵士穿著。

「凡營盤之內俱要潔淨打掃，不能任意運化作踐，……以及在無羞恥處潤泉（小便），……凡我兄弟行路，不准強拉外小挑抬，即在外小屋內打館，亦不准妄取一物。……凡我兄弟俱要修好煉正，不准吹洋煙、吃黃煙、飲酒、虜掠、奸淫，犯者斬首不留。……路旁金銀衣物，概不准低頭撿拾，以及私取私藏，違者斬首不留。……凡無故殺害外小者斬……凡焚燒外小房屋者斬……凡虜掠外小財物者斬……。」

10 參看《天情道理書》。實際宣講情況如「……升座良久方致詞：我輩金陵起義始，談何容易乃至斯，寒暑酷烈，山川險峨，千辛萬苦成帝基，爾輩生逢太平時，舉足便上天堂梯……。」（《癸甲金陵新樂府》）

前仆後繼，不可阻擋。「以人眾為技，以敢死為技，以能耐勞苦忍飢渴為技，……死者自死，渡者自渡，登者自登」(《賊情彙纂》)。一方面，借助於一種新的宗教形式，的確改變了傳統農民的保守、散漫、因循守舊的生活方式，把他們發動、組織起來成為一支革命大軍；另一方面，又只是由於中國傳統社會農民戰爭的現實需要，舶來品的基督教形式才可能起這樣的作用。「向西方學習」必須適應和結合中國的實際才有作用。洪秀全在中國近代開創了範例。

然而，宗教畢竟是宗教，它所宣傳的觀念、道理，所進行的思想教育、紀律規定，在根本上都不是對客觀事物和世界的科學解釋[11]，因此在多大的程度和範圍內能使人真正完全地長久地信服，便是一個問題。首先，太平天國最高領導層對這種宗教教義的信仰忠誠性並不一致。楊秀清、蕭朝貴搞的「天父」「天兄」下凡附體[12]，對他們自己來說，明知是一種欺騙，這與洪秀全真正

---

11 因此也不能同意認為洪秀全的哲學是泛神論或唯物論。儘管在起義前的論著以及《天情要理》中有可以勉強解釋為自然神論的個別語句，但洪秀全建立起來的明明是一個人格神，它具體過問世事，指揮人間，有意識有目的的主宰支配著世界，「爾知我天父上帝要人生則生，要人死則死，是天上地下之大主宰麼」(《天父下凡詔書》)，而且還活靈活現與洪秀全晤對，以及下凡附體等等，這哪裡是什麼泛神論、唯物論？怎麼能和崇尚理性、反對天啟的閔采爾相比附？

12 它顯然來自廣西當地的民間風習，「潯州僻居山鄉，……民間流行降托旨聖之說。」(羅爾綱：《洪秀全起義前年譜》)

相信夢境裡的真實是不同的。洪仁玕說：「兵者，勢也。因其勢而
導之，則一往莫遏……我天朝初以天父真道，蓄萬心如一心，故
眾弟只知有天父、兄，不怕有妖魔，此中奧妙，無人知覺」（《資
政新篇》），也透露了與楊、蕭類似的消息。石達開則是一開始便
「不甚附會邪教俚說」（左宗棠：〈與王璞山書〉），後又「將真聖
主官制禮文多更改焉」（〈吉慶元朱衣點上天王奏〉）。其次，儘管
懲罰極嚴，有殺頭危險，但從李秀成到洪天福等等早期就仍違反
天條，偷看禁書（見他們的〈自述〉）。思想、觀念、情感、意志
靠一種非理性、反科學的宗教信仰和強制紀律來統一和維繫，是
不可能支持長久的。它必將走向反面。特別是經過天父代言人楊
秀清竟然被殺的巨大事件之後，忠誠的信仰就逐漸變成懷疑或欺
騙，狂熱的情感變為「人心冷淡」（《資政新篇》），儀式流為形式，
禁欲轉成縱欲，道德純潔走向道德毀壞……。前期那種夫妻同居
一次也得殺頭，那種「雖極熱，夜臥不得光身，白晝不得裸上體」
（《賊情彙纂》）之類的嚴厲禁律，官兵王侯，比較平等[13]，「寢食
必具，情同骨肉」的動人情景，都不再能繼續維持……，這表明
以宗教意識為動力和主幹的農民革命思想沒有進一步發展方向。
洪秀全從前期經驗出發，直到最後仍一再頒布各種詔令，極力強

---

13 這當然也是相對而言。其實一開始就有等級尊卑的嚴格規定，如六王可
　以有眾多妻室，而以下任何官兵，夫妻不許同宿。農民起義的諸首領開
　始具有某種平等地位，歷來如此，並非太平天國有所特殊，如所謂「忠
　義堂前無大小」「一字並肩王」等等，均同此。

化道德說教和宗教宣傳，結果在前期取得巨大成效的，現在卻收效極微。以前好些論著說洪秀全到天京後如何昏瞶無能，不問政事，以致失敗。其實洪秀全始終是管事的，並且與前期一樣，仍然在行政、組織、軍事各方面表現出極大的敏銳、識力和才能，例如選拔將領（如英、忠、輔、侍等）、任免人員（如賞罰嚴明，對干、英、忠諸王亦不少貸）、決定戰役（如東征、第二次西征等等）。問題並不在這裡，而在於他在基本思想和政綱政策上仍然頑固堅持、並愈來愈迷信他那一套非理性的宗教信仰和道德說教，他不是如實地總結鬥爭的經驗教訓，而是把革命的成敗歸結是否忠誠於宗教信仰，抱著他那些僵死的教義和前期的經驗不放，甚至最後在改國名、朝名、玉璽名上面作文章，把「太平天國」改為「上帝天國」等等，以期拯救危局，改變形勢，顯然不能解決任何問題。

　　從這個洪秀全個人的悲劇中，可以看到的正是階級的局限。一代天才最後落得如此悲慘、被動，是由於他不可能擺脫傳統生產方式帶給他的深刻印痕。所以，不應將農民階級、農民戰爭及其領袖理想化。一方面，它有反地主階級、衝擊封建生產關係的革命性；另一方面它又並不代表新的生產力和新的生產關係，仍然要回到傳統生產方式去，從而又具有濃厚的封建性。

　　中國近代民主革命實質上是農民革命。以農民為主力軍的新民主主義革命，數十年武裝鬥爭，也可說與太平天國農民戰爭有繼承關係。因之把農民戰爭理想化也是有原因的。但是，新民主主義革命號稱「是在工人階級（通過共產黨）的領導下，在馬克

思列寧主義毛澤東思想的科學指引下進行」的，從而它與歷史上的任何農民革命包括太平天國本應有原則區別。毛澤東在一九四〇年代曾建議郭沫若寫太平軍。然而悲慘的是，包括太平天國在內的所有農民革命的長處和弱點，它的巨大成功和失敗，卻只有今天才更能了解其深刻內容和意義。

 ## 砸爛孔丘的牌位

　　洪秀全由於信仰上帝不拜偶像，砸爛私塾中孔丘牌位，被解聘[14]，從而開始走上革命活動的道路，這確是一件具有象徵意義的事情。

　　關於洪秀全和太平天國的反孔，本文認為，不應把它形而上學化，要看到它的兩重性。

　　洪秀全固然因考場失敗對孔孟教義懷有不滿[15]，但他主要是

---

14 「秀全與其幾個新信徒既不事偶像，又將書塾中的孔子牌位除去，故本年皆失了教習」（《太平天國起義記》），雖後又回家任教，但已以傳教活動為主了。

15 洪於 1836、1838、1843 年三次去廣州考秀才，失敗；「秀全因不滿意於場屋，憤恨不平，已有蔑視孔子教義之心」（《太平天國親歷記》），所以《勸世良言》中崇上帝，反偶像，排儒教的種種宣教才會被洪欣然接受。

在起義後，因為與階級敵人的對壘，才日益堅決反孔。所以，起義前著作中充滿孔孟的傳統思想、觀念、語言、名字（如「孔顏疏水簞瓢樂」、「顏回好學不二過，非禮四勿勵精神」等等），這時才明確刪除，並一再焚書禁書，明令只許誦讀洪秀全頒布刊行的經典，「當今真道書者三，無他，《舊遺詔聖書》，《新遺詔聖書》（即《舊約》、《新約》），《真天詔命書》也，凡一切孔孟諸子百家妖書邪說者盡行焚除，皆不准買賣、藏、讀也，否則問罪也」（黃再興：《詔書蓋璽頒行論》）。地主與農民極其緊張的階級大搏鬥反映為意識形態領域裡上帝與孔丘、革命觀念與傳統文化的尖銳對立和勢不兩立，這當然具有極大的造反意義，是對幾千年來的地主階級意識形態的空前猛烈的衝擊。為了反對地主統治階級，連這個階級所保存的一切文化和文明，也在唾棄毀壞之列，「見書籍，恨如仇讎，目為妖書，必殘殺而後快」（《平定粵匪紀略附記》），是農民運動中常見的現象。尊孔與反孔，剝削有理的儒家理論與反剝削的空想社會主義的劇烈鬥爭，正是農民與地主的矛盾鬥爭在意識形態領域內的尖銳表現。

但事情還有另一方面。統治階級的意識經常是占據社會統治地位的意識，太平天國的反孔震撼了整個社會，影響了地主知識分子，甚至其中的某些激進分子如汪士鐸也不滿和斥責起孔孟來[16]（雖然階級立場和不滿的理由與太平天國恰好相反）。但洪秀

---

16 如「仲尼……空談，以言兵刑，皆譌」，「孔子之言，皆以時勢既殊，今決不能用，愚儒不可以為口實，正名之言……皆極附會，修文德以來，

全和太平天國由於缺乏新的經濟基礎作為依靠，也就提不出新的上層建築和意識形態來替代封建主義，以孔孟為集中代表的傳統思想就並沒有、也不可能被真正打倒或清除。它們又以各種形式在太平天國意識形態內滲透、保留和表現出來。一種是以「天父天兄」、「新天新地」的改裝形式表現出來，一種則是原封不動地重新出現。這就不奇怪，在洪秀全寫的〈天父詩〉、〈幼學詩〉等作品中為什麼會有那麼多的正統儒家觀念；這也不奇怪，1861 年太平天國公開聲明，「天父前降有聖旨云：孔孟之書不必廢，其中有合於天情道理亦多」（《欽定士階條例》）；這也不奇怪，現實主義作風較強的楊秀清、眼界和思想更為開闊的洪仁玕，以及石達開、李秀成等人，都有和緩反孔的傾向（楊、石、李），或企圖融孔學與基督教於一體（洪）。[17]「四人幫」用某些並不可靠的材料說楊秀清尊孔，是通過影射搞政治陰謀，但由之而斤斤爭辯楊秀清並未去朝孔廟或強調洪秀全自己也主張孔孟有可用之處，等等，便也只是糾纏於表面現象之上。

真是作夢……學稼答問，亦荒唐。」（《乙丙日記》）

17 可參看 Y. C. Shih：《太平天國意識形態》(1967、1972)，第 136 頁。洪仁玕在當時西方人眼裡是「最開通的中國人，他極悉地理，又略識機器工程，又承認西洋文明之優越，家藏有各種參考書」（《天京遊記》），「西方之科學與文明，無不通曉」（吟唎：《太平天國革命親歷記》）。洪仁玕企圖改革洪秀全的上帝，使之一方面更符合西方基督教教義（如三位一體等，而不是洪秀全的中國農民化的什麼「天媽」「天嫂」），另一方面更符合儒家傳統。

　　問題的實質在於農民既不可能創造新的生產方式，也就不可能創造能徹底掙脫封建主義的意識形態。無論是起義前洪秀全的著作，或者是所謂反孔高潮中的著作，都一貫地保留了以「三綱五常」為基幹的儒家封建倫理和「死生有命、富貴在天」之類的封建傳統觀念。太平天國刪改儒家經典之所以只是「國」改「郭」、「王」改「相」，「孟子見梁惠王」改為「孟子見梁惠相」，就決不是偶然的了。[18]用宗教教義和物質摧毀是打不倒孔丘的。搞得如此轟轟烈烈的所謂反孔鬥爭，實際上並未能批判傳統孔學，這個批判是從以民主與科學為旗幟的五四運動才真正開始。洪秀全砸爛的，畢竟只是孔子的牌位而已。這種砸爛有巨大的反抗意義，然而又有其嚴重的局限。

 # 衝擊「四條極大的繩索」

　　毛澤東認為：「政權、族權、神權、夫權，代表了全部封建宗法的思想和制度，是束縛中國人民特別是農民的四條極大的

18　「天命之謂性，率性之謂道以及事父能竭其力，事君能致其身，此等尚非妖話，未便一概全廢」（楊秀清），「其中一切鬼話、怪話、妖話、邪話一概刪除淨盡，只留真話、正話」（洪秀全）。

繩索。」

　　1927 年湖南農民運動對這四條繩索進行了猛烈衝擊，1850 年的太平天國運動也是如此。太平天國那次衝擊以實踐形式最集中地表現了農民階級反封建的革命意識形態。

　　首要的當然是政權。太平天國搞的不是一般的「劫富濟貧」、「除暴安良」、反貪官不反皇帝，它明確地把打擊矛頭指向以清朝皇帝為總頭子的各級地主階級的政權機構和官吏人員[19]，同時自覺地建立起以貧苦勞動人民為骨幹領導的從基層起的各級革命政權。「木匠居然做大人」（《金陵紀事》）。「良民不肯為旅帥、為司馬、為百長，市井無賴及蠻橫僕婦喜充之」（《劫舍小記》）。太平軍對勞動大眾極為熱情和信任，對地主階級的知識分子則一般是使用（如做文書）而並不重用，對勞動者與剝削者這樣嚴格區分、不同對待，應該說，其自發的階級覺悟達到了驚人的高度。[20]

　　可見，政權的性質、組成和人員是大有變化的（當然也有未大變化的）。當這些政權機構從屬於和服務於太平軍的戰鬥任務（當時主要是軍事鬥爭的任務）時，它當然是農民的革命政權。

19　「賊以官為妖，見朝衣、朝冠、袖褂、翎領之類以為妖服，人家有此服物，則蹂躪益甚。又稱士曰妖士，兵曰妖兵，吏曰妖差。」（《蘇臺糜鹿記》）

20　如「挖煤開礦人、沿江縴夫、船戶、碼頭挑腳、轎夫、鐵木匠作，艱苦手藝，皆終歲勤勞，未嘗溫飽，被擄服役，賊必善遇之，數月後居然老兄弟矣」；「凡擄人每視其人之手，如掌心紅潤，十指無重繭者，恆指為妖」（《賊情彙纂》）等等，材料極多。

但是，從政權的建立原則、制度、辦法和具體發展情況看，它就仍然是在小生產的社會基礎上，適應於各種封建形態的土地關係的上層建築。正如古代農民革命在摧毀地主土地所有制的舊生產關係之後，在一定範圍和時期內，土地得到了重新分配和調整，生產力得到了發展，但很快起義領袖們變成以皇帝為首的公卿將相大地主階層，占主導地位的仍然是地主土地所有制一樣，農民革命即使在粉碎舊的國家機器之後，建立起來的也仍然只能是封建皇朝和專制政體。太平天國政權當時主要的功能、作用還是在打清朝打曾國藩，還是在軍事、政治、經濟上代表農民階級反對地主統治的利益，所以應該承認它仍是農民的革命政權。但就在同時，便可以清楚看到它的標準的封建性質，從永安到天京，從《太平禮制》到《天命詔旨書》，它的制度是等級異常確定，尊卑十分分明，弟兄稱呼純為形式，君臣秩序備極森嚴，不僅有等級制，而且有世襲制……，完全是封建主義那一套，並無任何近代民主主義。根據《天朝田畝制度》的理想規定，產生官吏是「保舉」（並非選舉），即層層向上推舉，然後由上層選擇任命（但漢代就有「舉孝廉」、「舉秀才」的制度）。[21]「凡天下每歲一舉，以補諸官之缺，舉得其人，保舉者受賞，舉非其人，保舉者受罰」（《天朝田畝制度》）。政權人選和權力實際上仍然長期操縱在上級官員的手中，廣大群眾並無真正的權力。時間一長，蛻化變質、

---

21 鄉官是否選舉，有爭論，參看酈純《太平天國制度初探》（增訂本），這無關實質，重要的是中上層官員。

徇私舞弊種種傳統官場的陋習弊病便都不可避免彌漫開來。在上層，情況更是如此。由於沒有任何近代民主制度，專制與割據、陰謀與權術，便成了進行權力爭奪的手段，而且愈演愈烈。一方面是權力高度集中，使人窺伺不已的專制寶座（如洪、楊之爭），另一方面是擁軍自重不聽號令的割據勢力（如後期諸王）。[22] 洪秀全的迷信，楊秀清的權術，韋昌輝的陰謀，石達開的分裂，李秀成的變節，後期諸王的彼此猜忌，互不合作，都不只是個人品質或野心的問題，它深刻暴露了農民革命某些根本弱點。在古代農民戰爭中，所有這些也是屢見不鮮的。當然，不是說沒有個人的品質、氣節、責任[23] 等問題，而在於偶然中有必然，正是通過這種人物的才能、品質、性格和事件的偶然，表現出農民革命的某

---

22 干王與諸王的關係不佳，人所熟知，其實英、忠之間，他們與諸王之間，關係也是並不協調的。不獨李秀成之於洪仁玕，而且李世賢、楊輔清、黃文金等也「不甚服偽天王忠王之調度」（《曾文正公奏稿》卷3）；「據云，江陰常昭兩縣為英逆麾下攻取，蘇省為忠逆獨占，陳逆不慊，……偽天王弟洪軍師到蘇即調停忠英二酋之誤會也。賊中互相猜忌如此」（《錫金團練始末記》），具體情況可能出入，但總的情況很明顯，如洪仁玕自己所承認，「各王如何不尊重其威權」（《天京遊記》），「今日出死入生，任各各軍事權不一」（洪仁玕：《立法制諠論》）。

23 個別人物或偶然事件雖不能改變或決定整個歷史的趨勢和行程，卻可以造成甚至數十年以上的影響，特別是在前資本主義社會。當然在這幾個人中，韋昌輝明顯是天京屠殺的主要罪人，其他人均是農民革命領袖，這一點在當時就是十分明確的。洪秀全為紀念楊秀清定有東王升天節，而北王則永遠除名。

些本質規律性的東西。武力火併、宮廷政變、分散主義、軍閥割據、爭當皇帝等等，本都是封建主義的必然產物。馬克思早就指出，小農經濟必然產生專制政體，擁護封建皇帝。所以，說農民是皇權主義者並不錯誤。於是太平天國後期中下層各級政權大量滲入地主士紳，甚至與原有的封建統治體系交融合作，也就是很自然的事了。早期按功行賞頒爵完全破壞，官爵成了人們追求的特權利益[24]，種種腐敗現象隨之發生。定都南京之後，上層生活上的奢侈腐化，從天王府、東王府、忠王府的排場講究到「養尊處優，專務聲色」等等，更不必說。這些都說明農民革命的領導層隨著勝利而逐漸成了一個新的統治集團，他們是農民革命的領袖和英雄，卻又向封建地主階級的最高代表的方向行進。他們建立的政權也是如此。朱元璋集團走完了這條路，李自成、洪秀全沒有走完。因之總的來說，前一方面（革命性）還是他們的主導面，但後一方面也早已具體而微了。

這種兩重性在族權、神權、夫權上也同樣展現出來。「天下多男子，盡是兄弟之輩；天下多女子，盡是姊妹之群」（《原道醒世訓》），「父子亦稱兄弟，姑媳亦稱姊妹，……可謂五倫俱絕」，「捨親兄弟不認，而別呼他人為兄弟」（《賊情彙纂》），在血火戰鬥中同生死共患難，當然比親兄弟還親。洪秀全和太平天國在理論[25]

---

24 「動以升遷為榮，凡若一歲九遷而猶緩，一月三遷而猶不足，……舉朝內外皆義皆安，更有何官何爵可為升遷地耶」（洪仁玕：《立法制諠論》）。晚期竟有二千多個王。

和實踐上突破了傳統族權的枷鎖。神權方面，洪秀全打偶像[26]，反對一切傳統神靈，破除迷信，「年年是吉是良，月月是吉是良，日日時時亦總是吉是良，無有好歹，何用揀選」（《太平曆書》）。它的確起了直接服務於現實鬥爭的重要作用，「神且砍頭折足⋯⋯且不敢為禍，人何敢違」（《賊情彙纂》），「這卻是他們能力之源，因為人民和清軍看見他們隨便毀壞神像而毫無傷害，行若無事，不能不驚異，不知他們究竟是什麼人物。他們所奉為至神至聖無人敢冒犯褻瀆者，而太平軍竟敢犯之」（《太平軍紀事》）。木偶泥團的物質掃除有助於傳統束縛的精神解放。夫權方面，太平天國一開始便把婦女編進戰鬥隊伍，「男將女將盡持刀，⋯⋯同心放膽同殺妖」（《永安突圍詔》），「賊婦亦有偽職，與偽官相同，間嘗出戰，紅綃抹額，著芒鞵，頗矯健」[27]（《武昌紀事》），實行自願婚姻，「凡天下婚姻不論財」（《天朝田畝制度》）。允許參加考試，命令放腳。這些都突破了傳統夫權的繩索，甚至使當時西方資產階級也讚嘆為「洵世界得未曾見之奇觀，即人類的幻想亦未能形狀其偉大」（《華北先驅周報》1853 年 174 號，轉引自羅爾綱：《太

---

25 《原道醒世訓》中強調要破除國家、鄉土、族姓界限，反對以「此鄉此里此姓而憎彼鄉彼里彼姓」，因當時廣西族姓之間常有械鬥。

26 洪秀全反神權的特點主要在搗毀偶像，從佛道神像到祖宗牌位，一直到天主教堂裡的神像。「對待天主教堂所設之神壇和偶像，與佛寺之神像或孔子之神位相等」（《太平天國天京觀察記》），「甚至把天主教徒亦視為偶像崇拜者」（《遠東在世界政治中》）。

27 守衛鎮江的女軍擊敗清兵是一著名戰例。

平天國史事考》，第 337 頁）。

　　但所有這些，又都只是一個方面，另一方面的事實是，小農經濟的農村社會結構，以血緣為紐帶、封建大家庭為生產單位，聚族而居，安土重遷，宗法關係和宗法觀念遠遠不可能真正動搖。最近發現的文物材料還證明，遠在天京的高級將領仍要與自己的家鄉宗族保持親密的聯繫。洪秀全反對了傳統神權，卻又建立了更為活靈活現無限權威的人格神，地主階級「奉天承運」的神道設教不過變而為「吾主天王受天父」「真命」。勞動婦女在軍事戰鬥中掙脫了夫權統治，然而，很快就要接受洪秀全的「妻道在三從，無違爾夫主，牝雞若司晨，自求家道苦」（〈幼學詩〉）、「只有媳錯無爺錯，……只有臣錯無主錯」（《天父詩》），以及要舉止端莊、修飾儀容、殷勤侍候之類的典型的傳統教誨和定規。可見，對舊有政權、族權、神權、夫權的衝擊破壞，主要是表現在太平天國的軍事鬥爭和軍隊中，而不是表現在廣大社會和和平環境裡，前者畢竟是少數人和為時短暫的，在革命衝擊過去後，很快又退回到原處。所以，太平天國並沒有也不能使整個社會從這「四條極大的繩索」下真正解放出來。

《天朝田畝制度》

　　1853 年洪秀全定都南京後頒布的《天朝田畝制度》是公認的太平天國革命思想的總綱。它的特徵恰恰是上述革命反抗與封建落後這種雙重性的最典型的表現。

　　基督教的上帝叫人死後進天堂，洪秀全的上帝要在地上建立天國。洪秀全利用了《勸世良言》關於大天堂、小天堂的含混說法，強調地上也應建立天國。「……天國是總天上地下而言。天上有天國，地下有天國。天上地下同是神父天國，勿誤認單指天上天國，故天兄予詔云天國邇來，蓋天國來在凡間，今日天父天兄下凡創開天國是也。」（《馬太福音批解》）

　　《原道覺世訓》曾引用儒家的《禮記‧禮運》關於「大同」的記述作為理想，但《天朝田畝制度》的具體制定則主要是把在農民起義和革命戰爭中積累起來的經驗加以理想化和規範化的結果。[28]

　　《天朝田畝制度》以改革土地所有制為核心，提出了一整套相當完備的理想設計。它宣告平均分配土地，共同從事勞動，彼此支援幫助，規定副業生產。

---

28 例如金田起義前即並無否定私有財產的文字上的明確提法。

更重要的是，它對分配、消費的規定，其特點是「人無私財」，一切收入歸「聖庫」，否定私有財產，消除貧富差別，「有田同耕，有飯同吃，有衣同穿，有錢同使」，希望把「無人不飽暖」建立在「無處不均勻」的分配基礎上：

凡分田，照人口，不論男婦，算其家口多寡，人多則分多，人寡則分寡……凡天下田，天下人同耕，此處不足，則遷彼處，彼處不足，則遷此處。凡天下田，豐荒相通……務使天下共享天父上主皇上帝大福，有田同耕，有飯同食，有衣同穿，有錢同使，無處不均勻，無人不飽暖也……

凡天下，樹牆下以桑，凡婦蠶績縫衣裳。凡天下，每家五母雞二母彘，無失其時。凡當收成時，兩司馬督伍長，除足二十五家每人所食可接新穀外，餘則歸國庫。凡麥、豆、苧麻、布帛、雞、犬各物及銀錢亦然。

凡二十五家中所有婚娶彌月喜事，俱用國庫，但有限式，不得多用一錢。

凡二十五家中力農者有賞，惰農者有罰。

這種嚴格的平均主義的分配、消費的經濟生活，當然需要一種具有極大權威的行政力量和嚴密組織來支配和保證。《天朝田畝制度》從而規定了一系列社會生活的準則。這是一種嚴格組織起

來的集體化的生活，和權力高度集中的社會結構，它實際是要求建立在軍事化的基礎之上。

它以二十五家為一「兩」，「兩」是生產、分配、軍事、宗教、政治、教育等等幾合一的社會基層組織和單位。在這裡，軍事（兵）、生產（農）是合一的，政治、經濟是合一的，行政、宗教是合一的，統統由「兩司馬」（官名）領導管理。兩司馬管理生產，執行獎懲，保舉人員，負責教育，處理訴訟，領導禮拜，宣講《聖經》……，具有極大權力。[29]《天朝田畝制度》非常重視生產和宗教生活，以之作為根本標準，「民能遵條命及力農者則為賢為良，或舉或賞。民或違條命及惰農者則為惡為頑，或誅或罰」，也非常重視社會福利：「鰥寡孤獨廢疾免役，皆頒國庫以養。」總之，一切組織化，集體化，軍事化，規格化，單一化，吃飯要祈禱，結婚有證書……，一切都由強制紀律來保證執行，平均主義、禁欲主義和宗教領先極為突出。馬克思曾指出，小農的政治影響表現為行政權力支配社會，在這裡可說是表現得最為

---

29 如「凡兩司馬辦其二十五家婚娶吉喜等事，總是祭告天父上主皇上帝，一切舊時歪例盡除。其二十五家中童子俱日至禮拜堂，兩司馬教讀《舊遺詔聖書》《新遺詔聖書》及《真命詔旨書》焉。凡禮拜日，伍長各率男婦至禮拜堂，分別男行女行，講聽道理，頌讚祭奠天父上主皇上帝焉」，「……各家有事訟，兩造赴兩司馬，兩司馬聽其曲直」，「民能遵守條命及力農者，兩司馬則列其行跡，注其姓名，並自己保舉姓名於卒長……」，「每軍每家設一人為伍卒，有警則首領統之為兵，殺敵捕賊，無事則首領督之為農耕田奉尚。」

典型了。《天朝田畝制度》是否實行，曾經有過爭論，它只是一個理想綱領，但它的某些部分在太平軍中又的確廣泛實行過，例如一切財產歸公的聖庫制度，不領俸錢平均分配而略有差別的普遍供給制度[30]，男營女營和各種匠、館（把個體手工業集中組織在一起）制度等等，並且在天京還強制在全體居民中推行和維持過相當一段時期（幾年）。

因之，問題就在於：為什麼這個制度不能普遍地和長期地實行下去？為什麼在太平軍打下某城某地時雷厲風行的營、館制度，很快就解體？為什麼洪秀全、楊秀清等人要下令「照舊交糧納稅」？[31]當然，在緊張的軍事行動時期，為了戰爭的急迫需要（如

---

30 「不要錢漕，但百姓之田，皆係天主之田，收取子粒，全歸天王，每年大口給米一石，小口減半，以作養生」（《金陵被難記》）；「天王日給肉十斤，以次遞減，至總制半斤，以下無與焉」（《賊情彙纂》），「如果查出某人藏有多過五兩的款，即罪他不以此款歸公而將他鞭答了。所有財物一得到即須繳入公庫，而凡有私匿不報者，都有背叛行為的嫌疑。」（《華北先驅周報》，轉引自羅爾綱：《太平天國史事考》）「又問，如果人人不許有私財，他們自己想買點好東西吃又怎麼辦呢？他說，那是無需的。每一伍卒、卒長都預備全體所需，放在桌上的時候，大家平等分享，即使最高級軍官的盤碗也跟最低級的士兵一般」（同上）等等。

31 「小弟楊秀清立在陛下暨小弟韋昌輝、石達開跪在陛下奏為徵辦米糧以裕國庫事：緣蒙天父天兄大開天恩，差我主二兄建都天京，兵士日眾，宜廣積米糧，以充軍儲而裕國課。弟等細思安徽、江西，米糧廣有，宜令鎮守佐將在彼曉諭良民，照舊交糧納稅。如蒙恩准，弟等即頒行誥諭，令該等遵辦。……御照：胞等所議是也，即遣佐將施行。」（《賊情

徵集軍糧），不可能立即實行社會改革（如分田）；等局勢略定，還是要按《天朝田畝制度》去強制推行的，所以洪秀全再次頒布這個制度，表示忠實於自己綱領的決心和信心。但事實是這個制度越來越行不通，愈來愈遇到極大的阻力和困難。聖庫制、供給制一開頭就很難在整個社會上普遍推行，「此令……，究不能行，遂下科派之令」（《賊情彙纂》）。男營女營制很快就停止或廢除[32]；各種匠營、館集中的人大批逃亡。[33] 甚至在軍隊中「聖庫」制度也逐漸名存實亡，供給制被破壞，許多將領擁有大量私財。廢除商業、貿易、貨回的結果，一方面使市場蕭條，經濟停滯（如天京城內），同時又反使軍隊經營商行當鋪，將官攬權納賄，發財致富，……事情日益走到了《天朝田畝制度》的反面。雖經洪秀全一再下令（如廢除商業、貿易），也絲毫改變不了局勢。

　　這不能簡單歸結為後期的「蛻化」，根本原因在於《天朝田畝制度》具有不符合社會發展進程的落後性質。洪秀全迷信前期主

彙纂》）

32 蒙得恩早看到這一點，要求不分男女行，不允，後終於 1855 年全面允許恢復家庭生活。《甕牖餘談》等著作中，大多記有因群眾要求正常夫婦生活而後解禁的事例。別男營女營原為便利軍事鬥爭而實行，並無可非議，但把它普遍推行於城市，就必然走向反面，特別是在思想上，這種別男女的禁欲特色很濃厚。例如洪福瑱曾說：「老天王做有〈十救詩〉給我讀，都是說這男女別開不准見面的道理，……我九歲以後想著母親姊妹，都是乘老天王有事坐朝時偷去看她。」（《洪福瑱自述》）

33 參看《金陵雜記》、《金陵癸甲紀事略》等。

要是在軍事鬥爭中和在革命軍隊中所取得的經驗，當作整個社會生活所必須遵循的普遍法則來強制推行，違反了現實生活的要求需要，當然要失敗（如廢除家庭，實行男營女營），在戰爭中有效的，在和平時期便行不通（如沒收私有財產，廢除貿易，實行聖庫制度等等）。平均主義、禁欲主義在早期發動組織群眾和作為軍隊風紀，的確能起巨大作用，但把它們作為整個社會長期或普遍的規範、準則和要求，則必然失敗。所以我們在說明這個綱領的反剝削、代表農民的理想和要求的合理性的同時，也不能無視、掩蓋或否定這種小生產者的嚴重落後性質。不建立在工業大生產的基礎上，純粹從消費、分配著眼，搞平均主義、禁欲主義的共產主義，把「五母雞二母彘」之類的自給自足的自然經濟理想化固定化，強制推行一種單一化的社會集體生活，在事實上是行不通，搞不長，挫傷群眾（包括農民群眾）的積極性，阻礙社會的前進發展的。儘管想得如何平等美妙，終於只是烏托邦。

 《資政新篇》

　　只有充分估計了《天朝田畝制度》這種兩重性，也才能充分估計《資政新篇》在太平天國革命思想中的價值和意義。《資政新篇》是洪仁玕寫的。關於洪仁玕及其《資政新篇》，以前也有不同

評價。好些論著是批判否定它的，認為它削弱了農民的革命性（羅爾綱），脫離群眾，脫離實際，是知識分子的要求（侯外廬），甚至是反映西方殖民主義的利益（沈元），等等。本文不同意這種看法。前幾年對洪仁玕的評價翻了過來，但大都著眼於洪個人如何受命於危難之際，深得洪秀全的信任，如何慷慨就義，晚節良好等等來推崇歌頌，這種肯定更表面。評價洪仁玕，要重視《資政新篇》。《資政新篇》的價值在於，它在近代條件下，給農民革命提示了一條真正擺脫傳統羈絆，甩開落後空想，繼續前進的方向和道路。這是當時符合歷史發展、推動社會進步的唯一的方向和道路。儘管由於軍事局勢，根本沒能實行，但它在思想史上的意義是重大的。正是在這個意義上，《資政新篇》才可說是《天朝田畝制度》的珍貴的續篇。[34] 正是由於《資政新篇》，太平天國才具有指向「中華共和國——自由、平等、博愛」（馬克思）的近代民主主義的氣息。

　　《資政新篇》的主題是大規模地倡導和發展資本主義：迅速興辦近代交通運輸業，提倡機器生產，開礦，立廠，辦銀行，積極採用近代西方科學技術，鼓勵創造發明，實行專利制度，保護和獎勵私人資本。如：「興車馬之利，以利便輕捷為妙。倘有能造如外邦火輪車，一日夜能行七八千里者，准自專其利，限滿准他

---

34 未提土地問題，是《資政新篇》被指責的主要原因，其實洪仁玕本就是作為補充條陳向天王提出的建議，不須重複已規定的綱領或制度，其實，不提它正顯出高明。

人仿造」,「興舟楫之利,以堅固輕便捷巧為妙,或用火用氣用力
用風,任乎智者自創」。「興器皿技藝」,「興寶藏。凡金、銀、銅、
鐵、錫、煤、鹽、琥珀、蚌殼、琉璃、美石等貨,有民探出者准
其稟報,爵為總額,准其招民採取」,等等。洪仁玕把資本家和封
建土地主開始作了某種初步區分(《欽定軍次實錄》),實際是要求
用資本主義來替代封建剝削。與此相適應的是上層建築的一系列
改造或建設,立法制,去酷刑[35],辦醫院,興郵政,開學校,設
新聞官以輿論來監督行政(儘管洪秀全敏銳看出在當時軍事鬥爭
異常緊張形勢下,不應實行,但並未從原則上否定它),如此等
等。如果說,《天朝田畝制度》的重點在於打擊地主土地所有制的
生產關係,那麼《資政新篇》的重點就在於建立和發展一種新的
資本主義的生產力和生產關係,不再是「五母雞二母彘」之類的
農業小生產的狹隘眼界,而是建立近代工業、全面開發資源的宏
大計畫。也只有這樣,才能真正克服前者的封建性、落後性和空
想性。

　　洪仁玕把中國近代「向西方學習」推到了一個新的高度,他
提出了「與番人並雄之法」,要與外國競存。他的好些主張和後來
資產階級改良派差不多,但洪仁玕這個方案,比後來改良派陸續
提出的發展工商業的主張,不但早二、三十年,而且也更為全面
和徹底。特別重要的,它是建築在打擊地主土地所有制的革命基
礎之上提出來的,與改良派在保持、維護這個土地制度反對農民

---

35 太平天國曾吸取和實行下層會黨流行的各種酷刑及點天燈、五馬分屍等。

革命的基礎上提出來的，有階級的本質差異。前者比後者在使資本主義發展的速度和規模上會迅速和龐大得多。與當時清朝政府設釐金關卡相反，太平天國解除了種種傳統束縛後（如廢除封建性的把持壟斷，採取開明的低稅制等等），城鄉資本主義因素曾經十分活躍，貿易繁榮，商業興盛[36]，這也可證明《資政新篇》提出的發展民族資本主義的主張是符合當時社會發展的客觀要求，也有一定的客觀經濟基礎（中國傳統社會末期本已有了資本主義經濟「萌芽」），是符合中國社會擺脫封建主義的歷史趨勢的。資本主義也是剝削制度，但它比封建主義要進步，比小生產者的空想要現實和優越。「四人幫」的御用文人們就是故意抹殺這一點。林彪、「四人幫」搞封建法西斯專政，打著馬克思主義的招牌，大肆宣揚平均主義、禁欲主義、蒙昧主義、原始共產主義，把革命領袖神化，大搞變相的宗教迷信、宗教儀式……，而這些東西居然能在一定時期和一定範圍內蒙蔽人們，甚至俘虜眾多知識分子，原因之一與中國長久廣泛的小生產者意識形態的傳統影響有關。可見，仔細地研究太平天國的意識形態，總結它的經驗教訓，是一件很有意義的事情。

（原載：《歷史研究》1978 年第 7 期）

---

36 如蘇州、寧波、嘉興等處「人煙轉盛，城市富民往來貿易，貨物充斥，初不知為亂世」《避寇日記》。「市上熱鬧，生意繁盛，較前時數倍。」《吳江庚辛紀事》「百貨川流，萬商雲集，將見安居樂業，攘往熙來」《太平天國文物圖相別編》，……這種記載很多。

二、十九世紀改良派變法維新思想研究

　　中國近代改良派變法維新思想，是出現在十九世紀七〇至九〇年代傳統社會上層的早期資產階級自由主義的時代思潮。它反映和代表著正開始形成的資產階級自由派的社會新興勢力，主張用和緩漸進、暫時不作根本變動的辦法，來改革中國傳統社會的經濟、政治、文化，以抵抗外國資本主義國家的侵略。這一思潮的發生發展及其與當時占據社會統治地位的封建主義思想的矛盾和鬥爭，是太平天國革命失敗後到革命民主主義興起前這一大段中國近代思想史的主要內容。

　　下面是對這一思潮發生發展的歷史過程的一個粗糙的、遠不完備的概括論述。

改良派變法維新思想的「前驅先路」

1. 鴉片戰爭前夜的進步思想家龔自珍

　　十九世紀七〇至九〇年代的改良派變法維新思想有其直接的先行者。按其階級基礎、思想源流和理論形式，應該追溯到十九世紀上半葉。

　　十九世紀上半葉是中國封建社會走向窮途末路的時期。清王朝用高壓手段所維持的相對穩定的統治年代已經一去不可復返，

「康乾盛世」的紅漆招牌畢竟要掉了下來。土地的高度集中和日益加重的地租盤剝，帶來的是農民群眾頻頻不絕的起義，起義的組織力量——會黨取得了廣泛的發展，「天地會」的勢力遍布南中國。與此同時，絲織、棉織、造紙、製瓷、冶鐵等等部門的商品生產在這時也大大突破了明清之際的水平，它們在暗中侵蝕著舊制度的基礎。外國商品和走私鴉片的大量輸入，紋銀的外流，加重了這種情況，造成社會經濟的枯竭。據統計，鴉片戰爭前幾年流出的白銀就等於當時銀貨流通總額的五分之一，平均每年流出額等於國家每年總歲入十分之一。但是，就在人民的膏血和眼淚已流成海洋的時候，社會的上層卻仍在麻木的平靜中歡慶昇平，官員們仍舊貪婪地計算著自己的爵位和黃金，士子們仍舊蛆蟲般地鑽營幻想著飛黃騰達的年代……。這的確是一個暴風雨前異常沈悶昏熱的時刻，一切都在無聲無息地腐爛，一切都走向無可救藥的崩毀，這裡充滿著貪污、腐化、卑劣、無恥，同時也迅速地成長著無可遏止的憤怒和仇恨……。這種情況深刻而尖銳地反映在當時清明的思想家的頭腦裡，充滿著浪漫主義特色，龔自珍的尖利的筆閃電似地出現在這個風雨前夕的上空，給我們攤開了一幅「國賦三升民一斗，屠牛哪不勝栽禾」的岌岌不可終日的社會圖景：

　　自京師始，概乎四方，大抵富戶變貧戶，貧戶變餓者，四民之首，奔走下賤，各省大局，岌岌乎皆不可以支月日，奚暇問年歲？《定盦文集》卷中〈西域置行省議〉）

這真是「履霜之屩，寒於堅冰；未雨之鳥，戚於飄搖；痁瘵之疾，殆於癰疽，將萎之華，慘於槁木」（〈乙丙之際著議第九〉）。一方面，是殘酷的封建剝削和慘重的民生凋敝；另一方面是「豺踞而鴞視，蔓引而蠅孳」，「析四民而五，附九流而十」（〈乙丙之際著議第三〉），大批封建吸血者的官官相護、朋比為奸、荒淫無恥、逢迎諂媚……，而盤據威懾在這個世界的頂峰的，是封建帝王的「一夫為剛、萬夫為柔」、「主上遇大臣如犬馬」、「約束之羈靡之」的專制淫威：

> 昔者霸天下之氏，稱祖之廟，其力彊，其志武，其聰明上，其財多，未嘗不仇天下之士，去人之廉，以快號令，去人之恥，以嵩高其身，一人為剛，萬夫為柔……大都積百年之力，以震盪摧鋤天下之廉恥……。（《定盦續集》卷 2〈古史鈎沈論一〉）[1]

---

[1] 龔自珍這種論調是很值得注意的，儘管這些聲音還沒具有什麼明確的反專制政體的因素，但它對後來的資產階級思想家卻有一種啓迪的作用。此外如：

「……士不知恥為國之大恥……官愈久則氣愈偷，望愈崇則諂愈固，地愈近則媚亦益工，……臣節之盛，掃地盡矣。……郭隗說燕王曰：帝者與師處，王者與友處，伯者與臣處，亡者與役處……。唐宋盛時，大臣講官不輟賜坐賜茶之舉，從容乎便殿之下，因得講論古道，儒碩興起；及據季也，朝見長跪夕見長跪之餘，無此事矣，……殿陛之儀，漸相懸以相絕也。」（〈明良論二〉）

「老子曰，法令也者，將以愚民，非以明民。孔子曰，民可使由之，不可使知之。齊民且然，士也者，又四民之聰明焦論議者也……留心古今

　　龔自珍朦朧地觸著了君主專制制度的痛處，對人的尊嚴的遭受屈辱，抒發著深重的慨嘆和不平；與此同時，龔氏廣泛地揭發了社會的黑暗現實，看出了社會問題的嚴重，預感革命風暴的近臨：

　　人心者，世俗之本也；世俗者，王運之本也。……貧者日愈傾，富者日愈壅，……至極不祥之氣鬱於天地之間，……鬱之久乃必發為兵燧，為疫癘，生民噍類，靡有孑遺，人畜悲痛，鬼神思變置，其始不過貧富不相齊為之爾。小不相齊，漸至大不相齊，大不相齊，即至喪天下。(《定盦文集》卷上〈平均篇〉)

　　近年財空虛，大吏告民窮……亦知物極將返乎。……有所潰，有所鬱，鬱之也久，發之也必暴……今百姓日不足以累聖天子惄然之憂，非金乎？幣之金與刃之金同，不十年其懼或煩兵事。(《定

而好論議，則於祖宗之立法，人主之舉動措置，一代之所以為號令者，俱大不便。……是故募召女子千餘戶入樂籍……則可以箝塞天下之遊士……使其耗其資財，則謀一身且不暇，無謀人國之心矣。使之耗其日力，則無暇日以談二帝三王之書，又不讀史而不知古今矣。使之纏綿歌泣於床第之間，耗其壯年之雄材俊略，則思亂之志息，而議論圖度上指天下畫地之態益息矣……則論議軍國臧否政事之文章，可以毋作矣。如此，則民聽一，國事便，而士類之保全者亦眾。曰，如是，則唐宋明豈無豪傑論國是掣肘國是而自取僇者乎？曰有之，人主之術或售或不售，人主有苦心奇術，足以牢籠千百中材而不盡售於一二豪傑，此亦霸者之恨也。吁！」(《定盦續集》卷1〈京師樂籍說〉)

盦文集》卷上〈乙丙之際著議第一〉〉

這樣清醒而深刻的警告，包含在如此瑰麗奇異的文詞中，從內容到形式都足以動人心弦。

龔自珍形象地把社會情況分為一日的三時，「一曰蚤時，二曰午時，三曰昏時」（《定盦續集》卷1〈尊隱〉）。龔氏指出他所處的時代已不是那種「大川歸道」「王邑文明」的美好安穩的年頭，而是「日之將夕，悲風驟至」，「山中之民，有大音聲起，天地為之鐘鼓，神人為之波濤」的革命風暴的前夕了。[2]

這樣的年代自然地使龔氏想起更法改革的要求，「法無不改，勢無不積，事例無不變遷，風氣無不移易」（《定盦文集補編》卷2〈上大學士書〉），「一祖之法無不敝，千夫之議無不靡，與其贈

2　「日之將夕，悲風驟至，人思燈燭，慘慘目光，……而君子適生之，不生王家，不生其元妃嬪嬙之家，不生於所世蓁之家，從山川來止於郊而問之曰：何哉？古先冊書，聖智心肝，人功精英，百工魁傑所成，如京師，京師弗受也；非但不受，又裂而磔之，丑類窳呰，詐偽不材，是輦是任，是以為生資，則百寶咸怨，怨則反其野矣。貴人故家蒸嘗之宗，不樂守先之所予重器；不樂守先之所予重器，則嬖者篡之，則京師之氣泄；京師之氣泄，則府於野矣。如是則京師貧；京師貧則四山實矣。……蒸嘗之宗之孫，見聞婣婉，則京師賤；賤則山中之民，有自公侯者矣。如是則豪傑輕量京師；輕量京師，則山中之勢重矣。如是則京師如鼠壤；如鼠壤，則山中之壁壘堅矣。……風惡、水泉惡、塵霾惡，山中泊然而和，洌然而清矣。……夜之漫漫，鶤旦不鳴，則山中之民，有大音聲起，天地為之鐘鼓，神人為之波濤矣。」（〈尊隱〉）

來者以勃改革，孰若自改革？……《易》曰窮則變，變則通，通則久」(《定盦文集》卷上〈乙丙之際著議第七〉)，「奈之何不思更法？」(〈明良論四〉)

然而，時代和階級的限制還不可能允許龔氏「更法」主張有什麼真正重要的社會內容，而只是如其所自稱「藥方只販古醫丹」──宗法、限田、均田之類的陳舊的復古空想和注意人才、越級升擢、整頓貪污、廢除跪拜等等相當枝節的補救改良。這一套基本上並沒有跳出傳統思想體系的治國平天下的圈子。所以，可以看出，龔自珍思想的特點和意義，主要是在於那種對黑暗現實（特別是對那腐朽之極的封建官僚體系的種種）的尖銳嘲諷、揭露、批判，在於那種極盡喜笑怒罵之能事的社會譏評，在於那種開始隱隱出現的叛逆之音。這種聲音在內容上觸著了最易使近代人們感到啓迪和親切的問題──如君主專政、如個性的尊嚴和自由、如官僚政治的黑暗；而在形式上，這種聲音又響奏著一種最易使近代人們動心的神祕隱麗、放蕩不羈的浪漫主義色調──所以，無論是龔氏裝在「公羊今文學」中的「非常異義可怪之論」，或者是龔氏那些慷慨浪漫的詩歌散文，就都深深地打動和投合了要求衝破舊束縛、嚮往自由和解放的晚清一代年輕人們的心靈和愛好。龔自珍的詩文在晚清風行一時，不是偶然的現象，梁啓超以其親身的經歷一再強調了龔對他們的巨大的思想影響：

定庵……思想蓋甚複雜，然其於《春秋》蓋有心得，能以恢詭淵眇之理想，證衍古誼，其於專制政體，疾之滋甚，集中屢嘆

恨焉（集中如〈古史鉤沈論〉、〈乙丙之際著議〉、〈京師樂籍說〉、〈尊任〉、〈尊隱〉、〈撰四等十儀〉、〈壬癸之際胎觀〉等篇，皆頗明民權之義，其餘東鱗西爪，全集往往見）……當嘉、道間，舉國醉夢於承平，而定庵憂之，僾然若不可終日，其察微之識，舉世莫能及也。生網密之世，風議隱約，不能盡言。……語近世思想自由之嚮導，必數定庵。吾見並世諸賢，其能為現今思想解放光明者，彼最初率崇拜定庵，當其始讀定庵集，其腦識未有不受其激刺者也。（《論中國學術思想變遷之大勢》）

龔自珍……喜為要眇之思……詆切時政，詆排專制……晚清思想之解放，自珍確與有功焉。光緒間所謂新學家者，大率人人皆經過崇拜龔氏之一時期；初讀《定庵文集》，若受電然。（《清代學術概論》）

龔自珍的詩歌，又特別是七絕，在晚清風靡一時，「避席畏聞文字獄，著書都為稻粱謀；田橫五百人安在，難得歸來盡列侯？」、「陶潛詩喜說荊軻，想見停雲發浩歌，吟罷恩仇心事湧，江湖俠骨恐無多」、「九州生氣恃風雷，萬馬齊暗究可哀，我願天公重抖擻，不拘一格降人才」、「不似懷人不似禪，夢回清淚一潸然，瓶花帖妥爐香定，覓我童心廿六年」……，慷慨、悵惘、悲憤、淒婉，完全適應和投合開始個人覺醒的晚清好幾代青年知識分子的情緒和意向。從《公羊》（「從君燒盡蟲魚學，甘作東京賣餅家」）到佛學，從浪漫詩文到異端觀念，都是與封建正統的漢學

考據、宋學義理相對抗著的。它們無一不開晚清之先聲。龔自珍為中國近代思潮奏出了一個浪漫主義的前奏曲，這個充滿異端情調的序曲，在稍後的時代裡，就發展成為激昂強烈的真正的交響樂章。無論在文學上，政治上或學術上，都如此。叛逆的果核開了花，龔自珍的「公羊今文學」終於在康有為手裡取得了豐碩的收穫。

2. 魏源和馮桂芬

如果說，龔自珍主要特點和貢獻是在對舊社會的揭露和批判；那末，與他齊名的同時代思想家魏源的特色和貢獻，就在於正面建設性的原則的提出。如果說，龔自珍的鋒芒是針對著封建社會內部問題；那末，隨著時勢的變異，這種鋒芒在他的朋友魏源身上就取得了反抗外侮的愛國主義的新方向。

鴉片戰爭正式揭開了中國近代史的帷幕。中國人民與外國侵略者開始了正式鬥爭。從此，反抗外來侵略欺侮一直成了中國近現代思想的最重要的主題，它實際支配和影響了好多代人們的行為、活動和思想。龔自珍、魏源的朋友、當時中上層愛國士大夫集團的重要人物林則徐，是與外國侵略者第一個回合鬥爭中上層社會進步傾向的最早代表者。林則徐嚴禁鴉片、主張團結人民以禦外侮的進步思想和正義行動，是不畏強暴的民族精神的表現。但是，林氏遠不像當時及以後那種愚昧無知、夜郎自大、盲目排外的頑固派，為了更有效地保衛祖國反抗侵略，林則徐同時又是近代中國最先開始著重對西方資本主義國家進行了解和注意調查

的先進人物。中國官府「驕傲自足，輕慢各種蠻夷，不加考究。惟林總督行事全與相反，署中養有善譯之人，又指點洋商通事引水二三十位官府，四處探聽，按日呈遞。」（魏源：《海國圖志》。錄外人報紙語）「其中所得夷情，實為不少。制取準備之方，多由此出。」（林則徐：〈答奕將軍防禦粵省六條〉）但是，林則徐愛國禦侮的行動引起了王朝統治者的不滿，維護祖國尊嚴的結果是遭到了幾千里路凶暴的流放。

　　愚昧和顢頇代替了堅決的政策，結果是「城下之盟」──國家的屈辱。有著「十全武功」的「天朝」居然屈膝於「麼爾小夷」，這在當時不能不算大事。如何「馭外夷」就這樣作為驚心觸目的重要問題而被提出。戰爭的教訓刺激著清醒的愛國者去考慮禦侮之道。林則徐的朋友魏源慨然擔承了林氏未完的事業，採用了林氏主持編撰《四洲志》、《華事夷言》的方法，開始了大規模的辛勤的採訪編纂工作，在一八四〇年代完成了《海國圖志》這種在當時中國和東方是劃時代的世界史地巨著，成為當時東方各國人民了解西方和抵抗西方的第一流的寶貴典籍：

　　《海國圖志》五十卷，何所據？一據前兩廣總督林尚書所譯西夷之《四洲志》，再據歷代史志及明以來島志，及近日夷圖夷語，鉤稽貫串，創榛闢莽，前驅先路。……是書何以作？曰：為以夷攻夷而作，為以夷款夷而作，為師夷長技以制夷而作。……同一禦敵，而知其形與不知其形，利害相百焉。同一款敵，而知其情與不知其情，利害相百焉。古之馭外夷者，諏以敵形，形同

几席；詢以敵情，情同寢饋。（〈海國圖志敘〉）

　　《海國圖志》作者在「凡有血氣者所宜憤悱，凡有耳目心知者所宜講畫」的愛國熱情中，通過實事求是的冷靜研究，在這書中總結性地提出了反抗侵略的兩大綱領：「以夷攻夷」和「師夷長技以制夷」。前者表現了魏源對西方資本主義國家自由競爭時代爭奪國外市場中的矛盾而企圖加以利用的粗淺幼稚的認識，後者則是在仔細思考、研究後得出的抵抗侵略戰爭的有效方案。雖然它的主要內容還只是軍事方面的戰略戰術和購置製造新式槍炮的建議，但這正是根據當時敵我雙方各種具體的優劣條件和鴉片戰爭的實際經驗而總結出來的現實辦法。由於歷史的限制，魏源「師夷長技」的內容和對西方「長技」的認識還完全停留在武器和「養兵練兵之法」的狹隘範圍內。但重要的是，與當時及以後占統治地位的頑固思想不同，魏源在其時代的可能情況下，最早具有和提供了「師夷長技以制夷」這樣一種新鮮思想，它具有著新的原則指導意義。儘管「長技」內容隨時代和認識的深化而大有不同，但「竊其所長，奪其所恃」的「師長」主張（「師其所長，奪其所恃」）卻一直是以後許多先進人士為拯救中國抵抗侵略而尋求真理的思想方向。一八七○年代改良派思想家王韜說：「當默深先生時，與洋人交際未深，未能洞見其肺腑，然師長一說，實倡先聲。」（《扶桑遊記》）這一評論是正確的。正是這樣，在四○年代的林則徐、魏源身上，最早地體現了這個區別於正統頑固派的中國近代先進人士都具有的思想特徵：為了反抗西方，就必須學習

當時先進的西方。林、魏只是把這種反抗和學習停留在最膚淺最
表面的軍事方面罷了，然而這也是歷史發展和邏輯認識必然經過
的最初階段。

　　同時，魏源與以後單純講求學習西方「船堅炮利」的洋務派
也不一樣。他和龔自珍一樣，都非常渴望內政上的某種大改革。
魏源指出，不能單靠銳利的武器來抵抗侵略：「然則，執此書（指
《海國圖志》）即可馭外夷乎？曰唯唯否否。此兵機也，非兵本
也。……明臣有言，欲平海上之倭患，先平人心之積患。」（〈海
國圖志敘〉）那末，「人心的積患」是什麼呢？魏源並不能指出什
麼明確的東西，與龔自珍的感受一樣，他也朦朧地覺得社會存在
著巨大的危機，覺得整個社會的空虛（「虛」）和昏暗（「寐」）。因
此，他與龔自珍一起，努力在社會上倡導一種「經世致用」──
關懷國事民瘼，積極參預社會政治生活的人生態度和治學作風：

　　曷謂道之器？曰禮樂。曷謂道之斷？曰兵刑。曷謂道之資？
曰食貨。道形諸事謂之治，以其事筆之方策，俾天下後世得以求
道而制事謂之經……。士之能……以《周易》決疑，以〈洪範〉
占變，以《春秋》斷事，以《禮》、《樂》服制興教化，以《周官》
致太平……謂之以經為治術。（《古微堂內集・學篇九》）

　　與龔自珍「燒盡蟲魚學」同調，魏源反對占據當時學術統治
地位的遠離現實生活的煩瑣考據的「漢學」，同時也斥責為統治階
級所獎賞而同樣脫離現實空談性理的 「宋學」。[3] 魏源指出必須

「以實事求實功，以實功從實事」，用重視和聯繫社會實際的態度、方法來治學辦事，來救國救民。它要求人們由書齋走向生活，由空談轉入實際。所以，魏源這一思想一方面是對明末清初現實主義思潮的繼承和恢復，是對十八世紀以來統治中國學術的主導潮流的否定；另一方面，它又是近代中國先進思想著重社會政治的現實問題的時代精神的最早的體現。魏源對後來知識學術界特別是改良派產生了很多影響，其中就有這種對待現實的態度和精神。

　　正因為注意研究現實問題，使他們的思想裡常常蘊藏著新鮮觀念的芽子。在龔、魏的經濟立場中就有很值得注意的先進因素，這些因素較迅速地反映了當時社會經濟發展的客觀情況和趨勢。與當時許多堅持閉關政策的落後思想——如禁用洋貨（管同）、廢除白銀（孫鼎臣：〈論治〉）、阻抑商務、封禁礦務（徐鼒：《務本論》）等完全不同，龔、魏都重視商業的發展，他們主張言「私」言「利」。龔自珍倡言「天有私也，地有私也」、「三代之上……無恥言富之事」；林則徐建議許民開礦與外國進行正當貿易；魏源提出學習採用外國新式生產工具、技術來製造貨物……。這些思想

3　如「自乾隆中葉後，海內士大夫興漢學……爭治詁訓音聲，瓜剖鈲析……錮天下聰明智慧，使盡出於無用之一途。」（《古微堂外集·武進李申耆先生傳》）「……使其口心性，躬禮義，動言萬物一體，而民瘼之不求，吏治之不明，國計邊防之不問，一旦與人家國，上不足以制國用，外不足靖疆圉，下不足以蘇民困，舉平日胞與民物之空談，至此無一事可效諸民物，天下亦安用此無用之王道哉？」（《古微堂內集·治篇一》）

固然可說是當時中國社會內部經濟發展趨勢的反映，是自明末以來不絕如縷的「工商皆本」的新鮮思想的延續；同時它也開始作為十九世紀七、八〇年代改良派發展資本主義工商業的經濟觀點的媒孽而出現了。

　　五〇年代捲起了太平天國的革命風暴，龔自珍的預感變成了現實，「山中之民」的大聲音沖決了一切補救改革的幻想，在農民的「天父天王天國」的戰鬥號角中，龔、魏的改良思想被擠到時代思想主流的幕後，只在不被人注意的情況下得到了進一步的發展。這種發展表現在林則徐的學生馮桂芬的著作《校邠廬抗議》中。

　　處在東南沿海，親身經歷了兩次鴉片戰爭的禍亂，在「夷害不已」的感受中，馮桂芬要求「自強」、「雪恥」：

　　有天地開闢以來未有之奇憤，凡有心知血氣，莫不衝冠髮上指者，則今日之以廣運萬里地球中第一大國，而受制於小夷也。……如恥之，莫如自強。夫所謂不如，實不如也。忌嫉之無益，文飾之不能，勉強之無庸……道在實知其不如之所在，彼何以小而強，我何以大而弱，必求所以如之，仍亦存乎人而已矣。（《校邠廬抗議》卷下〈制洋器議〉）

　　遵循著林、魏方向，馮氏看到了中國的「不如人」，而要求「知其不如之所在」。於是甘冒當時天下之大不韙，提出「法苟不善，雖古先吾斥之；法苟善，雖蠻貊吾師之」（《校邠廬抗議》卷

上〈收貧民議〉）的方針，要求「博採西學」，努力學習資本主義
工藝科學的「格致至理」和史地語文知識。

　　遵循著龔、魏改革內政的思想，馮氏第一次明白具體地提出
內政、外交、軍事、文化全面改革的必要。馮氏指出不但在軍事
方面，而且在內政方面，中國也有「四不如夷」：「人無棄才，不
如夷；地無遺利，不如夷；君民不隔，不如夷；名實必符，不如
夷。」（〈制洋器議〉）要「人無棄才」，就須廢八股時文，改革科
舉考試的科目內容，獎勵科學技術人才，予以科舉出身的優遇。
要「地無遺利」，就須大興水利，廣植桑茶。要「君民不隔」、「名
實必符」，就須「復鄉職」（擴大紳士的政治權力）、「復呈詩」（許
人民用詩歌表達意見）、「改賦稅」、「汰冗員」等。這些主張雖還
未明確帶有資產階級改革性質，比起龔、魏的思想，它也是一個
比較矮小的侏儒；但是，馮氏這些主張卻無論如何比龔自珍「捕
狗蠅螞蟻」的憤怒的空想和魏源「先平人心的積患」的模糊主張
已向前大進了一步，使他們那種朦朧的社會改革要求具有了切實、
具體的內容。它超出了當時思想界的水平，直接成為八、九〇年
代改良派變法思想的胞胎和先導。一八五〇年代馮氏的著作在當
時並未引起太多的注意和影響，但在以後九〇年代變法思潮的高
潮中卻還一直未喪失其價值，而被視為與《盛世危言》、《庸書》
同樣重要的典籍。[4]

---

[4] 此書一八八〇年代始有刻本（抄本早流傳），九〇年代改良派右翼人物
　　（例如翁同龢、孫家鼐等等）特別著重這部著作，認為這部著作中所提

　　處在階級鬥爭十分尖銳的太平天國的革命時代，馮桂芬思想的另一個方面，是站在地主階級的立場，堅決反對農民革命，反對太平天國，他一直參加和擔任了清朝軍隊的重要工作，「襄辦軍務兩年，其一切撫剿事宜多所贊決」（李鴻章）。這其實也是龔、魏立場的一脈相承。龔自珍雖然勇敢地諷刺抨擊黑暗現實，幻想著革命的到來，但他同時又是蔑視人民的，他要求維護封建等級的森嚴，要求人民對統治者服從和畏懼。魏源也是這樣，他參預了反對太平天國的戰爭，衷心希望著清朝統治穩固和強大。他所著的《聖武記》就被章太炎嚴屬地斥責為「媚虜」的歌功頌德的作品。這些開明思想家的封建地主立場的方面，也同樣為改良派所繼承下來了。

　　魏源曾說過他們的工作是「創榛闢莽，前驅先路」，從上面也可以看出，從龔自珍到馮桂芬這些三〇至六〇年代的地主階級的開明思想家，的確正是七〇至九〇年代地主資產階級改良派思想家的「前驅先路」。他們是改良派思想家的真正的血緣親屬，為改良派積累了重要的思想資料，開闢和指引著走向資本主義思想的新方向。所以，如果說，龔自珍給較遠的晚清（十九世紀九〇年代至二十世紀初年）煽起了浪漫的熱情；那末，魏源就給緊接著

出的建議就是他們所要求實行的政策。他們翻印了這本書，並一再推荐給光緒皇帝閱讀，實際這本書在九〇年代顯然已經很落後了。但當光緒皇帝指令一大批官僚提出閱讀意見時，仍有相當一部分人持保留或反對的態度。

他的七、八〇年代留下了現實的直接主張。而馮桂芬的特點在於：他承上啓下，是改良派思想的直接的先行者，是三、四〇年代到七、八〇年代思想歷史中的一座重要的橋梁。5

---

5 關於馮桂芬的思想，學術界在一九六〇年代初有過討論和爭議。一種意見認為馮的《抗議》一書代表資產階級改良派，第二種意見認為代表洋務派即地主買辦階級，第三種意見認為代表地主階級改革派，即與龔、魏同列。我基本同意第三種意見，因此不擬修改自己一九五〇年代的這些看法。說馮代表改良派是太早了，改良派當時遠未從洋務派中分化出來；甚至洋務派本身也剛在形成中，說他代表洋務派很不準確。洋務派沒有急迫地真正要求改革內政。至於說馮在鎮壓農民革命中與外國侵略者合作，這並不奇怪，正是地主階級的特徵。本書仍認為，馮是上承龔、林、魏，下啓改良派的地主階級改革派，即改良主義的「前驅先路」。有關馮桂芬的一些論文是：周輔成〈馮桂芬的思想〉（《歷史教學》1953年第9期）、王栻〈馮桂芬是不是一個具有資產階級民主思想的改良主義者？〉（《南京大學學報（人文科學）》1956年第3期）、陳旭麓〈論馮桂芬的思想〉（《學術月刊》1962年第3期）、趙靖〈試論馮桂芬思想的階級屬性〉（《學術月刊》1962年第10期）、黃保萬〈校邠廬抗議剖析〉（《學術月刊》1962年第11期）、徐侖〈論馮桂芬的政治思想〉（《學術月刊》1963年第8期）、陳旭麓〈關於校邠廬抗議〉（《新建設》1964年第2期）等。

（二）改良派變法維新思想的發生與發展

1. 發展民族資本主義工商業的經濟要求

　　改良派變法維新思想的真正產生和出現是在十九世紀七、八〇年代中。它首先表現為一種要求政府重視發展民族資本的經濟思想。

　　十九世紀七、八〇年代是革命大風暴過後的蕭條肅殺而又相對穩定的年代。農民革命的失敗使社會走上艱苦曲折的行程。龔自珍所揭發的那個千瘡百孔的社會在苦痛地延續著，封建地主與農民階級的矛盾潛伏地走向更深刻的惡化。與此同時，外國侵略者得寸進尺、步步逼緊的進攻，構成了這一階段新形勢的特點。各種屈辱的賣國條約陸續不斷地簽訂，外國教士和商船開始橫衝直撞地深入內地，農村的自然經濟遭到分解和破壞。在五、六〇年代農民階級與地主階級大鬥爭之後，反抗侵略保衛祖國的民族矛盾、民族鬥爭開始成為新階段的主要線索向前伸延。七、八〇年代是九〇年代湧現的愛國主義大高潮的量的積累階段。下層人民把大的憎恨擲向了闖進來的強盜，此落彼起，一波接一波的教案遍及了全國。

　　然而，新階段的主要特點和情況卻是：農民革命失敗後，社

會的發展只得通過上層來表現它的前進趨勢。七〇年代以來，一
部分地主、官僚、富商、洋行買辦和舊式礦業主正要求和開始向
近代資本家轉化，開始投資於近代工礦業和交通運輸業。據統計，
到八〇年代末年，商辦、官商合辦（其中商辦占主要地位）的近
代廠礦數三十八家，資本合計一千四百餘萬元，其中主要是紡織
工業和礦冶工業（參看嚴中平等編：《中國近代經濟史統計資料
選》）。這些廠礦的主人大都是地主、官僚而兼資本家，他們大部
分還以封建地租剝削為重要或主要收入，但是，因為他們要發展
資本主義，所以與封建頑固派存在著深刻的階級差異，與洋務派
的「官督商務」大肆虧本也有著尖銳的利害矛盾。他們要求擺脫
頑固派的阻撓和洋務派的控制，他們希望在不根本改變社會制度
的前提下進行改革，以更迅速地為資本主義開闢通道。

　　儘管這條通道是一條充滿著屈辱、苦痛的狹窄行程，在當時
它畢竟還是指向新的社會階段的發展趨勢。反映著這個趨勢，開
始在一種極為微弱的音響中所表達出來的改良派自由主義的呼
聲，是一種有物質現實根據的新的進步社會思想。

　　七、八〇年代改良派思想，是直接從洋務思想中分化出來的。
在最初階段，無論是這種思想本身，或是這種思想的代表人物，
都無不與洋務主義連結著難分難解的親姻關係。它在很大的程度
上，依存於洋務主義，雖然它已作為洋務思想的對立物在發展中
開始具有了自己的性格。

　　出現在六〇年代，在戰爭血海中發軔成長的洋務主義，是一
種意在維護原封建統治秩序的運動和思想。這種主義的綱領辦法

就是：「查治國之道，在乎自強，自強以練兵為要，練兵又以制器為先。」（李鴻章）如果說，在四○年代裡，愛國的地主、官僚在對抗外侮的鬥爭中，從「師夷長技以制夷」出發，認識了和提出了「船堅炮利」的主張；那末，上層封建統治集團卻是在五、六○年代的內戰中來開始提出這種方案的 [6]。但是洋務主義在客觀

---

6 在反對太平天國的戰爭中，外國侵略者積極幫助清朝，人們日益看到了新式武器的「好處」：「曾公用英國武員戈登領洋槍隊號常勝軍……卒以剿滅，洋法宜用，于是大明。由是開製造局譯書鑄槍炮造輪船……」（何啟），「近年辛酉（1861 年）以前江南所售洋炮不少，皆以此為殲賊，所刊不惜重價，多方購置」（王韜），「購買外洋槍炮，設局鑄造開花炮彈，以資攻剿，甚為得力……」（李鴻章：〈置辦外國鐵廠機器摺〉）。

另一方面，對於外國侵略者，「自強」「禦侮」是一種虛張的聲勢：「海軍之設，恪靖發其論，李次青實助成之，觀其立言之旨，徒欲見威于敵，魏相所謂驕兵也。」（郭嵩燾：〈寄李副相〉）「若一旦下造鐵路之詔，顯露自強之機，則氣勢立振，彼族聞之，必先震驚」（劉銘傳：〈請開鐵路以自強疏〉）。

由購買槍炮到製造槍炮，到開礦煉鐵，洋務運動這種前進，重要原因之一是因為錢不夠才「開源」，為封建國家的財政需要才搞煤礦：「除製炮船練兵將，別無自強之道，然不開礦煉鐵，購機做鑪，事事購自外洋，財源溢出，軍火之費較之洋藥漏厄尤鉅」（裴蔭森、左宗棠：〈製造新式兵船疏〉）。「非有大宗巨款，不能開辦，非有不竭餉源，不能持久，……更求開源節流之計……而後洋務可通盤籌劃，……欲言開源，或者其煤鐵乎？……練兵簡器造船為自強之目，籌餉為自強之綱」（沈葆楨：〈復奏洋務事宜疏〉）。「惟是七省水師……創辦之始必須持款數千餘萬，辦成之後，必須有經費數百萬，統籌國用亦知財力難勝」（張佩綸：〈請創設

上對中國資本主義的產生和發展，的確起了重要的刺激和促進作用，對破壞封建小生產方式驚醒整個社會氛圍起了巨大影響。

　　正如洋務運動在客觀經濟上刺激了中國資本主義的發生發展一樣，洋務思想在封建古國思想界中引起的震盪以及正統封建頑固派對它的反對和不滿，也就引起了人們思想的活躍。在洋務運動中，許多人員被派出國，他們親身接觸了西方資本主義的「富強」，深切地感到了中國的落後。其中有些人開始思考和探索如何才能使中國也真正同樣「富強」起來。他們不滿足於洋務運動，看出洋務運動並不能使中國富強而必須另找辦法。因為洋務運動用原有的封建官僚體系和制度來辦近代企業，完全不講求經濟效果和經濟規律，反正是花「國家」的錢，個人做官並藉機發財，企業的虧損毫不在乎。這種官辦企業當然要垮臺，又怎能使國家富強？而所謂「官督商辦」，就正是加在「商辦」（資本主義）頭上的一種封建鐐銬（「官督」）。如何擺脫這種鐐銬，如何改變這種或停止這種官辦洋務，就成了當時有識之士所注意到的問題。這些對洋務運動有親身經歷和感受的人，逐漸脫離洋務思想原來的方向和軌道，以現實主義的態度，提出了一些更為切實合理的主張和建議。這些主張和建議客觀上開始代表和反映了當時中國社

外海兵糧水師疏〉）。「中國積弱由于患貧，西洋方千里數百里之國，歲入財賦動以數萬萬計，無非取資煤鐵五金之礦，鐵路、電報、報信局、丁口等稅，……早圖變計，擇其至要者逐漸仿行」（李鴻章：〈復丁寶楨〉，光緒二年）。

會新興經濟力量的要求。

　　王韜、馬建忠、薛福成這些人物和他們的思想就是如此。他們是最初的一批改良主義思想家。當然，這三個人只是其中的著名人物，其他一些出使人員、洋務人員在不同程度不同問題上也曾反映出與他們類似的意見和態度，而這，恰好證明資產階級改良主義作為一種時代思想已必然要開始它的萌芽了。

　　王、馬、薛等人都曾一度是「船堅炮利」方案的主張者和擁護者，在一八六○年代，王韜寫過以「精習槍炮之法」為內容的《操勝要覽》，薛福成也寫過〈乙丑上曾侯相書〉，[7] 二者完全是洋務運動的主張，為了鎮壓農民起義，而講求新式武器以至工藝技術。到七○年代，他們卻大為不同地著眼於工商業的發展問題，他們開始指責洋務運動「徒襲皮毛」，另外提出「開礦務以採煤礦五金」、「製機器以興織造」、「許民間用輪舶以達內河」、「立公司貿易於外洋」……等等建議：

　　　天施地生，山蘊川懷，此自然之利也。製造操作，佐以機器，此人工之利也。舟車致遠，販有易無，此商賈之利也。……亦欲

7　「今日急務在平賊，平賊在於治兵，治兵必先習西人之所長使之有恃無恐，兵治賊平而己器精用審矣。」（王韜：《操勝要覽・仿製西洋船炮論》）「西人所恃其長有二，一則曰火器猛利也，一則曰輪船飛駛也……為今之計，宜籌專款，廣設巨廠，多購西洋製器之器，聘西人為教習，……精習製造槍炮之法……若是則彼之所長，我皆奪而用之矣。」（薛福成：〈乙丑上曾侯相書〉）

使我固有之利仍歸諸於民耳。民生既足，國勢自張，而後一切乃可以有為。（王韜：《弢園文錄外編・補征起廢藥痼議》）

　　昔商君之論富強也，以耕戰為務，而西人之謀富強也，以工商為先。……則為中國計者，既不能禁各國之通商，惟有自理其商務而已。商務之興，厥要有三，一曰販運之利（指商業）……一曰藝植之利（指農業）……一曰製造之利（指工業）。（薛福成：《籌洋芻議・商政》）

　　出身於東南商業城市，與商界關係十分密切的洋務派人員馬建忠則更堅決地提出了國家保護商人以與外商抗爭的經濟政策：

　　以知近今百年西人之富，不專在機器之創興，而其要領專在保護商會，……忠此次來歐，一載有餘，初到之時，以為歐洲各國富強，專在製造之精，兵紀之嚴，及披其律例考其文事，而知其講富者以護商會為本，求強者以得民心為要……。（馬建忠：《適可齋記言記行・記言》卷 2〈上李伯相言出洋工課書〉，1877 年）

　　這些都是出現得比較早的新鮮思想。這種新鮮思想因為有著日益向前發展著的民族資本（地主、官僚、商人、舊式礦主、洋行買辦等都開始投資工業或正在轉化）作為它的客觀物質基礎，所以它儘管微弱，卻不是一閃即滅的偶然現象；恰好相反，它實際上是日益向前發展、豐富而逐漸形成為一種思潮了。它由潺潺

小溪流成為有定型河床的川流，它由一種片斷零亂的建議條陳擴充為一整套的巨細畢備的經濟、政治、文化的系統變法方案。七〇年代王、馬、薛等人的這些思想在八〇年代鄭觀應、陳熾等人的著作中，便獲得了長足的發展。

　　一八七、八〇年代改良主義者要求發展工商業的思想，首先是以如何使國家富強以抵抗外侮為出發點的，反映著民間資本的利益，他們看出外國正是以商品輸出的經濟侵略來掠奪中國，「船堅炮利」顯然不能抵抗住這種侵略，所以就必須同樣從經濟上來講求對策才行。「彼之謀我噬膏血，匪噬皮毛，攻資財不攻兵陣……故兵之併吞，禍人易覺；商之掊克，敝國無形。我之商務一日不興，則彼之貪謀一日不輟……吾故得以一言斷之曰：習兵戰不如習商戰，……商戰為本，兵戰為末。」（鄭觀應：《盛世危言·商戰》）在這種痛切的感受、認識下，他們積極地提出了許多改革主張，從興辦工業到國家預算，從交通運輸到「厚俸養廉」，觸及了一系列的國民經濟和國家財政各方面的具體經濟問題，而其中心卻仍是圍繞著國家應該如何保護、發展民族資本主義工商業問題的討論。這裡只能簡單提一下其中最重要的一兩個問題。

　　首先是裁釐（釐金）加稅（關稅）問題。外國入侵的第一炮就是為逼迫中國簽訂有利於其商品輸出的關稅協定。外國商品在關稅協定的保護下，以低價傾銷中國，嚴重地破壞和打擊了民間土產商品的銷售。「為土產籌銷路，與他人爭利權」（馬建忠），成為改良派正義的呼聲，他們要求維護國家的主權尊嚴，要求增加關稅和收回海關以自主。

　　馬建忠是早期主張加重關稅的人物之一，他駁斥了認為加稅可能引起外釁的懼外論調。薛福成在力阻李鴻章任命英人赫德為總稅務司的問題上，也表現了他的愛國態度。[8] 以後，陳熾、何啓、胡禮垣等人也一再強調收回海關的必要。[9]

　　與關稅聯繫的是釐金問題。清朝在反對太平天國的戰爭中為籌餉而設的格外剝削──釐金[10]，是民間商人所最痛恨的掠奪手段，它遍於全國各省各地，嚴重阻礙了民族資本的發展。在七、八○年代日益尖銳的與外國資本主義商品輸出的市場爭奪戰中，廣泛地激起了裁撤釐金的正當要求：

　　「……乃洋商入內地持半稅之運照，連檣滿載，卡閘悉予放行，而華商候關卡之稽查，倒篋翻箱，負累不堪言狀……，又不啻倒行逆施矣。……將釐卡盡行裁撤……便商旅之往來，蘇其隱

8　「夫赫德之為人……雖食厚祿受高職，其意仍內西人而外中國，……中國兵權餉權皆入赫德一人之手，……中外魁柄潛移於不覺，此履霜堅冰之漸，不可不慎也」(〈己卯上李伯相論赫德不宜總司海防書〉)，對照李鴻章：「如總稅務司赫德心雖深狠而貪戀薪俸，願為效力。……屆時皆可備居間轉圜之用。」

9　如「稅則者，國家自主之權也，非他國所得把持而攙越者也。」(陳熾：《庸書‧外篇‧稅則》)「以海關按與洋人，……不知國之有海關，猶家之有管鑰，店之有帳櫃。幾曾見屈家開店而有以管鑰帳櫃給人，……是自不有其家不要其店也。」(何啓、胡禮垣：《曾論書後》)等等。

10　如薛福成〈論疆臣建樹之基〉所認為，地丁、漕政、釐金、鹽政四大財政收入是曾、左、胡、李「中興大業」的「基」石。

困……華商船隻則概不收捐，以示鼓舞……將從前稅則痛加改訂……稍示中外商民之異：華商為我國之民，故輕其稅賦；洋商奪我國之利，故重其科徵……中國轉虧為盈、轉弱為強之基，實在於此。」（馬建忠：《適可齋記言記行·記言》卷 4〈論洋貨入內地免釐〉）[11]

加稅裁釐成為改良派重要的變法要求之一。他們希望政府「因民之利，大去禁防，使民得自謀其生，自求其利」（馬建忠）。

裁釐加稅本是為了使民間資本「自求其利」。而採用近代交通

---

[11] 這種裁釐加稅要求很普遍，當時許多人痛言釐金之禍害，如陳熾在《庸書·內篇·釐金》中說：「百物滯銷，四民俱困，天下設卡數百，置官數千，增役數萬，猛如虎，貪如狼，磨牙而咀，擇肥而噬，小民椎心飲泣，膏血已枯……洋貨入口，一稅一半稅之外，一無稽查，西商偶到，趨媚不遑，所以待外人者如彼其厚。土貨則口口而查之，節節而稅之，惡聲屬色，百計留難，甚則加以鞭扑，所以待己民者如此其薄……洋貨日賤，土貨日貴，川流海溢，識者寒心。」

薛福成在裁釐問題的態度則遠比馬建忠等人落後，薛認為釐金是「於商並無損而其利實取之眾人」（《籌洋芻議·利權一》）。如裁釐則影響軍餉，「陸路則有防勇，水路則有水師，皆持釐金以給巨餉，專釐金必去水陸各營，盜賊之起，何以彈壓」（《利權三》）。在抵抗經濟侵略等方面，馬的愛國態度最明顯和堅決，而薛這方面則遜於馬。馬（鄭觀應亦然）更接近民間商人和下層商業資本的立場，薛則多反映地主向工業資本的轉化的方面，薛本人與封建地方統治集團關係也較深；始終站在統治階級立場上說話，與馬有所不同。

運輸工具和創辦近代工業，就正是「自求其利」的積極辦法。創
建發展近代工業（輕工業）、礦務業和交通運輸業，成為改良派當
時一致的主張。

中國傳統社會本來就有著相當統一和廣闊的國內市場，在西
方資本主義商品戰爭的刺激和壓迫下，中國民族資本（特別是雄
厚的商業資本）有著巨大的活躍要求，它們不但要求「大去禁
防」，而且還要求投資和採用近代交通工具以求擴展：「民間共知
輪舶之利，屢請試行」（陳熾：《庸書・外篇・輪船》），「議辦鐵路
之始，華商主請承辦頗不乏人」（褚成博：〈鐵路借款隱患最深
摺〉）。修築鐵路很早就被改良派看作「致富致強最要之策」（馬建
忠：〈鐵道詔〉），「血不流則身病，財不流行則國病」（同上），「中
國而仿行鐵路則邐者可邇，滯者可通，費者可省，散者可聚」（薛
福成：〈創開中國鐵路議〉）。而後又為鄭觀應、陳熾、何啓、胡禮
垣所一再強調。[12]

如果說出身於東南市民家庭的馬建忠的思想的特點，主要是
強調了商品的貿易流通問題，反映了民間商業資本的情況和要求；
那末，出身於上層正統士大夫階層的薛福成，卻開始側重說明發
展進出口商品生產問題，提出「非工不足以開商之源，則工又為
基而商為其用」（《籌洋芻議・商政》）的獎勵扶助近代民營工業的
主張，清晰地反映了一八七〇年代末以來少數地主官僚相繼嘗試

---

12 改良派這種修築鐵路的理由與洋務派很早也提出過的修建鐵路的理
　由──便於調兵是不同的。

投資和正準備投資於近代工業的情況和要求，反映了官僚地主和商業資本向工業生產的轉化。到九〇年代，隨著這種轉化的增劇，薛氏振興工業的思想也越發明朗，他這時陸續寫了〈振百工說〉、〈論公司不舉之病〉、〈用機器殖財養民說〉、〈西洋諸國導民生財說〉等一系列的論文[13]，強調「仿洋法織布紡織為第一要義」，主張「官紳商民各隨貧富為買股多少」，以創立企業公司。而商人出身的鄭觀應則是七、八〇年代影響最大的卓著的改良派的思想代表。他全面表達了當時民間工商業各種具體實際的利益和要求，強調提出必須振興民族工業（輕工業）：

　　商務之綱目，首在振興絲、茶二業，裁減釐稅，多設繅絲局……廣購新機，自織各色布匹……購機器織絨氈呢紗、羽毛、洋衫褲、洋襪、洋纖等物……關東卷煙，南洋廣蔗糖之植，中州開葡萄之園，……製山東野蠶之絲繭，收江北土棉之紡紗……遍開五金煤礦銅鐵之來源……（《盛世危言》卷3〈商戰〉）

　　上層官吏陳熾，也是特別著重「振興商務」的代表人物。他

---

13 「夫商為中國四民之殿，而西人則恃商為創國造家開物成務之命脈……，四民之綱者，商也。此其理為從前九州之內所未知，六經之內所未講，西洋創此規模實有可操之券，不能執崇本抑末之舊說以難之」（《庚辰四國日記·英吉利用商務闢荒地說》），所謂商即資產階級也。薛在九〇年代也提出工商為本，比以前「置耕戰為基」「工商擴其用」，顯然向前邁進了。

認為「各國之強皆原於富」（《清史稿》列傳），「其本原乃在商務」（〈庸書自敘〉）。中國正因為「商貨不通，生機將絕」（《庸書·外篇·輪船》），「已成痼疾，則商不振為之也」（同上，〈商務〉）。因而提出專利制度以「勸工」（《續富國策·勸工強國策》），重入口稅輕出口稅以「惠商」。

從上面可以看出，從王韜、馬建忠、薛福成到鄭觀應、陳熾以至直到九〇年代的康有為、譚嗣同、梁啓超（嚴復略有不同），整個十九世紀改良派經濟方面的思想主張（以張謇為代表的二十世紀的改良派──立憲派便已不同），貫申著一種近乎資產階級重商主義的傾向。他們主要著眼在商品的貿易流通過程，不在生產過程。憂慮著當時嚴重的入超、紋銀的外溢，他們感到：「今天下之大患，非食不足也，貨（貨幣）不足耳。」（《續富國策·維持礦政說》）因此強調只有擴展商品出口：「考其求富之原，以通商為準」，「欲中國之富，莫若使出口貨多進口貨少」（馬建忠：〈富民說〉），他們一致要求國家必須採取保護關稅和獎勵扶助工商業的經濟政策，以增加國家財富。也正是從這裡出發，他們才提出大力創建和發展生產出口商品的工業（如絲、茶）和進口商品的工業（如紡織、火柴、玻璃等等）。與此同時，他們也著重討論了開礦鑄銀以增加貨幣，修建鐵路以暢流通，整理稅收削減冗費以增加國家收入，以及借債停捐……等國家經濟問題。雖然在他們的「振興商務」、「振商」等概念中的確包括了創辦和發展資本主義工農業和礦務業，他們也常提到工農業是商之「本」，但從理論上看來，他們基本上卻總是自覺或不自覺地把這些規劃從屬在

「商」的範圍之內，從「商」的觀點上來提出、考察和論證的。
他們在當時只看到資本主義經濟的外表和現象。這一特點是當時
時代特點的反映。當時中國資本主義還極不發達，民族工業資本
還遠未長成，擺在日程上的，是外國商品輸出的入侵狂潮和如何
抵抗它的問題。這自然地造成了把人們的注意力首先集中在「商
務」——商品的貿易流通上面，從此出發來考察研究問題的情況。
中國十九世紀改良派並沒有也不能真正建立什麼系統的或理論的
經濟思想，沒有也不能深入去探討資本主義的經濟法則（即便是
商品流通方面）。他們只是對當前急迫的經濟問題提供了一些具體
意見和辦法。這些意見和辦法反射出當時中國民族資本主義的發
展要求，具有抵抗外國經濟侵略、希望祖國富強的愛國主義先進
性質。儘管因為統治者阻礙和反對這些建議，使它們成為紙上空
談（例如裁釐加稅就一直沒能實現），但是，這些思想在當時社會
上起了深刻的影響。

2. 改革封建君主專制制度的政治要求

1884 年中法戰爭的失敗，給麻木的上層社會帶來了新的震
動。洋務運動的「船堅炮利」受到了慘酷的檢驗，它引起了人們
的懷疑。人們對抵抗侵略問題的認識逐漸深入，日益了解到「自
強」不能單靠新式武器，窳敗昏昧的政治統治開始在人心中引起
要求改革的情緒。與此同時，為了「籌餉」和補救洋務運動，統
治階級洋務派在八〇年代由求強而言富，著手創辦非軍工的近代
企業。但是，與私有企業的資本家不同，主持、管理或監督這些

官辦、官督商辦企業的封建官僚們的個人利益與企業本身的利益是脫節的,官員們感到興趣的不是企業利潤的擴大和資本的積累,而只是如何在企業內中飽貪污。陳陳相因、毫無效能的封建衙門及其官吏當然完全不能也不願適應資本主義的經濟所要求的近代的經營管理,所謂官督商辦實質上是加在資本主義經濟上的一副沈重的封建主義的上層建築鐐銬。民族資本在洋務派的嚴格的阻壓控制下,並得不到任何真正的自由發展。[14]顯然,工商業者在這種「官吏之積威」的壓制、阻撓、管理、控制下,在一再請求政府保護而不得的情況下,便自然逐漸喪失了對封建統治者的信賴:「中國官吏之薄待乎商,商之不信其上而疾苦終無由上訴也,亦已久矣。」(《續富國策‧創立商部說》)「為民牧者自居於不信之地,而欲民之信我焉,不得也。」(《庸書‧外篇‧自立》)因此也就自然逐漸產生如何設法使自己干預政治、爭取政治權力來「從上面」維護自己的經濟利益的想法。資本主義經濟的發展要求改革嚴重阻礙它的封建上層建築。這一歷史規律在上一世紀八〇年

---

14 例如李鴻章的著名的奏摺:「十年以內,只准華商附設搭辦,不准另行設局。」(〈奏請試辦織布局摺〉)「無論官辦商辦,即以現辦紗機十萬錠子布機五千張為額,十年之內,不准續添,俾免壅滯」(〈推廣機器織布局摺〉)等。上兩條均轉引自范文瀾《中國近代史》上冊。「臣料數十年後中國富農大賈必有仿造洋機器製作以自求利益者,官法無以為之區處,⋯⋯」(〈置辦外國鐵廠機器摺〉),「倘有不肖之徒,潛私洋法,獨出新意,一但輟耕太息,出其精能,官兵陳陳相因之兵器,孰能御之。」(〈致總理衙門書〉)

代的中國開始顯露出來了。如果說，在七〇年代王韜、馬建忠、
薛福成等人的思想中還看不見這種想法，那末，在八〇年代鄭觀
應、陳熾等人思想中這種想法就已表現得很急切了：他們一方面
著重要求工商業應「不由官辦，專由商辦」，「全以商賈之道行之，
絕不拘以官場體統」（《盛世危言‧商務》），以擺脫解除官府的種
種束縛；而另一方面則強調政府必須立「商部」定「商律」從政
治法律上來保障「商」的權利：「不立商部，何以保商？不定商
律，何以護商？」（《續富國策‧創立商部說》）政府應允許商人
「自舉商董」參加「商務局」、「商部」，有權處理自己的事務，在
各業「商務公所」中必須「毋恃官勢，毋雜紳權」（《盛世危言‧
商務》）。不難了解，在這種現實的客觀經濟利益的驅使下，西方
資本主義議會制度將使他們感到多大的興趣。並非偶然地，西方
資本主義代議制度在這時廣泛地被當時中國開明人士所注意所介
紹所讚揚，被看作是「救亡之道」、「富強之本」：「泰西富強之道，
在有議院以通上下之情，而他皆所末」（陳虬：〈創設議院以通下
情〉）、「議院為歐洲近二百年振興根本，……議院為其國國政之所
在，即其國國本之所在」（宋育仁：《泰西各國采風錄》）、「泰西議
院……合君民為一體，通上下為一心……莫善於此」（《庸書‧議
院》）、「泰西各國咸設議院，……民以為不便者不必行，民以為不
可者不必強，……制治固有本也」（《盛世危言‧議院》）。於是，
他們初步提出了在中國也實施議院政治、讓資產階級參預政權的
建議，何啓、胡禮垣是其中最突出的代表：

民心之不服，由於政令之不平，今既使民自議其政，自成其令，……何不服之有？

……

商賈中有品行剛方行事中節者，人必舉以為議員，……以辦公事。

……

新政之行，必設議院而議員俱由民公舉者，誠以成大事必用巨資，用巨資必行借貸，而借貸之財出於民，民之聽信唯議員也。（何啓、胡禮垣：《新政真詮·新政論議》。顯然，這裡的「民」主要是指商民。）

今之法令宜若如何，俱由議員訂定，將來法令若有再改，亦經議員酌商，是議員已操政令之實矣。而行此政令，其責在君，君則命官以治焉。（〈新政論議〉）

由認識和要求學習西方資本主義經濟制度，進到認識和要求學習西方資本主義政治制度，由要求發展民族工商業，進到要求有一套政治法律制度來保證它的發展，這種思惟的邏輯發展的必然正反映著歷史發展的過程，「任務本身，只有當它所能藉以得到解決的那些物質條件已經存在或至少是已在形成過程中的時候，才會發生的。」（馬克思：〈政治經濟學批判序言〉）本來，改革內政問題一開始便為近代先進人士所注意，龔自珍、魏源、馮桂芬都提出過許許多多的意見和辦法，但這些意見和辦法大都停留在

「修身齊家治國平天下」老一套圈子裡打轉，並無真正新穎的見解。只有在資本主義開始作為一定社會物質力量存在的條件下，只有在中法戰爭揭穿滿清政府腐敗、國內廣大社會階層要求改革的局勢下，才能真正產生這種雖然弱小但是新生的進步政治要求和政治思想。它空前地在中國歷史上明白提出用資產階級代議制度來改變數千年的君主專制制度的主張，具有重要的思想意義。

　　但是，從上面也不難看出，改良派這種政治要求一開始便帶著資產階級自由派的特徵。他們維護地主商人的權利而害怕和反對任何較徹底的資產階級民主（如共和國、普選制度），他們憂慮「舉國聽於議院，勢太偏重愈趨愈遠，遂有廢國法、均貧富之黨起於後」（宋育仁：《采風錄》）。他們幾乎毫無例外地一致主張中國採用與專制制度妥協的君主立憲的政治制度：「君主者，權偏於上；民主者，權偏於下；君民共主者，權得其平。凡事雖有上下議院議定，仍奏其君裁奪。」（《盛世危言》）從而，他們嚴格地限定了選舉人和被選舉人的社會地位和財產，「必列荐紳，方能入選」（《庸書》），「其年必足三十歲，其產必足一千金」（同上），「縣議員於秀才中選擇其人，府議員於舉人中選擇其人……省議員於進士中選擇其人」（〈新政論議〉）。但是改良派這種開放政權的請求，卻仍為維護專制政體「萬世不變」的封建官僚們所極力反對和否定。

　　改革文化教育一直是改良派變法思想的重要部分。他們並首先在這方面進行了好些宣傳實踐活動。改良派要求改變封建愚昧主義的文教政策，取消和改變科舉八股的取士制度：「文武科兩途

皆當變通，悉更舊制。」（王韜：〈變法自強上〉）另一方面則主張設立學堂學習「西學」。（「西學」指自然科學和工藝技術，「以西學言之，如格致製造等學，其本也」。）改良派這種文教主張，既不同於堅決反對學習西方技藝、科學的封建頑固派的蒙昧，也不同於洋務派僅僅培植少數外交翻譯和軍工技術人才的政策，而是完全服務於他們經濟方面的利益的。他們認識到，要發展民族資本主義工商業，還必須有大量的精通科學技術的人才：

夫泰西諸國富強之基，根於工藝，而工藝之學不能不賴於讀書……我國極宜籌款，廣開藝院，教育人才，以製造為用，庶製造日精，器物日備。（《盛世危言‧技藝》）

學校者，人才所由出；人才者，國勢所由強。故泰西之強，強於學，……然則欲與之爭強，非徒在槍炮戰艦而已，強在學中國之學，而又學其所學也。（《盛世危言‧西學》）

改良派在政治、文化和軍事方面還提出了許多整頓改革辦法，但多不是最重要的問題，暫從略。

總括上面：如果可以以薛福成下列主張作為第一階段（一八七〇年代下半期至中法戰前）改良主義變法維新思想的代表：

商政礦務宜籌也，不變則彼富而我貧；考工製器宜精也，不變則彼巧而我拙；火輪、舟車、電報宜興也，不變則彼捷而我遲；

約章之利病，使才之優絀，兵制陣法之變化宜講也，不變則彼協而我孤、彼堅而我脆。(《籌洋芻議‧變法》)

那麼，就可以把鄭觀應的下列思想作為第二階段(中法戰後至中日戰前)的代表，由經濟改革前進到政治改革，由不脫洋務色彩[15]進到具有自己獨立的性格，其中發展痕跡宛然可尋：

> 乃知其治亂之源，富強之本，不盡在船堅炮利，而在議院上下同心，教養得法；興學校，廣書院，重技藝，別考課，使人盡其才；講農學，利水道，化瘠土為良田，使地盡其利；造鐵路，設電線，薄稅斂，保商務，使物暢其流。……育才於學校，論政於議院，君民一體，上下同心……此其體也；輪船、火炮、洋槍、水雷、鐵路、電線，此其用也。(《盛世危言‧自序》)

兩者相比較，顯然，由如何禦外侮到如何改內政，由經濟要求到政治要求，由發展工商業到主張開議院，改良派思潮的發展是日益深入和定型了。[16]

---

15 洋務派著名人物薛福成在乙亥、丙子 (1875～1876) 〈奏海防密議十條〉是當時傳誦一時的作品。

16 在改良派思想這一發展中，當時一批出使人員由於親歷目睹提出的大體類似的觀點和主張，在社會輿論上起了一定作用，「徒知其船堅炮巨……而不知其國中之優游暇豫乃有如是之一境也」(黎庶昌：《卜來敦記》)，這是自以為「天朝上國」的使臣的感觸，「竊嘗謂西國富強不盡由於製器

3. 早期改良派思想與正統思想的分歧和依存

　　改良派變法維新思想是一種溫和的自由主義思潮，但它與當時占據統治地位的正統專制主義頑固派思想卻仍是尖銳敵對的。頑固派思想是近代進步事物進步思想的反對者，是科學和民主的敵人。頑固派「守舊，惡西學如仇」（《清史稿‧徐桐傳》），甚至不相信自然科學：

　　西人言日大不動，而八行星繞之，……窺其用心，止以欲破我天地兩大，日月並明，君臣父子夫婦三綱而已。（曾廉：《瓠庵集》）

　　西人之論胞胎也，謂兒在母腹其足向天，其頭向地……中國則自生民以來，男女向背端坐腹中……是知華夷之辨，即有先天人禽之分。（葉德輝：《西醫論‧郋園書札》）

治兵。……西國製治之要約有五大端，一曰通民氣，……由鄉舉里選以設上下議院，遇事昌言無忌，……上下之情通矣。二曰保民生……三曰牖民衷（指報紙、學校）……四曰養民恥（指資本主義法律）……五曰阜民財」（李圭苞：〈巴黎覆友人書〉）、「竊以為歐西大勢，有如戰國，……上下一心，同力合作，開礦、製器、通商、惠工……」（何如璋：《使東述略》），此外如鄭昌棪、沈敦和、劉啓彤等所寫的各種《政要》、《政概》、《國志略》中介紹西方議會制度……，都說明改良派上述主張言論是當時一股社會思潮，這方面的材料極多。

　　這相當典型地托出了當時那些正統派的愚昧、頑固而又自高自大的思想，這種思想占著當時社會統治地位，它甚至以各種各樣的荒謬可笑之極的形式呈現出來。例如，在中日甲午戰爭時，還有士大夫官員「上書言與洋人戰不當用槍炮，當一切棄置而專用氣」（見譚嗣同：〈上歐陽瓣薑師書·興算學議〉）。從這裡不但可以看出頑固思想的水平，同時也可以看出當時整個社會及思想的嚴重落後了。頑固派不贊成任何形式的民族工商業和科學文化，他們極力阻壓民間資本的發展：「山東巨富自總礦務以來，家資蕩盡，虧負累累，猶復不知悔悟，希圖集股接辦，……臣熟權利害，……擬請將東省登萊等府礦務暫行一體封禁。」（李秉衡：〈奏山東省歷辦礦務並無成效現擬封禁以靖地方摺〉）他們反對和阻撓開礦產、修鐵道、建工廠等一切發展資本主義的措施，而一再重複著其所謂「重農抑商」、「重本輕末」的封建主義陳腐理論：

　　伊古以來，國家殷富大利在農，為今之計，莫若重農。（徐致祥：《嘉定先生奏議·論時勢摺》）

　　廉愚以為國家之制，在重本而抑末。（曾廉：《瓠庵集·再答楊生子玉書》）

　　頑固派的所謂「重農」，如改良派所揭穿，不過是加強地租剝削，竭力保護傳統的農業小生產，保護其封建主義經濟基礎不受動搖而已：

　　迂拘之士，動謂朝廷宜閉言利之門，……重農而輕商……嗚
乎！即其所言農事以觀，彼亦何嘗度土宜，辨種植，闢曠地，興
水利，深溝洫，泄水潦，備旱乾，督農肆力於南畝，而為之經營
而指授也哉？徒知丈田徵賦，催科取租，縱悍吏以殃民，為農之
虎狼而已。(王韜：《弢園文錄外編・興利》)

　　改良派所說的「重農」和「講求農學」，是要求在不根本改變
封建土地占有制度下來引進先進技術（如機器等等），改善經營方
法，發展農業資本主義；頑固派的所謂「重農」則不過是要求加
強農村統治秩序，死守著封建地租剝削，維持小生產基礎，絕對
不予變更而已。因此在所謂「機器奪小民之利」的漂亮說法的掩
蓋下，頑固派極力反對採用近代先進生產工具替代人的體力勞動，
實際上是害怕新式生產將破壞其剝削基礎和統治秩序，舉行新政
會使人「為奸為貪為賊為盜」（黃仁濟：《黃氏歷事記》），近代工
農業和交通礦務業會使「數千百亡命聚不能散，其患更何可言」
（李秉衡：〈奏查明西省礦務無可開採由州改流甚善摺〉）。「技藝
微長，富強謀術，於修身齊家治國平天下之道又何所取」（《黃氏
歷事記》）。因而反對一切變法主張而為舊制度、甚至為弊害昭著
的科舉制度辯護。所以，在當時上層社會中，存在著這麼兩種思
想：一種是弱小的但是新生的資產階級洋務派、改良派的思想；
一種是強大的但是落後的封建頑固派的統治思想。頑固派與洋務
派的爭論當時占有顯著的地位，但在以後九○年代改良派思想逐
漸成熟而奮起反抗時，新舊思想的分歧主要便存在於改良派與頑

固派之間了。在經濟問題上，與頑固派「重農」相對，改良派強調「商」是「四民之綱領」（《盛世危言》）；「今之國若有十萬之豪商，則勝於有百萬之勁卒」（《新政論議》），這與洋務派軍工「自強」思想也顯然不同。與頑固派「閉言利之門」、「兢兢以言利為戒」相對，改良派公開宣稱「欲富者，人之真情」，「國家不患謀利之人……蓋利賴不興則民生不遂，民生不遂則國勢必衰」，而且「一切仁義道德之名、術數權謀之法、勢位名分之重、嚴刑酷例之威，皆不能脅人以為乎公而忘乎私」（《新政論議》）。這就是典型的資產階級的論調。在政治問題上，對於頑固派：「必核乎君為臣綱之實，則民主萬不可設，民權萬不可重，議院萬不可變通」（王仁俊：《實學平議》）；而在改良派看來：「夫天下，公器也，國事，公事也；公器公同，公事公辦，自無不妥，此選議員闢議院之謂也」（《新政論議》）。對於頑固派：「……士之功固不可以凡人之功比」（曾廉：〈經義〉），「以君子之道馭小人之事……士大夫而為百工……百工之省試亦廢矣」（〈百工〉），所以堅持士大夫的社會統治地位的絕對不可動搖；而在改良派看來：「聖賢立言，諄諄以百工與士大夫相提並論」（《續富國策》），「有商中之士，有工中之士，有農中之士」（鍾天緯：〈擴充商務十條〉），「必先破去千年以來科舉之學之畛，朝野上下皆漸化其賤工貴士之心……庶幾風氣日高，人才日出」（薛福成：〈振百工說〉），要求士大夫從事工商業和學習科學技術，並提高「工」（指工業家以及工程師等，非指工人）的社會政治地位。在文化教育問題上，對於頑固派，科舉制藝能「束天下豪傑於追章琢句之中，以柔其獷悍橫逸不馴

之氣」（王先謙：《虛受堂文集・江西鄉試錄前序》），「否則人人爭帝，人人稱王……天下之大，六合之眾，誰受鉗束，誰受籠絡」（《黃氏歷事記》），科舉制度好得很，所以不能廢而辦學堂；但在改良派看來：「文試不廢時文，武試不廢弓矢……以此而言富強，是欲南轅而北轍」（《盛世危言》），因此，「欲得真才，必先自廢時文始」（王韜：〈變法自強中〉），必須「廢八股之科，興格致之學，設學堂，廣置人才」（《盛世危言》）。總括起來，對於頑固派，「法制未可輕變」（李秉衡），「凡子孫欲革先人之法，其禍亂必尤甚於未革之世」（曾廉）；對於改良派，「窮則變，變則通，通則久」，「世移時變，變法宜矣」（陳虯）。很明顯，從經濟到政治，從理論到實際，無論是本末之辨、義利之分，或者是專制立憲之爭、科舉學堂之別……，實際上就正是一場典型的封建主義正統思想與改良派資本主義思想的爭執。

　　但是，改良派思想在這一時期是有著極大的局限的。首先，在他們的主張中，反映著他們對封建統治者的依靠：在經濟上是寄託於政府的「振作」和「護持」。他們對人民群眾和對待農民革命等問題上，沒有脫開其地主老爺的敵視立場。[17] 就這一時期改良派思想代表人物的個人身分和社會地位來說，他們也都是高級官員，在政治上或經濟上完全依靠封建統治者（如馬、薛）或外

---

17 如讚揚「戈登來華助剿髮逆，英為接濟軍火，……然則中國之所以不亡者，英美之力也」（何、胡：《康說書後》）。這種立場和觀點是這一時期整個改良派所一貫持有的。

國侵略者（如何、胡）。這就束縛了他們思想和活動的開展，使他們的思想主張帶著卑屈的姿態，甚至有時還為統治者或侵略者的罪惡發出辯護的論調。所以，這一時期新舊思想的分歧還只處在初級的階段，還未展開為全面、對抗的地步和形勢。

　　這一階段改良派在理論思想上是特別落後的，這是一個致命的弱點。從王韜、馬建忠、薛福成直到鄭觀應、陳熾、陳虬（何、胡略有不同），所有這些人都幾乎一致地排斥和否定西方資產階級社會政治的理論思想，無保留地擁護中國封建主義的「綱常名教」。他們變法的哲學依據還只是簡單的循環「變易」觀念，他們還遠未達到康有為那種素樸的歷史進化論。他們認為「西學」出自中國古代，不過「我引其端，彼竟其委」，這種說法一直很流行，「中國大亂（指秦時）抱器者無所容，轉徙而之西域……〈經說〉上下（《墨經》）為光學重學之宗，句讀旁行乃西語西文之祖。」（《庸書》。這種觀點看法在當時是極普遍的，不詳引證。）因此他們認為西方的工藝科學以至政法制度都不過是「器」，並不是「道」或「本」，「道」和「本」還是中國「綱常名教」的「聖人之道」（馬建忠：〈馬賽覆友人書〉）。這些改良派人物一致強調：「蓋萬世不變者，孔子之道也」（王韜：《易言・跋》），「取西人器數之學以衛吾堯舜禹湯文武周孔之道」（薛福成：《籌洋芻議・變法》），「道為本，器為末，器可變，道不可變，庶知所變者，富強之權術而非孔孟之常經也」（鄭觀應：《危言新編・凡例》），「形而上者謂之道，修道之謂教，自黃帝孔子而來至於今，未嘗廢也，是天人之極致，性命之大原，亘千萬世而無容或變者也」（陳熾：

《庸書・自強》）。「中國之雜藝不逮泰西，而道德、學問、制度、文章，則夐然出於萬國之上」（邵作舟：《危言・譯書》）。他們思想不但毫「無平等平權之說」（徐崇立：《庸庵內外篇・序》），而且還認為「民主之制，犯上作亂之濫觴也」（陳熾：《危言・序》）。總之，他們幾乎一致認為，中國的綱常名教等等「聖人」的「道」「本」是不可變易的，而且優越於西方。西方的物質文明——器也是中國古代流傳過去的，因此「天將以器還中國，以道行泰西」（陳熾）。但在現實主張中，提倡工商業而言私言利（《籌洋芻議・商政》：「挾貲而往者踵相接，何也，以人人欲濟其私也，惟人人欲濟其私，則無損公家之弩項而終為公家之大利。」〈新政論議〉：「欲富者人之真情」「不知求利乃人之本的」），主設議院而建民權等等，就實際上違背了封建聖道。這種不自覺的矛盾使他們與九〇年代康有為、譚嗣同、嚴復等人的道器觀點倫常意識是大不相同的。這一階段（七、八〇年代）的改良派思想雖然在具體政治主張上開始具有開議院行立憲的要求，但在理論上卻完全自相矛盾（他們沒有也不能覺察這矛盾）地排斥和反對著正是作為西方代議制度理論基礎的西方的自由平等的思想學說。他們對資本主義的認識和學習便停留在這裡了。

由於他們的思想缺乏真正的理論指引，不但使他們無法對變法主張作出深刻系統的分析和論證，更重要的，是使他們無法與正統統治思想劃清界限。事實也正如此，儘管改良派這時對頑固派有反對，對洋務派有批評，但是他們所倡導的「中學其本也，西學其末也；主以中學，輔以西學」（《盛世危言》）的觀念，證明

了他們在理論上沒法與洋務派後來也講的「中體西用」思想分開來。[18] 在客觀歷史情況上，改良派當時也剛從洋務陣營中分化出來，與洋務派仍有著千絲萬縷的連繫和牽掛，他們在對抗頑固派的鬥爭中還與洋務派保持了聯合的關係。(當時頑固派與洋務派有尖銳矛盾和衝突。) 改良派思想與洋務派正式決裂和衝突是在下一階段才展開的。

　　也正因為這一階段改良派多半是由洋務派中分化出來的，兩派思想界限還不是異常明朗，這一階段思想也就異常參差雜亂。特別是對一些具體問題提出一些具體主張上，經常甲對此一問題比乙先進，在另一問題則又相反。而隨著時代的發展，前後思想雖大體相同，又仍有差異，……如此等等。所以確定某一人物的思想屬於哪一派範圍，就必須十分仔細，不能看得太死，更要嚴格注意所有這些主張、思想、言論具體的時間和內容。例如薛福成雖是重要的洋務出使人員，是自稱為李鴻章「言聽計從」[19]的得力助手，但其七〇至九〇年代的思想卻仍可視為改良派的先聲；郭嵩燾[20]也可作如是觀。許多論著都把容閎列為改良派，這不很

---

18 不同在於，鄭觀應強調是「西用」，將「中體」暫擱置起來，後來張之洞強調的是「中體」，為護衛正統綱常說法。

19 「平日倚弟籌防，始終言聽計從，毫無掣肘，……不可謂中丞非真知我也。」(〈乙酉答伯兄書〉)

20 郭與曾國藩關係十分密切。曾的思想是「賴守定和議，絕無更改，用能中外相安，十年無事。……此後仍當堅持一心，曲全鄰好，萬不得而設備，乃所以善全和局。」這是曾定下的對外路線，曾國藩晚年處理天津

準確。容閎雖然以其重要的社會名望、社會關係以及其極高的西方文化教養而受到當時改良派的尊敬（庚子時還被選為自立會會

教案，全國均痛斥為賣國，郭卻一再稱讚曾「辦理教案，則天理人情之至矣。」對李鴻章主和受謗，郭也為之感嘆：「言者集矢合肥伯相，⋯⋯毀譽失實者多矣」（〈覆曾沅甫書〉），「嵩燾實見辦理洋務，無可開釁之理，⋯⋯但無洋禍，寇亂飢荒皆不足懼。一有西洋之釁，則此二者之憂乃倍於平時」（〈致李付相〉）、「與洋人相處，無推誠之心，則扞格必多，⋯⋯嵩燾所以謂無可開釁之理是也。⋯⋯嵩燾堅持此義三十餘年」（同上）、「是以屢上言，當以了事為義，不當以生釁構兵為名，⋯⋯當延致各國領事，明與之約，決不交兵」（〈覆曾沅甫宮保〉）、「西人以通商為義，本無仇害中國之心」（〈再致李伯相〉）、「處今日之勢，惟有傾誠以與各國相接，餘是無能自立者」（〈使西紀程〉）等等，可見郭是始終堅持曾國藩的路線的。中法戰爭中，郭與李鴻章堅持主和，甚至不如曾國藩的兒子曾紀澤（曾紀澤：〈巴黎致總署總辦辛己八月〉：「法之圖越蓄謀已久，斷非口舌所能挽救」；〈倫敦覆左中堂〉：「李相⋯⋯始終誤在三事，曰柔、曰忍、曰讓」）。薛福成當時的態度也與郭不同。但另一方面，郭出使歐洲較早，接觸較長，較早便認識到船堅炮利並非富強之「本」，而是「末」，提出，「泰西富強具有本末，所置一切機器特以利用致遠，則末中之末也。今將習其末而徐探其本，但宜小試而決不宜大舉」（〈致李付相〉）、「⋯⋯莫切於急用內治以立富強之基，如此二者（指鐵路和學理工科學）可以立國千年而不敝」（〈倫敦致李伯相〉）、「天地自然之利，百姓皆能經營，不必官為督率」（〈與友人論仿行西人書〉）等等，已看到「國富」與「民富」的關係。郭是「釐金」制度創立時的參與者，這時也主裁廢。總的說來，郭晚年已是改良派的思想水平，比曾紀澤等人要高明得多。

長），他與改良派和變法運動也保持了良好的關係，採取了同情的態度。但他在國內並無基礎，他的思想並非反映國內動態，如果嚴格分析，不難看出，他的主要的思想主張和政治活動（例如建議聘外人作顧問改組政府，幾次力主借美債修築鐵路而堅決反對民股，主張借英債作軍費以臺灣作抵押，雇外兵攻日，等等）在一定程度上是反映了外國資本家的利益。與急迫要求經濟政治改革的改良派愛國主義的變法思想的主流略有不同，在《西學東漸記》特別是其原文（英文）本中，這一點更清楚。他的思想與廣學會和其他英美在華人士如林樂知、李提摩太等人的主張倒很相似。後者的活動如「廣學會」的譯書辦報，與改良派人士的往來，對改良派表示贊助和同情等等，也是有著極為複雜的性質和作用，需要仔細分析。一方面它在客觀上積極刺激了改良派思想的成長，但他們主觀目的卻是企圖通過利用改良派干預中國的政治，取得更多的權力。他們主張中國變法的特點就在於，這種變法必需依賴外國特別是英美的力量，要求中國在財政上（「西國銀行，中國向之借貸，大可予取予攜」──林樂知：《治安新策》），政治上（「宜立新政部，以八人總管，半用華官，半用西人」──李提摩太：《新政策》），文化教育上（「敦請英美等國之學部大臣，來華專掌其事〔指興辦學校事〕」──《治安新策》）的改革全部交由外國控制。他們這種變法革新主張，儘管在表面上與改良派的主張相近，儘管幾乎所有的改良派人士都沒能看出他們的全部企圖，但是，他們的這種變法主張──無論是李提摩太的《新政策》，林樂知的《治安新策》，赫德的《局外旁觀論》，威妥瑪的《新議論

略》，以及丁韙良、李佳白等人的活動、主張，與立足於國內的改良派的愛國主義變法思想有很大差別。在研究改良派的思想主張中，還應該看到這種種複雜的現象和問題，作出具體的分析、判斷。

 ## 改良派變法維新思想的高潮與頂峰

1. 改良主義思想體系的成熟

　　改良派變法維新思想的發展，在一八九〇年代達到了它的高潮和頂峰，形成了一個質的飛躍，進入了完全成熟的階段。

　　1894 年的中日甲午戰爭在中國近代史上揭開了新的嚴重一頁。如果說，鴉片戰爭還只是資本主義侵略中國的開始，那末甲午戰爭則是帝國主義奴役中國的開始，這兩次戰爭在中國近代歷史上都有區劃時期的意義。中國滿清統治者在甲午戰爭中的巨大失敗空前迅速地把中國進一步推向半殖民地的深重災難中，由資本主義商品輸出正進入帝國主義資本輸出，外國侵略變本加厲，馬關條約為他們敞開了在中國興建企業、修築鐵路以直接掌握中國經濟命脈的大門；與此同時，侵略者採取了公開的軍事掠奪的手段，捲起了奪取租借地和劃分勢力範圍的浪潮，「瓜分中國」的

號叫，喧嚷響徹，中國處在空前的民族危難中。

　　沈重的民族危機激起了社會進步人士強烈憤怒和同仇敵愾的決心，出現了一個波瀾壯闊的愛國主義救亡高潮。七〇年代以來相對穩定的階段結束了，在暗中醞釀著的民族矛盾和階級矛盾一下子赤裸裸地呈現出來，變得明朗化和尖銳化。農民革命伏流逐漸高漲，陸續出現了像四川余棟廷事件這樣的起義運動，它直接引向了二十世紀初年的革命時期。但是，在中日甲午戰爭以後到義和團失敗的十九世紀九〇年代中，社會鬥爭的主要矛盾卻還是反對帝國主義的民族矛盾，社會各階層都捲入了這一矛盾和鬥爭中去了，戊戌維新和義和團運動就正是不同階級的不同反應。下層──主要是農民、城市貧民，也包括一部分中小地主和頑固派分子搞了此伏彼起的各次排外「教案」（毀教堂，殺洋人），到義和團到達頂峰。社會上層則是以發展資本主義為客觀基礎（中國有數字不少的地主兼營商業，且由來已久）的愛國救亡運動。

　　在動盪的九〇年代中，隨著清朝政府和洋務運動在戰爭中的失敗和隨之而來的對民間資本的讓步（政府這時曾幾次下令獎勵、保護民營工商業的發展，不過實際上這常常是一紙具文），也隨著外國資本的直接侵入的刺激，中國民族資本主義開始了它的真正的初步發跡，甲午戰爭後工廠激增，據統計，從 1895 年至 1900 年五年內設立的工廠有八十二家，而從 1872 年到 1894 年二十餘年間所開設的工廠才六十六家（嚴中平等：《中國近代經濟史統計資料選》）。張之洞 1897 年的奏摺說：

　　數年以來，江浙湖北等省陸續添設紡紗繅絲烘繭各廠約三十餘家，此外機造之貨，滬蘇江寧等處有購機製造洋酒洋蠟火柴碾米自來火者，江西亦有用西法養蠶繅絲之請，陝西現已集股開設機器紡紗局，……四川已購機創設煤油並議立洋蠟公司，山西亦集股興辦煤鐵開設商務公司，至於廣東海邦，十年以前即有土絲洋紙等機器製造之貨，……湖北湖南兩省已均有購機造火柴及榨棉油者，湖北現已考得機器製茶機器造塞門德土之法，……似此各省氣象日新，必且愈推愈廣。(《張文襄公奏稿》第29卷，第9頁)

　　資產階級社會力量的成長出現，使改良派變法維新運動能更迅速地發展起來。在救亡圖存的愛國熱潮中，變法思想突破了以前狹小藩籬，在中上層社會官吏和士大夫中得到了廣泛的傳播。越來越多的人看到了頑固派和洋務派的思想和政策在事實檢證下的失敗，日益傾向和同情於改良派的變法主張。這時出現了許多要求變法維新的奏議、文章、書籍，出現了許多宣傳變法維新的報紙，其中就有據說銷行到萬份之多的《時務報》[21]，各種《危言》風行一時。[22]反映著時代的特點和人們的憤怒，連這些著作

---

21 「三十年前京師創有《中西聞見錄》，略述泰西政藝各事，閱者寥寥，不久旋輟。嗣在上海編譯格致彙編……惜當時風氣未開，嗜之者終復無幾，……故光緒十六年以後即不復譯」(梁啟超)。從「閱者寥寥」「風氣未開」到「數月之間銷行至萬餘份」，就可見甲午戰後的九〇年代確大不同於以前。

22 其中流行最廣影響最大的是鄭觀應的《盛世危言》，曾多次增補再版。

的措詞提法等形式也都具有了尖銳、痛切、激烈的宣傳煽動色彩，康有為的〈上皇帝書〉、梁啓超在《時務報》的政論便是其中傑出的代表作。與上一階段薛福成、鄭觀應等人的口吻腔調已大不相同，梁啓超急切地以「變亦變，不變亦變」的非變法不可的姿態來要求改革，痛駁各種疑難反對，「張目大罵，如人人意所欲云，江淮河漢之間，……爭傳誦之」（胡思敬：《戊戌履霜錄》）。康有為在「保國會」上的著名的演說，也是這種宣傳鼓動的代表，它反映了那個國難臨頭的時代特色：

　　吾中國四萬萬人，無貴無賤，當今日在覆屋之下，漏舟之中，薪火之上，如籠中之鳥，釜底之魚，牢中之囚，為奴隸，為牛馬，為犬羊，聽人驅使，聽人割宰，此四千年中二十朝未有之奇變，加以聖教式微，種族淪亡，奇慘大痛，真有不能言者也。

　　與此同時，改良派已不能完全滿足停留在上一階段的那種單

「……且恃其所能從而凌侮我挾持我，求無不應，索無不予，我於此而尚不變法以自強，豈尚有人心血氣者哉！故杞憂生（即鄭）之書大抵發奮之所為作也。……此杞憂生所以髮上指而筆有淚也。……時淞北逸民（指王韜自己）久病垂死……磨墨伸筆，作此以抒憤懣，俾我杞憂生知天下尚有傷心人也。嗚呼，一息猶存，尚思報國，十年徒長，深幸同時……」（王韜：《易言・跋》）。《易言》（1879年成書，1880年出版）即《盛世危言》的最初版本。《盛世危言》1893年初版，1895年二編，三編為甲午戰爭時作品，1900年最後一版，為當時影響極大的論著。

純地向社會宣傳自己的變法思想，以康有為為首，他們正式地向
皇帝提出了自己的要求，並在學會的名義下開始進行被正統派斥
之為「與會匪無異」（文悌）的組織士大夫群眾的活動。掛著各種
各式名義的 「學會」：「粵學會」、「閩學會」、「南學會」、「陝學
會」……一直到「不纏足會」，如雨後春筍般地在全國許多地方自
發地成立起來。據梁啓超的記載，自「強學會」被迫解散至戊戌
變法的三年中，全國自發組織的學會、報館、學堂達五十一所，
範圍遍及南中國。這就衝破了清朝數百年嚴禁士人集會結社、議
論政治的傳統法令，為資產階級民主生活邁開了第一步。更值得
注意的是，在這些「學會」名義後面的，有些實際上已是具有政
黨性的組織，有的甚至具有謀取變為地方政權機關的企圖，如「南
學會（湖南）尤為全省新政之命脈，雖名為學會，實兼地方議會
之規模」（梁啓超：《戊戌政變記》）。變法維新由宣傳走上實踐的
行動階段，七、八〇年代個別人士孤獨的先進主張和善良願望在
這時變成了具有某種士大夫群眾性的行動綱領。而這，也就為這
一階段的思想發展和思想鬥爭帶來了新條件和新形勢。

　　康有為是這一時期整個變法運動的中心人物和領導者，也是
整個十九世紀改良派思潮的最大的代表。他的幾次上書和戊戌變
法時期的奏摺，是整個改良派各種具體的經濟政治主張的政綱式
的提出，是上階段變法維新思想的最後的概括和總結。

　　康有為在〈應詔統籌全局摺〉中指出：

我今無士、無兵、無餉、無船、無械，雖名為國，而土地、

鐵路、輪船、商務、銀行，惟敵之命，聽客取求。雖無亡之形，而有亡之實矣。……能變則全，不變則亡；全變則強，小變仍亡。……惟要義有三：一曰大誓群臣以定國是（按即宣布改革的決心），二曰立對策所以徵賢才，三曰開制度局而定憲法。……既立制度局總其綱，宜立十二局分其事：一曰法律局……二曰度支局……三曰學校局……四曰農局……五曰工局……六曰商局……七曰鐵路局……八曰郵政局……九曰礦務局……十曰游會局……十一曰陸軍局……十二曰海軍局……

從所要求設立的國家機構及這些機構的職責任務中，可以看出，康有為是要求對國家進行全面的自由主義的民主改革。康有為陸續在政治方面或準備或提出開國會、改立憲、定法律制度，允許人民上書談論政事，地方設民政分局允許士紳干預地方政權，裁汰冗官冗員，以及改國號，遷都武漢等等；在經濟方面提出了開礦藏，修鐵路，立商會，裁釐金，扶助工商業，獎勵科學發明等等；在軍事方面提出了廢綠營，放旗兵，練新軍等等；在文化教育方面提出了廢科舉，立學堂，廣譯書，派留學，設報館等等；在社會風習方面提出了禁纏足，改服制，立國教（孔教）等等……。其中，康有為特別著重在改革封建專制制度和制定資本主義法律上，認為它是變法問題的核心和關鍵：

今數十年諸臣所言變法者，率皆略變其一端，而未嘗籌及全體，又所謂變法者，須自制度法律先為改定，乃謂之變法。今所

言變者，是變事耳，非變法也。臣請皇上變法，須先統籌全局而全變之，又請先開制度局而變法律，乃有益也。(《康南海自編年譜》)

臣竊聞東西各國之強，皆以立憲法開國會之故。國會者，君與民共議一國之政法也。蓋自三權鼎立之說出，以國會立法，以法官司法，以政府行政，而人主總之，……人主尊為神聖，不受責任，而政府代之，東西各國皆行此政體，故人君與千百萬之國民，合為一體，國安得不強？吾國行專制政體，一君與大臣數人共治其國，國安得不弱？……今變行新法，固為治強之計，然臣竊謂政有本末，不先定其本而徒從事於其末，無當也。……立行憲法，大開國會，以庶政與國民共之，行三權鼎立之制，則中國之治強可計日待也。(〈請定立憲開國會摺〉。此摺據黃彰健考證乃偽品，但作為思想資料仍可引用。) [23]

同時康有為還指出，隨著政法制度的改革，必須去掉老朽的封建官僚，而代之以新生力量，他曾向光緒說：「大臣等非不欲留心也，奈以資格遷轉，至大位時，精力已衰，又多兼差，實無暇晷，無從讀書，實無如何，故累奉旨辦學堂辦商務，彼等少年所學皆無之，實不知所辦也。」(《康南海自編年譜》)

---

23 康在戊戌時並不強調開國會、行民主等等，相反，而是強調「乾綱獨斷」，力主強君權，有研究者因之斥為「倒退」，其實這正是當時具體政治環境（慈禧仍擁大權）下的正確策略。

　　康有為這些主張就正是上一階段鄭觀應等人的變法主張的進一步的明確、發揮和正式提出。一般說來，康氏的這些具體的變法維新思想與上階段並無根本的歧異，而是上階段思想的一個深入的概括和總結。但由於有理論思想作為基礎，康的這些政綱政策就比上階段要明確、先進。其中特別是三權分立（行政、立法、司法）、責任政府、司法獨立、憲法至上，以及必須去掉封建官僚等等，實質上已突破上階段的思想水平。所以，這個概括和總結不止是重複過去的東西，而是在一個理論基礎上把這些東西提綱挈領，抓住了要害。誠如當時人所評論，「閱《庸書》《富國策》，多可行者。然統籌全局，權其先後緩急之序，一一如指諸掌，終以南海之四上書為最。」（皮錫瑞：〈師伏堂未刊日記〉，見《湖南歷史資料》1958 年第 9 期）

　　所以，就整個來說，這一階段的改良派思想比上階段有重大發展。康有為、譚嗣同、嚴復與馬建忠、薛福成以至鄭觀應、陳熾、何啓，其思想有著大的不同。這種不同的特點就在於：它主要還不是表現在變法維新的具體政治經濟主張中，而是表現在社會政治觀點和哲學思想上。應該充分估計到，開始產生了一整套的資產階級性質的社會政治理論和哲學觀點作為變法思想的鞏固的理論基礎，是這一階段改良派思想最重要的發展和最卓著的成就。也正是因為有了這種理論基礎，使這些表面與上階段相似的政綱政策主張，有更急進的潛在意義和內容。[24]

---

24 如前所述，從郭嵩燾、薛福成到康有為，這個差距和發展非常之大。郭、

　　這些成就主要就是指康有為裝在今文經學公羊三世說的套子裡的歷史進化論的社會發展觀點、美化在大同空想理論裡的大膽的資產階級人權平等的政治道德學說，以及譚嗣同的「以太一仁」的哲學思想。這些思想構成了一個比較完整的改良主義的思想理論體系，它有著豐滿的反封建的啓蒙主義的光輝內容，在中國近代思想史上起了很大的影響，有著重要的價值和意義。（請參看本書有關康、譚的論文，這裡不詳論。）

　　與上階段鄭觀應等人一面主張開議會一面又認為這並非「道」、「本」的態度不同，這一時期的改良派代表肯定民權平等的資產階級學說不但合乎「聖人之道」，而且還是孔子的「微言大義」的遺訓。所以，「設議院於京師而令天下郡縣齊公舉其守宰，是道也」（嚴復：〈原強〉）。儘管康有為等人的這些理論思想與其現實政綱有著很多的距離和矛盾，但大同理想和民權平等的學說畢竟給現實的變法方案一種堅強的根據和美妙的遠景，三世進化說則正證明著變法維新的歷史規律性的不可避免，……這樣，就使鼓吹變法主張與思想的啓蒙運動結合在一起了。梁啓超當時在《時務報》所寫的一些鼓吹民權思想要求變法的重要論文，便是這種結合的具體表現。它一方面從實際事例中說明了變法維新的

薛主重工商，而從未觸及改政制，王韜、馬建忠以至陳熾雖或贊同或主張開議院，但未強調。這問題看來在他們思想中並未占重要地位。陳熾、鄭觀應等人雖將開議院置於重要地位，但並不突出。在這些人中間，何啓最為勇敢，但又脫離國內實際，這是他長期居處國外，入英國籍，充香港議員之故。他對於中國倫常名教也沒有多少非議。

合理和必要，同時又把這種合理和必要提高到民權平等的資產階級理論思想的高度來論證。這就大大地不同於上階段鄭觀應等人的著作，而向人們進行了反封建思想的啓蒙主義的宣傳。這種啓蒙宣傳本身是有巨大意義的。康梁並稱，梁的作用正在這裡（參看本書有關梁的論文）。

　　改良派思想本階段的這種特點，並非個別傑出人物偶然的主觀創造，而是時代所規定和賦予的。這是「創巨痛深」的民族危機煎熬著愛國的人們深入地去重新思考籌劃整個問題、辛勤尋求救國真理的結果。譚嗣同的哲學政治思想體系在九〇年代的產生和成熟，相當具體地說明了這一點，說明了這種反封建啓蒙思想為什麼不出現在親身去過西方、見聞知識遠為博洽的上階段的馬、薛等人身上，而反會產生、湧現在靠著幾本自然科學和政法書籍以及一些零碎的耳聞目見的知識來探索研究的康、譚等人的頭腦中的原故。這種特點也不僅存在在康、譚這一兩個人身上，作為一種時代動向，它在不同程度上呈現反映在這一時期其他的一些先進人士的思想中，例如，著名的嚴復的〈辟韓〉便可以與譚嗣同的政治觀點媲美，而不甚著名的宋恕的《六齋卑議》，在反映傳統社會下層民眾（農民、小手工業者、小商販以及婦女）的痛苦和揭露斥責三綱五常封建理學的殘暴虛偽的許多論點，便也達到了《大同書》、《仁學》的思想高度。[25]

---

25 宋恕是一個一向被人忽視但實際上卻是值得研究的改良派思想家。他的著作中充滿了深刻的反封建禮教——特別是程朱理學的思想，並且還帶

2. 改良派思想與正統派思想的激烈鬥爭

　　變法運動的高漲和改良派自由主義思想體系的出現，必然激起新舊思想公開的衝突。這一階段整個社會思想的主要特點，就是變法思潮已作為時代思想的主流而湧出，它與統治（包括頑固派與洋務派）思想展開了激烈鬥爭。

　　頑固派是盲目排外愚昧保守的，他們的思想主張是當時占據統治地位、為大多數地主士大夫們所信奉的社會意識形態，但它也並不是一成不變、永遠停留在「用氣禦敵」的極端無知可笑的地步。在甲午戰後「外患日急，人心激昂」的變法聲浪高潮中，頑固思想只得暫時稍稍收斂，而「前進」到同意和積極於各種洋務措施；洋務派則更具有一副開明面孔，同意和倡導某種「變法」主張。文悌在「嚴參康有為」時便自稱「留意西學」、「非絕口不談洋務者比」，守舊如徐桐、李秉衡後來也主張「講求西學」「行軍製器參用新法，未為不可」，王先謙從很早起便多次提出過「仿造織造機器」、「官辦不如民辦」、「民之要圖在商務」的建議，自己也投資於近代工業（「仆擲萬金於製造，實見工藝不興，中土終無自主之日」）；愚昧到地球繞日運行也不相信的曾廉，到上海後也不得不在詩中感嘆「雷電在燈檠」。實際上封建地主階級，日益加深了對帝國主義的依靠。在清朝，這最先開始於地方軍閥集團

著一種反映下層人民疾苦的特點。宋恕與當時先進人士交往甚多，與章太炎等人很熟。

的洋務派，而最後完成於庚子以後的那拉氏中央政權。以後一切
地主買辦階級的統治集團都遵循了這條路線。所以，在這時，頑
固派與洋務派的紛爭就逐漸消失，兩派思想聯合起來共同反對改
良派了。其特點是在形勢的逼迫下，用早已落後的過時主張來充
當「改革」。[26] 所以這階段的思想鬥爭，有兩個很重要的特點：第
一，是在具體的經濟政治主張上，改良派的變法方案與洋務派的
變法方案的鬥爭；第二，是改良派的民權平等、「托古改制」等啓
蒙主義的社會政治理論思想與封建主義統治者「中體西用」思想
的鬥爭。後者是這階段最主要的思想鬥爭。

　　曾為光緒皇帝獎為「持論平正通達，於學術人心大有裨益」
（〈戊戌六月上諭〉），因而「挾朝廷之力而行之，不脛而遍於海
內」（梁啓超）影響非常廣泛的張之洞寫的《勸學篇》，就是洋務
派變法思想的典型的代表作。

　　《勸學篇》作者宣稱，他們並不反對變法，說「雖孔孟復生，
豈有議變法之非者」（《勸學篇‧外篇‧變法第七》）。因而也提出
了一整套廢科舉、改學制、開礦藏、修鐵路、講求農工商學、發
展近代工業……種種主張，顯示出自己也是一個進步的變法維新
主義者。但是，這種「變法」主張的特點卻恰恰在於：它高談變
法，提出一些主張卻根本反對具有迫切意義的當前變法問題的主

---

26 即使到了 1901 年革命派開始迅速發展，張之洞、劉坤一著名的〈江楚會
　　奏變法三摺〉中，也仍然如此。用此三摺對比康有為的〈戊戌奏稿〉，洋
　　務派與改良派的差異頓顯。

要關鍵——開議院和改革政治法律制度（參看《勸學篇‧內篇‧正權第六》），也盡量避免涉及當前具體的實際要求（如裁釐金、加關稅等）。所以，這種理論的實質就只是在變法高潮中以圖緩和人們的情緒，用不變根本的變法方案來抵制真正的變法要求。因其「有趨時之言，與泰西法貌相似……或以此同是維新之事」，的確也欺騙了許多善良的人們。但這卻也引起了進步人士強烈的憤怒。梁啟超稱其書「不十年將化為灰燼……聞者猶將掩鼻而過」，何啟、胡禮垣則特撰書詳盡地逐篇駁斥，淋漓痛快地指出它的統治階級立場本質。何、胡指出：

　　中國宜變之法何法哉？曰君民隔絕，其法宜變；官府蒙蔽，其法宜變；誑固人才，其法宜變；商務無權，其法宜變……變隔絕則當設議員，變蒙蔽則應行選舉，變誑固則應行實學，變商務則應去官督……變法者，非徒設各項機器廠之謂也。機廠者，皮毛耳；已上各事則命脈也……夫命脈之事，在作變法篇者（即指張之洞）未必不知，而乃僅為此皮毛之語，公邪私邪，於此可見。（《新政真詮五編‧勸學篇書後‧變法篇辯》）

何、胡逐一評論了張之洞的變法綱領。在評論《勸學篇》的「變科舉」時，何、胡指出：「其名雖曰變也，而其實仍不離乎八股經史，仍不離乎一二三場，仍不離乎百人取一，是不除舊習其弊愈滋耳，……此種議論，非精於八股者必不敢言」；在評論《勸學篇》的所謂興辦礦務時說：「天下之利當與天下共之，必不可獨攬

其權，……竊願作〈礦學篇〉者，先明礦務不行之所以然，毋徒論礦務欲開之所當然。」（同上）

如果說，《勸學篇》作者在變法維新的具體問題上採取了魚目混珠的手法；那末，在變法維新的民權平等的理論思想上，這位作者卻以其對先進思想的政治迫害(如打擊譚嗣同等人主辦的《湘報》、《湘學報》[27]) 和理論攻訐而表現了他的主要思想：

> 今日憤世疾俗之士……倡為民權之議，以求合群而自振。嗟乎！安得此召亂之言哉？民權之說無一益而有百害。……方今中華，誠非雄強，然百姓尚能自安其業者，由朝廷之法維繫之也。使民權之說一倡，愚民必喜，亂民必作，紀綱不行，大亂四起……固敵人所願聞者矣。(《勸學篇・內篇・正權第六》)

---

27 「近日由長沙《湘學報》兩次，其中奇怪議論，較去年更甚，或推尊摩西，或主張民權」，「恐於學術人心有妨，閣下主持風教，務請力杜流弊。」「新出《湘報》，其偏尤甚，……此等文字，遠近煽播，必致匪人邪士倡為亂階，……亟宜論導阻止，設法更正。」(《張之洞書牘・致陳寶箴》) 而譚嗣同也指出，「……動輒與言民權者為敵，南皮督事於此為大不仁矣」(〈上陳右銘撫事書〉，《湖南歷史資料》1959 年第 4 期)。當時譚嗣同等認為的變法宣傳重點應自覺地擺在民權問題上：「……蓋方今急務，在興民權，欲興民權，在開民智，《湘學報》實巨聲宏，既足以智其民矣，而立論處處注射民權，尤覺難能而可貴」(〈與徐硯甫書〉，同上)，所以，不是別的什麼，而正是「民權」問題成了改良派與洋務派和一切假維新派以及改良派中的右派的重要分歧、區別點。

在這裡，頑固派與洋務派是完全一致溶合無間的：

　　變夷之議，始於言技（即魏源、馮桂芬階段），繼之以言政
（鄭觀應階段），益之以言教（康有為階段），而君臣父子夫婦之
綱，蕩然盡矣。君臣父子夫婦之綱廢，於是天下之人視其親長亦
不啻水中之萍，泛泛然相值而已。……悍然忘君臣父子之義，於
是乎憂先起於蕭牆……而隸卒優倡儼然臨於簪纓巾卷之上。（曾
廉：《瓵庵集》卷13〈上杜先生書〉）

　　不管是洋務派或是頑固派，都同樣害怕資產階級民權平等思
想。他們害怕這種思想會「煽惑」人心，使「不復知忠孝節義為
何事」而「喪其本真，爭相趨附」（《翼教叢編》卷5〈湘紳公
呈〉），而致「紀綱不行」，「隸卒優倡儼然臨於簪纓巾卷之上」。所
以，要維護他們的統治，就必需消滅這種所謂「無父無君之邪
說」，就必需竭力使幾千年來的「君君臣臣父父子子」的社會秩序
和社會意識不受動搖。正是從這裡出發，他們就特別強調「必須
修明孔孟程朱四書五經小學性理諸書，植為根柢，使人熟知孝弟、
忠信、禮義、廉恥、綱常、倫紀、名教、氣節以明體，然後再習
學外國文學、言語、藝術以致用」（《翼教叢編》卷2文悌〈嚴劾
康有為摺〉），強調「不可變者，倫紀也，非法制也；聖道也，非
器械也；心術也，非工藝也。……法者，可以適變也，不必盡同；
道者，所以立本也，不可不一……夫所謂道、本者，三綱四維是
也……若守此不失，雖孔孟復生，豈有議變法之非者哉？」（《勸

學篇·外篇·變法第七》)「中學為內學,西學為外學;中學治身心,西學應世事;不必盡索之於經文,而必無悖乎經義。如其心聖人之心,行聖人之行,以孝弟忠信為德,以尊主庇民為政,雖朝運汽機,夕馳鐵路,無害為聖人之徒也。」(《勸學篇·外篇·會通第十三》)而這,就是著名的所謂「中體西用」理論。它作為自覺綱領的提出,本就是針對康有為等人的民權平等的資本主義理論來的,它在當時和以後甚至今日都有很大的影響,但在當時,它已遭到了改良派思想家們樸素而辛辣的嘲笑:

　　體用者,即一物而言之也。有牛之體則有負重之用,有馬之體則有致遠之用,未聞以牛為體則以馬為用者也。中西學之為異也,如其種人之面目然,不可強謂似也,故中學有中學之體用,西學有西學之體用,分之則並立,合之則兩亡。(嚴復)

　　中學為內學,西學為外學……不知無其內安得有其外……身心世事,一而二二而一也。

　　論必有其源,說必有其本,其所以顛倒錯亂或不自知其非者,則以民權之理絕未能明也。(何啟、胡禮垣)

　　雖然當時改良派遠沒有也遠不能徹底駁斥「中體西用」理論,但不難看出,改良派當時強調「體」「用」不可分割的資產階級民權平等和變法維新相一致的思想,比這種封建主義反對民權平等卻主張輪船鐵路的「中體西用」思想,有著多麼深刻的差異和多

麼顯著的進步性。也不難看出，康有為、譚嗣同等人的「托古改制」、「三世大同」的思想（見本書下面的文章），與這種「中體西用」思想有著多麼本質的差別。前者是在「孔子之道」的聖人外衣下，灌進了與聖道正相悖背的一整套資產階級新鮮思想，而後者卻是真正為了死力捍衛封建聖教而鍍上一層洋金來加強保護。所以所謂「中體西用」，是最早在思想領域內頑固地抱著封建體制這具僵屍（「體」）不放的理論。

遠不是當時所有的改良派中的人士在這個問題上都有這樣的認識。剛好相反，作為一個政治派別，九〇年代主張變法維新的改良派是一個複雜的混合體。除開所謂純粹的「假維新分子」等投機政客、冒牌新學家以外，參加變法運動的，也有許多就是洋務派的代表或與洋務派政治關係十分深切的人物，如陳寶箴保荐的楊銳以及張蔭桓等人，此外很大一部分是中央和地方上的中上級封建地主開明官吏，如翁同龢、陶模、劉光第以及陳寶箴父子等。這兩者構成了一個龐大的改良派右翼。他們有較高的政治地位和社會威望，有實際的政治背景和權勢。但他們的思想的特點卻是，只贊成最溫和的改革（如允許發展民營工商業、舉辦學校、整頓內政等），而並不贊同資產階級民權平等理論，反對破壞封建主義的綱常秩序。他們的思想認識最高也不過只達到上階段鄭觀應、陳熾等人的水平，而很多還停留在五、六〇年代馮桂芬的水平上。他們對康、譚，在不同程度上有著各種懷疑和反對。翁同龢、孫家鼐可以給光緒帝進呈馮桂芬、鄭觀應的著作，陳寶箴甚至推荐康有為，但他們都極為不滿和堅決反對《孔子改制考》；而

楊銳、劉光第在戊戌政變中的犧牲，連許多頑固派反動分子也為
之抱屈不已。改良派內部，從右翼到左翼，從張之洞的得意門徒
楊銳，到幾乎跨越改良主義思想門檻的譚嗣同，雖然同在變法維
新的旗幟下進行合作和工作，但其思想的分歧卻是並不微小的。
他們除了在必須變法和當前某些和部分的具體變法措施上取得大
體一致的看法以外，在變法的理論基礎和變法的遠景等等問題上，
都不但沒有堅固統一的認識，而且還潛伏著嚴重對立與分歧。這
是很值得研究的九〇年代改良派思潮的一個重要情況。而從這裡
也可以看出，改良派內部思想上的脆弱渙散，也是其變法運動失
敗的重要原因。[28]

---

28 變法運動中各派系的地位、關係和作用，是很值得進一步分析的問題。
很明顯，除開康有為（穩健派）譚嗣同（激進派）等真正的改良派的中
派和左翼外，右翼裡又可以分出三派人來：第一派是積極支持、贊助康、
梁的活動的，如陳氏父子、徐氏父子、楊深秀等人，他們是改良派的忠
實分子。他們與康、譚在理論思想上還有某些距離和差異，但在基本觀
點特別是對當前改革的措施、主張上，是一致的。第二派是一般支持變
法運動的，但他們抱有另外的企圖和目的，在政府中，他們互相勾結並
占有特殊的地位，與那拉后嫡系有尖銳矛盾，這就是所謂帝黨分子，如
翁同龢、文廷式、孫家鼐等人。他們在理論思想上當然與康、譚大不相
同，在具體變法政策上也只有大體的一致。第三派是虛假地贊助變法運
動的，這派人在當時很有新派之名，但實際上卻只是企圖從其中混水摸
魚、獲取利益，這就是像張之洞、袁世凱這樣的洋務派人物。在戊戌軍
機四卿中，林旭（與榮祿關係密切）、劉光第（「君於政事，無新舊畛
域，……於退直後語所親曰，茲事體大，吾終不任，行將急假歸矣，其

新政措理失宜，將於去時切言之」，可見一般，頑固派對劉死頗惋惜）屬於前兩派，楊銳就屬於第三派（觀其戊戌當政時的家書，對譚嗣同的不滿等意見，可窺見其思想。楊銳是張之洞的人，「是夜文裏電至津請榮（祿）轉奏，願以百口保楊銳」，「之洞聞銳死，電責徐桐何以不救」等等，材料甚多）。

　　然而，康有為卻正是依靠著這個極不可靠的複雜動搖的右翼的政治勢力作為靠山和資本，來進行自己的活動的。因為他自己沒有多大力量，就只好依靠這個掌有一定地位和實權的右翼上層官僚。只要將梁啓超《戊戌維新得罪者之略歷》所開名單及職位，便可知此次運動主要力量和階級背景：李端棻（禮部尚書）、徐致靖（禮部右侍郎）、徐仁鑄（湖南學政）、陳寶箴（湖南巡撫）、陳三立（吏部主事）、張蔭桓（鐵路礦務大臣）、張百熙（廣東學政）、王鈞藩（禮部左侍郎）、黃遵憲（曾任湖南按察使，出使日本）、文廷式（翰林院侍讀學士）、王照（超擢賞三品銜）、江標（湖南學政）、端方（授三品卿銜，督辦農工商局新政）、徐達寅（同上）、吳懋能（同上）、宋伯魯（山東道御史）、李岳端（總理衙門兼辦鐵路礦務）、張文濟（刑部主事大學堂總辦）、熊希齡（翰林院庶吉士）、康有為（工部主事，戊戌擢總理衙門章京）、梁啓超（授六品銜，辦理譯書局）、康廣仁（後補主事）、楊深秀（山東道御史）、楊銳（特擢四品卿銜，軍機章京）、林旭（同上）、劉光第（同上）、譚嗣同（同上）。

　　戊戌變法反動、維新各派系的聯合、鬥爭，是一個極有趣味的複雜的過程，它遠不像今日許多論著所敍述的那末簡單，頑固、維新兩方面一直是在激烈的搏鬥著，一步一步地走向緊張的對抗，而其最後的高潮是改良派左翼（激進派）企圖舉行武裝的宮廷政變和反動勢力凶猛的反撲，戊戌變法終於失敗在掌握實力和軍權的那拉氏——榮祿的封建頑固派手下。

改良派變法維新思想的衰頹

戊戌變法失敗後，下層人民以自己樸素的方式展開了對帝國主義侵略的反抗，義和團無畏勇士們的血火，再次宣告中國民族的不可輕侮[29]。而辛丑和約卻又進一步暴露了清朝統治者的腐敗，和它壓榨人民出賣國家的方針。越來越多的人開始放棄對清朝統治者的改良指望，對滿清政府的仇恨迅速地增長起來。1901 年帶來了新的歷史特點。這特點是國內鬥爭的空前激化和革命高潮的正式湧現，中國人民與清朝專制政府的矛盾，成了反帝鬥爭的中心一環和時代的突出課題。由反帝而反滿，革命的鋒芒指向了清朝政府，於是，隨著十九世紀的消逝，隨著二十世紀初革命大風暴的來臨，改良派變法維新思想終於衰頹了下來。

同時，在二十世紀最初十年中，中國民族資本主義也在迅速地發展，它的存在已成為確定的客觀事實，現在的問題已不是要

---

29 義和團是以農民為主體（部分地主也參加了）的反帝排外運動，為腐朽的清廷所利用。一方面它表現了對帝國主義入侵的強烈抗議，另一方面卻也暴露了小生產階級盲目排外主義的封建性、落後性。誇大義和團的歷史作用和革命意義是不符合事實的。二十多年來國內的近代史大量論著似均有此病。「四人幫」就利用了這一點，居然把這種愚昧排外在二十世紀六〇年代發展到極峰。

不要保護、發展民族工商業的問題，而是如何保護、發展民族工商業的問題。這使得頑固派與改良派的經濟論爭失去意義，而代替它的是發展資本主義的兩條政治道路，亦即革命派與改良派的論爭。情況發展得很快，代替改良派，革命民主主義成為奔流在二十世紀最初十年的歷史行程中的時代思潮的主流，它是高漲中的革命運動的理論反映。自由主義改良派思想正是在與革命民主主義思想的鬥爭中衰頹下來的。

　　革命民主主義最先出現在十九世紀變法維新運動高潮的同時，它顯示著愛國運動的另一條路線。即用武力推翻清朝政府，建立資產階級民主共和國，來使國家獨立富強。這就是以最早的革命民主派的孫中山為代表的活動。這些活動在當時國內還沒有基礎和影響，大家正沈浸在改良派的變法維新的想法中。戊戌變法的失敗打破了這種想法，1900 年唐才常領導的自立軍運動，開始顯露了改良派左翼（激進派）向革命派的轉化。自立軍失敗後，就出現了第二批（興中會是第一批）轉向革命的人物，有力地促進了知識分子的革命化。到 1903 年「拒俄義勇隊」事件後，這種革命化的發展就達到了一個質的飛躍，開始為 1905 年革命大同盟創造出思想、組織上的條件。從興中會到同盟會，以孫中山為旗號和領袖的革命派不斷成長壯大，革命民主主義與自由主義改良派開始嚴格劃分界限，並展開了鬥爭，發生了一系列重大問題的理論論戰，其核心是革命還是改良、應否用暴力推翻滿清政府這一基本課題。也正是從這個時候起，改良派在理論思想上開始了「倒退」。「嗚呼，共和共和，吾與汝長別矣！」（梁啟超：〈開明

專制論〉，1903 年）由「君主立憲」而轉到了「開明專制」。

上面曾經指出，整個改良派思潮是中國近代最先反映近代意圖具有進步性質的早期自由主義。它的時代和民族特徵是與反帝救亡相聯繫。他們希望用同統治者相妥協、協調的辦法來維護民族的利益，他們在反對封建主義的同時，對下層群眾運動表示了明顯的階級敵意。隨著帝國主義侵略的加劇，救亡運動的迅速高漲，階級鬥爭的尖銳化，各種資產階級小資產階級的革命派必然出來批判他們。革命民主派與自由主義改良派的分歧和鬥爭，幾乎是近代各國資產階級民主革命中一條普遍發展規律。它也表現在近代中國。這就是以孫中山、黃興、章太炎等人為首的革命民主主義與以康有為、梁啟超、張謇（早年嫌康、梁急進，參加劉坤一、張之洞集團，二十世紀初逐漸成為真正具有實力和影響的國內立憲派的重要領袖）的君主立憲派的理論、政治鬥爭。

改良派與革命民主派對立的階級根源，首先是他們和地主土地占有制有更緊密的連繫。中國改良派自由主義思想家們與革命派不同，他們大都是封建官吏，直接與封建統治體系和官僚制度有著不可分割的血肉依靠。所以，他們的思想也無處不照顧到封建統治者的利益。他們思想的根本原則就是在不要根本改變原有統治的條件下來發展資本主義。從馮桂芬開始到薛福成、鄭觀應到康有為、嚴復，所有這些改良派思想家都完全一脈相承地繼承著龔自珍、魏源等開明地主階級的思想路線，一致堅持著反對農民革命的堅決態度，他們在土地問題（民主革命的中心問題）上維護地主階級的利益。作為一個特色，所有從七〇年代到九〇年

代的改良派的思想主張，雖然對社會、經濟、政治、軍事、文化
各方面各種大小問題都幾乎毫無遺漏地談到了，提出了許多改革
綱領和具體方案，卻恰恰在這個根本問題上，改良派任何人物任
何論著都從未敢真正觸及過，最多也只是一些極其模糊空洞不著
邊際的空想。例如，譚嗣同認為「地球教化極盛之時，終須做到
均貧富地步」。康有為在其「祕不以示人」的《大同書》中幻想過
「公農」和「土地公有」，在《孟子微》等書中泛泛地認為「井
田」是「均貧富之法」……。但在他們的整個現實政綱中，卻都
是主張在保留地主土地占有制的基礎上，獎勵地主和資本家採用
新式生產工具和經營方法來改善農業以發展城鄉資本主義。這也
就是在他們的變法主張中的「講求農學」的真正內容和實質。（參
看《盛世危言》、《庸書》、康有為《戊戌奏稿》、《理財救國論》等
書。）他們認為，「土地所有權者，所有權之一種也……當認為適
於正義之權利者也。」（梁啟超：〈駁某報之土地國有論〉）顯然，
從這種階級立場出發，他們必然要極力反對革命民主派提出的「平
均地權」、「土地國有」的激進的土地綱領，必然要極力反對革命
派政論家所勇敢地呼喊著的「夫今之田主，均大盜也。……民受
其阨，與暴君同。今也奪其所有以共之於民，使人人之田均有定
額」，「必盡破貴賤之級，沒豪富之田」，「欲借豪富之田，又必自
農人革命始」（《民報》第 15 期〈悲佃篇〉[30]）的「社會革命」的

---

30 〈悲佃篇〉作者劉師培人品頗不足道，但此文頗具特色，故常被人引用，
以代表當時革命派的一種激進思潮。其實，這並不個別，例如《江蘇》

主張。革命派把革命與農民聯繫了起來：「一年四季勞動不休才換得一碗飯吃吃，如今勞動仍是照舊無減，那吃飯不吃飯就都要憑外人做主了」，所以「士黨」（指士大夫）「主張伏闕上書，痛陳利害」；工黨商黨（指工商業者）「主張集款自己購買公地，興辦各種實業以謀抵禦，獨有農黨裡面不以為然……如今正可趁此機會，煽動農民揭竿起事」（《中國白話報》第 11 期）。改良派的在這種激進的宣傳面前非常惶恐，他們諄諄「告誡」不能發動農民，他們恐懼群眾革命將引導到反地主資產階級的民主專政：「革命之舉，必假藉暴民亂人之力，天下豈有與暴民亂人共事而能完成者乎？終亦必亡，不過身家國同斃耳。」他們在原有秩序與人民革命兩者之中，寧願選擇前者而反對後者，他們以法國革命的經驗來說明：「夫以路易之仁柔比之山岳黨之凶殘，孰得失焉？以法國君主專制之淫威比之民主羅伯庇爾專制之淫威，孰得失焉？」（康有為：《法國大革命記》）

　　正由於與保存封建土地占有制的經濟路線吻合，改良派在政

第 5 期〈國民新靈魂〉文中亦有「吾欲鼓吹革命主義於名為上等社會之人，而使之翕受，終不可得矣；吾乃轉眼而望諸平民。……今吾中國苟有五百金之產，則閉門高坐如第二之君主，時出死力壓制其佃農及一切平等社會，聞革命之運動，申申其罵，此等奴蓄之類，豈可令其久居社會，助獨夫民賊以流禍也。社會黨者，歐洲今日之神聖法團也，求平等博愛而未得，故以流血為之先，今其勢力浸浸然占優勝矣。吾欲以鑄我國民之魂。吾先獻身破產，鏟平階級，以為國民倡。」反映了當時急進的知識分子願意破地產而革命，來「鏟平階級」、打倒地主。

治上堅持著君主立憲的路線而反對革命派的民主共和國。康有為公開說：「嘗譬論之，立憲之君主者，如神乎？……神者，在若有若無之間而不可無者也，不明鬼神則陋民不悟，故先聖以神道設教……一知半解者妄欲廢神道去迷信，則奸人益橫肆而無所忌憚，復何所不至哉……然則不能廢君主，猶是也。」(《救亡論》)因此當清朝政府為了維持統治抵制革命而宣布「預備立憲」時，立刻出現了兩種不同的態度，革命派在《民報》等報刊上猛烈地攻擊反對這種「偽立憲」，改良派卻表示了最大的歡欣和擁護：「此一詔也，即將數千年無限之君權一旦盡棄之」，「此一詔也，即將數千年來國為君有之私產一旦盡捨而捐出，公於國之臣民共有也……故昔之憤然爭者，今宜歡然喜矣。」(康有為：《救亡論》)從而贏來了革命派的齊聲唾罵，「……各國留學生之無人不罵……內地有智識者之無人不罵……《江蘇》、《浙江潮》、《大陸》、《遊學譯編》、《湖北學生界》(按皆雜誌)之無不罵……《警鐘日報》、《蘇報》、《國民日報》……(按皆報紙)之無不罵。」(《民報》第5期，來函之二)值得注意的是，當時革命派反對立憲批判改良派的大論戰中，提出了許多問題，其中最具特色的是把它提到深刻的階級高度上。革命派指出，「無論他未必果真立憲，即使他果真立憲……這上議院的議員一定是他滿王公大臣，……做下議院議員的，一定是地方上的財主以及地棍土豪。……從前各省中間只官吏有實權，紳士並沒有實權……倘若這一種人果真得了實權，後患那堪設想，……可不是紳士專制的政體麼？異族專制於上，紳董專制於下，恐怕我們的百姓更要苦上加苦了。就是人人

有選舉權，但現在的地方上，有錢的少，沒錢的多，有勢力的少，沒勢力的多，⋯⋯到了選舉的時候，沒錢人如若不舉有錢的，這有錢的人就能夠奪他的飯碗（現在日本雖說人人有選舉權，但還是有錢有勢的做議員，就是因為有錢有勢的都是地主，沒錢沒勢的，都是農民，⋯⋯中國更可想而知）。⋯⋯所以地權不平均，階級不消滅，日後被選舉的一定是財主、地棍、土豪。你看現在東南各省，都有商會學會，或有礦務局、鐵路局，凡做會長做總理的，都是本省人，都是由士商公舉，但沒有一個不是財主，沒有一個不是地棍土豪，日後選舉議員一定同這個一樣，那裡人人都可參政呢？」「又立憲以後各處地方都要興實業，都要辦公司。這班財主地棍土豪，他既然有錢，又有勢力，一切的營業權都操在他們手裡，把百姓生財的門路漸漸的塞盡，做百姓的哪一個不要餓死，還要講什麼權利，還要講什麼自由」（《天討・論立憲黨》）等等。這不但反立憲、批改良，而且在根本上懷疑和反對資本主義議會民主，反映了革命派的小資產階級急進的民粹派的特徵（參看本書〈章太炎剖析〉）。在這場大論戰中，自由主義改良派思想終於為民主主義和民粹主義的革命派所「擊敗」和淹沒，變法維新改良派自由主義思想在廣大青年知識分子中失去市場，人們日趨激進，它就這樣讓位於革命民主主義的思想主流。

這是一個客觀的歷史行程。今日如何來看待這個行程，仍然是值得好好思索的課題。也許，少一些激動和急進，多一些改革和改良，比「欲速則不達」，反而會更好更快？改良派的變法維新，要求去掉一大批冗官，要求改變各種政治、經濟、文化、教

育的制度和管理辦法。這對封建專制官僚統治體系是一大打擊，它嚴重影響這一大層封建官僚的切身利益，於是以那拉氏為代表的專制勢力進行了凶狠的反撲。其實在當時情況下，漸進的改良並非完全不可能走通，但這將是一條極為艱辛複雜的漫長道路。這些近代資產階級的前驅思想家們，卻沒有清醒看到這一點，他們大大低估了封建專制力量的頑固和殘暴，以為抓住一個皇帝就夠了。而這個皇帝又恰恰不是彼得或明治，而是一個怯懦無能的光緒。於是他們的和平要求，卻立即付出了鮮血的代價。總起來看，中國改良派的自由主義思想具有著抵抗侵略拯救祖國和反對封建落後的啟蒙特徵，在歷史上起了巨大作用，我們追懷著這些思想家，注意他們留下的深厚教訓，追隨他們的足跡繼續前進。

（原載：《新建設》1956 年第 4、5 期，陸續有重要修改增刪）

三、康有爲思想研究

（一）哲學思想

1. 思想體系和哲學基礎

　　康有為的思想產生成熟在十九世紀八〇年代至九〇年代初，它代表當時封建社會上層進步階層主要是正興起的地主資產階級自由派的意向和主張，它的現實的經濟政治要求和利益。同時，康有為的思想也是數千年來傳統思想體系終於在最後一代士大夫知識分子身上分崩瓦解和向資產階級思想方向蛻化的表現，作為一面鏡子，它清晰地照出了晚清這一整代人新舊並陳青黃不接的思想面貌和階級性格。

　　康有為的思想是一個較完整的體系。如加以剖解分析，大致可以分為四個方面：第一方面是表現在他的積極的社會政治活動中和《上皇帝書》、《戊戌奏稿》中的變法維新思想。它的主要內容是就當前經濟、政治、軍事、文化以及社會風習各方面現實生活中的迫切問題，提出了一系列的具體的改革主張、建議、措施和方法，其中要點是要求開放政權，用立憲制度代替封建君主專制制度，通過和緩的改良方法，從上面來進行資產階級民主改革，發展資本主義工商業。這些要求和建議是直接承繼、綜合十九世紀七〇至九〇年代整個改良主義變法思潮而來，是它的最後的政

綱政策式的提出和概括。作為行動綱領，這一方面的思想直接服務於當時的變法運動，對康本人和改良派具有最直接的實踐意義。康有為在其他方面的思想理論活動和宣傳組織活動，大都是服務於這一實踐目的和現實政綱的。康氏九〇年代在士大夫知識分子中竭力宣傳而弄得滿城風雨的「孔子托古改制」的學術理論，其實質也是如此，這種學術活動是為了在理論上論證變法運動合乎「聖人之道」，從而用這個「聖人之道」的旗號在實踐上來煽動、爭取封建士大夫，要他們在長期傳統思想束縛的沈睡中驚醒過來，注意和贊同當前的改良主義變法運動。康有為這種舊瓶新酒的活動，符合了當時時代和其階級的特點和需要，起了進步的作用。這是康氏思想的第二個方面。康有為思想的第三個方面，是他的「大同」理想。這個理想與其他思想不同的地方，在於它是一個建築在相當徹底和急進的經濟、政治、道德等社會原理原則上的雄偉的社會主義烏托邦，它是中國近代空想社會主義思想發展史上一個突出的重鎮；但是，另一方面，它又是與當時現實鬥爭完全脫節和無關的烏托邦，它僅僅是一種完全空懸著的對未來「世界樂園」的啓蒙者的樂觀的信念和展望。康有為思想第四個方面就是他的哲學觀點，這是他的整個思想的基礎和出發點，它緊密地與上面三個方面不可分割地滲透聯繫著而構成了一個相當典型的中國近代資產階級自由主義改良派的思想體系。

＊　　　　＊　　　　＊

　康有為這一思想體系的全面構成和完全成熟，是在 1885～1893 年期間，即在他三十歲左右的時候。它的成熟經歷了一個複

雜的發展過程。這個發展過程是當時先進人物在封建主義正統體
系中挣扎苦鬥而還不能完全蛻脫出來的過程，它滿身帶上了新陳
交錯、半生不熟的斑痕，卻具有著很大的時代、階級的代表性。

　　出身和生長在一個「世以理學傳家」（梁啓超：《南海康先生
傳》）的「名門望族」（「至於先生，凡為士人十二代矣」）──官
僚地主家庭環境，所以能終於突破整套根深蒂固的傳統思想的圈
子，年輕的康有為除依靠從其老師（愛國學者朱九江）那裡所學
習來的中國歷代優秀知識分子那種「經世致用」關懷國事民瘼的
現實學風和態度以外，更重要的則仍然是當時客觀時代、局勢對
他的刺激。一貫飽讀詩書、在「聖賢正道」的嚴格教誨下，一個
年剛二十餘歲的青年的思想中卻產生了反傳統束縛的現象：

　　……四庫要書大義，略知其概，以日埋故紙堆中，汩其靈明，
漸厭之。日有新思，思考據家著書滿家，如戴東原，究復何用？
因棄之而私心好求安心立命之所。忽絕學捐書，閉門謝友朋，靜
坐養心。同學大怪之。……靜坐時忽見天地萬物皆我一體，大放
光明，自以為聖人則欣喜而笑，忽思蒼生困苦，則悶然而哭……
同門見歌哭無常，以為狂而有心疾矣……此楞嚴所謂飛魔入心，
求道迫切，未有歸依之時，多如此。……

　　於時捨棄考據帖括之學，專意養心，既念民生艱難，天與我
聰明才力拯救之，乃哀物悼世，以經營天下為志，則時時取《周
禮王制》、《太平經國書》、《文獻通考》、《經世文編》、《天下郡國
利病全書》、《讀史方輿紀要》……俛讀仰思，筆記皆經世緯宙之

言，既而得西國近年匯編環遊地球新錄及西書數種覽之，薄遊香港覽西人宮室之瑰麗，道路之整潔，巡捕之嚴密，乃始知西人治國有法度，不得以古舊之夷狄視之，漸收西學之書，為講西學之基矣。(《康南海自編年譜》下簡稱《自編年譜》)

　　由對長期沈浸其中的傳統的學術、思想、生活的懷疑和不滿足，經過對人生意義的徬徨苦悶和「無所依歸」，最後終於轉到講求西學，「以經營天下為志」，這種思想的巨大波動和變化，並不能單純地看作偶然的個人主觀現象，實際上它不正清晰地體現出那個時代的精神麼？舊的一套已無法應付新局面，生活要求新思想的誕生，人們不能不對那些神聖的經典產生「究復何用」的狐疑了，在傳統重壓下的士大夫知識青年也不能不逐漸覺醒、徬徨苦悶、「求道心切」，來開始尋求新的出路，踏入了對人生和真理的探索和追求中。康有為這種探索和追求，在中法戰爭猛烈刺激的催生下，終於達到了一個質變點，在八〇年代中開始產生了自己對整個世界整個人生的概括的觀點和看法，康有為的基本哲學觀點誕生了。康有為自己形容說，他這時正「想入非非……合經子之奧言，探儒佛之微旨，參中西之新理，窮天人之賾變，搜合諸教，披析大地，剖析今故，窮察後來，自生物之源，人群之合，諸天之介，眾星之世，生生色色之故，大小長短之度，有定無定之理……六通四辟，浩然自得」(《自編年譜》)，從而「乃手定大同之制，名曰人類公理」(同上)。

　　康氏具有了所謂「以元為體」的發展的自然觀和「以仁為主」

的博愛的人生觀，並在這基礎上展開了對未來社會理想構圖。康有為的哲學觀點是他對他當時所了解的自然科學和所看到的社會局勢的一種直觀的（非經過真正科學的分析了解，因此是籠統模糊的）綜合、概括和把握。在他所吸取的來自中外古今、四面八方的錯雜的思想原料中，自然科學在其中起了很重要的作用：

> ……於海幢華林讀佛典頗多……兼為算學，涉獵西學書，秋冬獨居一樓……俛讀仰思……所悟日深。因顯微鏡之萬數千倍者，視虱如輪，見蟻如象，而悟大小齊同之理，因電機光線一秒數十萬里，而悟久速齊同之理。知至大之外，尚有大者，至小之內，尚包小者，剖一而無盡，吹萬而不同，根元氣之混侖，推太平之世宙……《自編年譜》）

此外陸王心學和中國古代的民主思想和烏托邦思想（如《禮運》、《孟子》和明末清初思潮）也占有著重要地位。這些傳統思想或在解脫傳統封建束縛上（如陸王之反程朱），或在建立新世界觀上（如充滿辯證觀念的佛學），為新時代的思想家所需要。

根據《自編年譜》等材料，可以看出，康有為的基本哲學觀點，是其整個思想中最先產生和確定的部分，但是，動盪的時代，卻使他不得不走出他的「澹如樓」——哲學沈思的書室，投入現實生活的政治風波中。在「手定大同之制」的後三年，即1888年，康氏第二次到了北京，在這裡，時局的危難使他「登高極望，輒有山河人民之感」《自編年譜》），在當時改良派人士的支持下，

「乃發憤上書萬言，極言時危，請及時變法」（同上），這就是冒著大風險因而驚動一時的康有為第一次的「布衣上書」。正已醞釀成熟的改良主義變法維新思潮的旗幟，就這樣為康有為勇敢地接過來，並高高地舉起了，思潮在這裡轉化為實踐的行動。從此以後，康有為更積極地進行變法維新運動的鼓吹和組織工作（如講學，廣泛聯繫士大夫等），正式開始了他的政治活動的生涯。但是，變法維新的思想主張原只是一種很有限度的改良，它與康有為在其「澹如樓」中所構造的雄偉的大同理想還懸著一個大的距離和矛盾，這裡就需要一座橋梁把這兩者在理論上連結和統一起來。正是在這種體系本身的迫切需要下，也正是在康氏必須把自己的哲學政治觀點以合乎士大夫和傳統習慣的形式應用在當前形勢的要求下，廖季平的反古文經的著作，才會那樣迅速地使康氏一見傾心，「盡棄其舊說」（梁啟超）而全盤接受了過來。這正像閃電似地啟迪了康有為：中國古代公羊三世說正是當時最需要的東西，正是它能夠作為一種最好（對改良主義者來說）的歷史發展觀來貫串康氏的全部思想，調和其中的距離和矛盾（如高大的大同理想與矮小的變法綱領），而把這些思想連成一個完整的體系；正是它恰好可以作為一種最響亮的旗號和名義，以便在士大夫中來抬出自己的這個體系，把它扮成是「孔子微言大義」的「聖人之道」的真傳；也正是它能夠作為一個最恰當的批判的武器，來進攻摧擊舊有的傳統神聖觀念和經典。在早年，康氏對「公羊三世」的這種巨大功能，並不是這樣明確清楚的。在著《人類公理》的前後，康氏還寫過後來為自己毀棄的反對公羊學的《何氏

糾謬》《教學通議》等著作。但是，到九〇年代，康氏則已完全定「公羊今文學」為正統，強調自己思想是這一傳統的光榮的繼承者了。康有為用它來教導學生（見《長興學記》《桂學答問》），拋出了震撼當時整個學術思想界的《新學偽經考》《孔子改制考》等著作。在這時，康氏的哲學觀點，找到了各種明確的形式，具體地滲透貫串了其整個思想體系，與其他方面的觀點主張不可分割地直接地聯繫沾合在一起了。在這時，康氏的整個思想的體系便宣告了最終的構成和成熟。「吾學三十歲已成，此後不復有進，亦不必求進」（《清代學術概論》述康有為語）。從此，康有為的思想也的確沒有再進一步。

＊　　　　　＊　　　　　＊

康有為的哲學思想，從內容說，它是當時傳入的自然科學影響和當時初起的中國資產階級政治、經濟要求的表現；從形式說，它是中國古代哲學的繼續，是這一古典傳統在近代的終結。所以，從內容到形式，從思想到語言，康有為的哲學無處不顯示著新舊時代的交替。

康有為以「元」作為世界之本體，《自編年譜》總敘自己的哲學體系時說：

……其道以元為體，以陰陽為用。理皆有陰陽，則氣之有冷熱，力之有拒吸，質之有凝流，形之有方圓，光之有白黑，聲之有清濁，體之有雌雄，神之有魂魄，以此八統物理焉。以諸天界，諸星界，地界，身界，魂界，血輪界，統世界焉。（《自編年譜》）

　　「元」，康有為所用的這一概念主要取自董仲舒的哲學。康用它表示世界（自然界）的根本、本質和起源。康在很多地方說，天地萬物從「元」生出：「天地之始，《易》所謂乾元統天者也。天地陰陽四時鬼神，皆元之分轉變化，萬物資始也。」（《禮運注》）「孔子係萬物而統之元，以立其一；又散元以為天地陰陽五行與人，以之共十，而後萬物生焉。此孔子大道之統也。」（《春秋董氏學》）

　　那麼，問題就在於：「元」究竟是什麼呢？

　　康有為引漢代何休《公羊傳注》的話：「元者，氣也。無形以起，有形以分，起造天地，天地之始也。」康有為說，「元者，氣也」（《萬木草堂口說》），「《易》稱大哉乾元乃統天，天地之本，皆運於氣。列子謂天地空中之細物，〈素問〉謂天為大氣舉之，何休謂元者氣也，《易》緯謂太初為氣之始……」（《春秋董氏學》）

　　「氣」在中國哲學上，一般是作為物質或物質性來了解的。「理」「氣」先後之爭，或可說是中國古代哲學中「斷言精神先於自然」還是「把自然看成根本」的兩派哲學的鬥爭。康有為對此表示了相當明確的意見：

凡物皆始於氣，既有氣，然後有理，生人生物者氣也。

有氣即有陰陽，其熱者為陽，凍者為陰。

朱子以理在氣之前，其說非。（《萬木草堂口說》抄本）

氣生勢，勢生道，道生理，物生象，象生數。（《春秋董氏學》）

此外，關於「無極」「太極」等傳統論爭，康也大體採取了與否定「理在氣先」的同樣態度，否定了無極的存在，反對「無極生太極」「無中生有」的觀點：「太一者，太極也，即元也」（《中庸注》），「太極以前，無得而言」（《萬木草堂口說》），「既知無無，則專以生有為存存」（《自編年譜》）等等。所以，在自然觀上，康有為基本上是承繼了中國古代氣一元論的哲學傳統。其中特別是用陰陽五行來理解自然界的產生變化的素樸的觀點。

然而，重要的是，康有為是依據他當時所了解到的西方自然科學等近代知識，發揮了古代的陳舊說法，來建立其自然觀的體系的。應該指出，這一點——對科學的信任和追求是構成其含有唯物主義因素的自然觀的最主要的原因。與當時大多數愚昧的士大夫仇恨嫉視自然科學相反，康有為、譚嗣同這些當時的先進人物，像衝出蒙昧爭著去迎接知識的黎明一樣，他們是那樣歡欣和堅信地去迎接了第一次打開在他們面前的新奇而雄偉的科學圖畫。這些真理的追求者，以難以仿效的天真和熱情，急切地把他們一知半解的科學見聞揉雜在自己思想裡。因此，來不及作任何真正的了解和融會，在他們哲學自然觀上，就出現了一張為他們的空想和幻覺所添增的荒唐的科學漫畫。譚嗣同在《仁學》中，康有為在《諸天講》和《大同書》等著作中，都用盡自己的力量描繪了一幅無始無終，無限廣大，「無量數不可思議」的宇宙圖畫。儘管這些圖畫荒唐到把佛教三十三天（康有為），以及什麼

「世界種」「世界海」（譚嗣同）與真正的天文科學混淆在一塊，因此看來是如此之錯誤幼稚、粗陋可笑，但這完全合理顯示了他們對當時自然科學所解說的作為物質存在的世界的態度：不是懷疑、否定和厭棄，而是對科學發展、對它的無限的認識威力的孩童式的歡樂和拼命的吸取、接受。[1] 所以，在這些啓蒙思想家那裡，外間世界之作為科學的客觀存在的事實是當然的、無庸置疑的，他們常常是最大限度（常常是超過了這種限度，所以變為荒唐和怪想）地利用了當時他們所接受和了解的科學知識，來企圖解釋世界、萬物、人體以至智慧精神的存在構造。在充滿著「聲光電化」的科學名詞和中國哲學的古老詞彙極不調和的混雜中，我們可以看出他們的這種企圖。[2] 從而，中國古代「氣」的概念就這樣在康有為他們手裡被飽飽地填進了化學物理學的科學物質概念——「以太」「電」「元素」——的內容。近代科學的知識，使他們知道以前看來是奇異神祕的聲、光和虛空等等，都是物質或物質的存在形式。這樣，就使他們在哲學上也總結出：「天地之

---

1 在以後，在二十世紀初期，康、梁以及許多以前的先進人物在「歐遊」之後，都表示了他們對科學和對物質文明的懷疑和否定，這與他們以前的態度是正好相反的。

2 這種情況在孫中山和二十世紀初年革命派那裡就告終結，與康、譚等人盡量把自然科學附會、適應和填塞中國古典哲學不同，在革命派他們那裡，經驗的自然科學開始真正作為他們哲學思想的背景或內容，「元」、「太極」等古典哲學術語只是單純的外衣了。這種不同取決於時代的不同、兩代知識分子科學知識的水平的不同。

間若虛而實……氣之於水如水之於泥，故無往而不實也。」（康有
為：《春秋董氏學》）譚嗣同所以把當時物理科學的物質概念「以
太」作為構成萬物的單位的哲學觀點，也是這樣。在這裡，他們
並不真正以為外間廣漠無垠的世界必須依存於人或人類的主觀才
存在。他們也並不以為神或人類的主觀智慧是無限廣大的世界本
體或主宰者。相反，康有為在描繪其宇宙圖畫時就嘲笑過古代「以
占驗言天」：「古言天地相配大謬」，「以占驗為凶災固大謬」（《諸
天講》³）等等。因為，在他看來，人和人生存在於其上的地球
只是太空宇宙（天）中極渺小的一點點，用它來「配」天，來與
天相提並論，是極其可笑的，至於封建時代中，人們不理解自然
界的科學法則，企圖以渺小的人事去比測天，更是一種愚昧。同
時，在康有為的早期觀點中，連各宗教和教主，包括康所最崇拜
的佛教的教主以至孔子，也完全不是世界的創造者，「諸教主生於
此微塵地球上稱尊，不過比眾生蠢蠢稍有智慧耳，諸教主亦一生
物，智慧即有限」，「古教主生在古昔，未有精鏡（指望遠鏡），談
天無有不誤」（同上）。

　　一方面與中國古代哲學的發展觀（在康有為主要是春秋三世
說）相結合，但主要卻仍是自然科學的影響所致，康有為、譚嗣
同和當時大部分先進思想家都相信事物發展進化的觀點。康有為
在自然觀點上也堅持著進化觀點。《自編年譜》中載其信證「人由

3　《諸天講》開始寫得很早，成書卻最晚，其中早晚期思想均有，但大體
　　還一致，基本觀點是早期便有的。

猿猴變出」，這顯然是受了十九世紀達爾文進化論的影響。肯定自然和社會的進化發展，是整個近代中國的哲學思想的特色。發展進化觀點是康有為整個思想體系的一個主要的理論骨髓。正是康有為首先將改良主義變法維新的政治主張，提高和昇華為一種論證發展的歷史哲學的系統觀點。

　　從上面看來，很清楚，康有為（以及譚嗣同）在自然觀上基本上採取了樸素的唯物主義的立場。這種立場是當時時代所賦予這些科學和真理的追求者們的合理的自然的傾向。儘管這種自然觀並不能代表其整個哲學體系，儘管在他們的哲學狂熱中隨時可以聽到許多十足的唯心主義、神祕論和宗教的昏話囈語；但仍然不能因之而過分輕視和過低估計了他們這種素樸的唯物主義傾向的「科學」自然觀。特別是自然觀在這個時期具有重要意義，它是這個時代的哲學中一個重要環節。正如歐洲文藝復興時期，自然觀在哲學上具有重要意義一樣，從中國封建中世紀走出來的第一代人的這種自然科學因素也具有哲學唯物主義的重要涵義。康有為這一代人在哲學上與中國古代哲學完全側重社會倫理問題很不相同，他們恰好把在接受近代科學影響的自然觀作為他們哲學的基石，他們都強調從宇宙萬物的究竟來談社會人世和政治倫理。只有深入估計這一點，才能對康、譚等人的唯心主義哲學體系和準泛神論的特色，作出正確的分析和評價。應該看到，康有為他們是承繼了中國「氣」一元論的傳統和形式，加添了他們當時所了解的近代科學的新內容，而這正是當時哲學思想發展中的一個主要的事實、現象和傾向，也是康有為他們的哲學思想的特點。

所以，如果完全忽視或甩開這一區別於以前傳統哲學的近代新的
基本傾向，把他們在認識論以及其他方面的唯心主義的因素成分
誇大和絕對化，作為他們的整個哲學，那就是不全面不準確的。

　　　　　　　＊　　　　　　　＊　　　　　　　＊

　　與譚嗣同思想的邏輯歷程幾乎完全一樣，康有為同樣有著接
受自然科學的素樸唯物主義傾向的自然觀，同樣經由對人類意識
問題的庸俗唯物主義和機械論的理解，同樣走進唯心主義的迷宮。
譚嗣同由「心力＝電」而得出「心力」可以代替「以太」，宇宙世
界只是「心力」表現的唯心主義；康有為則由「魂知＝電」而陷
在「天」（自然）「人」（意識）平行而相互獨立的心物二元的尷尬
地位。他們的唯心主義體系與唯物主義傾向的交錯，又使他們都
帶著一種準泛神論的色彩，這種色彩又正是康、譚哲學的共同時
代階級特徵。作為哲學思想家，譚嗣同比康有為更精深，譚氏哲
學內在的唯物主義與唯心主義的矛盾衝突，也發展和呈現得更為
深刻和尖銳。但是，如果我們捨棄康、譚二者之間的次要的差異
和出入，而作為一種共同的時代思潮的體現者來觀察，就可以看
出，他們哲學發展的邏輯道路，他們的強處和弱點是多麼地一致，
是多麼近似地表象著一種共同的社會階級的特點和當時這些先進
人們的科學知識水平的特點。所以，任務就不在於摘幾段引文來
簡單地判決他們的哲學體系是唯心主義還是唯物主義，也不僅在
於解釋和爭辯他們的這些體系中是如此這般地矛盾著……，更重
要的是，必須論證他們為什麼有這些矛盾，這些矛盾的方面為什
麼和怎樣地聯繫、過渡和統一著，它們的內在邏輯關係是怎樣的。

這樣，也才能確定他們的基本傾向到底是什麼，也才能真正充分地看出這些「體系」的出現的時代必然性，看出它們的社會政治意義，這才是思想史的任務。不然，如果一方面強調譚嗣同的哲學是「反動的主觀唯心主義」，而又認為這個「反動的主觀唯心主義」的哲學政治觀點卻有很大的「進步作用」，但這兩者的聯繫卻始終缺乏論證，這就不能令人信服。

　　譚嗣同下文就要專門講到，這裡仍只談康有為。但康有為在意識問題方面的觀點與譚嗣同卻幾乎是完全一致的，他們正是同從這個大門而走進「泥坑」的。所以應該注意：這個問題是當時這些「哲學體系」 的結構中的一個關鍵，是各種矛盾和混亂的紐結。

　　意識和人類意識的問題是古今中外哲學家科學家們的老問題。意識究竟是什麼東西？它究竟是怎麼來的？它為什麼會是那樣的靈明神奇？……這個問題在歷史上有過各種各樣的解答。但這些解答中最正確的也不過是作了某些天才的猜測。而康有為他們的答案卻不幸是其中最荒唐的一種。本來，在中國古典哲學中也常有認為人類意識精神是一種獨立於肉體之外的「精氣」的物質存在（與希臘哲學中認為靈魂是「精微的原子」相近似），也承認鬼神之作為一種自然物質現象的存在 [4]，康有為正是因襲和承繼著這種觀點，而賦以近代科學的附會。但是，這樣一來，在古

---

4 如張載：「鬼神乃二氣之良能」「物之初生，氣已至而滋息，物生既盈，氣日反而游散。至謂之神，以伸也；反謂之鬼，以其歸也。」

代唯物主義中的這種不甚顯著的缺陷，就變化、膨脹為一種明顯的謬誤了。康有為等把精神、意識與物質的「電」等同起來，在他們當時看來，這兩個東西是多麼近似，都是那麼的變化莫測神奇靈通，都是那麼的無遠弗屆、貫通一切……，在對神奇的「電」的怪異膜拜中，他們卻正好找到了一個對精神的「最好」的注釋，找到了一個解決精神問題的荒唐的鑰匙。他們歡呼著，電就是精神，精神就是電，這兩者基本上是同一種或同一個的東西。「不忍人之心，仁也，電也，以太也」，「無物無電，無物無神，夫神者，知氣也，魂知也」（康有為：《大同書》）。「腦為有形質之電，是電必為無形質之腦」（譚嗣同：《仁學》），「腦氣筋為電學之理」（唐才常：《覺顛冥齋內言》）。[5] 認為電與腦與意識精神的類似和等同，幾乎是當時這些思想家們普遍一致的看法，這種看法充滿在他們的哲學著作中，康有為說：

> 五官百骸肌膚血液，身之體也。魄者，腦氣之白團及腰之白肋如塊者，周身之腦氣筋專司運動微有知覺強屬不化者，知氣者，靈魂也，略同電氣，物皆有之。而團聚尤靈，而有知，亦曰性。養之久者團聚不散，尤為靈明者，則為精氣為神明，亦曰明德，其義一也。蓋人之死者，體魄而已；若魂氣有知，浮游在上，固

---

5 甚至章太炎早年也曾認為「恣其愛行為善之長，是以貴仁也」，「電也者，渺萬物而為言者也，……以是知天地之間非愛惡相攻，則不能集事」（《訄書（木刻本）‧獨聖上》）。

未嘗死也。(《禮運注》)

　　這種觀點固然一方面是把物質（電）神化了，另一方面它又把神物質化了。一方面使物質的作用帶有神祕的精神性質，另一方面又使精神等同於可以計算控制的物質的機械作用和功能。但重要的是，這種觀點邏輯地引到這樣的結論：意識、精神既近似虛空的電，那末，它便也可以是完全不依賴人類肉體而獨立存在的東西。它不過是在一定時期內暫居在人體中罷了。所以，康有為會自然地相信「有魂知無體魄」但具有自然規定性和物質性的鬼神的合法存在，為了對付人民，康氏也常強調鬼神存在的主宰監督作用，使「百眾以畏，萬民以服」（《中庸注》），甚至強調因果報應等陳腐思想；會荒唐地在大同理想裡講求人類專養靈魂以求不生不滅的「仙佛之學」（譚嗣同也認為將來人類可以「發達」「進化」到沒有體魄專有靈魂的地步）。康有為把人的體魄和靈魂看作是兩個互相獨立的東西，「魂靈精氣與魄質形體合會而後成人」（《禮運注》），「元為萬物之本，人（指意識、精神）與天（指物質世界）同本於元，猶波濤與匯同起於海，人與天實同起也」（《春秋董氏學》）。在康氏許多著作中，都特別強調人為父、母與天「三合而生」，形體方面是得自父母（祖、父），而精神智慧則得自「天」（即「元」），「蓋性命知覺之生本於天也，人類形體之模本於祖父也。若但生於天，則不定其必為人類形體也，若但生於祖父，則無以有此性命知覺也」（《春秋董氏學》），這就是說，人的體魄與人的靈知是完全可以分開而互不干涉的兩回事，它們

的起源是平行而相互獨立的。「其有知祖父而不知天者，徇形體而忘知氣，是謂不智；其有知尊天而棄祖父者，捨傳類而忘腹育，是謂不仁」（《中庸注》）。一方面指出人非天不生，人的精神意識不是父母所能給於控制，因而要求人們精神上的平等自由和獨立；另一方面指出形體必須依賴父母，因而認為人們仍須遵循一定的人間現有的規範，而不要完全捨棄傳統秩序倫常……。所以，除了科學知識的局限以外（不了解電、人類意識的真正內容），這種哲學觀點與其政治觀念也有關係。康有為他們把心物分割開來，把心知從體魄中獨立出來，主要是為了要誇張心知，降低體魄。譚嗣同曾強調「重靈魂捨體魄」，「吾貴知不貴行」。康有為也說：「心有知者也，體無知者也。物無知而人有知，故人貴於物。知人貴於物，則知心貴於體矣。」（《春秋董氏學》）而他們所以要如此誇張心知，降低體魄，主要是因為他們在現實體魄鬥爭中的無力與軟弱，只好從事追求靈魂的空想，追求神祕的「超度人心」。物質鬥爭手段的貧乏，便使他們用吹脹精神的方法。譚嗣同說：「輕滅體魄之事，使人人不困於倫常而已矣。」用消滅體魄專任靈魂的方法，來消滅體魄所遭受的封建倫常的困苦束縛……，這些自由主義者真誠地希望用「心」來解脫困苦，解放世界。譚嗣同想用宗教的「心力」使萬物相通，人我合一，以實現平等自由；康有為則由「電」是「知氣」是「仁心」出發，宣布了他的博愛的哲學。康有為認為「電」是「知」（精神意識），「知」即是「仁」，是「愛」，是「不忍人之心」，它們不過是「異名而同實」，是一個東西。「有覺知則有吸攝，……不忍者，吸攝之力也。」

《大同書》）（物質的機械吸引力又被加上了人類精神〔知、仁〕的性質！）「其覺知少者，其愛心亦少；其覺知大者，其仁心亦大。……愛與覺之大小多少為比例焉。」（《大同書》）「仁從二人，人道相偶，有吸引之意，即愛力也，實電力也。」（《中庸注》）

在這裡，康有為的「元」，就直接等同於「知」、「魂」、精神意識了。「夫浩浩元氣，起造天地。元者，一物之魂虛也。……無物無申，無物無神。夫神者，知氣也，魂知也，精爽也，靈明也，明德也；數者異名而同實。有覺知則有吸攝之力。不忍者，吸攝之力也。故仁智同藏而知為先，仁智同用而仁為貴矣。」（《大同書》）總之，元＝魂＝神＝知＝仁＝不忍人之心＝博愛，它構成宇宙萬物的本體。萬物皆有接受人的「知一仁一愛力」的可能，「乾坤為父母，萬物同胞體，電氣流徙無有遠邇，莫不通焉」（《中庸注》），而另一方面人是知氣之最靈明者，就更應發揮其不忍人之本性——仁一博愛。「仁者在天為生生之理，在人為博愛之德」（《中庸注》），「孔子本仁，最重兼愛」（《春秋董氏學》），「乾為吾父，坤為吾母，人身特天之分氣耳。……凡眾生繁殖皆吾同氣也，必思仁而愛之，使一民一物得其所焉」（《中庸注》）。康氏特別側重在社會倫理觀上，在「不忍人之心」的博愛意義上來規定和解說「仁」（譚嗣同則更明確更抽象地把「仁」完全提升為自然規律的哲學本體了）：

不忍人之心，仁也，電也，以太也，人人皆有之……，一切仁政，皆從不忍之心生，為萬化之海，為一切根為一切源，……

人道之仁愛，人道之文明，人道之進化，至於太平大同，皆從此
出。(《孟子微》) [6]

　　康氏很早便以「日日以救世為心，刻刻以救世為事」(《自編
年譜》) 的英雄自居，而一再以「廣宣教惠」「同體飢溺」作為孔
子「依於仁」的具體內容來規約教導學生 (《長興學記》)，所以，
學生們也就乾脆把這種哲學觀叫做「博愛派的哲學」：

　　先生之哲學，博愛派哲學也。先生之論理，以「仁」字為唯
一之宗旨，以為世界之所以立，眾生之所以生，家國之所以存，
禮義之所以起，無一不本於仁，苟無愛力，則乾坤應時而滅
矣。……故先生之論政論學，皆發於不忍人之心，人人有不忍人
之心，則其救國救天下也，欲己而不能自己。……其哲學之大本，
蓋在於是。(梁啟超：《康南海傳》。張伯楨的康傳亦有相同的說法。)

　　這確是康氏哲學的一個顯著表徵。康氏自己對此有許多的概
括說明，今錄其一如下：

6　《孟子微》《中庸注》寫作年代略晚，成於 1903 年前。與梁啟超不同，
　康這時思想已趨保守，在哲學上亦有反映 (如更突出「誠」「鬼神」「存
　養」等等)，但基本變化不大。認為戊戌變法一失敗，康的哲學世界觀也
　就隨著來了個根本變化，是不符事實的。何況一般說來，政治思想可以
　較快變化，哲學世界觀體系則較相對穩定。

蓋仁與知皆吾性之德，則己與物皆性之體。物我一體無彼此之界，天人同氣無內外之分，水之周於全身，電之遍於長空，……物即己而己即物，天即人而人即天，凡我知之所及即我仁之所及，……以元元為己，以天天為身，以萬物為體，……山河大地，皆吾遍現，翠竹黃花，皆我英華。……（《中庸注》）

「苟無愛力，則乾坤應時而滅」，「山河大地，皆吾遍現」，這還不是主觀唯心主義？正是如此。原來被康氏認為是「氣」的「元」，在這裡竟完全變成了「己」，變成了主觀的「仁知」了。誇張人類主觀仁愛的結果，自然會達到這種論調。正因為看到自己現實肉體力量的渺小，就喜歡把自己的精神力量鼓吹得萬分巨大。我的體魄在這世界上雖然無力、渺小，但我的精神卻是這個世界的創造者主宰者。所以，體魄算不了什麼，一切都歸結於心靈智慧、博愛慈悲，歸結於救世英雄的心靈智慧、博愛慈悲。[7]

　　當然，另一方面，愛的哲學固然是他們唯心主義傾向的原因和內容，但畢竟還不是他們的博愛的全部或主要內容。因為他們講求的博愛，並不全是「超度人心」之類的靈魂空想，它還有許多改革現實生活的實際內容。譚嗣同並不專講神祕的「心力」，康有為也並不專談宗教的「超度」，恰好相反，他們講「心力」、講

---

7 康有為講的「博愛」與孫中山講的「博愛」，其理論根據和階級基礎都是不同的。孫中山是小資產階級革命民主主義和民粹主義的「博愛」，康有為則是資產階級自由派的啟蒙主義者的「博愛」。

佛學，講神、魂，卻總認為這些唯心主義的實體、本體無處不在
無物不有，它並不超脫現實以至物質，因之，神與自然、天與人、
「心力」、「仁」「知」與「氣」、講求佛學超度人心（精神）與變
法維新拯救世界（物質）……，才奇異地變成了同一件事情。這
就正是他們哲學體系非常突出的準泛神論色彩（參看本書譚嗣同
文）。他們這種「博愛哲學」注意講求如何用現實方法來「拯民水
火」，如何改革社會生活，如何在現實體魄上實現人類的自由平等
等問題，康有為說：

> 凡聖人立教，必有根本，老子以天地為不仁，孔子以天地為
> 仁，此宗旨之異處。取仁於天，而仁此為道本，……凡百條理，
> 從此出矣。……大同之治，不獨親其親，子其子，老有所終，壯
> 有所用，鰥寡孤獨廢疾者有養，則仁參天矣。(《春秋董氏學》)

從韓愈到張載，封建地主與門閥領主不同，曾經宣揚過「博
愛之謂仁」「民吾同胞，物吾與焉」的封建仁政哲學，康有為明顯
是沿襲了這一傳統觀念，但把這些傳統觀念灌注了一種新的資產
階級人本主義和人道主義的實質。正是在這基礎上，康有為建立
起「去苦求樂」「天下一家」的大同理想，建立其積極參加政治運
動主張變法維新的人生態度。

由推己及人的博愛而至無父無君的大同，這種潛伏著危險性
的愛的哲學，激起了好些人物的憂慮和攻擊，正統派恐懼多講仁
愛將破壞其「君君臣臣父父子子」的金城湯池，是「引儒入墨」

「墨氏復熾」，而一定要把仁愛歸納包含在「禮」的規約中，而免「謬以毫釐，差以千里」：

> ……禮教明而仁在其中矣，……言其體也；愛有差等，……言其用也。捨此而言仁，則墨氏之兼愛，釋氏之慈悲，摩西氏之救世主，謬以毫釐，差以千里矣。人人親其親長而長，天下之至私實天下之至公，……捨此而言愛則五倫去其四，一以朋友處之，而君臣父子兄弟夫婦之道苦矣。（朱一新：《佩弦齋雜存·復王子襄同年》）

在封建主義思想體系內，「仁」與「禮」兩者本來是互相調和補充的，但在這裡卻出現了尖銳的對立和鬥爭，資產階級改良派強調「仁」，封建正統的衛道者們則堅持「禮」。反理（禮）而主仁（人），是康有為、譚嗣同一派人的基本論點。「仁」在這裡被他們提到空前的哲學高度，甚至把它看作是一種不生不滅萬古不朽的人類本性、自然規律和世界實體，給它帶來了反封建主義的近代資產階級的自由、平等博愛的內容，它自然為正統衛道者們所敵視。當然，正統派其實也不必過分擔心，因為康有為的「博愛」也仍然通過「由近及遠」的理論，這在一定範圍內保留了「愛有差等」的封建倫理，改良派正是需要通過逐步漸進方式慢慢地解除「理」（禮）的束縛來實現「仁」——「人的本性」。

2. 自然人性論

　　康有為的博愛哲學是與其人性論相密切聯繫的。人性善惡問題是中國傳統哲學中爭論不休的老問題。康有為與封建主義正統思想家的論辯是這個哲學問題的最後一次論辯。在這裡，我們又可以看到新舊交替時代的內容和形式問題，又可以看到如馬克思所說的還沒有學會用新語言表達思想的學生，總是先在有著巨大保守力量的傳統中變換花樣。所以，不要為下面這些似乎是無窮的煩瑣哲學的空談苦惱，在這些古舊的傳統語言中，應看出它的近代的新意義，認出它的近代資產階級自然人性論的新的光芒。

　　康有為對待傳統人性善惡問題上，宣稱自己是告子「性無善惡」理論的信徒。「性者，生之質也，未有善惡。」「凡論性之說皆告子是而孟子非。」（《萬木草堂口說》）「告子生之謂性，自是碻論，與孔子說合。……程子、張子、朱子分性為二，有氣質，有義理……蓋附會孟子，實則性全是氣質，所謂義理，自氣質出，不得強分也。」（《長興學記》）「性是天生，善是人為」等等。

　　既然「性」和「善」（這裡的「善」是指封建主義規定的倫常道德的規範準則等等）不是生來就在一起的，既然「性」中本沒有先天主宰著的「善」，「性」只是氣質，「義理之性」（即「善」）是從屬於氣質的後天習得，那末，從這裡將要得出什麼結論呢？

　　第一個結論，就是倡人欲反天理，反對封建主義的禁欲主義。譚嗣同從這裡建立起他的一整套社會倫理觀，猛烈衝擊著封建倫常。「天理即在人欲中，無人欲天理亦無從發現」（《仁學》），這是

反封建禮教的道德論。康有為也是在這種人性等於自然的理論上，多方面地論證了人生去苦求樂的正義和合理，肯定發展物質文明的必然和幸福，要求改善人們的苦難生活，要在地上建築「大同」世界的美滿天堂。他強調指出「孔子之道」就是本於「人性」，「循人之性以為道」，而「人性」則「本於天生」，這種天性也就是情欲快樂等等人類肉體和精神的需要，而且首先還是肉體的要求。「人道無求苦去樂者也」（《大同書》），「普天之下，有生之徒，皆以求樂免苦而已，無他道矣。其在迂其途，假其道，曲折以赴，行苦而不厭者，亦以求樂而已」（同上）。所以，人欲並不是「惡」，壓制人欲的理則（天理）並不是「善」，「性」本身才是「善」，而「性」本身又卻不過是「人欲」——去苦求樂而已。這樣，就得出了與封建主義正統思想恰恰完全對立的論點：封建正統認為「惡」（人欲）的，這裡卻被認為是「善」（人性本身），封建正統認為是「善」（壓抑人欲）的，在這裡卻被認為是「惡」（因為這種壓抑違反了自然本性的發展）。結論就是：必須爭取個性的自由，個人的權利，肯定世俗的歡樂，地上的幸福……。康有為就這樣把他所標榜的「孔子之道」建築在這種自然人性論的基礎上：「孔子之道乃天人自然之理」，「聖人之為道，亦但因民性之所利而利導之，……所以不廢聲色」，「凡道民者，因人情所必趨物性所不能逃者，其道必行」（《春秋董氏學》）。「立法創教，令人有樂而無苦，善之善者也，能令人樂多苦少，善而未盡善者也；令人苦多樂少，不善者也」（《大同書》）。如同法國資產階級唯物主義者從唯物主義感覺論上建立起自然人性論的倫理學一樣，[8]

中國自由主義改良派的康有為、譚嗣同的自然觀與人性論也被這種思維的邏輯所支配，把人性看作是一個物質性的自然存在，而與其唯物主義傾向的自然觀有密切的連繫。「性—善」的問題在根本上就是「氣—理」的問題，「先性後善」實質上正是「先氣後理」的表現形式和邏輯演繹。康有為認為，正如不是先有一個主宰和決定著「氣」的「理」一樣，也沒有一個在「性」之先而決定著「性」的「善」；「理」在「氣」中而從屬於「氣」，就正如「善」在「性」中，「性」本身就是「善」一樣。[9]

　　但是，封建正統思想家卻不是這樣想的。他們的觀點與康有為的觀點正相對立。他們認為，「善」必須在「性」之先，必須主宰節制著「性」，這就正如同「理」必須在「氣」之先而主宰節制著「氣」一樣。正統派也看出了人性問題與世界觀問題的聯繫，他們也把這問題提到哲學根本問題上兩條不同路線的高度上來論爭：

　　性如繭如卵，亦知絲在繭中，苟無絲何有繭？雛在卵中，苟無雛何有卵乎？卵之不能為絲，繭之不能為雛，理也，惟性之不能為惡亦理也。……性自皆善不可即以性為善，容得謂性之非本

8　「照霍爾巴哈看來，……人從對象感受到一些印象，其中有一些使他愉快，有一些使他痛苦，……他把一切使他愉快的叫做善，把一切使他痛苦的叫做惡。」（普列漢諾夫：《唯物論史論叢》）

9　在譚嗣同那裡，「以太」與「性」的關係也是這樣。詳後文。

善乎？譬諸繭自出絲，卵自出雛，不可即以繭為絲以卵為雛，容得謂繭非起於絲卵非起於雛乎？有雛種而後成卵，有絲種而後成繭，有繼善而後成性……天道無不善，則稟乎天以為性者，安有不善？董子但知善出於性，而不知性實出於善……（朱一新：〈答康長孺第五書〉，見《翼教叢編》）

先有絲後有繭，先有雛後有蛋，先有善後有性，作為先天的雛的本質先於蛋並決定主宰著蛋，作為先天的「善」也就先於「性」並決定主宰著性。這個決定「性」的先天的「善」實質上當然就不是別的，正是那個決定「氣」的「天道」──「理」，「善」就是「天道」、「天理」。這個「理」當然實質上又不是別的，就是「禮」──封建主義統治階級的社會秩序、社會意識。正因為如此，他們才特別強調要求這個「理」─「善」必須來決定和主宰人民大眾物質生活的「氣」─「性」，使「氣」─「性」循規蹈矩地從屬和服從它們，這就是他們主張「人性善」的本質：

惟氣有理以為之宰，故性可節……夫性何以節，恃有禮而已。禮也者，理之不可易者也，本於太一，殽於萬殊，皆所以範其血氣心知以漸復乎天命之本……有物必有則，有氣質必有義理，有父子必有慈愛，有君臣必有等威，放諸東海而準，放之西海而準……（同上）

一切都很清楚，這位封建主義老儒生所以如此不憚煩地反覆

和康有為辯論這麼枯燥的人性問題，不是別的什麼原故，而只是因為害怕康有為「性無善惡」的理論將破壞封建主義的統治秩序，「將聖人立教之意皆認為矯揉造作而非本乎性之自然，勢必至於棄禮蔑義而後止」（《佩弦齋雜存‧答某生》）。「棄禮蔑義」，在他們看來，便是人們不再用「善」的「天理」來管制自己的「性」和「人欲」，當然是使「人欲肆而天理滅」了。所以，總括起來，康有為把「性」與「情」「欲」結合起來，認為「性」的本質就是它們，「性」就是這種「氣質之性」；它們本身無所謂先天道德的善惡，「善」是它們正當的發展，「惡」是阻礙它們的發展。與此對立，封建正統主義把「性」與「情」「欲」割裂和對立起來，認為「情」「欲」本身多半為「惡」，在這種惡的「氣質之性」之上必須君臨著善的「義理之性」，它才是「性」的本質，人們必須應該用它來管制自己的「氣質」和情欲，即所謂「人性循此本然之善，乃能窮理以盡性」。而「盡性」者，即盡封建主義之倫常道德也。這也就是所謂「聖人不授權於氣質而必以善歸諸性」——必須壓低「氣質之性」的道理。所以，同樣說著「人性本善」，同樣強調「聖人之道」本於人的「本性」，仍可以清楚地看出了人的「本性」有著兩種不同的解說——近代資產階級人性自然論和封建主義的天理人欲論：一種是把自然的情欲當作「人的本性」，一種是把「天理」的禮義當作「人的本性」。這也正如康有為自己所說，「孔子之道本諸身，人身本有好貨好色好樂之欲，聖人不禁，但欲其推以同人，蓋孔孟之學在仁，故推之而彌廣；朱子之學在義，故斂之而愈嗇，而民情實不能絕也」（《孟子微》），康有為他

們這種自然人性論是直接繼承明末清初思潮而來，是這一民族思潮在近代的發揚，使這一傳統真正帶上了比較明確的資產階級的近代性質。此外，康氏接受佛學和陸王心學的影響，也與此有關。因為陸王心學具有程朱理學的對抗者的身分，佛學也有著反束縛反世俗的特徵，兩者都著重「心」，都認「心」作「性」。「心」比「理」畢竟有遠為豐富的情欲知覺等具體的人類自然實性。「理」是一種邏輯的抽象，「心」卻有著肉體的內容。朱熹曾以告子斥責陸象山和佛學，朱熹認為佛學和象山「以心為性，正告子生之謂性之說」。但是，「以心為性」「生之謂性」等等中國古典哲學傳統中任何對人類自然情欲的肯定的傾向或因素，就正是近代資產階級所特別需要加以發揮的理論資料；無怪乎封建唯心主義的陸王心學能夠在清末的時代思潮中取得比程朱理學遠為優越的地位。[10]自明末清初一直到近代，進步思潮的一個特色是對社會統治思想的程朱理學的反抗，「理在氣先」的唯心主義，專制君主的政治觀點，人欲為惡的道德理論……這個束縛心靈壓制行動的封建惡魔，是近代人們所最不能忍受的仇敵。近代先進的思想家們幾乎一無例外地都對它進行過批判和攻擊（以譚嗣同、宋恕為最

---

10 王陽明哲學中，「心」被區劃為「道心」（天理）「人心」（人欲）。「道心」反對「人心」而又須依賴「人心」才能存在，這當中即已蘊藏著破裂其整個體系的必然矛盾。因為「道心」須通過「人心」的知、意、覺來體現，良知即是順應自然。這樣，知、意、覺則已帶有人類肉體心理性質而已不是純粹的邏輯的「理」了。從這裡，必然發展出「天理即在人欲中」「理在氣中」的唯物主義。

激烈，康有為是其中較和緩的)。此外，陸王心學以及佛學唯心主
義的被歡迎和接受，固與反對封建束縛有關，但與他們誇張主觀
心知的投合，仍是更主要的原因。這一點我們在上一節中已看得
很清楚。

從自然人性論得出來的第二個結論，就是人性平等論。這一
結論實際是博愛說和人欲無惡說的推演。這種宣傳「仁一博愛」
的哲學與宣傳平等民權的政治便這樣融會貫通自成體系：「推己及
人乃孔子立教之本；與民同之，自主平等乃孔子立治之本」(《中
庸注》)，康的「教」(哲學) 與「治」(政治) 原來就是這樣緊密
連在一塊的。性的善惡既然不是因為服從或叛離先天的規約準則
而決定，那麼，它就只能是後天的合理或不合理的發展結果而已。
那麼，人在自然本質上就當然都是平等而相近的，都有同樣的氣
質、欲求和權利。皇帝與小民，「君子」與「野人」，並沒有先天
的差異和不平等，康有為正是從這裡逐漸引伸出「天賦人權」類
型的資產階級平等思想：「人人性善 (按此性善即自然生性即善，
性即善)，文王亦不過性善，故文王與人平等相同……，凡人亦可
自立為聖人」，「人人既是天生，則直錄於天，人人皆獨立而平等」
(同上)，「人人為天所生，人人皆為天之子，但聖人姑別其名稱，
獨以王者為天之子而庶人為母之子，其實人人皆為天之子」(《春
秋董氏學》)。不僅如此，正如認為萬物皆有知覺精神與人類只不
過有「團聚」與否的量的差異一樣，康認為就先天來說，人與動
物與草木在自然本質上也是相近而一致的：「夫性者，受天命之自
然，至順者也。不獨人有之，禽獸有之，草木亦有之。……故孔

子曰性相近也。夫相近則平等之謂，故有性無學，人人相等，同是食味，別聲被色，無所謂小人，無所謂大人也。有性無學，則人與禽獸相等，同是視聽運動，無人禽之別也。」(《長興學記》)一切的差異都是後天「學」與「不學」而來，並沒有先天的智慧、知識和學問。康氏的確常有這種重視後天習得的認識論傾向。「物至知至，而後好惡形焉。」「物理無窮也，非假到學問，雖生知之聖，亦不能通其名物象數，況其他乎？故以問學為道路也。」他們所以如此，是因為尋找救國真理就必須艱苦認真學習，必須採取「道問學」「格物致知」的現實態度，而不可能完全沈溺在以心為天地萬物的「致良知」的純粹主觀空想中，陸王心學和佛教唯心主義並不是這些真理追求者的全部哲學。然而，人性善惡的問題因涉及先天與後天、本性與環境的關係，常具有哲學認識論的意義，康有為他們一牽涉到人類意識智慧的問題，便立即在理論上陷入那個不可救藥的「知＝電」的公式中。儘管在實踐和現實中他們無時不指出必須學而後才能知，必須「下學而上達」，大力講求科學等等。

　　封建主義正統思想是反對人性平等物性平等的理論的。在他們看來，世上的等級、差異和不平等正是上天的旨意，正是先驗規約的體現。禮者，理也。「君子」生來就體現著「天理」，就是「善」，「小人」一出世因為「氣質」(「人欲」)像濁水一樣，「天理」大半為「人欲」所「蔽」，就多半是「惡」。「君子」和「小人」(實際上，在客觀階級意義上，這就是地主和農民、統治階級和被統治者)，他們所得的「理」因為「氣稟」(人欲)不一樣，

因為受「氣質」（人欲）所蔽障不一樣，從而在實際上的「性」
（天理）就並不相近或平等，至於人和禽獸草木（某些統治者就
正是把具有人欲的人民罵作禽獸的）的「性」當然更不會相近似
了。在二程那裡，就有「天地之間皆有對，……有善則有惡，君
子小人之氣常停，不可都生君子」（《二程遺書》卷 15）的說法。
所以，當時的衛道者們痛斥康有為「以平等為相近，以禽獸與人
為無別」，強調「孟子言犬牛之性與人不同，是人禽之異不因學不
學也」（葉德輝：〈長興學記駁議〉）。歸根結蒂，這個哲學問題的
意義仍在於：封建主義思想家需要有一個主宰的「善」──「天
理」（禮）作為人「性」的本質的存在，「天理」（善）之於君子小
人禽獸草木，在實際上所保有的並不一樣，因此，人性物性也就
不能真正平等：「苟無是理以宰是氣，則人物之生渾然一致，而人
之性真同犬牛之性矣。」（朱一新：〈答康長孺第五書〉）而改良派
卻認為人性物性既同樣是自然本身，並沒有所謂「天理」（「善」）
的「性」是不是為人欲氣質所蔽障的問題，那末，每個人的「性」
當然就是平等相近的。改良派這種思想固然是一種抽象的自然人
性論，它不懂得所謂「人性」的社會歷史性質，把人性歸結為一
種生理的體質，認為它與「物性」「渾然一致」。但是，在絕對的
理論意義上來講是謬誤甚至荒唐的東西，在當時相對的歷史意義
上可能是進步和必要的。資產階級自然人性論在反封建的時代裡，
正是如此。這種在理論上並不正確的思想，在歷史上起了反對比
它更荒謬的封建主義的人性思想的進步作用。所以，重要的問題
還不在這一學說的理論本質的謬誤，倒在於康有為不能把這一理

論明確地堅持到底，與此相反，康最後卻是把它與封建舊理論又相調和起來了。

與以譚嗣同為代表的改良派左翼在人性問題上的激烈態度和對封建倫常的勇猛批判不同，康有為從其基本觀點出發，不但沒有貫串到底，從而得出攻擊舊封建綱常禮教的邏輯論斷；反而是愈涉及當前的實際，便愈向後倒退。例如，在早年對學生的講學及在其著作中（例如《大同書》、《萬木草堂口說》、《長興學記》等書中），康氏還能夠較大膽地說出自己真正的觀點，還能夠說出「告子是而孟子非」，但是在以後其他特別是注經的著作中（如《中庸注》、《孟子微》等書），康就採取了與現實社會及封建經典妥協調和的態度。這固然是為了利用封建經典進行理論政治宣傳活動而大注經典，從而只得遷就封建經典的原意（如注解《孟子》當然就不能說《孟子》非），同時（包括注經典的本身）也是遷就當時封建社會的環境。康有為對現實遷就調和的主張和態度也浸到了他的人性主張中。例如，康有為在《孟子微》（戊戌變法後作）中用相當大的篇章論證了人性善惡的問題。他列舉中國古代各派說法的異同而得出一個與早年論點不同的折中主義的庸俗結論：「告子、荀子、董子與孟子實無絲毫之不合。特辯名有殊而要歸則一也。」照康氏這裡的說法，則性中本來有善惡兩種因素，後天若發揮善則為善，發揮惡則為惡。如同絲的本質早已包括在繭中，善的本質也早已包含在性中，善是人循「性之善端」後天擴充而成的，「繭待繅以涫湯而後能為絲，性待漸於教訓而後能為善」。歸結起來，也就是董仲舒的老話：「性者，天質之樸也；善

者，王教之化也。無其質則王教不能化，無王教則質樸不能善。」
這雖與程朱正統的性善論仍有所不同，仍強調了後天教化的因素，
但它畢竟逐漸脫離了性無先天外在的善惡、善即是自然人性的立
場，承認了性中已先有某種道德規範的「善」的本質的存在，這
樣也就逐漸會承認性中有某種「義理」的本質而將它與自然氣質
分開來，結果必然重新又回到傳統窠臼裡，又把「理」「氣」分
開，「性」「善」分開，認「性」是「理」（「義理之性」）「氣」（「氣
質之性」）兩者所組成了。康有為的道路正是這樣走的，在《中庸
注》中，康氏承認了「義理之性」：「性有質性，有德性，德性者，
天生我明德之性，附氣質之中而昭靈不昧者也……後世稱為義理
之性，或言靈魂，或言性識……。」在《孟子微》中：

> 然以氣言之，則知覺運動，人與物各不異也；以理言之，則
> 仁義禮智之稟，豈物之所得而全哉？此人之性所以無不善而為萬
> 物之靈也。告子不知性之為理而以所謂氣者當之，此章之誤乃其
> 本根。
> 魂氣之靈則仁，體魄之氣則貪。……魂魄常相爭，……使魂
> 能制魄則君子，使魄強挾魂則小人。

這與天理人欲論已無區別，幾乎完全是其論敵朱一新的論調了。

這種倒退和妥協是其哲學體系的特徵。與由唯物主義的自然
觀走上心物二元的道路息息相聯，康有為因為「貴知」「輕物」，
「貴心知輕體魄」，分開心知與體魄，所以在這裡，他也畢竟會把

「義理」與「氣質」分開來，「善」與「性」分開來，而認「善」
（「義理」）作「魂知」，「性」（「氣質」）作「體魄」，從而又貫串
了康有為那個心愛的公式──善＝知＝仁＝電，於是便專講「魂
知」「義理」，而把「氣質」「體魄」作為贅物輕蔑地拋在道旁了。
這當然便回到了封建唯心主義以「心知」　和「義理」　為本體的
老路。

3.「公羊三世說」的歷史觀

　　裝在「公羊三世說」陳舊的套子裡，康有為強調發展的歷史
觀是他的思想體系的主要脊梁。因為在以後許多地方我們都將談
到，這裡只簡單提一下。

　　中國近代哲學的特色是辯證法觀念的豐富。康有為也是如此，
這完全是當時時代情況和科學情況的特色的反映。新舊交替的社
會變動給人們帶來了一幅錯綜複雜五光十色的社會圖景，自然科
學也帶來了一幅同樣新奇怪異五光十色的自然圖景。生活在猛烈
的動盪，事物在迅速的變易和交替，矛盾在急烈的衝突和發展，
原來認為永恆不變的尺度標準，現在全不適用了；原來認為固定
不移的事物，現在分崩瓦解向前變化了，……到底是什麼原故呢？
是怎樣的規律在決定制約著呢？這一切像一支萬花筒似地在人們
眼前閃耀炫動著，騷擾著人們的頭腦，迫使著當時先進人們在萬
花撩亂之中盡量地努力去捕捉它，了解它，來刷新自己的觀念，
使自己的思想能正確表達這種客觀環境。他們在自然科學和社會
生活中看到了以前認為是孤立靜止的事物，原來是如此的息息相

關互相依賴，是如此的變易不居生生不已，看到了以前認為是固定統一的事物，原來本身是充滿著如此尖銳的矛盾和對立，這些矛盾和對立又如此地奇異複雜地相互依存著轉化著。更重要的，是他們在這樣眾多繁複的聯繫、變易和矛盾中，畢竟看出了相信了一根主要的線——這就是自然和社會必然向前發展的觀念。於是，這就與主張「天不變道亦不變」的封建主義的形而上學相對立了。達爾文的進化論等近代自然科學知識和社會生活向前發展（如西方資本主義社會在中國封建制度前所顯出的優越性）的現實，是他們這種觀念產生的根源。康有為正是把這種發展觀念系統地提出來作為思想骨幹來建築其整個體系的思想家。雖然建築這個體系所用的磚瓦材料，還完全是傳統哲學的陳舊材料，建築這個體系的目的，也標榜著是為供養傳統聖人而必需的新式廟堂。但是，在這廟堂的道貌岸然的神像中，我們卻終於認出了資產階級自由主義的俏皮的鬼臉。在康有為莊嚴肅穆、慎重其事的「春秋微言大義」的「公羊三世說」的「聖人心傳」中，是對封建主義的真正微言大義的搗亂式的危險的嘲笑，康有為所供奉的，是資產階級化了的封建聖像。

　　康有為的思想體系的最大的本錢，就是他的這個用以威嚇人們的新牌的「孔子聖道」——「由據亂而昇平而太平」（「由君主而君民共主而民主，由專制而立憲而共和」）的公羊三世的「微言大義」。康有為藉著這個「微言大義」，提出和表述了自己的資產階級進化論的社會歷史觀：

人道進化，皆有定位，自族制而為部落，而成國家，由國家而成大統；由獨人而漸立酋長，由酋長而漸正君臣，由君主而漸至立憲，由立憲而漸為共和；由獨人而漸為夫婦，由夫婦而漸定父子，由父子而兼錫爾類，由錫類而漸為大同，於是復為獨人。蓋自據亂進為昇平，昇平進為太平，進化有漸，因革有由，驗之萬國，莫不同風。……孔子之為春秋，張為三世，……蓋推進化之理而為之。(《論語注》)

由這個大義，康有為樹立起變法維新活動的理論依據，因為社會必須由「據亂」進到「昇平」，由「君主」進到「君民共主」，由「專制」進到「立憲」，而變法改良，不就正是為了執行這個「偉大」的歷史的使命，執行這個神聖的孔子的遺言麼？這樣，就在理論上使變法主張在封建正統面前立於正義的不敗之地。正因為如此，康有為就敢於舉起「孔子改制立教」的大旗，號召摧毀傳統的「偽經」「新學」以實現致太平的「孔子真道」。由這個大義，康有為構造出其理想社會的藍圖，畫出了一幅萬分美妙的大同太平之世的空想遠景……。康有為裝在「公羊三世」舊框子裡的歷史發展觀，在其思想體系中就起了這樣一種基幹的作用。同時，也可以看出，這種歷史發展觀又與「去苦求樂」的自然人性論密切聯繫，它的發展首先就是指社會物質生活的發展，「大同之世」首先是一個物質文明高度發達、科學文化突飛猛進的時代。標誌著這種不同發展階段的，就是政治法律制度的差異。康氏在這裡，深刻地把「自由」「平等」等等看作了是一定歷史階段和物

質生活的必然產物。康有為認為，中國與歐美以及非澳等地落後國家之不同，只是因為處在不同的社會階段上（即「據亂」、「昇平」等等），相信它們將必然按照一定的規律和順序向前發展。[11]所以，封建主義中國必須也必然走上歐美資本主義的道路。康氏只是肯定和強調了自然和社會向上的必然發展和進步，但推動這種發展和進步的東西即社會發展的根本動力究竟是什麼，康是完全不知道的，甚至他根本還未明確提出過這個問題，最多只是極為空洞地認為「聖人」「考飲食男女之欲，審喜怒哀樂之性」，因而，「推三世至太平」。這就是說，社會的前進只是受人性生理自然要求所推動——這當然只是一種貧乏抽象的資產階級自由派的人本主義。[12]

康有為這種歷史發展觀，同時還是一種典型的改良主義的進化論。這種進化觀的特點是對發展中的飛躍、革命、連續性的中斷的否認，康有為堅持「循序漸進」：「據亂」必須經由「昇平」

---

11 康有為還猜測式地提到了歷史發展的曲折的形態，他認為「大同太平之世」在表面現象上有著原始人們平等自由生活的特徵，而與有著嚴格等級制度的現象的「小康昇平之世」在表面上完全相反，「太平與據亂（這裡所指的據亂是指原始社會）相近而實遠，據亂與昇平相反而實近」……等等。

12 孫中山提出了「民生」——人民生活為社會發展的動力，這比康有為在理論上大進了一步，並反映了政治路線的不同。與康有為這種自由主義啟蒙思想的人本主義不同，孫中山的人本主義則具有革命民主主義的性質。詳本書另文。

才能到「太平」，「君主專制」必經由「立憲民主」才能到完全的「共和民主」，這就是所謂「三世不能飛躍」的「理論」。康是一貫強調這點的，如說：「春秋義分三世，與賢不與子，是太平世；若據亂世則與正不與賢，宣公在據亂世時而行太平世之義，不中乎法，故孔子不取。」（《春秋董氏學》）並且，公羊三世說在康氏手裡還是一種狡黠的工具。康氏把「三世」中的每一世又劃為「小三世」：「每世之中又有三世焉。則據亂亦有亂世之昇平太平焉，太平世之始亦有其據亂昇平之別。每小三世中又有三世焉。於大三世中又有三世焉。故三世而三重之為九世，九世而為三重之為八十一世，輾轉三重可至無量數，以待世運之變而為進化之法。」（《中庸注》）這種進化之法是點滴式的改良。所以，這種發展觀一方面宣傳了進化，同時也反對了飛躍的進化。在革命飛躍已出現的情況下，這種發展觀就成為批判的對象。[13]

正如承認發展但否定飛躍一樣，康有為承認矛盾但否定矛盾的鬥爭。康認為任何事物一開始就無不具有對立的兩面，沿襲著中國傳統哲學術語 （「陰陽」），強調：「天下之物無一不具陰陽者」，「以陰陽括天下之物理，未有能出其外者，就一身言之，面背為陰陽 ， 就一木言之 ， 枝幹為陰陽 ， 就光言之 ， 明暗為陰

---

13 如康有為〈答南北美洲諸華僑論中國只可行立憲不可行革命書〉：「時勢之所在，即理之所在，……蓋今日由小康而大同，由君主而民主，正當過渡之世，孔子所謂昇平之世也。萬無一躍超飛之理，凡君主專制、立憲、民主三法，必當一一循序行之。若蓁其序則必大亂。」等等。

陽⋯⋯」。康並指出了矛盾的相互依存的同一性：

> ⋯⋯元與太極太一，不可得而見也，其可見可論者，必為二
> 矣。⋯⋯周子謂太極動而生陽，動極而靜，靜極而生陰，⋯⋯不
> 知生物之始，一形一滋，陰陽並時而著，所謂天道之常，一陰一
> 陽，凡物必有合也，有合為橫，互根為從，周子尚未知之也。(《春
> 秋董氏學》)

但是，這種對立同一的結果是調和。與譚嗣同一樣，康有為
的辯證觀念也常常在許多地方（特別是在認識論上）流入了「大
小齊同」「久速齊同」的相對主義。（詳譚文。）

＊　　　　＊　　　　＊

康有為的思想體系以及作為這個體系的基礎的哲學思想，是
一種典型的中國近代早期資產階級改良主義者的意識形態。它在
煩瑣陳老的舊形式（如討論的問題、形式、術語等等）中注入了
煩擾和激動著當代人心的新內容（反封建主義、反愚昧落後的近
代啟蒙思想）。一方面，它是中國古典哲學的繼承和終結，另一方
面它顯示了中國近代哲學將要真正開始。

處在一個空前的變易動盪的年代裡，處在一個社會政治鬥爭
十分急劇的舞臺中，中國近代資產階級思想家們根本來不及構造
出一些具有比較完備系統的理論體系。迫切等待和迎接著他們的
是現實的政治鬥爭，他們的思想只得跟著瞬息萬變的社會局勢和
隨時得來的科學知識而矛盾錯雜地彎彎曲曲地向前發展著或倒退

著。他們的世界觀體系不是一個無矛盾的整體，恰好相反，他們常常在不同時期不同方面陷入甚至在邏輯上都是根本衝突不能自圓其說的地步。當康有為認世界本體——「元」是物質的「精氣」時，當他描繪其科學的世界圖景時，他正走向唯物主義；但當他又認為「元」不過是「心知」，「以元元為己」時，他便陷進了唯心主義。這正如當譚嗣同認「以太」為世界的根元和本質時，他具有唯物主義的傾向，而當他把「以太」完全歸結為「心力」時，他便作了唯心主義的歸宿。總括起來，可以說，他們在自然觀、人性論以及社會歷史發展等問題上，反映著資產階級的經濟政治要求，他們大致是採取了素樸的自然科學和進化論的思想立場，其中包含了唯物主義的成分和因素；但在認識論、意識論以及如何改造世界等方面，他們幾乎大都是唯心主義者，而連結這兩者的理論紐帶和邏輯關鍵則是對人類精神智慧問題在科學影響下的非科學的庸俗了解，從而表現出一種泛神論的近代色彩。所以，在這種種矛盾錯雜著互相衝突的內容中，不能簡單地給他們掛一個唯物主義或唯心主義的招牌了事，而應該深入具體地去分析揭露其中的各種矛盾，實事求是地在全面的論證中，看出他們的主要傾向。不但要看出他們的這種傾向，而且還應該把它與中國近代先進哲學思想的整個發展傾向聯繫起來考察。從龔自珍、魏源一直到孫中山、魯迅（前期），整個中國近代進步哲學思潮，一方面存在著清醒的現實主義和唯物主義成分，而另一方面也一直有著很濃厚的強調心知的唯心主義和神祕論的因素。但是，中國近代先進哲學思想的主要的或基本的總趨勢和特點，卻是辯證觀念

的豐富，是對科學和理性的尊重和信任，是對自然和社會的客觀規律的努力地尋求和解說，是對以程朱理學為核心的封建主義正統唯心主義的對抗和鬥爭，是對黑暗現實要求改變的進步精神和樂觀態度……。康有為的思想基本上也是如此。比起譚嗣同，康的「大同」理想和歷史進化論比譚是遠為深刻博大的，但在哲學的深度上，康則不如譚。但是，康有為的思想畢竟是中國近代哲學史上一個重要的關鍵環節，是近代中國一個思潮的主要代表，深入研究這一思想體系及其哲學基礎對於了解中國近代史有重要的意義。

（原題〈論康有為的哲學思想〉，載《哲學研究》1957 年第 1 期）

（二） 「大同」空想

在馬克思主義廣泛傳播以前，中國近代基本上先後出現過三種反帝反封建的思潮。與此相適應，中國近代也基本上出現和經歷了三種空想社會主義思想。這就是太平天國的農業社會主義的空想、康有為資產階級自由派改良主義的「大同」空想和孫中山的小資產階級資產階級革命派的「民生主義」的空想。這三種空想社會主義在近代中國的陸續出現和交替，是一種具有深刻社會

意義的歷史現象。它們在不同性質、不同方面、不同程度上，各自以獨特的面貌強烈地反映了中國人民對剝削制度的憎恨和對幸福生活的渴望，反映了中國社會面臨的客觀時代課題和經濟發展的現實趨向。深入研究中國近代的空想社會主義思想，對於了解中國近代歷史和思想史有重要的意義，而且也為社會主義的世界歷史增添上近代中國民族光輝的一頁。

這裡不可能詳盡研究中國近代所有這三種社會主義空想及其相互的連繫和關係，只簡略地分析一下康有為的空想社會主義。

1. 思想根源

康有為的社會主義空想主要表現和保存在他的那本著名的《大同書》裡。所以，《大同書》是康有為最重要的著作之一。但是，它同時也是長久被誤解和曲解的著作之一。就在近來的一些涉及《大同書》的文章中，也還有這種情況。例如，有人說，《大同書》是「一種空想的農業社會主義思想」（李銳：〈毛澤東同志的初期革命活動〉，第一部分第一節，載《中國青年》1953 年 13 期，第 9 頁）；有人又說它是沒有現實社會基礎的「游離了的學說」（祕文甫：〈游離了的學說〉，載《新史學通訊》1953 年 6 月號，第 6 頁）；有人認為康有為著書目的是為了「給中國資產階級指示出路」（范文瀾：《中國近代史》，人民出版社版，第 322 頁）；有人卻確信著書目的是為了「欺騙和麻醉人民群眾，以緩和人民革命高潮」（毛健予：〈問題解答〉，載《新史學通訊》1953 年 5 月號，第 19 頁）。這種種不同看法造成混亂的感覺。實際

上，《大同書》的內容和特色是它通過烏托邦的方式，沒有掩蓋地表述了康有為前期反封建的資產階級進步思想。如果說，在《戊戌奏稿》及其他著作中，康有為是最後總結了整個十九世紀中國改良派現實政治綱領；那末，在《大同書》中，康有為卻是最先企圖予改良主義以空想的最高目標。這兩者有著大的距離和矛盾（正是這種距離和矛盾迷惑了許多人），同時卻又是有機的統一。一方面在「大同」世界的空想中，潛伏著改良思想；另一方面主要的「大同」空想卻又遠遠超出了改良派的現實要求，闡述了其政治綱領中所不敢觸及的思想和主張。康有為在「大同」理想和古老的「公羊三世」學說中，的確「找到了必需的理想、藝術形式和幻想，為的是不讓自己看見自己鬥爭的資產階級的狹隘內容，為的是要把自己的熱情保持在偉大歷史悲劇的高度上」（馬克思：《路易·波拿巴政變記》）。對「大同」世界美麗遠景的熱情的幻覺和追求，成了當時改良派中堅分子（以譚嗣同為首的左翼和康有為的嫡系學生）重要的思想基礎和實踐動力。他們認為自己正是為解救整個世界苦難的偉大烏托邦理想在作光榮的獻身。

　　這種烏托邦產生的主觀思想原因就在於：如我在論證康氏哲學思想時所指出的，他們當時面臨著一個空前變動、萬花繚亂的時代，一切都在迅速地崩毀著、形成著、變異著……，從未曾有的新局面令人炫惑，原來堅固的舊事物開始令人懷疑，不是個別的枝節問題而是複雜嚴重的根本問題攤在人們面前，要求解決。社會的崩壞，家國的危亡，逼使著真正愛國的士大夫不得不擺脫長久蒙閉其頭腦而現已失去靈效的「治國平天下」的「聖經賢

傳」，重新用自己的頭腦來獨立地深入地思考，來辛苦地向上下古
今特別是向西方學習，重新考慮整個世界整個人生問題，來探求
真理尋找出路。於是世界上一切大小問題就像嶄新的事物一樣，
都為他們所重新觀察著、估量著、思考著、研究著⋯⋯

　　我們（按指與譚嗣同、夏曾佑）幾乎沒有一天不見面，見面
就談學問，常常對吵，每天總大吵一兩場⋯⋯。那時候，我們的
思想真「浪漫」得可驚，不知從那裡會有恁麼多問題，一會發生
一個，一會又發生一個。我們要把宇宙間所有的問題都解決，但
幫助我們解決的資料卻沒有，我們便靠主觀的冥想，想得的便拿
來對吵，吵到意見一致的時候，便自以為已經解決了。由今回想，
真是可笑。（梁啓超：〈亡友夏穗卿先生〉）

而康有為也是這樣：

　　「長夜坐，彌月不睡，恣意游思天上人間極苦極樂」，「俛讀
仰思，至十二月，所悟日深⋯⋯根元氣之混侖，推太平之世宙。」
（《康南海自編年譜》）

　　顯然，這些情況都是真實的，而並不可笑和可怪。它顯示了
人們的理性開始覺醒。在充滿著荒唐囈語被譏為「揚高鑿深」、
「如同夢寐」的《大同書》、《仁學》，就並不是一種什麼懸空的
「游離了的學說」，而的確具有其實在的社會現實基礎，它們都是

當時時代的必然和合理的產物。所以，《大同書》雖然成書極晚，雖然其中還夾雜著某些康氏晚年的思想，但是，其基本觀點和中心思想卻是產生得頗早的。康有為本人及其親密的學生和朋友如陳千秋、梁啓超、譚嗣同等人，曾不止一次地說明過這點。實際上，1884 年，「演大同之義」的《人類公理》，就是《大同書》的初稿。康氏雖然「祕其稿不肯以示人」（張伯楨：《南海康先生傳》），卻在講學和交遊中向其最親密的學生和朋友宣傳了他的這種烏托邦思想。這種烏托邦思想的雄偉氣魄具有著極大的吸引力量，完全打動了他的學生和朋友，使他們心悅誠服地傾倒在這一代天才的面前，而尊之為「一佛出世」（譚嗣同）。通過這個烏托邦思想，康有為的確是全面、直接和比較系統地表述了他的社會政治理想和理論。其中包括了重要的社會發展問題、民主制度問題、國家問題、家庭問題、婦女問題等等。

2. 民主主義的客觀內容

(1) 對封建社會的揭露和批判

《大同書》共分十部。這十部是：甲、「入世界觀眾苦」，乙、「去國界合大地」，丙、「去級界平民族」，丁、「去種界同人類」，戊、「去形界保獨立」，己、「去家界為天民」，庚、「去產界公生業」，辛、「去亂界治太平」，壬、「去類界愛眾生」，癸、「去苦界至極樂」。其中，在客觀意義上最重要而同時也為康氏自己所特別著重的是甲、戊、己、庚、辛等部的思想。以下我們就《大同書》最主要的這些思想作一個最簡略的論述（引文未注出處者均見

該書）。

「入世界觀眾苦」被列為《大同書》的第一部，而作為這些自命為「救世主」的英雄們產生偉大抱負的理由和根據。「吾既生亂世，目擊苦道，而思有以救之，昧昧我思，其唯行大同太平之道哉。」作者首先多方面考察了「亂世」的種種「苦道」，「觀眾苦」這一部實際上就成了封建社會中形形色色的矛盾、苦難的反映。《大同書》各方面地詳盡列舉了「人生之苦」、「天災之苦」、「人道之苦」種種，其中最重要的是將封建社會不合理的人生面──貧窮、野蠻、愚昧、落後、人剝削人⋯⋯作了廣泛的揭露，作者指出了專制的壓迫，文明的落後，生活的困苦，人民的貧窮⋯⋯。在這廣泛的揭露中，勞動階級的痛苦也得到了真實反映。例如在「投胎之苦」中，作者指出「寒門窮子，邊蠻奴隸，又占男子十分之七八」；作者對廣大人民一生下來就注定受奴役的命運，發出了深深的慨嘆和不平，而提出了「同是天子，實為同胞」，為何一出生就有貴賤差別不平等的問題。在「水旱蟲災之苦」中極力描寫了農民的深沈痛苦：「農民窮苦，骿胝手足以經營之，而終歲之勤，一粒無獲」，「貧農仰天，呼泣嘔血」。在「勞苦之苦」、「賤者之苦」中，強調訴說了工農勞動者遭受的殘酷剝削。在「壓制之苦」、「階級之苦」中指責了封建統治者壓榨人民：「君臣也，夫婦也，亂世人道所號為大經也，此非天之所立，人之所為也。而君之專制其國，魚肉其臣民，視若蟲沙，恣其殘暴⋯⋯政權不許參預，賦稅日以繁苛，摧抑民生，凌鋤士氣⋯⋯。」「據亂世以強凌弱，以眾暴寡，以智欺愚，以富轢貧，無公德，無平

心……。」正是在這基礎上，作者提出了擺脫苦難境地的呼號，而描畫了他的空想社會的美麗。

很清楚，資產階級的代言人在這裡，與在西方一樣，又以全民的喉舌出現，企圖「以社會的全體群眾的資格」，「作為整個社會的代表者而出現」（馬克思：《德意志意識形態》）。它大力揭發了封建社會的黑暗和罪惡，大膽反映了廣大人民的深重苦難，勇敢指出了舊社會一無是處，提出了爭取美好生活的要求。這顯然是一種激烈的思想。但是，與此同時，雖然《大同書》作者一方面勇敢地訴說了社會的困窮，人民的災難，另一方面，作者把舊社會中各種實質根本不同的「苦」──從被剝削者真正的痛苦到剝削者的虛假的「苦」（「帝王之苦」，「富人之苦」等）荒謬雜亂地並排羅列在一起。作者超乎任何階級之上要來「普渡眾生」，宣稱大家都苦──連富者貴者都苦，主張大家一起和平共處走向「大同」。所以，一開始，在對待世界「眾苦」的現實社會問題上，就表現了《大同書》作者改良主義的思想特色。

(2)「大同」世界的經濟基礎

在熱情攻擊舊社會苦難的基礎上，作者展開了其美滿的大同社會的設計藍圖。這藍圖的理論基礎，就是我們在哲學思想中所指出的資產階級「人欲無惡」的「自然人性論」：「人生之道，去苦求樂而已，無他道矣。」《大同書》拋開一切虛偽的封建道德外衣，打出了這個樸質的人本主義旗幟。《大同書》指出了人類生活去苦求樂的正義和合理，反對了千百年來封建地主階級禁慾主義的反動理論。「人生而有欲，天之性哉……生人之樂趣，人情所願

欲者何？口之欲美飲食也，居之欲美宮室也，身之欲美衣服也，……用之欲美機器也，知識之欲學問圖書也，游觀者之欲美園林山澤也，體之欲無疾病也……。」既然「人性」天生如此，從而世界就應該符合和按照這種人的「本性」來建造，就應該「民之欲富而惡貧，則為開其利源厚其生計如農工商礦機器製造之門是也；民之欲樂而惡勞，則休息燕饗歌舞游會是也；……民樂則推張與之，民欲自由則與之，而一切束縛壓制之具，重稅嚴刑之舉，宮室道路之卑污溢塞，凡民所惡者皆去之」《孟子微》）。作者理想的大同世界的生活基礎，正是這種物質文明的高度完善。這時，科學文化被描繪為極端發達，人民生活被描繪為極端美滿，人人在物質（衣、食、住、行）上和精神（文化、教育、娛樂）上都是盡美盡善；居室則「珠璣金碧，光采陸離」，行路則「飛屋飛船」，「舟皆電運」，飲食則「以備養生」，「故人愈壽」……。總之，「太平世之生人不知抽剝迫敲之苦，只有領得工金，為歌舞游玩之樂」。於是，「安樂既極，惟思長生」，「於時人皆為長生之論，神仙之學大盛」，「專養神魂」，人類對歡樂幸福生活的渴望在這裡達到了真正天真而勇敢的描繪。不能如好些論著那樣，簡單地把這一切斥之為資產階級的享受腐化，這張雜夾著荒唐幻想織成的美妙圖畫，客觀上，是新興資產階級對高度工業化資本主義社會的強烈的嚮往和美化的頌歌。作者在描畫落後民族的苦難時，便立即用西方資本主義發達的物質文明加以對照：「其視歐美之民，廣廈細旃，膳飲精潔，園囿樂游，香花飛屑，均為人也，何相去之遠哉！」正如馬克思主義經典作家論斷西方資產階級啟蒙學者

所指出：「不論在西歐和俄國，他們完全真誠地相信世界樂園，真誠地願意有世界樂園，真誠地沒有看出（部分地還不能看出）從農奴制度所產生出來的制度中的各種矛盾。」（列寧：〈我們究竟拒絕什麼遺產〉）「一切以前的社會形式及國家形式，一切傳統的觀念，都被認為是不合理的東西，而像古老的垃圾一樣拋棄了，……曙光第一次出現了，理性的王國到臨了；從今以後，迷信與偏見、特權與壓迫應當讓位於永恆的真理、永恆的正義、從自然界本身所產生的平等，以及不可剝奪的人權。」（恩格斯：《社會主義從空想到科學的發展》）實際上，「這個理性的王國，不是別的，正是資產階級理想化的王國」（同上）。

康有為這種「世界樂園」的幻想和確信社會必然向前發展的觀點，符合當時社會發展的現實要求，客觀上反映了廣大人民群眾對幸福生活的強烈願望，強調大同世界建築在物質文明高度發達的基礎上，無疑是正確和進步的。這也正是康有為《大同書》比《天朝田畝制度》根本不同的地方。

康有為進一步論證了作為「大同」世界的基本條件。他認為勞動和財產的社會公有制是「大同」世界的基礎。《大同書》指出工人勞動者的崇高的社會地位：

夫野蠻之世尚質，太平之世尚文，尚質故重農，足食斯已矣，尚文故重工，精奇琅麗驚猶鬼神，日新不窮，則人情所好也。故太平之世，無所尚，所最尚者工而已。太平之世，無所尊高，所尊高者，工之創新器而已。……故野蠻之世，工最賤，最少，待

工亦薄，太平之世，工最貴，人之為工者亦最多，待工亦最厚。自出學校後，舉國凡士、農、商、郵政、電線、鐵路，無非工而已……。至於是時，勞動苦役，假之機器，用及馴獸，而人惟司其機關焉。故一人之用可代古昔百人之勞，因工皆學人，有文學知識者也。……太平之時，一人作工之日力僅三四時，或一二時而已足，自此外，皆游樂讀書之時矣……。

由此，「大同」的基礎之一，作者指出，是人人皆須作工，不許不勞而獲。「禁懶惰」被懸為「大同」世界四大禁（「禁懶惰」、「禁獨尊」、「禁墮胎」、「禁競爭」）——四大公共法規之首。「民生有勤，勤則不匱，此大同之公理。」否則「百事隳敗，機器生銹，文明盡失，將至退化」，「故不作業不出力之人，公眾所惡」（《禮運注》），「其害最大，故當嚴禁」。作者提出，「大同」世界沒有剝削和壓迫，沒有「一己之私」，也禁止「以私壞公」（《禮運注》）。這時財產的所有權都是「公政府」所有：「凡農工商之業，必歸之公」，「舉天下之田地皆為公有」，「凡百工大小之製造廠鐵道輪船皆歸焉，不許有獨人之私業」，「不得有私產之商，舉全地之商業，皆歸公政府商部統之」。生產、分配都是有計畫的，「無重複之餘貨，無腐敗之殄天物」。「大同之世，天下為公，無有階級，一切平等」。

很清楚，這是一種偉大的空想社會主義的思想。這種思想超越了封建地主等剝削階級的思想體系範圍，顯示了初期資產階級思想家敢於尋求真理，敢於作超利害關係的理論探討的奮發精神。

它是偉大的中國人民憎恨剝削和要求擺脫壓迫的思想情緒的反映。它具有著豐富的人民性的內容。

但是，這種空想社會主義思想，與西方十九世紀烏托邦又有差別，它帶著特定的歷史色彩，帶著更濃厚的直觀、簡單、非科學的特徵。康有為的「大同」空想產生的年代，是整個世界還未進入壟斷資本主義的時代，是中國進步人士對西方資本主義還不夠十分熟悉、資本主義社會的黑暗罪惡還未徹底暴露在中國人民面前的時代，所以，《大同書》就不但沒能涉及西方批判的空想社會主義所涉及、所暴露的問題，沒有企圖分析和解決極端複雜的近代資本主義經濟方面的各種問題；而且也沒能如後來以孫中山為首的資產階級革命派那樣尖銳揭發、批判近代資本主義社會的各種黑暗罪惡、禍害的慘痛現實。（《大同書》中對資本主義社會的批判、不滿，大都是康氏戊戌政變以後到歐美而後添補的，不能算作早期思想。《大同書》談到歐美工人政黨的鬥爭、傅立葉的思想以及主張「公工」（工廠歸公有）「公商」等等，也均為後來所添補。前期財產公有的內容主要是「土地公有」。但這一思想──土地公有與康有為當時的現實政綱和整個改良主義的政治路線是有距離和矛盾的。所以，康氏在《大同書》裡，並未也不想詳細論證這一點。）

總括起來，康有為對「大同」世界的經濟面貌和基本原則的懸想、計畫和規定，可以借用恩格斯讚美聖西門的話來說：在這裡我們看到了天才的眼光遠大。他著眼於「大同」社會的經濟問題，他認為「大同」世界的美滿首先只有建築在一個物質文明真

正高度發達、生產力極為雄偉的物質基礎之上才有可能，才能真正使所有人民擺脫窮困獲得幸福和歡樂。他預示了整個政治將變為管理生產的經濟事務，素樸地提出了一切人都應當勞動的偉大原則。當然，康有為不可能如聖西門那樣，深刻地看到近代資本主義社會勞動和資本的根本的階級對立，看到私有制後面的階級利益的衝突和鬥爭。康有為的改良主義的「大同」空想就只好限制在這裡了。

(3)「大同」世界的社會結構

「大同」世界一方面是建築在一個勞動集體的經濟基礎之上，而另一方面卻又建立在一個所謂「絕對自由的個人」的社會基礎之上。「大同」世界的社會結構被康氏規劃為一個消滅階級、廢除家庭、沒有任何天然或人為束縛的絕對獨立自主的個人的志願結合。《大同書》全書的中心環節，康有為民主理論和「大同」空想的最重要的基石，是個人的自由、平等、獨立，是個人的權利，個性的解放。康有為認為「欲引農工商之大同則在明男女人權始」。「《大同書》總諸苦之根源，皆因九界」，而「除九界」「至大同」的根本之點全在於「男女平等，各自獨立」：

故全世界人，欲去家界之累乎，在明男女平等，各有獨立之權始矣，此天予人之權也。全世界人，欲去私產之害乎，在明男女平等，各自獨立始矣，此天予人之權也。全世界人，欲去國之爭乎，在明男女平等，各自獨立始矣，此天予人之權也。全世界人，欲去種界之爭乎，在明男女平等，各自獨立始矣，此天予人

之權也。全世界人，欲至大同之世，太平之境乎，在明男女平等，各自獨立始矣，此天予人之權也。

作者把「大同」的空想——甚至「煉魂養神」、「長生之道」的幻夢也完全建築在「天賦人權」這樣一個實在的基礎上，實在是異常有趣的說法。然而，這豈不更突出地證明了康有為的「大同」空想，正是資產階級啓蒙思想在中國的一種獨特的表現方式麼？

康有為在其他著述中，通過各種方式，也大力宣傳了這種思想，例如：

堯舜與人人平等相同，此乃孟子明人人當自立，人人皆平等，乃太平大同世之極。（《孟子微》）

《穀梁傳》述孔子之大義曰，人非天不生，非父不生，非母不生。故謂天之子也可，謂之母之子也可……實則凡人皆天之子也。（《戊戌奏稿·請尊孔聖為國教，立教部教會以孔子紀年而廢淫祀摺》）

「人人平等」的演繹就是對親親尊尊的綱常倫紀的否定。資產階級要反封建，就要「無情地斬斷那些把人們繫縛於其『天然尊長』的複雜封建羈絆」（馬克思、恩格斯：《共產黨宣言》）。為了個人的解放，《大同書》主張堅決斬除中國舊社會中最厲害的封建束縛之一——宗法家庭制度。「去家界為天民」被康氏認為是致

「大同」的最重要的理論。梁啓超說《大同書》「全書數十萬言……其最要關鍵在毀滅家族」(《清代學術概論》)。康有為提出了以個人為社會構成單位和基礎的資產階級理論來代替以家族為基礎和單位的封建主義。康有為曾指出，「獨人」(個人)是人類原始野蠻時代的狀態，它經由酋長、君主、立憲而到「大同」時代時，又「復為獨人」。為了建立一個以個人為單位的資產階級社會，必須反對封建家族制度。康有為極力揭發封建社會中「家」的黑暗，指出「家人強合之苦」，「夫天下之至大者，莫如意見矣，強東意見而從西意見，既已相反，即難相從，不從則極逆，從之則極苦」，封建家庭完全違反「意同則合，意異則離」的平等、自由的相處原則。家庭之內，「悍婦制姑而絕粒，惡姑凌婦而喪命」，「童媳弱婦，死於悍姑，孤子幼女，死於繼母」，「名為兄弟娣姒，而過於敵國，名為婦姑叔嫂，而怨於路人」，「其禮法愈嚴者，其困苦愈深」。康氏更認為，宗法家庭阻礙了社會生產力的發展，束縛了勞動力的解放。「有家之私」構成了社會進化的阻礙。「人各私其家，則無從得以私產歸公產，無從公養全世界之人，而多貧窮困苦之人」，「一家之中，分利者眾，生利者寡，婦女無論矣，孩童無論矣，即壯歲子弟亦常復仰食於父兄，故家長為一家之人所累，終歲勤勞而獲不足自給，一家之人，亦為家長所累，半生壓制，而終不得自由」。就這樣，康氏主張徹底廢除家庭以解除封建倫常對人們的羈絆。康氏主張人人都為一律平等的世界公民。康並提供了一個大膽的空想方案：它的要點是男女自由同居，兒童公有，一生下來就由公家所辦的「養嬰院」、「懷幼院」來撫育，

以後再經由「小學院」、「大學院」等等來「公養之」、「公教之」，使每個社會成員都受到優異的高度的文化教育，然後去為社會服務。到老年或不幸殘廢，則有社會「養老院」、「養病院」等來「公恤之」。康氏認為這樣就可以達到中國古代經典所嚮往著的「老有所長，幼有所恃，鰥寡孤獨廢疾者皆有所養」的幸福歡樂的「大同」世界。而達到這境地，首先就需要破除封建家庭的束縛，徹底解放個人。封建家庭和宗法制度，本是封建社會落後的自然經濟和封建政治統治的堅固支柱，作者要求徹底打破這個支柱表達了時代精神的深切願望。而同時康氏所懸想的那個「公養」「公教」「公恤」的社會福利工作，許多地方含有合理的成分。康氏這種空想在那麼落後保守愚昧的封建時代裡，不愧是傑出的創見。出現在近一百年前的《大同書》不愧為有卓論遠見的天才著作。

　　與社會結構緊相連繫的是婦女問題。婦女問題是人權平等運動中的具體問題之一。康有為全面地把它提出來了。《大同書》中「去形界保獨立」一部中的巨大篇章，完全呈獻給為婦女權利的呼籲。作為封建家庭一大特點的男女不平等，成了《大同書》猛烈抨擊的對象。作者對封建社會中的婦女被壓榨的悲慘境地，作了詳盡透徹的敘述和慷慨激昂的反對。他指出男女不平等完全違反了天賦人權的公理，斥責認為婦女在生理上、才智上不及男子的荒謬說法：

　　人者，天所生也，有是身體即有其權利，侵權者謂之侵天權，讓權者謂之失天職。男與女雖異形，其為天民而共受天權，一也。

人之男身，既知天與人權所在，而求與聞國政，亦何抑女子攘其權哉？……以公共平等論，則君與民且當平，況男子之與女子乎？

至於人，則有男女，此固天理之必至，而物形所不可少者也。既得為人，其聰明睿哲同，其性情氣質同，其德義嗜欲同，其身首手足同，其耳目口鼻同，……其能遊玩作止同，其能執事窮理同。女子未有異於男子也，男子未有異於女子也。……故以公理言之，女子當與男子一切同之，以實效徵之，女子當與男子一切同之。此為天理之至公，人道之至平……。今大地之內，古今以來，所以待女子者，則可驚可駭可嘆可泣。

作者歷數封建婦女被奴役壓迫和他們的政治文化等權利的被剝奪，指出封建婦女「婚姻不自由」、「不得自主」、「為囚」、「為刑」（如纏足等）、「為奴」（「隨意役使，有同奴隸」）、「為私」、「為玩具」，並被迫「不得仕宦」、「不得科舉」、「不得預公事」、「不得為學者」等等。作者揭發家庭中的封建統治，「一家之中，妻之於夫，比如一國之中臣之於君，以為綱，以為統」。「上承千萬年之舊俗，中得數千年之禮教，下獲偏酷之國法」，「始則稱烈女不事二夫，……繼則加以餓死事小失節事大之義」，於是「觸目所見，皆寡妻也，……貧而無依，老而無告，……冬寒而衣被皆無，年豐而半菽不飽」。作者於是厲聲疾呼欲為「無量數女子呼彌天之冤」，欲為「女子拯沈溺之苦」，而大唱男女平等之說。婦女解放問題是近代民主運動的重要問題之一。為婦女政治、社會權利的鬥爭，到今日還有巨大的意義。康有為在那個以「三從四

德」、「夫為妻綱」為社會規約和統治思想的社會裡，在那個廣大
婦女被壓榨在「最底層」的時代裡，能夠產生和提出這樣的思想
主張，鮮明地表示這位啓蒙思想家的頭腦的清晰和勇敢。恩格斯
曾以高度的熱情稱讚了法國空想社會主義者傅立葉關於解放婦女
的思想主張，我們對於自己國家的優秀的啓蒙思想家的這種思想
主張，也應予以足夠的估價。

　　當然，也應該指出，康有為在激烈地抨擊封建倫常要求解放
婦女解放個人的時候，又仍然有著它的改良主義的一面。《大同
書》不能如《仁學》那樣比較深刻地指出封建倫常為封建政治服
務的關係，也不能深入解釋婦女被壓榨的真正的社會原因。「原女
子被抑之故，全在男子挾強凌弱之勢，故女子為奴而不為人」，這
樣，人本主義抽掉具體的社會內容，就變成一句抽象的空話。在
破除封建倫常束縛的方法和途徑，康氏堅持和緩的改良辦法。他
與譚嗣同的激烈口吻不一樣，他反對人們去「衝決」封建網羅來
求獨立平等，卻設計著一條「家去矣」而「令人無出家之忍」的
自上而下的「恩賜」辦法。同時，作者思想中也仍然還保留著相
當深厚強烈的傳統道德觀念和情感，幾千年來的中國倫常對思想
家留下了不能擺脫的強大影響。康有為對自己家庭就充滿著「孝」
的觀念，所以，他也就又自相矛盾地特別辯護封建親子關係的
「孝」的必要：「孔子道本於仁，仁以孝為本，孝以父子為本。」
(《春秋筆削大義微言考》)「人子宜立孝以報其德，吾取中國也，
吾從孔子也。」作者一面證明去家基礎的平等博愛理論的正確，
同時卻又證明封建倫常的「愛有差等」的正確：「父之與諸親及路

人，自有厚薄，乃天理之自然，非人為也。故孔子等五服之次，立親親仁民愛物之等。」(《孟子微》)作者一面反對「有家之私」，同時卻又說：「父子之私，人體所以長成之妙義也，不愛不私，則人類絕，極愛極私，則人類昌。」作者反對封建綱常，卻又讚揚宗法制度：「萬國有人倫而族制莫如中國之盛，故（中國）人類最繁。」「必若中國之法而後為倫類合群之至也。」康有為充滿許多矛盾的思想，一方面是康氏遠大理想和改良方法的矛盾；另一方面又是康氏早年與晚年思想的歷史的矛盾。這兩方面的矛盾又是密切連繫著的。兩者中，前者遠為重要。

(4)「大同」世界的政治原則

　　「大同」世界的政治原則問題顯然是一個極重要的問題。「大同」世界又既然已沒有家庭，個人都是由公家撫養教育而為公家服務。那末，這個「公」究竟是什麼東西呢？它怎樣才能具體體現呢？它是不是如康有為在其政治實踐中所堅持的那個君主立憲呢？很明顯，「大同」世界的「公」──「公政府」的性質、內容在這裡當然就極為重要。康有為在「大同」世界的空想中卻給我們意外地鋪出了一張徹底的民主世界的圖畫。所以說是「意外」，是因為這種民主思想對於一個堅持君主立憲的改良主義者來說，已經是出乎我們的預料了。康有為在這裡又暴露了他的理想和實踐的巨大矛盾。

　　康有為自稱其「在中國實首倡言公理倡言民權者」(〈答南北美洲諸華僑論中國只可行立憲不可行革命書〉)。康有為早年通過他的學生、朋友，通過他的《孔子改制考》等著作，的確是企圖

宣揚資產階級民主思想，例如：

> 堯舜為民主為太平世為人道之至。……孔子撥亂昇平托文王以行君主之仁政，尤注意太平托堯舜以行民主之太平。（《孔子改制考》）

> 夫天下國家者，為天下國家之人公共同有之器，非一人一家所得私有。當合大眾公選賢能以任其職，不得世傳其子孫兄弟也，此君臣之公理也。（《禮運注》）

但是，如果說，在康氏這些公開的著作中，民主思想還只能故意穿著往聖先賢的神聖外衣，以羞怯的面貌登場；那末，在其「祕不以示人」的烏托邦的構圖中，這種思想就以赤裸的大膽姿態出現了。首先，作者明確指出：「大同」世界的「政府」，主要是一種社會的經濟文化管理機關，而不是具有強制壓迫性質的國家機器：

> 大同無邦國，故無有軍法之重律，無君主，則無有犯上作亂之悖事，……無爵位，則無有恃威、怙力、強霸、利奪、鑽營、佞諂之事，無私產，則無有田宅、工商、產業之訟，……無稅役關津，則無有逃匿欺吞之罪，無名分，則無欺凌、壓制、干犯、反攻之事，除此以外，然則尚有何訟，尚有何刑哉？

所以，「大同之世，百司皆有，而無兵刑兩官」，沒有軍隊，沒有刑罰，沒有君主，沒有貴族。「公政府」的管理者是由人民公選的「智人」、「仁人」。「太平之世，人人平等，無有臣妾奴隸，無有君主統領，無有教主教皇。」「凡人背公政府有謀據地作亂稱帝王君長之尊號及欲復世爵者，皆為叛逆最大罪。」「公政府只有議員，無行政官，無議長，無統領，更無帝王，大事從多數決之。」「公政府行政官即由上下議員公舉」，「其職號有差異，但於職事中行之，職事之外，皆世界人，皆平等，無爵位之殊」。而「議員皆由人民公舉」，「悉為人民」，「議員但為世界人民之代表」，「三年一舉或每年一舉」。所以，反對個人獨裁，反對破壞民主，成為康氏所強調的問題。「禁獨尊」，就被列入「大禁」之一，而為作者所再三致意。《大同書》論證「大同」世界幸福生活的重要保障是真正的民主制度。只有基於「人人平等」、「不限人民權利」原則上的民主社會才可能有真正自由幸福的生活。這一論證具有重要客觀實際意義，它反映著新興資產階級的政治要求，表現著對當時反動腐朽的封建專制制度的不滿與反對。這種民主思想有很大的進步性。

另一方面，也應該注意到，《大同書》作者在描繪最完美的「民主」的同時，就緊接指出這種「民主」是不能「一蹴即得」的，必須先經過各種有限制的「君主立憲」階段。正如梁啓超早年即嚴格區分「民權」、「民主」之不同，認為須「循序漸進」而「未及其世，不能躐之」（梁啓超：〈論君政民政相嬗之理〉）一樣，康有為在《大同書》及其他一切著作中，也一再著重說明「由

君主而民主可無一躍飛越之理」，必須「合國漸進，君主漸廢」（重點係引者加）。梁啓超在《康有為傳》中說：「中國倡民權者以先生為首，然其言實施政策，則注重君權，……謂當以君主之法，行民權之意，若夫民主制度，則期期以為不可」等等。完美的「民主」只是遙遠的理想，向統治者要求極有限度的「民權」（「君主立憲」）才是現實。

反對「有國之私」，主張「去國界合大地」，也是《大同書》重要論點之一。不能像某些學者那樣把這一觀點看為「世界主義賣國思想」。當時西方帝國主義宣揚的主要還是國家沙文主義。資產階級素來以打著民族國家的招牌而起家。改良派和康有為在其現實的政綱中，也主張抵抗侵略保衛祖國。所以，《大同書》主要是從痛責因國家而產生的無窮戰禍出發，而發出必須廢除國家的呼聲的：

> 然國既立，國義遂生，人人自私其國，而攻奪人之國，不至盡奪人之國而不止也。或以大國吞小，或以強國削弱，或連諸大國而已，然因相持之故，累千百年，其戰爭之禍以毒生民者，合大地數千年計之，遂不可數，不可議。……嗚呼，以自私相爭之故，而殄民至此，豈非曰有國之故哉！

所以，「欲救生民之慘禍，其必先自破國界始矣」。從現象上認為國家是侵略工具而予以否定，實際上是反映著當時半殖民地中國對帝國主義野蠻侵略的抗議，反映著當時資產階級對帝國主

義以戰爭來奪取中國市場的反對。從這方面看來，這種空想的產生有其一定的合理性。但是，另一方面，雖然康有為主張「大國與小國平等，不以大壓小」（《春秋筆削大義微言考》），認為「今日本之脅割臺灣」，「不合於公理」（同上），卻又同時懷著資產階級種族主義的偏見，受著資產階級人種學的反動影響，又認為「文明國」滅「野蠻國」是文明的進化，將來也將由「文明國」一統世界來實現大同：「其強大之吞併，弱小之滅亡，亦適為大同之先驅耳。」與此適應，《大同書》「去種界同人類」一部中還宣揚了白人是優種黑人是劣種，後者須改種進化的反動種族理論。這樣，廢除國家，就不是從各國人民的民主政體作為基礎或前提，而是從現有的各國家政權所謂協議、聯合出發。「初設公議政府以為大同之始」，「俄弭兵會即開大同之始基」等。這也正是他以後讚賞「國際聯盟」，認它是「大同之行也」（《大同書》題詞）的張本。

　　《大同書》還有「去類界愛眾生」等部，但它們不是全書和康氏思想的重要部分，而只是在科學知識缺乏情況下，康氏佛學思想的表現，這裡不再詳論。

(5)「大同」思想的內在矛盾

　　在研究康有為的哲學思想的歷史觀時，已指出，它是一種承認漸進否定飛躍的進化思想。這種歷史觀是康氏整個社會政治理論的骨髓。康有為的「大同」世界的空想就正是建築在這樣一種改良主義歷史觀點之上：它一方面是建築在進化論的上面，因為康有為認為社會是不斷地向前發展進化，美好的「大同」世界正是這種進化的必然結果；但是又是建築在反對革命的進化論的上

面，這就是說，「大同」世界是不可能「一驟即得」的，還需要經過一個漫長的痛苦的漸進的歷史過程。「大同」世界的內容、原則，無論是土地公有也好，政治民主也好，個人自由也好，都是將來的事；現在所應要求的，完全是另外一回事。如果現在就要求實行「大同」世界的原則、主張，康有為認為，就一定會「天下大亂」。例如，如按「大同」世界所主張，土地就應該公有，政府就應該民選，就應該去掉皇帝⋯⋯。這一切當然就完全不合改良主義者當時實際的主張、心意和路線。如果按照「大同」世界的原則，廣大人民就有權利立即起來為自己爭取政治權利，爭取幸福生活，這與自由派的利益也是大不相容的。所以，這也就無怪乎康有為「（《大同書》）書成，既而思大同之治，恐非今日所能驟行，驟行之恐適足以釀亂，故祕其稿不肯以示人」（張伯楨：《南海康先生傳》）。「（康有為）自發明一種新理想，自認為至善至美，然不願其實現，且竭全力以抗之遏之。人類秉性之奇詭，度無以過是者」（梁啓超：《清代學術概論》）。很清楚，這並不是什麼個人「秉性之奇詭」，而是典型地表現了資產階級自由派思想的尖銳的矛盾兩面性——要求民主自由而又害怕革命。

　　康有為進化論歷史觀使他的「大同」空想帶上了矛盾的雙重色彩。一方面是遠大的理想，另一面卻是現實精神的嚴重缺乏。「大同」世界的實現要「待諸百年之後」，而「人人平等」「更無帝王」的理想，竟建築在「滿漢不分，君民同治」的實踐之上。康有為一貫藉孔子自喻，說「其志雖在大同，而其事只在小康」（《孔子改制考》）。他強調的是「曲折以將之，次第以成之」。梁

啓超說：

> 先生教學者常言：「思必出位，所以窮天地之變。行必素位，所以應人事之常。」是故其思想恆窮於極大極遠，其行事恆踐乎極小極近，以是為調和，以是為次第。（梁啓超：《康有為傳》）

反映在《大同書》裡的關於土地問題的觀點表明了康有為的「大同」空想與中國近代其他兩種社會主義空想的不同。不能說，康有為完全沒有談到土地公有的思想，但是，作為改良派的特點之一，就是無論在理論上或政治綱領上，都從不真正提出或仔細論證這個問題，恰恰相反，他們特別須要遮蓋封建地租剝削和農民群眾的階級鬥爭。表現在其「大同」空想裡的也是這樣，所以，《大同書》雖然各方面都談到了，許多部分例如物質文明、人人勞動、個人自由等問題上，都談得十分仔細、相當漂亮，但恰恰在這一根本性問題上，卻談得十分模糊而簡略。這與太平天國的社會主義，與孫中山和革命派的「民生主義」特別著重這一問題，顯出了重大區別。這種區別當然不是偶然的現象，而是深刻地反映階級的本質差異。從而，如前面文章所已指出，在二十世紀初革命運動蓬勃興起的時候，由於害怕革命，康有為及其門徒學生們攻擊著自己原先也理想過的東西：他們反對革命派的「平均地權」、「土地公有」，「利用此以博一般下等社會之同情，冀賭徒、光棍、大盜、小偷……之悉為我用」（梁啓超：〈開明專制論〉）。反對民主政治，「民權重而暴民大興」（康有為：〈中國以何方救危

論〉),「民選長吏,……適為生民塗炭」(康有為:《擬中華民國憲法草案發凡》),「以少數之才民富民為治,能免於多數之暴民為亂,……如必從多數以為治也……,則奈之何其不流為暴民之亂政也」(〈中國以何方救危論〉)。反對自由平等,「平等自由之四字空文,又今吾國新學所終日大呼者也,……吾國秦漢時已……久得此平等自由二千年」(康有為:《法國大革命記》)。反對婦女解放:「若今女學未成,人格未具,而妄引婦女獨立之例,以縱其背夫縱欲淫亂之情」(《大同書》。顯然是晚年添補的)。……就這樣,一位幻想過徹底的個人獨立、人權自由的勇敢的思想家發展變化而成了甚至反對短喪、反對婚姻自主、哀傷著「盡棄規矩法度教化而舉國大亂」(《物質救國論》)的衛道士了。

康有為的「大同」空想,雖然在其主張與封建階級「和平共處」和「極端敵視群眾運動」等方面,與列寧批判的帝俄時代的自由主義者的政治空想即所謂政治上的烏托邦有某些面相似之處;但是,康有為的「大同」空想卻並不是一種「敗壞群眾民主意識」的「新剝削者……私欲的掩飾品」(參看列寧〈兩種烏托邦〉一文)。它並不具有這種政治烏托邦的涵義。恰恰相反,康有為不肯公開宣布的「大同」空想,在中國近代空想社會主義史上占據著重要的進步地位,它比樸素的太平天國的農業社會主義空想已向前大大跨進了一步,它根據社會必然向前發展的歷史進化理論,提出了一個以高度物質文明為經濟基礎,以人人勞動和財產公有為基本原則,以政治民主個人平等自由為社會結構的「大同」世界。這很好地表達了中國先進人士和中國人民對幸福生活

的渴望，對科學發達的希望，對封建專制的憎恨，對人權民主的要求，在這個社會主義主觀空想形式裡充滿了民主主義的客觀內容。正如列寧論孫中山時所指出，近代中國的社會主義者只是在主觀上的社會主義者，他們反對一般的壓迫和剝削，但是在客觀上，提上日程來的只是反對「剝削的一個特定的歷史上獨特的形式，即封建制度」（列寧：《論中國的民主主義和民粹主義》）。這種空想的社會主義反剝削反壓迫的思想，實際上正是對當前封建剝削封建壓迫的強烈抗議。「大同」空想是比較徹底的反封建呼聲，而並非對資本主義的批判；它實際上不是導向社會主義，而是導向資本主義；《大同書》是近代啟蒙思想家渴望中國走向光明未來的歡樂頌。

（原載：《文史哲》1955 年第 2 期，原題為〈論康有為的「大同書」〉）

〔附〕《大同書》的評價問題與寫作年代
——簡答湯志鈞先生

湯志鈞先生的〈關於康有為的大同書〉一文（《文史哲》1957年第 1 期）對拙作〈論康有為的「大同書」〉的批評，其核心涉及有關《大同書》評價的根本問題。這就是：康有為的《大同書》基本上是進步的還是反動的問題。分歧在於：湯先生認為該書的思想基本上是反動的，是康氏晚年「麻痺群眾」，「反對革命」，「主張保皇復辟的理論基礎」（均湯先生原文）。我不能同意這種

看法，而認為《大同書》的主要內容基本上是康有為早期主張資產階級民主、自由的進步思想。下面就湯先生的論斷簡單提幾點意見。

第一點，我認為湯先生的研究和論斷方法是很不妥當的。湯先生不是從研究《大同書》本身內容的分析出發，而從其寫作年代的純粹考證來立論：《大同書》「成書」在 1901～1902 年康氏變法失敗流亡海外的時候，而這時正是革命興起康氏反動的時候，康「既感載湉之私恩，又害怕人民群眾運動，又想建立理想的境界，於是撰寫了《大同書》」（湯原文），因此，《大同書》就是反動的。文中不但沒有任何對《大同書》的基本思想、內容的分析批判，而且甚至對拙作關於該書內容的分析也未提出什麼具體的反對意見。不去具體地研究作品本身的思想內容及其與當時社會歷史情況的真正的內部聯繫，而僅憑考證作品的寫作年代來想當然地判定其價值和作用。老實說，立論在這種基礎上，是相當危險的。

第二點，我認為湯先生的考證也是靠不住的，站不住腳的。

首先，湯先生認為《大同書》「成書」在 1901～1902 年，因此該書就僅只代表康有為這個時期的思想。但事實並不如此。因為今天所看到的《大同書》雖然大部分的確是寫在 1901～1902 年間（按《大同書》中還有更晚時期的增添，並且也一直未曾定稿「成書」），但該書的基本內容和思想，正像與《大同書》同時寫成康氏另一重要著作——《春秋筆削大義微言考》一樣，都是成熟得較早的，基本上屬於康氏前期思想的範圍。也正如《春秋筆

削大義微言考》一書在前期便曾有過一個稿本而當時被失散一樣
（參看徐致靖為該書所作的序文），《大同書》早期也有一個名叫
《人類公理》的草稿本，這個草稿中的思想基本上就是《大同書》
的內容。關於這一點，可資引證的材料很多，如康有為《自編年
譜》中說：

是歲（1887年）編《人類公理》，游思諸天之故，……推孔
子據亂、昇平、太平之理以論地球，……創地球公議院，合公士
以談合國之公理，……以為合地球之計，……其日所覃思大率類
是，不可勝數也。

而在 1884 年年譜中即有：

……奉天合地，以合國合種合教一統地球，又推一統之後，
人類語言文字飲食衣服宮室之變制，男女平等之法，人民通同公
之法，務致諸生於極樂世界。及五百年後如何，千年後如何，世
界如何，人魂人體遷變如何，月與諸星交通如何，諸星、諸天、
氣質、物類、人民、政教、禮樂、文章、宮室、飲食如何，……
奧運窅冥，不可思議，想入非無，不得而窮也。（按《自編年譜》
寫於1898年變法剛剛失敗後，比湯先生認定的《大同書》「寫作
年代」還早，應是可靠的材料。）[14]

---

14 按《大同書》頭二部刊布時，康親筆題詞也說：「吾年二十七，當光緒甲

　　梁啓超、張伯楨的兩篇康有為傳，也都有與此類似的記載，並都強調指出了這點——康氏早年曾有社會發展、世界大同等等理想。在梁啓超的康傳中，還特地相當具體地介紹了這理想的基本內容：如「理想之國家」——公政府；「理想之家族」——廢家庭，公育公養；「理想之社會」——公產業、「土地為公」等等。康氏《自編年譜》中提到的問題，而特別是梁啓超康傳所談到的這些思想，與我們今天所見的《大同書》中的基本思想和內容是完全一致的。所以，可以知道，康有為在相當早的時候，便在當時社會局勢和自然科學知識的刺激下，空想了許多有關社會發展、文化進步……種種問題，從而主觀構造了一幅對未來美好世界的空想，而這，就是他在年譜中所宣稱的「乃手定大同之制——名曰《人類公理》，以為吾既聞道，既定大同，可以死矣」。顯然，這裡的所謂「大同」，就正如《大同書》一樣，並不如湯先生所認為的那樣是指所謂「君主立憲」，而正是指那千百年後的人類遠景的「公理」。康有為所以自傲傲人的遠不是他發現和「手定」了「君主立憲」的道理，而正是他那「合國合地球」的世界大同的遠大懷抱。

　　康有為這一套「大同」空想與他的現實政綱有相當的距離和矛盾，所以他一直「祕不以示人」，很少在其公開著作中談到。但是，他的一些親密學生特別是梁啓超都在許多地方談過或透露過，這方面的旁證也可以找到很多。例如，梁作的《譚嗣同傳》中說：

───────────────────────

申（1884 年），法兵震羊城……感國難，哀民生，著《大同書》。」

「（譚）既而聞南海先生所發明《易》《春秋》之義，窮大同太平之條理，體乾元統天之精意，則大服。」康有為〈六哀詩〉弔譚嗣同也說：「聞吾談《春秋》，三世志太平，其道終於仁，乃服孔教精。」而在譚著的《仁學》中也就有這麼一大段與《大同書》是完全吻合的思想：

地球之治也，以有天下而無國也。……人人能自由，是必為無國之民。無國則畛域化，戰爭息，猜忌絕，權謀棄，彼我亡，平等出，……君主廢則貴賤平，公理明則貧富均，千里萬里，一家一人，……殆彷彿《禮運》大同之象焉。

在這裡，還在許多別的地方（如《長興學記》、《桂學答問》、《清代學術概論》等書中）都可以證明：康有為在《大同書》裡所寫下的基本思想（這些思想在拙作上文中已作了分析，本文不再贅述）正是他前期的進步思想。

奇怪的是：湯先生為什麼會看不見這些觸目可見的材料了呢？例如為湯先生所引證的梁啓超的那段話，其全文本是：「先生演《禮運》大同之義，……立為教說，……二十年前略授口說於門弟子，辛丑壬寅間避地印度，乃著為成書，啓超屢勸付印，先生以為今方為國競之世，未許也。」但湯先生卻拋前去後，獨獨取了中間「辛丑……成書」一句，證明《大同書》的內容是代表1901～1902年康氏反對革命的思想。這種對材料的引用方法，主觀隨意性不也太大了麼？實際上這材料已說得很明白：《大同書》

中所演的「大同之義」，正是其「二十年前」「口授」於「門弟子」的思想。 這樣，《大同書》 的基本內容不正是代表其早期思想的嗎？

湯先生沒有看見這一切。只片面地抓住《大同書》裡所說的「三世」與《禮運注》中所說的「三世」不同而大做文章。（其實這一點錢穆也早指出過。）而殊不知康有為的「三世說」本是一種狡黠的工具，其說法是十分靈活的，康有為把三世中的每一世又劃為小三世，有「據亂之據亂」、「昇平」、「太平」，有「昇平之據亂」、「昇平」、「太平」，……等等，而中國則還只是「小康昇平」；但出國以後，看到西方也非盡美盡善，於是又認西方才達「昇平」，而以後甚至認為西方也還未至「昇平」[15]。所以，「三世說」是確有某些變異的。但這種變異卻並不十分重要。因為從早年到後來，康有為基本上是一直堅持必先實現「君主立憲」才能實現「民主共和」，當然更不能越過「君主立憲」立即實現廢國合種的「大同太平」。至於實現「君主立憲」到底是「昇平」還是「太平」（據我看來，康氏從來沒有如湯先生所認為的那樣：認為「立憲」就是實現了「大同太平」，就是人類公理的極致），當時的中國是「據亂」還是「昇平」（據我看來，康氏認為當時中國是進入了所謂「昇平之據亂」階段），「君主立憲」到底是「據亂世

---

15 「今觀孔子三世之道，至今未能盡其昇平之世，況太平世大同世乎？今歐洲新理，多皆國爭之具，其去孔子大道遠矣……，吾昔者視歐美過高，以為可漸至大同，由今按之，則昇平尚未至也。」（《意大利遊記》）

之太平」，還是「太平世之據亂」（據我看來，「立憲」在康氏那裡
基本上被視作「昇平世之昇平」或「昇平世之太平」），這些都是
無關實質的次要問題。如果有人硬要在這上面做文章，鑽牛角尖，
研究這些「昇平」、「太平」，那就恐怕是上了康有為的大當了。

　　所以，總括起來說，與湯先生認為《大同書》寫在 1901～
1902 年因而代表一種反對革命的反動思想的論斷不同，我認為
《大同書》雖然寫在 1901～1902 年，雖然「成書極晚，……但是
其基本觀點和中心思想卻是產生得頗早的」（〈論康有為的「大同
書」〉）。

　　第三點，除了上面這個問題，其次一個問題就是湯先生認為
《大同書》之作是為了「麻痺群眾」反對革命，而我則堅決不能
同意。我覺得這一說法首先就有兩個不可克服的困難。首先，《大
同書》裡所描繪敘述的是一個遠遠超出「君主立憲」範圍的比較
徹底急進的民主主義的烏托邦（如廢君主、平貴賤、廢家庭、解
放婦女等等，見拙作上文），康有為並且還是帶著一種肯定和讚美
的態度來提出這種思想來的。所以，連湯先生也只得承認這是一
個「遠大的理想」。那麼，這樣的一個理想的提出，究竟會對革命
有何不利呢？康有為究竟是怎樣利用這個理想去反對革命的呢？
康有為的「大同太平」的美好世界裡是沒有君主的，這不正投合
了當時革命派的民主共和的主張，那末，為什麼它反而會成為「保
皇復辟的理論基礎」呢？為什麼它反而是以「改良的幌子來壓制
革命」呢？……很清楚，所有這些，湯先生都絲毫沒有，實際上
也不能加以說明。其次，湯先生硬說《大同書》是「以高遠的理

想——大同來麻痺群眾」，既然如此，為什麼康有為死也不肯公開他的這一著作呢？為什麼康有為後來寫了那麼多的反對革命主張保皇的論著，而在這些論著中竟完全不提他的「大同」理想——如毀棄家庭、解放婦女、個人的自由獨立等等呢？為了「麻痺群眾」，他正應該這樣做呀！……顯然，湯先生的論點在事實面前又只得顯出是一種無根據的武斷了。

在我們看來，這種情況倒是完全可以理解的。正因為康氏的「大同」是一種比較急進和徹底的資產階級民主自由的進步理想，是與他現實的政治實踐綱領有一定距離的理想，所以，他才不願意公布和宣傳它，他才不肯公開其自認為是「至善至美」的《大同書》。因為這種遠大理想的提出和傳播，有利的就不會是自己的「君主立憲」的路線，而正是主張「民主共和」的人們，因為《大同書》指出：民主是比君主立憲更為美妙的階段。所以，張伯楨《南海康先生傳》說得好：「《大同書》書成，既而思大同之治，恐非今日所能驟行，驟行之恐適足以釀亂，故祕其稿不肯以示人。」這一點（康氏為了怕它有利於革命，怕人民立即「驟行」民主共和的「大同」之治才不公開《大同書》）當時本是十分清楚的，但卻想不到幾十年後的研究者們倒看不見了，倒反過來說康有為寫《大同書》是為了對抗革命了。事情變得真有點不可思議。

我們暫且放下這點，進一步看看湯先生究竟是根據什麼來說康有為寫《大同書》是為了麻痺群眾、對抗革命呢？細看一下，原來根據就是這麼一條：康有為寫《大同書》的時候，正是革命派和改良派「逐步明確地劃清了改良與革命的界線」的時候

（？），「這時，全國規模的資產階級革命政黨──同盟會的階級基礎、組織基礎、思想基礎、幹部條件已逐漸具備」的時候（？），正是康堅決反對革命派的時候（？），所以，這時寫的《大同書》就當然是反動的。然而，在這裡，我覺得對湯先生這一論點幾乎每句都可加個問號。湯先生在文中一開場就責備我「對《大同書》的時代背景……未能作進一步的窺測」，而現在我倒對湯先生這一「進一步的窺測」感到十分失望了。

　　因為，在這裡顯然湯先生是完全弄錯了歷史事實和時間。因為，革命派與改良派明確劃清界線的時間並不是 1901～1902 年，而是 1903～1905 年；同盟會的各種思想、組織、幹部條件的「逐漸具備」也不是 1901～1902 年，而是 1903～1905 年；康梁改良派與革命派正式決裂水火不容從而完全墮入反動陣營，也不是 1901～1902 年，而是 1903～1905 年。在 1901～1902 年，還只是改良主義維新運動剛剛失敗，革命思想剛剛開始有較大規模的傳播，下層知識分子剛剛開始大規模地走向革命路途的時候，改良與革命之分，不但還不壁壘鮮明形成對抗，而且在有些地方還保持了一種友好的聯繫。不勝枚舉的史實都可證明這一點。君不見，梁啓超這時不是在往來於革命改良之間受了革命派影響高唱破壞暗殺嗎？當然，這時兩派已有了分歧和鬥爭[16]，但遠遠不是湯先

---

[16] 在 1901 年，就有革命派攻擊梁啓超和改良派的文章，如《國民報彙編》，但這究竟在當時還不是主要的必然的現象，所以當時也並沒引起大的思想論戰。

生所想像的那種情況。湯先生所論斷的情況，都是 1903 年開始的
事：梁啓超赴美回東京大唱「開明專制」，與此同時，孫中山和革
命派陸續發表了文章，開始真正與改良派「明確劃清了界線」。湯
先生沒去具體地研究歷史事實，只想當然地以為變法一失敗，革
命派便立即成熟，便立即與改良派劃清了界線，康梁便立即墮入
「反動」……，而沒看出，這其中是經過了一個好幾年的過程的。
革命派是經過 1895，1900，1903 到 1905 年才真正成熟的，康梁
也是經過 1898，1900，1903 到 1905 年而徹底保守的。（其中，
1903 年便是現在為大家所忽視而實際是一個很重要的關鍵的年
頭。）湯先生顯然是為證實自己的論點而太性急了：結果把歷史
上推了兩三年而將事實歪曲了。

　　所以，根據我們的看法，正因為這時兩派的鬥爭還未激化，
康有為還未徹底反動，他才可能寫出像《大同書》、《春秋筆削大
義微言考》這樣比較進步的作品來，才會在這些著作中保存了其
前期主張民主、自由的進步精神。否則是比較困難的[17]，而在《大
同書》裡幾處反對婦女解放人格獨立的地方，就正是其更晚的時
候增補的。這些少數增補與這書的基本精神和主要內容是矛盾的。
這樣，與湯先生認為全書是反動的觀點相反，我們覺得如果對其
寫作年代的歷史情況加以具體考慮，則我們的基本論點──《大
同書》內容基本上是進步的──就仍然可以成立。

---

17 康這個時期寫的好幾本書與後一二年寫的許多書（如《物質救國論》等
　等）就有很大的出入。

　　最後一點，是湯先生在文中談到《大同書》思想來源的問題。但湯先生談的實際上是整個康有為思想的淵源問題。這問題已越出本文所討論的範圍，不擬多談了，請參看拙作《論康有為的哲學思想》。這裡簡略指出兩點：第一，我覺得湯先生所指出的三個來源是平列而無內在聯繫的，並且片面地強調經今文學這方面而完全忽視了（以至根本未提）當時自然科學知識的部分，其實作為思想來源，後者在實質上遠比前者為重要。此外，陸王、佛學以及中國民主思想的傳統（如黃梨洲）也完全被湯先生略掉了，因此顯得很片面。第二，湯先生硬說康有為的社會進步思想和《大同書》裡的三世進化觀是看了嚴譯的《天演論》（即 1896 年）以後才有的。我認為這完全是穿鑿之談。湯先生並未舉出什麼有力的證據，而相反的證據──如梁啓超便屢屢說康氏「著此書時，固一無依旁，一無剿襲，在三十年前而其理想與今世所謂世界主義社會主義者多合符契」，倒是很多的。這裡也就不列舉了。

　　看來，我們與湯先生的分歧是很清楚了，從研究方法到具體考證，從康氏思想到歷史背景，對《大同書》的估計都有相當大的出入。上面只是最簡單地就幾個主要問題說明一下自己的看法。〔附記〕

　　剛才又讀到林克光先生的〈論大同書〉（見三聯版《中國近代思想家研究論文選》）一文，文中提及拙作〈論康有為的「大同書」〉，說該文「提出了許多有益的意見」，「有一定貢獻」云云，實為過獎，愧不敢當。林文所有基本論點與我的看法大體一致，卻責備我說：「忽視了當時中國和西方之間所處的歷史特點，忽視

了上述各種外部條件的變化及其對中國社會和康氏思想的影響，因而看不到《大同書》揭露批判歐美資本主義制度的可能性和必然性，竟然認為《大同書》『沒能涉及西方批判的空想社會主義所涉及所暴露的問題，沒能揭露近代資本主義社會各種罪惡黑暗和不合理』（按這是林文引我的話）。」這是我所不能同意的。我仍堅持上面為林文所引用的論點而不能夠同於林先生的看法：認為《大同書》批判了歐美資本主義制度。因為據我看來，《大同書》主要思想是資產階級啓蒙主義者世界樂園的空想，其特點是反對封建主義，而美化資本主義。康有為與孫中山所處的時代歷史條件以及個人經歷是很不同的，康氏前期在國內還不可能「認識和揭露近代資本主義各種黑暗罪惡」，林先生所說的「資本主義已經過時了，各種各樣的社會主義思想早已風起雲湧地席捲著歐美的政治思潮，這就是當時擺在康有為及其他先進思想家面前的鐵的事實」，應該說，這就完全不是事實。不但十九世紀七、八〇年代還不是資本主義完全「過時」的時代，而且這時所謂「風起雲湧」的社會主義思潮就更非當時康有為們所能知道。林先生這種想當然的歷史背景的敘述完全是懸空的。從而，林先生的結論：康有為因此而懷疑，而批判資本主義，因而才去「追求」「幻想」他的「大同世界」，就更遠離真實了。康有為在八〇年代是還根本沒有也不可能深刻地認識或揭露批判西方資本主義的。恰恰相反，他是理想化它，幻想它，他的「大同」世界是建築在對封建主義的批判上而不是建築在對資本主義的批判上。而等到後期出國以後見到資本主義的腐朽而不滿的時候，他又已基本上倒退到封建主

義的立場，是用更落後的觀點來進行這種「批判」的了。這就主要表現為康、梁以及以後許多先進人物歐遊以後大喊西方物質文明破產，要恢復中國精神文明等等的真正復古主義的吶喊。而《大同書》全書裡，除了少數地方指出了歐美社會和制度的缺點弊病（如婦女仍不平等、貧富懸殊、工人反抗等）以外，實在也並沒有什麼深入的著重的「揭露」和「批判」，像西方近代空想社會主義者以及像孫中山和革命派那樣。而即使這些個別揭發也並非康早年所能有，而只是晚年為了加強證明其「大同」空想的正確，增添上去的。所以，這些對資本主義不滿或批判的部分，無論在康氏早期思想或整個十九世紀改良派的時代思潮中，是並不具有客觀歷史的必然性質的[18]（所以不應把它誇大）。所以，這一部分遠不能構成《大同書》和康的思想的主要內容和根本實質。當然，這又並不是說，康有為以及譚嗣同等在早期根本不可能有任何一

---

18 還可以用譚嗣同的思想來印證康有為的早期思想。如《仁學》中：「有礦焉，建學興機器以開之，……有田焉，建學興機器以耕之，……有工焉，建學興機器以代之。……大富則設大廠，中富附焉，或別為分廠，富而能設機器廠，窮民賴以養，物產賴以盈，錢幣賴以流通，……遂至充溢溥遍而收博施濟眾之功故。……日愈益省，貨愈益饒，民愈益富，……其為功於民何如哉！……各遂其生，各均其利，杼軸繁而懸鶉之衣絕，工作盛而仰屋之嘆消，……」

在西方資本主義已漸入老境，社會主義思潮已「風起雲湧」的時候，遠隔重洋的中國的初興資產階級卻仍多麼天真地高唱著機器生產、自由貿易的頌歌啊！他們這時根本還沒夢想到去「批判」　那求之不可得的天堂哩。

點對資本主義社會的懷疑、不滿或「批判」，但這無論如何卻遠不
是這一派思想家的特點，而是比他們稍遲的革命派思想家的特點。
這裡主要的是，不要作任何的誇大或縮小。如湯先生那樣不見輿
薪，固然不對；而如林先生這樣強調康對資本主義的「批判」，把
芝麻誇作西瓜似也有些過分。所以，總括起來，據我看，如果可
以說，湯志鈞先生是過低地估計了《大同書》的批判封建主義的
因素；那末，林克光先生卻是過高地估計了《大同書》的批判資
本主義的因素了。而兩者的共同點就似都在於主觀主義地去對待
問題，而沒具體地從歷史背景和思想實質來分析。

　　因不擬再著文詳證，謹將對林文的意見附記於此。

（原載：《文史哲》1957 年第 9 期）

（三）「托古改制」思想

1. 時代背景

　　「人們自己創造自己的歷史，但他們這種創造工作並不是隨
心所欲，並不是在由他們自己選定的情況下進行的，……一切死
亡先輩的傳統，好像噩夢一般，籠罩著活人的頭腦。恰好在人們

彷彿是一味從事於改造自己和周圍事物，並創造前所未聞的事物時，恰好在這樣的革命危機時代，他們怯懦地運用魔法，求助於過去的亡靈，借用它們的名字、戰鬥口號和服裝，以便穿著這種古代的神聖服裝，說著這種借用的語言，來演出世界歷史的新場面。」（馬克思：《路易‧波拿巴政變記》）康有為穿著中國封建聖人的古老服裝，借用著孔子改制的魔杖，在公羊今文學的神祕帷幕的掩蓋下，在中國近代思想史上扮演了新的一幕。

　　康有為是今文經學派的大師。雖然今文經學本身的學術內容以及清代公羊今文學派的發展，均不在本文範圍之內。但是，「正如任何新的學說一樣，首先得從在它之前已經積累的思想資料出發。」（恩格斯：《社會主義從空想到科學的發展》）康有為所依據和標榜的「托古改制」思想也正是有其「積累的思想資料」的淵源的。遠在十八世紀封建學術鼎盛的反動時期，公羊今文學即興起。其倡始者莊存與已著眼於「微言大義」，劉逢祿則已攻《左傳》、斥劉歆。然而，所有這一切在當時主要只是純粹學術研究。倡導今文學在當時不但沒有危害清朝政治統治的「危險」；恰好相反，它們還常常因為維護封建專制統治秩序而得到清朝統治者的獎賞。例如劉逢祿的公羊學就講些什麼「一切既受命於天，故宜畏天命，需應天順人……」（《春秋公羊經傳何氏釋例》）之類，服務於滿清統治，毫無革命意味。所以章太炎說，「……劉逢祿輩，世仕滿洲，有擁戴虜酋之志，而張大《公羊》，以陳符命」（〈中華民國解〉）。真正使今文學帶有改革的社會政治傾向的，開始於十九世紀四〇年代前後的龔自珍、魏源。關於龔、魏，前面文章中

已經談到，這裡不重複。總之，可以看出，十九世紀以來清朝統
治的動搖，反映在文化領域內，也就使「純正」的封建學術中出
現了異端色彩。先進人士敏感著「日之將夕，悲風驟至，人思燈
燭，慘慘目光」（龔自珍：〈尊隱〉）的社會危機的迫近，而又在
「避席畏聞文字獄」的專制淫威的脅迫下，就只能逐步通過學術
活動來抒發著對封建統治的不滿和評議。於是，一貫在宗教式的
隱晦解說中而具有強烈的政治意義的公羊今文學，便在這時自然
地走上了「譏切時政」的發展道路。在晦澀古舊的公羊學外衣下，
龔自珍、魏源對當時社會政治、經濟、文化、風習各方面提出了
尖銳的批判和積極的要求，其中已潛伏著重要的社會改革思想的
萌芽。後代的有心人終於在其中找到了精神的糧食和寶貴的啟示，
成為使自己更向前進的重要的「思想資料」：

> 龔自珍……好今文……往往引《公羊》義譏切時政，詆排專
> 制，……今文學派之開拓，實自龔氏。……今文學之健者，必推
> 龔、魏，……故後之治今文學者，喜以經術作政論，則龔、魏之
> 遺風也。（梁啟超：《清代學術概論》）

龔自珍、魏源不但一般地是改良派思想的先驅，而且還特別
是康有為「托古改制」思想的嚮導。甚至連封建主義頑固派也看
到了這點。曾廉在反對康有為變法主張的同時，痛切地慨嘆「賣
餅公羊是禍胎」（《瓠庵集》）；葉德輝也一再斥責《毛傳》之偽，
自魏默深發之……魏默深晚年病風魔以死，其亦興戎之報」（《翼

教叢編・輶軒今語評》），「龔自珍學術詭僻」（〈與段伯猷茂才書〉），並認為康有為的今文學只是「定庵之重儓」。事實上，康有為也的確承繼和利用了公羊今文學的這種傳統和傾向，灌輸給它以新的內容，直接配合著變法維新的政治鬥爭，使這一陳舊的兵刀發揮了它最大限度的戰鬥作用。而晚清今文學運動到這時，也就最後達到了它的成熟的頂峰，從而，也就宣告了光榮的結束。[19]

　　然而，這僅僅只是康氏「托古改制」的「思想資料」的淵源方面。另一方面，也是更重要的方面，是康氏這一思想的現實物質基礎。「……傳統觀念中所發生的變化，是由造成這一變化的人們的階級關係即經濟關係來決定的。」（恩格斯：《路德維希・費爾巴哈與德國古典哲學的終結》）了解了現實關係的變化，才真正了解這一傳統學術思想領域內的變化。

　　時代的車輪已把我們帶得這麼遠，以致使我們今日來了解這一問題不能不感到有些困難。例如，如果今日再把梁啓超比之為「思想界之一大颶風」的晚清今文學的重要典籍、康有為的著名代表作《新學偽經考》擺在面前，我們倒會要對梁氏的這種比擬感到奇怪了。難道在這本似乎絲毫也沒涉及政治的純學術著作中，難道在這些一點也引不起我們興趣的瑣細考證中，能具有強烈的政治意義，能在當時引起那麼大的政治風波嗎？為什麼當時許多

---

19 之後，像廖季平的幾次「變法」以及皮錫瑞、錢玄同等人的今文學主張，就只有純學術的內容和意義，（即使在學術領域內，作用和影響也很小，）不屬於思想史的範圍了。

人會歡迎激動，而官方和正統學者卻切齒痛心地要數次明令毀板禁止來反對它呢？

　　要回答這一問題，就非得要去熟悉和了解與我們相隔已六十年之久的社會環境、時代氛圍特別是當時士大夫們的社會思想面貌不可。當時中國基本上還是一個封建社會，從封建官場和封建土地關係中解放出來與它們日益疏遠的各種資產階級、小資產階級平民知識分子，還未大量出現，當時體現著資本主義要求的主要還是一些舊式的封建士大夫知識分子。他們無論在政治上或思想文化上，長期受著封建主義正統思想的支配。壓在他們頭上的，是一整套以孔子為偶像、以聖經賢傳為中心的正統的封建專制主義的思想體系。「……一般說來傳統在思想體系的所有領域內都是一種巨大的保守力量。」（恩格斯：《路德維希・費爾巴哈與德國古典哲學的終結》）具有久遠歷史、非常完備頑強的封建理論體系就正是當時士大夫知識分子思想上一副極其厲害的枷鎖和鐐銬。它殘酷地窒息和壓制著一切進步人士和進步思想的產生和出現。「不惟關其口，使不敢昌言；乃並錮其心，使不敢涉想。」（譚嗣同：《仁學》）舊的一套已不能應付新局面，家國的危亡、時代的苦難，驅使著人們尋求思想上的新方向，向西方資本主義社會的政治文化中去尋求真理。但是封建主義的思想枷鎖卻又頑強地阻撓他們這樣做，聳立著的封建主義的經典威嚇著：不允許「離經叛道」，「非聖無法」。近代人們在這枷鎖的束縛下苦惱著困惑著，迫切要求精神上的解放。「束縛人類的鎖鏈是由兩根繩索做成的，假使別一根不斷，這一根是不會鬆掉的」（狄德羅），要鬆掉現實

封建統治的繩索，就先得斬斷那根束縛人們心靈的思想的威權。在這種情況下，「一切革命的社會的政治的理論必定成了神學的異端。為使現存社會關係受攻擊起見，就不得不剝奪其神聖的光輪。」（恩格斯：《德國農民戰爭》）同時，「群眾的感情是僅僅由宗教食物來養活的；所以，為了引起暴風驟雨般的運動，就必須使這些群眾的自身利益穿上宗教的外衣。」（恩格斯：《路德維希‧費爾巴哈與德國古典哲學的終結》）對於當時中國封建士大夫的群眾來說，這種作為無所不包的宗教或神學，不就正是那個神聖的「孔子之道」麼？於是，在現實社會力量的推動下，時代的寵兒便應運而生了。康有為舉起了「托古改制」的大旗，與其攻擊封建專制制度的「現存關係」的變法思想相呼應和配合，直接衝擊著封建經典，勇敢地「剝奪其神聖的光輪」，正面提出了變法主張的理論根據。於是，康有為及其著作就這樣無可避免地一下子成了當時政治上和學術上的中心事件。康有為終於依靠了《新學偽經考》和《孔子改制考》這兩部大著作，取得了維新運動的思想領袖地位，受到了那時候比較前進的士大夫知識分子的擁護。

所以，一方面，有著嶄新的社會政治意義的思想理論鬥爭所以必須穿上古老的服裝，是因為「一切死亡先輩的傳統，好像噩夢一般，籠罩著活人的頭腦」，因此，「革命的社會政治理論必定成了神學的異端」；另一方面，傳統的古舊東西所以能發生變化而具有了新的內容和意義，歸根結蒂，則完全「是由造成這一變化的人們的階級關係即經濟關係來決定的」。

2. 現實內容

(1) 否定封建經典

那麼，因為反映了時代要求而使康有為當時「傾動士林」的這些今文學重要典籍，例如最有名的《新學偽經考》、《孔子改制考》的內容究竟是些什麼呢？

讓我們先看《新學偽經考》。梁啓超對它已作了比較準確的概括說明：

> 「偽經」者，謂《周禮》、《逸禮》、《左傳》及《詩》之《毛傳》，凡西漢末劉歆所力爭立博士者。「新學」者，謂新莽之學；時清儒誦法許鄭者，自號曰「漢學」，有為以為此新代之學，非漢代之學，故更其名焉。《新學偽經考》之要點：一、西漢經學，並無所謂古文者，凡古文皆劉歆偽作；二、秦焚書，並未厄及六經，漢十四博士所傳，皆孔門足本，並無殘缺；三、孔子時所用字，即秦漢間篆書，即以「文」論，亦絕無今古之目；四、劉歆欲彌縫其作偽之跡，故校中祕書時，於一切古書多所羼亂；五、劉歆所以作偽經之故，因欲佐莽篡漢，先謀湮亂孔子之微言大義。（《清代學術概論》）

簡單說來，《新學偽經考》的內容主要是通過歷史考證的學術方法，斷定《左傳》等古文經典是「偽經」，它們只是「記事之書」而非「明義之書」，所以它們湮滅了孔子作經以「托古改制」

的原意：「亂改制之經，於是大義微言湮矣」（《中庸注・序》），「自偽《左》滅《公羊》而《春秋》亡，孔子之道遂亡矣」（《春秋董氏學》）。

如所公認，雖然康氏這書有著精闢準確的論斷，但是其中武斷、強辯之處也是不少的。「往往不惜抹殺證據或曲解證據，以犯科學家之大忌」（梁啓超）。然而，使我們今日感到興趣和需要在這裡論證的，已遠不是這些「早已僵化了的廢物」（范文瀾）的今古文學經典本身的內容、價值以及其長期爭論、聚論紛紜的真偽問題，也遠不是康有為《新學偽經考》的學術論證是否嚴格合理及其優缺點的問題；重要的是，康氏這種學術活動和論證在當時的思想理論鬥爭中的性質、意義和它的社會政治內容。所以，與其說是《新學偽經考》等書本身的學術內容和價值，遠不如說是它的實際社會政治內容和作用，更是今日所必需注意和研究的要點。我們所要了解的，正是康有為如何通過這種學術活動來為其政治鬥爭、為其先進的社會政治理想服務。這一點，實際上卻也正是康氏本人所著重的，在其著作的首頁，康氏自己就開宗明義式地宣告了其著書的巨大的目的和意圖：

吾為偽經考，凡十四篇，敘其目而繫之詞曰：始作偽亂聖制者，自劉歆；布行偽經篡孔統者，成於鄭玄。閱二千歲月日時之綿曖，聚百千萬億衿纓之問學，統二十朝王者禮樂制度之崇嚴，咸奉偽經為聖法，誦讀尊信，奉持施行，違者以非聖無法論，亦無一人敢違者，亦無一人敢疑者，……聖制埋瘞，淪於霧霧，天

地反常，日月變色。以孔子天命大聖，歲載四百，地猶中夏，蒙難遘閔，乃至此極，豈不異哉！……不量綿薄，摧廓偽說，犂庭掃穴，魑魅奔逸，雲散陰豁，日纊星呀，冀以起亡經、翼聖制，其於孔子之道庶幾御侮云爾。(《新學偽經考》)

在專制淫威的威脅下，康氏不可能在書中太多地直接觸及攻「偽經」的真正的政治涵義。但在作者其他當時未正式刊布的著作中，卻更爽朗地一再強調指出了這點。

劉歆以周平王代文王，於是偽「左」行而天下不知師說……一部《春秋》之義但識尊人王而已，則是屠伯武夫幸以武力定天下，如秦始隋煬之流暴民抑壓，亦宜尊守之乎？其悖聖害道甚矣。

君尊臣卑之說既大行於歷朝，民賊得隱操其術以愚制吾民，……劉歆創造偽經……而大義乖，……微言絕，……於是三世之說不誦於人間，太平之種永絕於中國，公理不明，仁術不昌，文明不進，昧昧二千年瞀焉惟篤守據亂世之法以治天下。(《春秋筆削大義微言考》)

但儘管《新學偽經考》一句也未直接涉及當前的政治制度問題，儘管康有為還拼命打著「起亡經、翼聖制」的堂皇招牌，反動派仍然在其中嗅出了它的嚴重政治意義：

以《周禮》為劉歆偽撰，……朱子已駁之，……康有為……新學偽經之證，其本旨只欲黜君權伸民力以快其恣睢之志，……其言之謬妄，則固自知之也，於是藉一用《周禮》之王莽，附王莽之劉歆以痛詆之。（葉德輝：《輶軒今語評》）

不是很明白麼？掩蓋在所謂今古文學之爭的封建學術外衣下的，是一場為客觀歷史任務所規定的尖銳的政治思想鬥爭。資本主義自由派新興勢力要在經濟上和政治上對封建主義進行某種民主改良的鬥爭，就必須同時在思想理論上也對封建主義進行某種改良或鬥爭。奉行二千餘年「無一人敢違」「無一人敢疑」的神聖不可侵犯的封建經典，忽然一朝在康有為手裡被徹底宣告為一堆偽造的廢紙，就決不是康氏個人主觀的「恣睢」，而正是客觀歷史發展不可避免的要求。封建主義統治的物質基礎實際上的衰敗和動搖，反映為其思想體系理論上的動搖；而這種思想理論上的動搖又反過來大大促進其基礎的危機。它暗中提示給人們的不正是：如果這些為統治者奉之為封建專制制度的理論根據的神聖典籍實際上並不算什麼根據，並且還恰恰相反，它們只不過是某個刁滑的野心家偽造的惡劣的贗貨；那末，這一專制制度統治本身的存在不也就完全失去足夠的理由和根據了麼？「謬誤在天國的申辯一經駁倒，它在人間的存在就暴露了出來。」（馬克思：《黑格爾法哲學批判導言》）「因此，反宗教的鬥爭間接地也就是反對以宗教為精神慰藉的那個世界的鬥爭。」（同上）這樣，天國的批判在人間引起了那麼大的震驚和波動，不就正是必然的和合理的麼？親

身經歷過這一事變的梁啓超有一段話說得很好：

　　夫辯十數篇之僞書，則何關輕重；殊不知此僞書者，千餘年
來，舉國學子人人習之，七八歲便都上口，心目中恆視爲神聖不
可侵犯，歷代帝王，經筵日講，臨軒發策，咸所依據尊尚，毅然
悍然詞而辟之，非天下之大勇固不能矣。自漢武帝表章六藝罷黜
百家以來，國人之對於六經，只許徵引，只許解釋，不許批評研
究。韓愈所謂「曾經聖人手，議論安敢到」。若對於經文之一字一
句稍涉擬議，便自覺陷於非聖無法，懍然不自安於其良心，非特
畏法網憚清議而已。凡事物之含有宗教性者，例不許作為學問上
研究之問題，一作為問題，其神聖之地位固已動搖矣。今不惟成
為問題而已；而研究之結果，乃知疇昔所共奉為神聖者，其中一
部分實糞土也，則人心之受刺激起驚愕而生變化，宜何如者。……
以舊學家眼光觀之，直可指為人心世道之憂。(《清代學術概論》)

　　這也就無怪乎葉德輝們當時那麼痛恨康有為的今文學理
論了。
　　應該說明，梁啓超這段話本是用以形容閻若璩的《尚書古文
疏證》一書的，但那並不恰當。因為在十七、八世紀閻若璩的年
代裡，無論在理論上或事實上，閻著都沒有也不可能發生這種巨
大的政治作用。思想上的解放只是在一定的社會經濟政治要求的
客觀物質基礎下，也就是說，只是在中國近代新興資產階級自由
派已興起向封建專制政權要求民主改良的康有為的時代裡，才能

真正噴發出來。這也就說明了，為什麼從十八世紀以來疑偽經攻古文經學的著作並不算少，只有康有為的著作才引起這麼大的風波的原故。同時，這也就說明了，康有為的著作之所以比其同時代的著名今文學大師如皮錫瑞、廖季平等人的影響遠為巨大，主要也就是因為康氏已完全自覺地將自己這種學術研究活動，與其現實的變法主張和政治鬥爭緊密地結合起來，從而使其學術論斷含有十分直接鮮明、尖銳的政治性質和政治意義的原故。

(2) 宣傳歷史進化和人權民主

那麼，為康氏這麼著重的「微言大義」「孔子之道」的神聖旨意，為康氏這樣標榜要恢復的「亡經」「聖制」的神聖事業，究竟又是些什麼呢？康氏在被其門徒譽為「火山大噴火」的著名的《孔子改制考》一書以及其他早期著作如《春秋董氏學》等書中回答了這問題。如果說，《新學偽經考》的主要內容和目的是為了「證明」劉歆偽造經典，從而湮滅了孔子的「微言大義」；那末，《孔子改制考》等書就正是要正面來說明和闡發這種「大義」。《新學偽經考》如果是「破」，則《孔子改制考》等書是「立」。康有為緊緊把握了這點，繼 1891 年《新學偽經考》之後，1897 年又刊布了《孔子改制考》。

　　有為第二部著述，曰《孔子改制考》。……有為……定《春秋》為孔子改制創作之書，……又不惟《春秋》而已，凡六經皆孔子所作；昔人言孔子刪述者，誤也。孔子蓋自立一宗旨，而憑之以進退古人，去取古籍。孔子改制，恆托於古：堯舜者，孔子

所托也，其人有無不可知，即有，亦至尋常，經典中堯舜之盛德大業，皆孔子理想上所構成也。……（梁啓超：《清代學術概論》）

這就是康氏的「孔子改制」的學說。康氏在其著作中，遵循和盡量發揮了今文學「紬周王魯」等等論點，從各方面來論證孔子的「托古改制」：

六經中之堯舜文王，皆孔子民主君主之所寄託，……不必其為堯舜文王之事實也。（《孔子改制考》）

作為康氏「托古改制」說的最重要的核心的，是公羊三世歷史進化論的學說。正是從公羊三世的歷史進化論的觀點出發，康有為全面論證了人權民主等資產階級社會政治思想。康氏強說「孔子專主人物進化之義」，認為「三世進化」就是孔子「托古改制」的中心和宗旨。康有為把孔子裝扮為一個資產階級歷史進化論和資產階級民權平等思想的倡導者，多方附會穿鑿，把公羊三世的封建學說作為張本，認為這就是「孔子口授」的「微言大義」之所在：

「《春秋》始於文王，終於堯舜，蓋撥亂之治為文王，太平之治為堯舜，孔子之聖意改制之大義，《公羊》所傳，微言之第一義也。」（《孔子改制考》）「三世為孔子非常大義，托之《春秋》以明之。所傳聞世托據亂，所聞世托昇平，所見世托太平。據亂世者，

文教未明也；昇平者，漸有文教，小康也；太平者，大同之世，……文教全備也。……此為《春秋》第一大義。」（《春秋董氏學》）

　　康有為的確是「利用孔子來進行政治鬥爭」（范文瀾：《中國近代史的分期問題》），「他把孔子描繪成維新運動的祖師，面貌與古文經學派的孔子截然不同。就是說，古文經學派的孔子是述而不作的保守主義者，而康有為的孔子是托古改制的維新主義者。」（同上）康氏在所謂「孔子聖意改制」的符咒下，保護著自己的改制主張，證明自己的政治思想和變法主張的「合乎古訓」；在所謂「《公羊》所傳，微言之第一義」的解說中，康氏就大力宣傳著新鮮的資產階級歷史進化論和民權平等思想，證明改良派所要求的君主立憲的歷史發展的必然性和合理性。例如，康有為就這樣解說了《春秋》經文「隱公」「元年春王正月」：

　　王者，往也；天下所歸往謂之王。……乃可改元立號，以統天下。……蓋文王為君主之聖，堯舜為民主之聖。……孔子以人世宜由草昧而日進於文明，故孔子日以進化為義，以文明為主。……（《春秋筆削大義微言考》）

　　康有為又這樣解說了「桓公」「宋人以齊人衛人蔡人陳人伐鄭」的《春秋》經文：

　　民者，君之本也；使人以其死，非正也。此專發民貴之義，
而惡輕用民命。國之所立，以為民也；國事不能無人理之，乃立
君焉。故民為本而君為末，此孔子第一大義，一部《春秋》皆從
此發。(同上)

　　在「襄公」「十有四年春王正月季孫宿叔老會晉士匄齊人宋人
衛人鄭公孫……於向」條下：

　　此明大夫專政，以見時會之變。近者各國行立憲法，以大夫
專政，而反為昇平之美政者，以立憲之大夫出自公舉，得選賢與
能之義，非世襲而命之君者也。據亂世同為世爵，則貶大夫而從
君，既在昇平，則捨世襲君而從公舉，各有其義也。(同上)

　　在「隱公」「冬十月伯姬歸於紀」條及「僖公」「夏六月季姬
及鄫子遇於防使鄫子來朝」條下：

　　……當中古亂世，女弱，當有男子為依，而夫婦之道又不明，
故孔子重之，著義為「歸」。……此為據亂之法，若太平世則人人
自立，兩兩相交，如國際然，則不得謂之「歸」也。
　　昇平太平世，女學漸昌，女權漸出，人人自立，不復待人，
則各自親訂姻好。(同上)

　　等等，等等。

康有為故意撇開了春秋公羊學中許多對當時鬥爭無用的部分（如災異迷信、書法義例等），盡量利用著公羊學解說「微言大義」素來的靈活性和神祕性，偷偷地暗中變換了其原本的封建思想的內容，從歷史進化到婚姻自主，從立憲民主到個人自由，喜劇式地全面輸進了資產階級的社會政治思想和變法維新的主張，來為其改良派現實政治活動服務。這樣，康有為的公羊今文學就具有了與眾不同的鮮明的先進的政治意義：「以改制言《春秋》，以三世言《春秋》者，自南海始也。改制之義立，則以為春秋者，絀君威而申人權，夷貴族而尚平等，……南海以其所懷抱，思以易天下，而知國人之思想束縛既久，不可以猝易，則以其所尊信之人為鵠，就其所能解者而導之，此南海說經之微意也。」（梁啓超：《論中國學術思想變遷之大勢》）正如西方中世紀唯名論者「強迫神學來宣傳唯物論」（馬克思、恩格斯：《神聖家族》）一樣，企圖從中國中世紀掙扎出來的康有為卻強迫傳統聖人來宣傳資產階級改良主義。[20]

然而，這種在聖經賢傳掩蓋下的羞怯怯的資產階級改良主義的民權平等思想，也為正統派所識破：「作者隱持民主之說，煽惑人心而猶必托於孔孟」（葉德輝：〈讀西學書法書後〉），「明似推崇

---

20 就在《孟子微》等著作中，也仍有「法律各有權限，不得避貴也，……孟子發平世義，故明法司可執天子，而天子不能禁也」「平世法則犯罪皆同，美國總統有罪亦可告法司而拘之」「天生君與民，皆人也，其道平等……」等等，足見民權、平等確是康所謂「微言大義」的實際內容，這一點不應低估。

孔教，實則自申其改制之義」（文悌：〈嚴參康有為摺〉）。他們對
康有為的「托古改制」思想進行了狂暴的攻擊：

> 康有為之徒，煽惑人心，欲立民主，欲改時制，乃托於無憑
> 無據之公羊家言，以遂其附和黨會之私智。（《輶軒今語評》）

> 偽六籍，滅聖經也；托改制，亂成憲也；倡平等，墮綱常也；
> 伸民權，無君上也；孔子紀年，欲人不知有本朝也；……（《翼教
> 叢編序》）

從這裡可以看到當時社會思想的鬥爭情況和康氏「改制」思
想的社會意義。這意義在於：康有為「托古改制」思想的資產階
級民主主義的內容嚴重地從內部破壞了封建正統思想體系。這場
掩蓋在學術活動中的思想鬥爭就還是現實政治鬥爭的反映。

3. 政治意義

康有為的「托古改制」思想還不僅是為其資產階級改良主義
社會政治思想尋找神聖論據；而且同時還是為其實際政治、組
織活動尋找理論依靠。康氏所特別著重論證的「布衣改制」說的
真實內容和意義就在於此。

在變法維新運動已提上進行實踐活動的十九世紀九〇年代
裡，這種理論具有現實的價值。康有為在其《孔子改制考》等著
作中曾不憚煩地向其本階級封建士大夫知識分子們宣傳、論證著

「布衣改制」的論點。康氏指出孔子本是「民間」一「布衣」，「有其德而無其位」，但卻能「托古改制」，以「紬周王魯」，「藉魯以行天下法度」來「為後王立法」。在《孔子改制考》一書中，康氏專闢一章〈諸子並立創教改制考〉，強調指出與孔子同時，還有許多「布衣」——先秦諸子也都在「改制立教」。「不惟孔子而已，周秦諸子罔不改制，罔不托古。」這一切無非是要指出孔子與諸子本都是無爵位權勢的「布衣」，因「生當亂世」都想「撥亂反正」，就各出主張各創學說來「改制立教」；「孔子之教」因為「造端於男女飲食」，「近乎人情」，故獨在諸子中得人擁護，「人人歸往」，因此而成「素王」。「布衣改制」是並不希罕奇怪的，歷史上只要關心民瘼國事的志士仁人都可以「改制立法」，「凡大地教主無不改制立法也」（《孔子改制考》），「蓋周衰禮廢，諸子皆有改作之心，猶黃梨洲之有《明夷待訪錄》，顧亭林之有《日知錄》，事至平常，不足震訝」（《長興學記》）。其門徒在宣傳康氏這種理論時，也口直心快地說出了：

　　黃梨洲有《明夷待訪錄》，黃氏之改制也；王船山有《黃書》有《噩夢》，王氏之改制也；馮林一有《校邠廬抗議》，馮氏之改制也。凡士大夫之讀書有心得者，每覺當時之制度有未善處，而思有以變通之，此最尋常事，孔子之作《春秋》，亦猶是耳。（梁啓超：〈讀春秋界說〉）

　　這真一掃彌漫著的烏煙瘴氣和標榜著的堂皇招牌，把真正的

祕密揭示出來了：既然作為聖人的孔子以及歷史上這些著名的賢良、學者都可以「覺當時之制度有未善處，而思有以變通之」而「改制立教」；那末，康有為今日又有什麼不可以這樣做呢？既然作為聖人的孔子自己以布衣而改制，那不正是給後人以一個最好的值得仿效的榜樣嗎？因此，康有為的著書立說、宣傳民主、組織群眾（士大夫）、要求改革政治制度種種活動也不過是「此最尋常事，孔子之作《春秋》亦猶是耳」。康有為在這些「布衣改制」等等古代的「僵化的廢物」中，找到了支持其現實政治活動的適用的「根據」。

但是，即使如何高舉孔聖人的正統招牌，這種「改制」理論實際上是在鼓勵著人們對封建專制制度的背叛。這當然激起了正統派狂熱的仇視。在封建專制主義的正統派看來，無論如何，民間的「草茅」「布衣」是絕對沒有權利來自出主張倡導改制的。「憂時之君子未有不知法之宜變者，惟是朝廷不言而草茅言之，未免近於亂政」（葉德輝：〈與俞恪士觀察書〉，見《翼教叢編》，下同）。他們認為，作為封建聖人的孔子決不會「改制」，「孔子……志在尊王，……其非改定制度人人可知矣」（葉德輝：〈讀西學書法書後〉），孔子「假魯而托王，背周而改制，恐不如是之僭妄」（葉德輝：〈正界篇〉）。對康有為等改良派所標榜推崇的黃梨洲、王船山以及近代的龔、魏、馮桂芬，反動派則力加攻擊：

「若夫黃梨洲《明夷待訪錄》一書，其〈原君篇〉隱詆君權太重，實開今日邪說之先聲，……」（葉德輝：《輶軒今語評》）「馮林

一《校邠廬抗議》，……去聖經不知幾萬里。」（葉德輝：〈正界篇〉）

　　先進者在陳舊的古書堆中盡量去尋找、利用古代的優秀思想，去研究、承繼和發展中國古代優秀的民主思想的傳統，正統派則對此表示了瘋狂的仇恨，進行了惡毒的攻擊。對待古代經典、著作的解釋和態度上的這種尖銳對立和鬥爭，仍然是黨派性的政治鬥爭的「學術」表現。

　　從上面便可以看出，「托古改制」「創教立法」對於康有為改良派政治活動之所以必要，遠不僅是因為它可以作一種消極的保護色，而更重要的，是還因為康氏特別需要它作一面旗幟來積極地招引、爭取、團結和組織變法運動的同情者和群眾——封建士大夫們。康氏所以不但要抬出孔子，而且還要「恆欲儕孔子於基督」，「尊之為教主」（梁啓超：《清代學術概論》），就正是企圖借用這個長久支配著封建士子們的聖人名號，通過某些帶著宗教意味的形式，如奉孔子為教主、用「孔子紀年」等等，來使孔教變為宗教，使大家在這準宗教式的信仰和激情中來緊密團結和共同行動。康氏盡量標榜「保聖教」以反抗「西教」（基督教）為名來博取士大夫們的同情和信任，要他們在「保教」的神聖口號下團結起來形成政黨性的組織力量。這樣，康氏便找到了一種使其「托古改制」的學術理論變為群眾（士大夫）性的行動綱領的途徑和方法。康氏在公羊經學中盡量利用著孔子改制論與孔子為素王的怪異理論，來作為自己進行政治性組織活動（「立教」）的護命符。實際上，康氏所呼喊著的「立教」「保教」的「孔教」的內容究竟

是什麼呢？

　　先生之言宗教也，主信仰自由，不專崇一家，排斥外道，常持三聖一體諸教平等之論。然以為生於中國，當先救中國，欲救中國，不可不因中國人之歷史習慣而利導之。又以為中國人公德缺乏，團體散渙，將不可以立於大地，欲從而統一之，非擇一舉國人（按：其實以上所說的「舉國人」，實際上主要只是當時的中國士大夫罷了）所同戴而誠服者，則不足以結合其感情，而光大其本性，於是乎以孔教復原為第一著手。先生者，孔教之馬丁路德也。……先生以為……求孔子之道，不可不於《易》與《春秋》。……先生之治《春秋》也，首發明改制之義，……先生乃著《孔子改制考》以大暢斯旨，此為孔教復原之第一段。次則論三世之義，……先生乃著「春秋三世義」、「大同學說」等書，以發明孔子之真意，此為孔教復原之第二段。……（梁啓超：《康南海傳》）

　　很明白，康氏的「孔教」，實際上是提倡「改制進化」「三世大同」與封建聖人正相背道而馳的資產階級化的「孔教」，是符合於新興地主資產階級經濟政治利益的改革了的新宗教。但是，「既然上帝的王國已經共和化了，那末地上的王國難道還能仍舊處在君王、主教和諸侯的統治之下麼？」（恩格斯：《社會主義從空想到科學的發展》）發現孔子的神聖教義中也已經有著資產階級民權平等主張的時候，世上王國的封建專制制度又能夠長久永存而不

需要變法改良麼？康氏所要的這種資產階級化的「孔教」當然激起了封建正統派的狂怒。他們對於為康氏稱為「合群之道」的「以孔子紀年」，「聞之則舌撟汗下色變」，認為「自改正朔，必有異志」「最可駭者，不以大清紀年，而以孔子紀年」（梁啟超與康有為書殘稿中引語，見《覺迷要錄》）。對於康有為，「立教」正是企圖予孔教以資產階級改革，以團結組織士大夫知識分子；在正統派看來，「蓋康有為曾主泰西民權平等之說，……必率天下而為無父無君之行」（曾廉：〈應詔上封事〉）。他們認為，「平等之說，蔑棄人倫，……而顧以立教，真悖謬之尤者」（賓鳳陽等：〈上王益吾院長書〉，見《翼教叢編》）。對於康有為，拯救中國必須「以群為體，以變為用」，所以到處設立學會或聚徒講學進行組織活動；在反動派看來，這卻正是「開會聚黨，鼓其邪說」（曾廉：〈應詔上封事〉）。清朝入關後即曾多次嚴禁士大夫們結社集會，他們認為，「天下之大患曰群，……為異學所簧鼓，群之害成於學」（王先謙：〈群論〉，見王著《虛受堂文集》），「講學最為通儒所詬病，……一人倡之，百人和之，……梁啟超在湘主講學堂，本其師說煽惑愚民」（葉德輝：〈長興學記駁議〉，見《翼教叢編》，下同）。葉德輝再三「揭露」康有為是「假素王之名號，行張角之祕謀」（同上），「故藉保護聖教為名以合外教」（〈與皮鹿門書〉），「其意本欲廢孔教以行其佛耶合體之康教」（〈正界篇〉），「其門徒……恆稱其師為孔墨合為一人」（〈與戴宣翹書〉），「人之攻康梁者大都攻其民權平等改制耳，鄙人以為康梁之謬尤其合種通教諸說，……苟非博觀彼教新舊之書，幾不知康梁用心之所在。敬天

孝親愛人之理，中西所同，獨忠君為孔教特主之義，而西教不及知也」（〈與俞恪士書〉），「大抵地球之世，君主興則孔教昌，民主興則耶教盛」（同上）……。可見，儘管康有為硬打著孔教招牌，真正的孔教信徒卻並不買賬，指出康是用耶穌、墨、佛來冒充、混合和代替孔教。而其核心正是一個尖銳的政治問題——「忠君」，對待君主專制制度的根本態度問題。正統派對於康有為等這種以立教保教為幌子的帶有嚴重政治意義的組織活動，是痛恨和害怕的。他們迫使以「保教」為名的「強學會」解散，盡量以挑撥離間威脅誹謗各種手段破壞湖南的「南學會」。如梁啓超後來所慨嘆：「蓋學術之爭，延為政爭矣！」（《清代學術概論》）實際上，掩蓋在這種種煩瑣隱祕的「改制立教」的「學術之爭」帷幕後的，本就具有強烈的政治內容和政治性質，它必然引導人們走到明朗公開的思想鬥爭和實際政治鬥爭中去。以「改制立教」為形式，以民權平等為內容，新舊兩派對這種所謂學術問題的爭執，是戊戌變法前夕社會思想激烈鬥爭的歷史面貌及其獨特的「學術」表現。

4. 階級特色

康有為的「托古改制」思想在當時是有很大的思想上和政治上的進步意義的。但正如這一階級的「變法維新」的現實政綱具備著極大的改良主義的特色一樣，這種「托古改制」思想及其與傳統古文經學對孔子魔杖的爭奪戰也不能不具有同樣的極大的階級特性。

　　當然，假借著封建聖人的魔杖來進行鬥爭，是一種歷史的選擇，不能把這也歸咎於康有為個人的怯懦。但是，這樣一種鬥爭方式也仍然反映和透露了其階級的特徵。太平天國革命的農民拋棄了孔聖人而擁護著其平等無私的上帝；資產階級革命民主派也撇開了孔子，在《民報》第 1 期刊出了素為儒家斥責為無父無君的墨子畫像，尊之為「世界第一平等博愛主義大家」。以無產階級為領導的「五四」文化運動則恰恰以「打倒孔家店」為戰鬥口號擊潰了這一封建主義的思想體系。這種與康有為的不同，實質上正深刻地反映著階級的不同，革命農民和資產階級革命民主派不需要依賴孔聖人，無產階級領導的民主革命正需要徹底摧毀以這一聖人為偶像和標誌的封建主義的上層建築。只有康有為，只有與地主統治階級關係特別深切的改良派才會如此鍾情於這一封建聖人。正如他們只希望在不要根本改變封建制度的情況下來推行某種民主改革以便可以發展資本主義一樣；他們也只希望在同樣的前提下來進行某種資產階級文化思想改革。正如他們在政治上企望的遠不是華盛頓、羅伯斯庇爾而只是彼得大帝、明治天皇一樣；他們在改革傳統文化、宗教上所期待的，當然也遠不是激進異端的閔采爾，而是：「吾甚祝孔教之有路德也」（譚嗣同：《仁學》）。與太平天國革命領袖抬出「天父」來團結、組織廣大農民群眾正相映對，資產階級改良派的代表卻只能抬出孔子來團結其本階級的封建士大夫。兩個天上偶像的差異，深刻地表示著兩個地下階級的差異。天上的孔子的地位和權力的保留，實際上是意味著地上的孔子（封建主義）的地位和權力的不可全部毀棄。

　　正如瞿秋白同志所指出:「從維新改良的保皇主義到革命光復的排滿主義,……士大夫的氣質總是很濃厚的。……在這種根本傾向下,當時的思想界多多少少都早已埋伏著復古主義和反動的種子,要恢復什麼固有文化。」(瞿秋白:〈魯迅雜感選集序〉)這種舊式封建士大夫的階級氣質和特徵,在自由主義改良派的代表們康有為這一派人身上是最為典型和最為濃厚了。這種階級氣質決定了這一派人前期進步思想中已「埋伏」了後來倒退的復古主義因素。在前期,康氏在「托古改制」古舊形式裡宣傳著的資產階級民主改革思想,因為需要遷就形式,需要用各種穿鑿附會的方法來遵循「古訓」而阻礙著進步內容的廣闊開拓,同時也使其許多進步論斷披上了一層反理性的宗教性質的黑紗。「其師好引緯書,以神祕性說孔子」,「有為心目中之孔子,又帶有神祕性矣。」(梁啟超:《清代學術概論》)後期,康有為的所謂「尊孔」「立教」則轉化成一種維護現存社會秩序和倫常道德的活動了。與早年正相映對,康氏晚年在孔教招牌下,極力強調民權平等之不可行,辯護「君臣」「忠孝」之必要,反對個人自由,反對婚姻自主……。康有為說:「中國人數千年以來,受聖經之訓,承宋學之俗,以仁讓為貴,以孝弟為尚,以忠敬為美,……則謂中國勝於歐美人可也。」(《物質救國論》)如果說,在康氏早年心目中的孔子是一個主張資產階級民權平等的孔子;那末,康氏晚年心目中的孔子則已基本回到反對民權平等、肯定三綱五常的真正封建主義的孔子了。如果說,在前期康氏「托古改制」思想中是舊形式裡包含著資產階級的新內容;那末,在晚年卻相反,在康氏所利

用的新形式（如最新的自然科學的發明）中也大多是陳舊貨色了。
如前所指出，對於以康有為為代表的改良派，在前期，天上孔子
地位的保留即已意味著地下封建王國基礎的不可真正毀棄；那末，
當後來青年群眾所掀起的革命風暴真正要動搖這一地上孔子——
封建制度的時候，康有為當然就只得拼命護衛著其天上的孔子而
不肯放手了。

康有為「托古改制」思想中最重要的骨髓和核心——歷史進
化論的公羊三世說也沒有逃脫這種命運。這一點，我們在說明康
氏哲學思想時，已看得很清楚。在早年，康氏通過「三世說」宣
傳了歷史的進化，與此同時，康氏也就宣傳了「循序漸進」的進
化：不能飛躍，只能漸進；不能革命，只能改良。康氏歷史進化
觀這一方面在後期必然發展為對抗革命的思想。反對革命的飛躍
就成了康氏晚年「三世進化」思想的主要內容。康有為把「三世」
中的每一世又劃為小三世，小三世再劃為更小的三世，這樣，「三
世說」就不但是其前期君主立憲政治路線的護符；而且還成為其
後期反對革命的旗號。例如，在早年康氏多次認為中國封建社會
是「小康世」，或將進入資本主義的「昇平世」；但晚年卻特別強
調中國只是「據亂世」，而強說以前所說的「小康世」只是「據亂
世」中的小的「小康世」，因此現在中國就根本不能脫離大的「據
亂世」，不能立即進入「昇平」「太平」。康氏晚年懺悔道：

　　追思戊戌時，鄙人創議立憲，實鄙人不察國情之巨謬也。程
　度未至而超越為之，猶小兒未能行而學踰牆飛瓦也。（《不忍雜誌彙

編二集・國會嘆》〉

　　當然，這時康氏的「托古改制」思想已完全失去它的意義，連康氏自己也拋棄不講了。康氏這種反省，雖至今仍可發人深思。但戊戌變法的失敗和 1905 年革命風暴的來臨，卻毫不客氣地把這種震動一時的康有為的「托古改制」思想遠遠地拋在後面，「已經融會了新語言的精神」的真正明朗的政治思想的鬥爭——革命派對立憲派的熱烈論戰代替了這神祕晦澀的一切。以後更是革命高潮不斷前行，也就根本顧不上去再反思、省視康有為的這些變化了。幸耶？不幸耶？是難言也矣。

（原載：《文史哲》1956 年 5 月號，題為〈論康有為的托古改制思想〉，有修改）

四、譚嗣同研究

　　譚嗣同不只是思想家,從他多年浪遊南北和戊戌變法中的表
現看,他並不甘心於書齋思辨,而可以是積極的政治活動家和組
織家。但他在歷史上留下的主要客觀作用,卻仍然是他那本並不
完整也不成熟的哲學—政治著作《仁學》。他那策劃流血的宮廷政
變,和慷慨地以自己的鮮血貢獻給他的事業的戲劇性的光輝終結,
正是他的思想悲劇性地發展的必然結果。因之,他的思想便可以
代表他的整個一生。論譚嗣同主要是論他的哲學—政治思想。

 譚嗣同思想產生的歷史背景

1. 時代特點和階級特徵

　　愛國主義精神是譚嗣同及當時整個改良派思想的一個主要內
容,同時還特別是譚嗣同思想產生和醞釀成熟的一個直接原因。
如果不對譚氏思想產生、成熟的時代作明確說明,也就很難了解
和說明它所獨具的愛國主義特色之所在。但是,近來好些關於譚
嗣同的論文,對這一點,都沒注意研究。楊正典的文章〈譚嗣同
思想研究〉(《光明日報》1954 年 11 月 3 日),雖然相當詳盡地述
說了譚氏思想的整個社會時代背景,甚至還追溯到鴉片戰爭以前,
但對譚氏思想最有關係的十九世紀九〇年代的時代特點,卻缺乏

足夠的論述。與此近似，好些文章雖也以極大篇幅描述了自鴉片戰爭以來的中國近代歷史背景，並著重敘說了中國近代工業和資本主義產生、發展的過程和特點，從而判定譚嗣同的哲學的階級基礎是中國近代新興的自由資產階級。(當然，這樣敘述和論斷，誰也不否認或反對。在現在任何一部中國近代史的著述中這些敘述和描繪都可以找到。) 卻沒有論證這個背景與譚氏哲學真正具體的關係。因之所描述的歷史事實便實際是游離的，譚氏思想「代表資產階級」的判斷也太空泛太籠統，這些描述和判斷不但可以套在譚嗣同身上，同時也可套在康有為身上，也可以套在孫中山身上，並且幾乎可以套在所有舊民主主義時期的進步思想家身上。這種對譚氏哲學的歷史背景和階級基礎的論證的特點就恰恰在於：它沒有看到譚氏哲學真正具體的歷史階級背景，而用一般近代史的歷史階級背景（這可以是十九世紀七、八〇年代，也可以是九〇年代，也可以是二十世紀初年）代替了它。

我不同意僅僅套用一個無往而不適的一般、籠統的中國近代史的背景說明，重要的是在這個一般的前提下，具體地探求譚氏哲學獨有的歷史的階級的特點。實際上，如本書前幾篇論文所指出，九〇年代中國社會已邁入一個新的階段，1894 年的中日甲午戰爭在中國近代史上展開了嚴重的一頁：六〇年代以來的比較「平穩」的革命低潮階段結束了，中國人民與封建主義尤其是與帝國主義的矛盾空前地激化起來。沈重的民族危機，激起了廣大社會進步階層強烈的憤怒和同仇敵愾的決心。改良主義變法維新的伏流，在甲午戰後並非偶然地被推上了高潮，六〇至八〇年代個別

人士的孤獨理想和善良願望，這時並非偶然地變成受到了許多人的贊成和擁護的全國性的政治運動。應該指出，正是在這樣一種強大的愛國主義的時代氛圍中，正是在驚濤駭浪的九〇年代的社會基礎上，在長期醞釀後，產生了譚嗣同變法維新的哲學－政治思想：

平日於中外事雖稍稍究心，終不能得其要領。經此創巨痛深（按指甲午戰爭），乃始摒棄一切，專精致思。當饋而忘食，既寢而累興，繞屋徬徨，未知所出。既憂性分中之民物，復念災患來於切膚。雖躁心久定，而幽懷轉結。詳考數十年之世變，而切究其事理，遠驗之故籍，近咨之深識之士。不敢專己而非人，不敢諱短而疾長，不敢徇一孔之見而封於舊說，不敢不捨己從人，取於人以為善。設身處境，機牙百出。因有見於大化之所趨，風氣之所溺，非守文因舊所能挽回者，不恤首發大難，畫此盡變西法之策。（〈上歐陽瓣薑師書二〉，即〈興算學議〉）

愛國的中國人在猛烈的刺激下，驚醒過來了，他們艱苦地重新學習著、深思著、探索著救中國的道路。1894～1895 年，在「風景不殊，山河頓異，城郭猶是，人民復非」的慨嘆中，譚嗣同連續寫下了一系列重要的文章，在〈三十自紀〉、〈莽蒼蒼齋詩自敘〉、〈仲叔四書義自敘〉等文中，總結回顧了過去，沈重地表示了對過去生命虛擲的悔恨，明朗宣告要與封建書生生活相決裂。在〈上歐陽瓣薑師書〉、〈思緯壹壺臺短書——報貝元徵〉著名的

兩篇長文中，初步提出了關於「器」決定「道」的唯物論的哲學
思想，提出了一系列的維新變法的具體主張，其中已充滿了作為
譚氏思想一種特色的反封建的戰鬥精神。這些基本思想不斷地向
前發展著，到 1897 年就以更深刻的內容和更豐滿的面貌，企圖構
造一個哲學體系，在《仁學》一書中呈現出來了。

　　譚嗣同思想是在民族矛盾和階級矛盾迅速激化和深化的九〇
年代的局勢的直接刺激和影響下最終地形成的，像怒濤一般的當
時社會氛圍和思想情緒，通過譚氏個人豐富的生活經歷，在其思
想中留下了深刻的痕跡，使其愛國主義精神具有了一個區別於其
他改良主義者的極為重要的內容和特色：譚嗣同在理論上所達到
的最高度超出了改良主義思想體系所能允許的範圍，在一定程度
上表現了對封建制度和清朝政權的強烈的憎恨情緒和革命要求。
它客觀上作了以後資產階級民主革命派的思想先導。

　　這種特點的形成與思想家的主觀生活經歷有關係。譚氏早年
曾「為父妾所虐，備極孤孽苦」（梁啟超：《譚嗣同傳》）。「殆非生
人所能忍受」的「綱倫之厄」（《仁學・自敘》）的切身感受，使他
對封建綱常名教產生了嚴重的注意和深切的認識，對墨氏兼愛利
人的思想也加倍地感到親切和喜悅。壯年以來所謂「察視風土，
物色豪傑」（梁傳），往來南北的多次旅行尤其是與下層會黨的往
來[1]，更使譚氏較廣泛地接觸和感染了一些下層人民的現實生活

---

1 與康有為等不同，譚嗣同、唐才常等人一向與下層會黨人物有密切的往
　來，譚自己「武藝」就很好。頗不同於一般「白面書生」，「嗣同弱嫻技

和思想情緒，看到了封建反動政權的腐朽和罪惡，這使其「任俠為仁」、「輕其生命」的「桀傲」的浪漫性格獲得了積極的內容：「……見上年被水災之難民，栖止堤上，支席為屋，卑至尺餘，長闊如身，望之如柩，鵠面鳩形，無慮數千；然能逃至於此，猶有天幸者也。……而中外大僚，決計不疏鑿，方以為幸，云：『天生奇險以衛京師，使外人兵輪，不得駛入。』幸災樂禍，以殘忍為忠藎，生民殆將為魚乎！……又自念幸生豐厚，不被此苦，有何優劣，致爾懸絕？猶曰優游，顏之厚矣！遂復發大心：誓拯同類，極於力所可至。」（〈上歐陽書二二〉，即〈北遊訪學記〉）

然而，不能把譚氏思想的這種急進特點完全看作是偶然的個人的主觀特徵和個別現象。它是有著一定的階級基礎和社會根源的。譚嗣同是改良派左翼的代表者。

本書前篇論文已指出，改良派是一個複雜的混合體，如果說，以楊銳、翁同龢等上層高級官員為代表的改良派右翼的各派別主要是以一部分開明的地主階級的利益為基礎；如果說，以康有為為首具有濃厚的調和色彩的左翼穩健派（或稱中派亦可），主要是通過較廣泛的一般中級政府官員、封建士大夫、富商為骨幹，反映了正開始形成或轉化中的自由資產階級的要求；那末，以譚嗣

擊，身手尚便，長弄弧矢，尤樂馳驟……此同輩所目駭神戰而嗣同殊不自覺」（〈與沈小沂書〉）。譚在天津為了去了解下層的祕密團體，特地加入了「在理教」。他與大刀王五的交誼，使他在戊戌政變前後想搞「奪門復辟」，並把最後希望寄託在這位「昆侖」（「我自橫刀向天笑，去留肝膽兩昆侖」）之上（從梁啟超說）（此詩真偽，尚可細究，本文不談）。

同、唐才常為首的左翼激進派就正是以中下層地主知識分子和正出現的小資產階級青年知識分子為代表的革命民主派的先驅。封建社會在九〇年代以後的急劇解體，從其中開始大量湧出第一批各種平民知識分子，他們開始脫離土地和對土地的封建所有關係，離鄉背井，出外求學或謀生。比起上層封建士大夫和封建官吏來，他們與封建官場較為疏遠，他們所受封建社會關係的束縛比較少，愛國熱情和政治積極性卻比較堅決，他們與人民也較為接近。在六〇～九〇年代貴族改良主義者的影響和啓發下，尤其是在九〇年代革命高潮的刺激下，他們逐漸形成了一股重要力量，積極地轉入了政治鬥爭。在戊戌變法和以前，他們是贊成、擁護或積極地參加了以康有為為首的變法維新運動的。梁啓超曾這樣描繪過他們：「……湖南民智驟開，士氣大昌……人人皆能言政治之公理，以愛國相砥礪，以救亡為己任，其英俊沈毅之才，遍地皆是，其人皆在二三十歲之間，無科第，無官階，聲名未顯著者，而其數不可算計。自此以往，雖守舊者日事遏抑，然而野火燒不盡，春風吹又生，……」（梁啓超：《戊戌政變記》。重點係引者所加）。

　　然而，隨著戊戌變法改良主義的幻夢的破產，隨著唐才常庚子起事的流血教訓，隨著鬥爭形勢的急劇發展，改良派分化了，右派和中派以及他們著名的領袖們都變成了既存秩序的辯護士，另一方面，左翼（激進派）中的大部分人卻在事實的教訓和革命宣傳的激勵下，日益走向了革命民主派和反清的革命鬥爭中。「『老新黨』們……待到排滿學說播布開來，許多人就成為革命黨了。」（魯迅：《准風月談・重三感舊》）[2]

　　譚嗣同的出身、身分和地位並不能列入上述這些比較下層的平民知識分子之中,然而,如馬克思所指出,凡屬一個階級在政治方面和著作方面的代表人物與他們所代表的這個階級間的關係,並不是表現在他們在生活和地位上的相同,而在於其代表者的理論主張反映和符合了它的實際利益。譚嗣同思想的特點就在於:它在某些地方和在一定程度上突破了封建士大夫改良主義者的階級狹隘性,客觀上反映了這種下層知識分子比較急進的情緒和要求,反映了他們將由自由主義改良派向民主主義革命派轉化的內在的階級內容和歷史傾向,譚嗣同的思想是改良主義必將讓位於革命民主主義的時代動向的重要反映。

---

2 唐才常1900年領導的自立軍運動,就是由改良派走向革命的過渡的一種表現。它的綱領主張(如不承認現存的清朝政權)、組成人員(如以會黨為基礎)、實踐行動(如準備武裝起義)均已越出了改良主義的範圍。它雖然還保存著對統治階級(如張之洞)的幻想,還受著穩健派(康、梁)的名義上的領導,還與極為複雜的右翼的同情分子和投機分子(如文廷式、容閎等)保持聯繫;但是,這一運動的中堅骨幹和運動的實際領導者、組織者卻完全是改良派左翼(激進派),許多就是湖南時務學堂的急進人物,是譚嗣同最親密的朋友和學生,如唐才常兄弟、畢永年、秦力山、林錫圭、蔡忠浩、田邦璿等等。他們在戊戌政變後東渡日本,與興中會革命派人士取得了聯繫和合作。所以革命派也參加了這次自立軍運動。自立軍失敗後,慘痛的血的教訓使他們完全投入了革命派的陣營,接受了革命民主主義的思想。他們是相當早的加入革命派隊伍中的一批人。他們的走向革命在國內影響很大,以後兩湖的革命運動與他們有密切的關係。參看本書論革命派文。

　　這就是說，例如與康有為的思想體系（變法維新，托古改制）成熟在八〇年代末不同，與孫中山的思想體系（三民主義）成熟在二十世紀初也不同，譚嗣同思想體系是產生在中日甲午戰後的九〇年代中下葉，從而他雖然屬於改良派，但又與康有為有差異；他雖有某些革命思想因素，但還不同於孫中山及二十世紀初年的革命派。為什麼會這樣呢？顯然不能僅僅用單純個人家庭環境、地理環境來解釋，這種解釋只能把譚氏思想的特點歸之於歷史。應該從九〇年代的歷史本身的特點中來找根源：中日戰後的十九世紀九〇年代與以前是大有不同了，且不談帝國主義對中國資本輸出、瓜分浪潮和全國人民愛國主義大高潮等等，而特別重要的是，正是在這種愛國主義高潮的影響下，正是在中國半殖民地已開始定型，中國舊社會階級的分化正特別加劇進行的時候，產生了一個新的情況：社會上開始萌芽第一批「無科第，無官階」的平民知識分子——小資產階級知識分子，也是第一批近代青年學生知識分子群，他們滿懷熱情開始投入了政治生活中，這就是我要談的譚氏哲學的階級特徵。

　　大家都知道，中國近代有所謂改良派和革命派，前者以康有為為首活動在十九世紀九〇年代，後者以孫中山為首活動於二十世紀初年。前者大都是官僚地主的舊式士大夫知識分子，而後者則是沒有官職的小資產階級知識分子（大半是留學生）。所以，儘管我們說他們的活動都反映和代表了資產階級的利益，但很明顯，他們仍是屬於不同的階級或階層的。因之進一步的問題就是，革命派這些人是如何來的呢？他們不會是突然在二十世紀初年一齊

冒出來的；那末，他們在九〇年代又是怎樣的情況呢？這裡就牽
涉到改良派和革命派在早期的各別情況、關係以及它們的演化過
程。我們如果具體地考查一下革命派的歷史，便可以發現，除了
孫中山極少數最先進的革命者以外，許多革命派人物在這時（九
〇年代）都常常不例外地是改良派變法維新運動熱烈的積極的支
持者、參加者、同情者，他們這時正是從屬在改良主義變法維新
的旗幟之下而成為改良派的一個組成部分。而這，就正是我所講
的改良派左翼激進派的具體內容。（現在許多人也用「改良派左
翼」這名詞，卻並沒說明它的實質和內容，因此好像這個左翼就
只是譚嗣同、唐才常一二人而已，這是錯誤的。）左翼激進派與
改良派的其他部分在階級上有所不同[3]，是有其特徵的，例如他
們在經濟地位上多是比較一般甚或破落的知識分子，他們與人民
與會黨有聯繫。在政治地位上他們與改良派右翼（上層官僚）和
中派（已有「功名」的康有為、梁啓超）有許多不同等等。這些
不同便導致他們的政治態度政治思想有差異（不滿於改良要求，
而有革命情緒），但這種差異在當時還是潛在的，還沒有發展而成
矛盾對抗，直到戊戌、庚子譚、唐兩次流血以後，他們才一步步
地邁上反對康梁的革命路途，改良派也就一分為二了。譚嗣同思

---

3 附帶提一句，現在許多人常常把階級分析簡單化，以為階級便是地主階
　級、資產階級等而已，不去分析這當中還有很複雜的階級階層的區別。
　只要看看馬克思主義經典作家如何分析階級便可以知道了：例如馬克思
　對金融資產階級和工業資產階級的區分，恩格斯在《德國農民戰爭》一
　書中對城市各階級的分析，絕不是套一個農民階級、資產階級了事的。

想正好反映了處在這個過渡時期中的特點，反映了左翼激進派的這種特色，譚氏急進的社會政治思想及其尖銳的矛盾、苦悶就正是以它為階級根基[4]。譚氏 1897 年在湖南倡導新政，通過口頭（講課）和書面（如刊印《明夷待訪錄》、《揚州十日記》[5] 等等）勇敢地在時務學堂宣傳民主思想，並有些特殊打算（如企圖通過設立南學會搞成地方議會以便獨立自治），也搞了些祕密的反清宣傳活動，直接教育和培植了年輕的革命一代，改良派右翼因此而對它發生過猜忌阻撓。[6]《仁學》的公布遭到康有為的極力反對，

---

4 這是從譚氏思想的客觀意義上說的，譚氏本人並不是這種下層分子，而是具有濃厚的革命思想、情緒的上層的士大夫；但他的革命思想、情緒啟蒙教導了下層的年輕一代。階級與其代表者的身分並不一定一致。譚代表著改良派左翼，這左翼的成員是當時比較下層的知識分子（即非有官職有身分的士大夫），這些知識分子代表著當時廣大小資產階級，所以他們與康有為他們（代表由地主官僚轉化的社會上層的地主資產階級）有所不同，這種不同後來就發展為革命派與立憲派路線的不同。

5 「又竊印《明夷待訪錄》、《揚州十日記》等書，加以案語，祕密分布，傳播革命思想，信奉者日眾。」（梁啟超：《清代學術概論》）「曾經祕密把《大義覺迷錄》《鐵函心史》一類禁書介紹給我父親讀。」（歐陽予倩：〈譚嗣同上歐陽辦薑師書序〉）

6 湖南在變法運動中表現得很為突出，不能簡單地把它僅歸結為地方長官陳寶箴倡導的原故，如現在流行的說法那樣。湖南的新政很複雜，需要深入研究。它牽涉到湖南整個政治經濟形勢以至湖南改良派內部的矛盾衝突的問題（例如陳氏父子與譚、唐等人的思想距離等，在譚嗣同給他老師歐陽辦薑的書信中，可以鮮明地看到這種情況），而改良派內部的這

而由同盟會來大量宣傳、介紹，在革命民主派的傑出戰士如陳天華、鄒容、吳樾……等人的言論思想以及行動中，我們幾乎可以直接嗅出譚嗣同反清反封建急進思想的影響。[7] 在許多革命志士

種意見不和以及湖南南學會、時務學堂在戊戌新政諭詔前的動搖危急、支持不下去的情況，都深刻地表現了湖南強大的正統勢力通過對改良派內部施加壓力打擊譚、唐破壞新政的階級鬥爭。這裡限於篇幅，不能詳述。應該指出的是，比起廣東江浙來，湖南的資本主義經濟和政治勢力並不算發達，但是在近代思想史上，湖南卻一直是鬥爭特別尖銳激烈的場所，常常在思想界激盪起炫人心目的大火花。為什麼會這樣呢？這應該在湖南的社會階級矛盾階級鬥爭去找根源。湖南的反動勢力是強大頑固的，但下層人民（農民和城市平民）的反抗也是激烈的。因此階級矛盾階級鬥爭特別尖銳激烈。例如太平天國後湘軍軍士在被迫解散後變成哥老會而遭統治階級的殘酷屠殺，就是例子。下層人民與統治階級尖銳的階級衝突不能不影響到、反映到一些與人民比較接近的中下層出身地主階級的知識分子（如唐才常、蔡忠浩等）和極少數的先進官僚士大夫（如譚嗣同）的思想行動裡，激起了他們對舊制度的不滿和反對，對新事物的憧憬和追求。這也就是改良派的左翼以及以後的革命派知識分子為什麼會在湖南大量出現和特別活躍的原故。

7 這種材料很多，例如：「容（鄒容）最仰慕譚嗣同，常懸其遺像於座側，自為詩贊之……。」（鄒魯：《中國國民黨史稿四編》，第 1242 頁）焦達峰被人「戲呼之曰譚、唐」，在起義出師時還供著譚、唐的牌位。陳天華在《猛回頭》著名宣傳品中稱譚為「轟轟烈烈為國流血的大豪傑」，吳樾在其遺書中大倡「暗殺主義」，即首揭譚嗣同《仁學》中「任俠為仁」思想而大加發揮。這種情況相當多，革命派許多人物都對譚嗣同表示了極大的尊敬和欽仰，把譚看作是自己的前驅和同道，並極力把譚與康有為

的思想成熟過程中，譚氏思想中的進步因素起了直接的重要的啓導作用。而這一切，與其時代階級特徵是有關係的。

2. 思想發展的曲折道路

　　關於譚氏思想的理論前提，許多文章都有較詳細的說明，這裡不擬重複。總括起來，譚氏與當時中國許多先進人士完全一樣，他們都是急切地在中外古今各家各派的思想學說中，盡量覓取適合自己需要的理論武器。但是，在新舊事物劇烈變異、政治鬥爭正尖銳展開的繁忙動盪的過渡時代裡，與當時許多人一樣，譚氏也根本還來不及吸收溶化所獲得的新舊知識來建立其獨立完整的體系。「康有為、梁啓超、譚嗣同輩，即生育於此種『學問饑荒』之環境中，冥思枯索，欲以構成一種『不中不西即中即西』之新學派，而已為時代所不容。蓋固有之舊思想，既深根固蒂，而外來之新思想，又來源淺觳，汲而易竭；其支絀滅裂，固宜然矣。」（梁啓超：《清代學術概論》）中國資產階級出生得太晚，沒有任何理論準備，便已置身在政治鬥爭的動盪局勢中，並且，在封建主義思想和西方資產階級思想均已過分成熟的年代裡，的確使它無從獨樹一幟了。

　　然而，不能把譚的「五花八門」的各種思想來源平等看待，應該指出，中國民主思想傳統尤其是墨子兼愛和王船山的民族民

　　劃開，甚至硬說譚「入京，目的是在革命，他的犧牲完全是受了康有為的騙」，如是云云。

主學說，和西方自然科學知識，在譚思想淵源中起了重要作用。西方傳來的自然科學知識是譚氏哲學唯物論成分的理論根源之一。當時傳來的西方自然科學知識雖然已包括有十九世紀的科學成果，占主要地位和影響最廣的卻還是帶著嚴重機械性質的初等數學、力學、化學……等，這使譚氏及當時許多先進思想家的唯物論觀點帶上了突出的機械特性。另一方面，正決定於時代的特點，由於當時傳來和普遍學習的西方知識主要還是自然科學知識，與康有為一樣，譚氏的社會政治思想是在中國思想資料的基礎上發生發展起來的。「當時之人，絕不承認歐美人除能製造能測量能駕馭能操練之外，更有其他學問，而在譯出西書中求之，亦確無他種學問可見。」（梁啓超：《清代學術概論》。譚嗣同等人是不通外文的，他們所讀西方的書就都是這些工藝科學的譯本。）　但「《仁學》下篇，多政治談，……然彼輩當時，並盧騷《民約論》之名亦未夢見，而理想多與暗合」（同上書），這是完全真實的。

　　鄭鶴聲〈論譚嗣同的變法思想及其歷史意義〉一文（《文史哲》1954 年 9 月號）曾闢一節專論康、譚思想的關係這一饒有趣味的問題，但可惜僅作了事實的敘述而未有分析的說明。本文因限於篇幅也不能對此充分論證。不過大約言之，康氏雄偉的「大同」理想和在孔子改制的「微言大義」外衣下面貫徹到各方面的較有系統的資產階級民主自由思想和歷史進化論，以及康氏在「公車上書」等勇敢的行動中的表現，和已贏有了的全國性的進步政治領袖的聲望，強烈地吸引了這位孜孜不倦的真理追求者。譚氏對康有為是敬佩驚服的，一再稱康是「一佛出世」、「孔教之路

德」，並自稱為其「私淑弟子」。康有為也說：「（譚嗣同）聞吾談
《春秋》，三世志太平，其道終於仁，乃服孔教精。」（〈六哀詩〉）
梁啓超說：「（譚）既而聞南海先生所發明《易》《春秋》之義，竊
大同太平之條理，體乾元統天之精意，則大服……。」（《譚嗣同
傳》）　譚氏在康有為思想中的確吸取了許多東西──歷史進化和
「大同太平」的遠大理想。對其思想中「循序漸進」不能飛躍的
庸俗進化論，則始終未完全接受。同時，雖如許多文章指出，譚
氏在佛學中吸取了豐富的辯證法思想和大無畏的犧牲精神，但是
譚氏所受佛教唯心論的有害影響，卻仍是很重要的方面。「三界唯
心」的神祕主義給譚氏哲學思想蒙上了一層黑紗。譚氏通過康有
為所接受的陸王心學，也起了基本上與佛教唯心論（唯識宗）大
體相同的作用和影響。譚嗣同自己說過：「凡為仁學者，於佛書當
通《華嚴》及心宗相宗之書，於西書當通《新約》及算學格致社
會學之書；於中國當通《易》、《春秋公羊傳》、《論語》、《禮記》、
《孟子》、《莊子》、《墨子》、《史記》，及陶淵明、周茂叔、張橫
渠、陸子、王陽明、王船山、黃梨洲之書。」從譚整個思想和這
個思想淵源的自我敘述中，可以看出，西方自然科學知識和中國
反權威反世俗的民主主義的思想傳統（如《孟子》、《史記》、陶淵
明、黃梨洲等）起了好的作用。任何反抗束縛、要求解放、強調
主觀精神等思想，也為譚所著重（如《莊子》、陸王、佛學）。《公
羊傳》、《論語》、《禮記》等書則是與改良派「托古改制」有關的
基本著作。這兩部分思想（佛學、陸王和《公羊》）主要是在當時
時代潮流下，受康有為、楊文會的影響而為譚所吸取（梁啓超《譚

嗣同傳》說，「當君與余之初相見也，極推崇耶氏兼愛之教，而不知有佛，不知有孔子」，後歷敘譚在康、楊啓導下接受《易》、《公羊》及佛學的經過）。譚自己思想的本來骨髓仍是墨氏兼愛和王船山的民族民主思想。這也可看出，譚的急進思想的獨特面貌（區別於改良派的其他人）在思想淵源上也有它的根據。

　　譚嗣同思想來源是中外古今，相當龐雜的，而且還經歷了一個曲折複雜的變化發展過程。在早年，以〈治言〉一文為主要代表，完全是一派頑固守舊的封建衛道士的思想主張，反對變法，反對學西方，「今之夷狄，猶昔之夷狄之情也……而道之不可變者，雖百世如操左卷」，並且幾乎是直接針對康有為提倡變法而言。由於譚嗣同始終是現實生活和政治事件的關心者，隨著九〇年代中外關係日益展開，譚嗣同開始閱覽了一些有關西方的書籍、課本（自然科學），思想已有轉變，可以筆記《石菊影廬筆識·思篇》為代表，張橫渠、王船山的唯物主義的氣一元論和用中國古書來聯繫、附會西方「格致」，成為這時的鮮明表徵，為甲午戰後的思想質變作了量的積累和準備。自 1895 年的〈思緯壹壹臺短書——報貝元徵〉到 1897 年的《仁學》，短短的三兩年間，譚嗣同的思想又有急劇的動盪和變化，由以自然科學知識和王船山樸素唯物論為主要基礎的哲學思想變到以佛學唯識論為根本基礎。然而這又並非倒退（如張德鈞〈譚嗣同思想述評〉所認為。《歷史研究》1962 年第 3 期），而是在日益深入哲學堂奧的過程中，迷失在唯心主義的佛學宮殿裡。譚嗣同企圖以佛學唯識論為基礎，融合古今中外來建造適應當時鬥爭需要的新體系；結果不但沒有

建成，而且留下來的恰恰是一堆矛盾和混亂。正如他自己在敘說寫作《仁學》一書時的情況那樣，「每思一義，理奧例賾，坌湧奔騰，際筆來會，急不暇擇，……」，許多複雜的哲學問題，他並沒有考慮清楚，更沒有表達清楚，暴露出種種幼稚、簡單、不成熟、不完備的嚴重弱點。「拉雜失倫，如同夢寱」（章太炎：〈人無我論〉），「怪其雜揉，不甚許也」（章太炎：《自編年譜》）。譚嗣同以佛學唯識論為基礎來建立近代哲學體系的事業，倒恰好由章太炎來繼續（參看本書論章太炎文），而最後終於由熊十力來完成，但那又是由佛入儒，而且是很久之後的事情了。

　　由〈短書〉到《仁學》，政治思想一脈相承，聯續發展，哲學上則由唯物轉向唯心，由反對宗教轉到信仰宗教，由墨家轉入佛學……，然而，就在這唯心論、宗教、佛學中又仍然保留著、殘存著大量的唯物論、自然科學、經驗論等等因素，這一方面並未被消化或取消，仍然構成譚嗣同哲學的一個重要的甚至主要的客觀內容。

　　〈北遊訪學記〉則是〈短書〉和《仁學》之間的中介橋梁，這篇書信清楚地表明，對清廷頑固不肯變法的強烈不滿和自己毫無現實力量可望指靠，正是使譚嗣同一方面在政治思想上日趨急進，另方面在哲學思想上「所願皆虛」投靠佛學的根本原因。

譚嗣同的哲學思想

1. 辯證觀念

　　譚嗣同大概是中國近代最富哲學氣質的思想家之一。他企圖提供一個比較完整的世界觀，作為變法維新運動的理論基礎；但他並未曾完成這個任務。他寫了《仁學》一書，但所構造的體系卻並未成熟；相反，在譚嗣同這個並不完整的世界觀中，充滿著尖銳的甚至是形式邏輯的自相矛盾。一方面，它大膽衝破舊事物舊秩序，有與僵死的封建主義形而上學鬥爭的辯證法精神，另一方面，卻又表現了嚴重的主觀主義、相對主義和詭辯論的性質。

　　譚氏哲學中，關於事物的矛盾、運動和變化、發展的辯證因素首先以特別鮮明的色彩吸引著人們。這一觀點譚氏主要是把它表述在關於「仁一通」的學說中。譚氏在其主要著作《仁學》中強調提出了「仁」這一概念，並以「仁」為軸心來展開其一切思想。

　　「仁」是什麼呢？「仁」實質上是被提昇和抽象化了客觀世界總規律。如我在論述康有為的哲學思想時所指出，中國古代哲學多半是圍繞和著重在社會倫理方面來進行討論研究的。近代哲學在西方自然科學的衝擊下，加重了對自然觀方面的注意。在這裡，

舊形式與新內容發生結合。正如康有為所沿用古代哲學「氣」的概念中已充滿了近代自然科學內容一樣，譚嗣同在這裡又同樣把「仁」——這樣一個古代哲學中的倫理學的範疇，解釋和改造自然的實體和規律，反映著資產階級把人間的規範說成是自然規律，把當時資產階級的經濟（商品生產和流通）、政治（民權、平等）要求，說成是永恆的客觀準則。改良派變法維新的經濟政治思想到譚嗣同這裡算是達到了最高的哲學昇華。梁啓超的〈變法通議〉強調了一個「變」字，康有為的公羊三世說，突出了進化發展，然而只有在譚嗣同這裡，所有這一切才被抽象概括為「仁一通」的宇宙總規律。從而在哲學上，譚嗣同比康有為也就具有了更高的代表性。

那麼，譚氏所宣稱的這一自然客觀總規律——「仁」的基本內容是什麼呢？它的基本內容是「通」。譚氏開宗明義列為「界說」（定義、定理）第一條的，即是：「仁以通為第一義；以太也，電也，心力也，皆指出所以通之具。」以後又曾一再強調指出：「是故仁不仁之辨，於其通與塞。」「莫仁於通，莫不仁於不通。」「苟仁，自無不通。亦惟通，而仁之量乃可完。」……

那麼，「通」又是什麼呢？「通」的主要內容之一，是事物的平等的溝通、聯繫、一致和統一。譚通過多方面的例子，論證了事物的這種性質。他指出，世界不是孤立隔絕的，表面似毫無干係的事物都息息相關。「我以為遠，在鄰視之，及其鄰也；此鄰以為遠，在彼鄰視之，亦其鄰也。銜接為鄰，鄰鄰不斷，推之以至無垠，周則復始，斯全球之勢成矣。」「地球之鄉，可盡虛空界

也，非有隔也。」譚氏強調一切事物的「相通」，「相維繫不散去」，「互相吸引不散去」，強調「異域如一身」，「牽一髮而全身動」等等。萬物既不是簡單的同一，也不是隔絕的眾多，而是同一中有眾多，眾多中有同一，「殊則不復同，而不害其為同」，「百則不復一，而不害其為一」。譚氏這種關於事物的統一性的觀念，模糊地表達了對一切事物都相互制約、相互影響的初步把握，譚氏把這種規律性總稱之為「仁」。

當然，這種「牽一髮而全身動」的「相通」觀念的內容是十分貧乏空洞的。因為他不能具體地了解各種事物聯繫的多樣性和複雜性，就把他當時所知道的力學上的機械外部聯繫，來概括世界眾多複雜的規律，使它具有著機械性質。

不過譚並不是靜止地來了解事物的聯繫、統一，相反，譚氏對運動有特殊的強調。他開始意識到，在運動中一切存在著又不存在，而物質的時刻運轉就正是體現其存在。而事物的聯繫及統一也正是產生、存在和體現在事物的運動變化中。運動的連綿和持續形成了萬物的變化和發展。「……吾謂今日者，即無今日也。皆自其生滅不息言之也。不息故久，久生不息。則暫者綿之永，短者引之長，渙者統之萃，絕者續之互，有數者渾之而無數，有跡者溝之而無跡，有間者強之而無間，有等級者通之而無等級。」「……以生為我，而我倏滅；以滅為我，而我固生。可云我在生中，亦可云我在滅中。故曰：不生不滅，即生滅也。……體貌顏色，日日代變，晨起而觀，人無一日同也。骨肉之親，聚處數十年，不覺其異，然回憶數十年前之情景，宛若兩人也。則日日生

者，實日日死也。天曰生生，性曰存存。繼繼承承，運以不停。」
「天行健，自動也。天鼓萬物，鼓其動也。輔相裁成，奉天動也。
君子之學，恆其動也。……夫善治天下者，亦豈不由斯道矣！」
譚氏這種運動的觀點就正是為了指出「治天下」也必須「由斯
道」──不斷地去革舊更新，改變制度。並且這種改變是「有間
者強之而無間，有等級者通之而無等級」的，具有一種強制的必
然性。

　　所以不能認為譚氏運動變化的觀念完全停留在循環論的範圍
內，「不能上升到對發展觀念的正確了解」（楊正典文）。譚嗣同和
改良派雖遠未達到對發展的真正正確了解，雖然譚嗣同還時常說
及「顛倒循環」、「循環無端」。但是，強調世界和一切事物的變化
發展，一向是改良派變法維新的重要的理論基礎：不僅承認變化
而且還肯定發展，是康有為的「大同」理想、公羊三世學說和譚
嗣同的社會政治主張中的歷史進化論的核心。關於自然界，譚氏
也這樣敘說過他的理解：「天地萬物之始，一泡焉耳。泡分萬泡，
如熔金汁，因風旋轉，卒成圓體。日又再分，遂得此土。……沮
洳鬱蒸，草蕃蟲蝎，譬他利亞，微植微生，螺蛤蛇龜，漸具禽形。
禽至猩猿，得人七八。人之聰秀，後亦勝前。」

　　與康有為的進化論思想一樣，從這裡可以看到十九世紀自然
科學知識的影響，所以，在關於運動發展的觀點上，說「譚嗣同
和十八世紀法國唯物論者一樣」（楊正典文），是不正確的。與康
有為一樣，譚氏基本上是把自然和社會看作一個永恆的運動、變
化和發展過程，「地球之遠，自苦向甘」。而「天下之勢，其猶川

之決乎，一逝而萬古不合」，則是《仁學》一書千言萬語的最終結語。「以太」是在譚氏所謂的「微生滅」的運動中，萬物是在「生滅」的運動中，「以太」的「微生滅」形成了萬物的「生滅」，萬物的「生滅」形成了天地的「日新」。天地的「日新」就是歷史的延續和進化。小至「以太」，大至世界，它們存在的「不生不滅」都正是因為它們存在在不斷的永恆的「微生滅」和「生滅」的運動變化和發展中。這也就是事物總規律的「仁一通」的基本內容。

　　與運動、變化這一基本觀念緊相聯繫，譚在改良派中獨特地發揮了「破對待」的觀點。譚否認在現存程序下事物的矛盾和差異的永恆性、絕對性，極力強調矛盾、差異的相對性質，指出矛盾的雙方例如有無、善惡、存亡、生死等等的相互依存和互相轉化。「譬如陶埴，失手而碎之，其為器也，毀矣；然陶埴，土所為也，方其為陶埴也，在陶埴曰成，在土則毀；及其碎也，還歸乎土，在陶埴曰毀，在土又以成。」「譬如餅餌，入胃而化之，其為食也，亡矣；然餅餌，穀所為也，方其為餅餌也，在餅餌曰存，在穀曰亡；及其化也，還糞乎穀，在餅餌曰亡，在穀又以存。」這一論點又顯然是前一觀點──事物的連繫、統一觀點的進一步深化：由事物的連繫、統一看到它們的相互依存和相互轉化。與此同時，譚認為被世人看作一成不變的「大」「小」、「多」「寡」、「真」「幻」、「庸」「奇」……，都不過是「瞞人」的「對待」，實際上是互相依存、轉化而具有著同一性的，它們是在運動變化中存在著而又消滅著：「……何幻非真？何真非幻？……何奇非庸？何庸非奇？……凡此皆瞞之不盡者，而尤以西人格致之學，為能

畢發其復。漲也縮之，微也顯之，亡也存之，盡也衍之。聲光虛也，可貯而實之；形質阻也，可鑒而洞之。……有此則有彼，無獨有偶焉，不待問而知之，辨對待之說也。無彼復無此，此即彼，彼即此焉，不必知，亦無可知，破對待之說也。」

譚的「對待生於彼此」的哲學觀有重要的現實意義。它實質上是譚氏對當時封建主義所謂神聖、永恆的尊卑、長幼的社會秩序和準則的堅決否定的理論基礎。譚從「破對待」中直接地引出了「無對待，然後平等」，「仁一而已；凡對待之詞，皆當破之」。「無對待，然後平等」。「破對待」——打破一切既定的、固有的、因循陳舊的矛盾和規定，以實現「仁一通」的總規律，這就是譚嗣同首先著重講的哲學觀念。

譚這種對矛盾和「對待」的看法，是極其幼稚的直觀，其中包含著巨大的錯誤。譚因為過分強調事物的變易不居，過分強調對立面的依存和轉化，進一步竟開始完全否定事物及其矛盾和對待關係的相對穩定性，否認它們存在的必然性和現實性，於是這也就抽掉了具體矛盾的真實內容。他籠統地認為矛盾——「對待」只是暫時的、變易的、不穩定的，它不是真實的本體，而只是虛假的現象和人為的概念（「名」）。所以，「實」即是「空」，「空」即是「實」，「彼即此」，「此即彼」，「一多相容」，「三世一時」。誇大事物和矛盾存在的相對性，認「對待」為虛假，企圖根本超脫和避開矛盾和運動（要求超脫「大輪迴」、「細輪迴」），去尋找永恆的實體，反映了改良主義者譚嗣同們對待現實矛盾的軟弱。

譚關於矛盾的最高認識是開始朦朧地意識到，矛盾的兩種勢

力的衝突大概是事物產生、運動和發展的最後的根源:「日新烏乎本?曰:以太之動機而已矣。獨不見夫雷乎?虛空洞杳,都無一物,忽有雷雨相值,則含兩電,兩則有正有負,正負則有異有同,異則相攻,同則相取,而奔崩轟硠發焉。……」「吾試言天地萬物之始:洞然窅然,恍兮忽兮,……俄而有動機焉,譬之如雲,兩兩相遇,陰極陽極,是生兩電,兩有異同,異同攻取,……有有之生也,其惟異同攻取乎!」

　　但這一觀點在他思想中只如電光的一閃,並未被確定和發展起來,而開始便說「是難言也」。譚被限定在這裡了:強調的是一般的運動、變化和發展而不是發展和進化中的飛躍。

　　總括上面,譚關於「仁一通」的思想包含兩個方面。一方面——主要的方面,是以「統一」「日新」「破對待」為基本內容的「仁一通」的辯證觀念,這一哲學觀點的現實來源,是那個時代的自然科學和社會急劇變化在理論上的反映,其現實意義在於:它是對「天不變道亦不變」的封建制度舊秩序舊規則舊標準的挑戰和否定。譚正是遵循了這一理論觀點,直接作出了一系列的急進的社會政治的主張。在其「界說」中,這種哲學理論的實際意義及其與社會政治觀點(「平等」)的密切聯繫,譚氏自己就以總結性的公式規定出來了:「通之象為平等。」「平等生萬化,代數之方程式是也。」「平等者,致一之謂也。一則通矣,通則仁矣。」……

　　另一方面,由於譚氏對事物的矛盾和運動變化以及對於概念(「名」)和實際(「實」)的關係,遠未達到真正辯證的了解,由

於譚氏並沒能真正具體地考察和研究這些問題，而只是帶著極大的主觀隨意性的抽象的一般的論述，這就不能不使譚氏常常走入了相對主義和詭辯論之中。例如，譚氏正確地看到了人們使用的概念（「名」）的極大的靈活性，「達到了對立面同一的靈活性」，但是，「這種靈活性，如果加以主觀的運用＝折中主義與詭辯」，「對於客觀的辯證法說來，相對之中有著絕對。對於主觀主義和詭辯說來，相對只是相對的，是排斥絕對的。」（列寧：《哲學筆記》，人民出版社，1957 年版，第 87、362 頁）而譚氏卻恰恰是後者。正是這種主觀主義，把譚氏引到了絕對的懷疑論和不可知論的，譚以模擬機械的近代數理公式始，以這種混亂、主觀的原始辯證觀念終，具有一種悲觀色彩，在下面論及譚氏認識論的時候，可以清楚地看到。

2. 唯物主義的因素

比較思想中的辯證觀念來，譚氏哲學體系的唯物主義就隱晦得多了，以致好些人（最早如張玉田：〈論譚嗣同哲學思想的唯心主義性質〉，《光明日報》1956 年 5 月 16 日）把譚嗣同的哲學說成一個徹頭徹尾的主觀唯心主義。可以肯定，譚嗣同的哲學的確有大量的唯心主義的成分，譚自己也曾相當明白地對自己的哲學思想作了唯心主義的規定和解釋。他在《仁學》中，也的確是在自覺地建造一個以佛學唯識論為基礎的唯心主義體系。但整個看來，就在這個未完成的哲學體系中，卻仍然具有唯物主義的內容和因素。這些內容和因素很重要。正是它們使譚的哲學不同於章

太炎的佛學唯心主義。所以，應該深入看到譚嗣同哲學思想的這種矛盾複雜的特色，不然就會把問題簡單化，抓住一個片面，不是簡單地描畫譚嗣同是一個唯物主義者，就是同樣簡單地把他說成是主觀唯心主義者。

　　所以引起這些不同看法，在理論上，常常是因為對譚氏哲學中兩個主要的概念、術語——「以太」、「仁」及它們之間的關係了解和分析得不夠的原故。例如，楊正典、楊榮國等認為「以太」就是物質，所以是唯物主義；另方，張玉田、孫長江等認為「以太」完全等於「心力」——意識，是「不能脫卻我們人的主觀意識」的「精神性的概念」，所以是主觀唯心主義。而無論是主張譚氏是唯物主義或唯心主義，又都認為「以太」與「仁」完全是一個東西，是同一個概念：「仁就是以太，以太就是仁」（楊正典文），「以太實質上就是仁」（張玉田文）。這種觀點一直到最近許多論著中也仍然流行。實際上，這兩者在譚氏思想中是有差別的，「以太」並不是什麼「精神性的概念」，基本上是一個物質性的觀念，但其中夾雜著唯心主義的規定。同時，「以太」也並不等於「仁」，「以太」與「仁」這兩個概念有同一的地方，也有差異和距離的地方。它們的關係頗為複雜。在這兩個概念的關係中，縮影式地全部反映出譚氏哲學的基本矛盾。當「以太」與「仁」完全相等同時，接近唯心主義；相反，則表現出唯物主義。總之，不能把「以太」和「仁」完全等同，不能認為譚氏的「以太」是一個純粹精神性的概念，「以太」具有十分矛盾、複雜的內容和性質，儘管譚氏本人對它作了某些明顯的唯心主義的規定，帶有相

當濃厚的精神性的色彩，但是，「以太」的主要特徵卻仍然是：它是中國近代哲學史上一個物質性或接近物質性的概念。

「仁」，如前所指出，是在觀察探討自然、社會各種現象後，為譚氏提昇和抽象化了的宇宙總規律。「以太」是它的物質根據和基礎，是它的「所以通之具」，「夫仁，以太之用，而天地萬物由之以生，由之以通」。「仁」的實現必須藉「以太」的存在才有可能。「以太」是「仁」的「體」，「仁」是「以太」的「用」。譚氏認為，「學者第一當明以太之體與用，始可與言仁」。可見他認為兩者仍有區別。

可以認為，譚氏關於「以太─仁」這一體用關係的思想是其早年關於「器」決定「道」的觀點的發展和深化。譚氏在甲午戰後遵循王船山關於「器」（客觀事物）與「道」（規律）的唯物主義的學說，一再強調「器」「道」是統一的存在，「器」規定「道」，「道」不能規定「器」。「道」必須有它的物質基礎，唯心論者所標榜為本體的超脫物質（「器」）的「道」，不過只是一個「迷離徜恍」「虛懸於空漠無聯之際」的「幻物」而已：

　　故道，用也。器，體也。體立而用行，器存而道不亡。自學者不審，誤以道為體，道始迷離徜恍，若一幻物虛懸於空漠無聯之際，而果何物也邪？於人何補，於世何濟，得之何益，失之何損邪？……夫苟辨道之不離乎器，則天下之為器亦大矣。器既變，道安得獨不變？變而仍為器，亦仍不離乎道。人自不能棄器，又何以棄道哉？

　　譚嗣同指出因為「器」在中國外國是一樣的，它具有普通性，從而「道」也具有普通性。「器」是變的，因此「道」也應該跟著變。所以結論就是：今日中國就必須採取學習今日西方的「道」。這是一種素樸的唯物主義觀點，它是譚氏變法維新的政治主張的哲學根據（譚氏自己也是這樣提出的）。譚氏這一思想（1894 年）是後來（1897 年）《仁學》中的哲學觀的先導，並仍然自相矛盾地保存在他想要構造的唯心主義的體系之中。所以，不能如張玉田等所認為那樣，說譚氏這一思想是「散見的，不完整的，並未納入其哲學體系中」，似乎是與譚氏整個思想發展無關的偶然湧現的觀點，或者說這一觀點已完全被譚氏所徹底拋棄和否定（如張德鈞文）。實際上，「以太－仁」的觀點正是「器－道」思想的全面發展。前者比後者雖遠為混雜不純，但卻也遠為豐富而多彩。

　　正由於要肯定任何「道」（規律）都必須有它的客觀物質基礎（「器」），那麼，作為宇宙萬物的根本規律的「仁」－「通」的基礎，作為體現「仁」－「通」的工具和實體，又是什麼呢？譚氏苦心探求「所以通之故」，「究其所以相通之神之故」的結果，就在附會當時自然科學知識下，朦朧地找到和確定了這個基礎，這就是「以太」：

　　遍法界，虛空界，眾生界，有至大至精微，無所不膠黏，不貫洽，不筦絡，而充滿之一物焉。目不得而色，耳不得而聲，口鼻不得而臭味，無以名之，名之曰「以太」。其顯於用也：孔謂之「仁」，謂之「元」，謂之「性」；墨謂之「兼愛」；佛謂之「性

海」，謂之「慈悲」；耶謂之「靈魂」，謂之「愛人如己」，「視敵如友」；格致家謂之「愛力」、「吸力」；咸是物也。法界由是生，虛空由是立，眾生由是出。

譚嗣同的密友，改良派左翼另一著名領袖唐才常也有著這種近似的觀點，他說：

造地球者天，造人者天，造天者天。有地之天，有人之天，有天之天。天無薄，天之天尤無薄。然地天通，人天通，天天通。天無天，分寄於地球所有之質之點之謂天。天無質無點，分質點於地球所有六十四元質（按指化學六十四元素）暨引線引面之無數點而為千萬億兆恆河天。《覺顛冥齋內言・質點配成萬物說》。這裡的「天」約相當於譚氏的「仁」；「質點」約當於譚氏的「以太」。）

與當時中國先進人士一樣，譚、唐都是西方科學知識的熱情的學習者。譚嗣同是在這基礎上，憑藉和附會著剛由西方傳來的化學元素（即「原質」）不滅等科學定理和物理學中的「以太」概念，建立了自己的哲學體系，論證了「仁」的基礎就是充塞宇宙、無所不在而「不增不減」「不生不滅」的「以太」。

「以太」這一概念的確包含兩種內容。但首先，「以太」是被譚氏規定為一種不依賴人類主觀意識而獨立存在的客觀物質本身，它是一切物質最後的不可分割的分子：

……任剖某質點一小分，以至於無，察其為何物所凝結，曰惟以太。

……至於一滴水，其中莫不有微生物千萬而未已，更小之又小至於無，其中莫不有微生物，浮寄於空氣之中：曰惟以太。

唐才常也說：

元質者，獨為一質，一成不易，無他質屬，無他功用。

六十四元素配成世界萬物。（《質點配成萬物說》）

譚、唐說法還有若干小的差異，但應該注意的是重要的共同點：他們都採用著「元質」或「以太」等自然科學的物質概念，並且首先是把它們看成一種物質性的東西，並不帶有什麼目的、意識或人格等神祕性質。它們除「配成萬物」外「無他功用」，或者只具有純粹機械性的傳播、媒介等物質作用，《石菊影廬筆識》中說：

熱在空氣之以太中，恆欲漲而四出。……以太為其所漲，依次而傳之，合無量數之微質點，微氣縷，互相焚爍，遞相承遞，條流激射，……是即所謂光也已。

聲光雖無體，而以所憑之氣為體，光一而已，其行也，氣為

光所爍而相射以流也。

人類萬物各種複雜多樣的「體質性情」並非「質點」或「以太」中即已具有，而只是產生於「質點」或「以太」各種繁複不同的配合組成：

彼動植之異性，為自性爾乎？抑質點之位置與分劑有不同耳。質點不出乎七十三種之原質（按指化學元素）。某原質與某原質化合，則成一某物之性，析而與他原質化合，或增某原質，減某原質，則又成一某物之性；即同數原質化合，而多寡主佐之少殊，又別成一某物之性。……香之與臭，似判然各有性矣，及考其成此香臭之所以然，亦質點布列微有差池，……苟以法改其質點之聚，香臭可互易也。（《仁學》）

「以太」的存在就是萬物有「性」的原因，「以太」本身沒有什麼先驗的奇妙的「性」：「性一以太之用」，「謂以太即性可也，無性可言也」。

「以太」或「質點」是無始無終和不生不滅的，這是譚氏「以太」觀念中根本內容之一，這顯然是在當時化學元素（他們稱之為「原質」）的自然科學知識（當時還不知道元素可以蛻變）影響下形成的觀點。認為事物的生滅、存亡、成毀、分合，都並不能消毀一個元素或創造一個元素，都不過是這些元素的分、合、調整……，化學元素（「原質」）如此，「以太」（「原質之原」）就更

如此了。所以譚氏一再強調：「然原質猶有七十三元素之異，至於原質之原，則一以太而已矣。一，故不生不滅。」「不生不滅，仁之體。」譚氏指出萬物雖然變化和生滅，但其最後的「原質」和「以太」卻是不生不滅的：

不生不滅有微乎？曰：彌望皆是也。如向所言化學諸理，窮其學之所至，不過析數原質而使之分，與並數原質而使之合，……豈能竟消磨一原質，與別創造一原質哉！……本為不生不滅，烏從生之滅之？譬如水加熱則漸涸，非水滅也，化為輕氣養氣也。……

唐才常也說：「無一質能滅之使無，……道之使有。」

同時，如前所指出，譚氏認為「以太」的「不生不滅」永遠只能存在和體現在「以太」本身的運動中，譚氏把它稱之為「微生滅」：

不生不滅烏乎出，曰：出於微生滅。此非佛說菩薩地位之微生滅也，乃以太中自有之微生滅也。

成乎不生不滅，而所以成之微生滅。

而「微生滅烏乎始」？如前指出：譚氏朦朧意識到是兩種「動機」——矛盾的衝突而起。

　　譚氏關於「以太」存在的永恆性與「以太」運動的不可分離的觀點有著重要意義。只有把物質本身看作是永恆的活動的分子，才能真正使其對自然的了解避開有神論或「最初的一擊」、「非物質的東西在推動它」之類的錯誤。「如果我們把自然了解成一堆死的、沒有特性的、純粹被動的材料，那麼毫無疑問我們是會不得已而在自然之外去找運動原則的。」（費爾巴哈。見普列漢諾夫：《唯物論史論叢》，人民出版社，1953年版，第2～3頁）一個活潑的具有內在生命或運動源泉的宇宙基本單位和由此而生的整個運動變化發展著的宇宙，便是譚嗣同這位中國新興資產階級代言人所首次提供出來的一種新的哲學意識形態或世界觀。

　　譚氏的「不生不滅之以太」觀點正是其對世界統一性和規律性的認識的根本基礎。因為最後的單位如也能生滅——從無生有，從有變無——則整個世界的存在及其統一性規律性也就難於理解了。

　　正是在這種「以太」基礎上，譚氏建造了其自然觀。譚氏在《仁學》中一開始就盡力描繪了他所認識的廣漠無垠、不可窮盡、無始無終而不斷運動進化的宇宙，他把它稱之為「大千世界」、「華藏世界」、「世界海」、「世界種」：

　　……地統月，與金、水、火、木、土、天王、海王為八行星；又有無數小行星，無數慧星；互相吸引，不散去也。金、水諸行星，又各有所繞之月，互相吸引，不散去也。合八行星與所繞之月與小行星與慧星，繞日而疾旋，互相吸引不散去，是為一世界。

此一世界之日，統行星與月，繞昴星而疾旋；凡得恆河沙數，成天河之星團，互相吸引不散去，是為一大千世界。此一大千世界之昴星，統日與行星與月，以至於天河之星團，又別有所繞而疾旋；凡得恆河沙數各星團星林星雲星氣，互相吸引不散去，是為一世界海。恆河沙數世界海為一世界性。恆河沙數世界性為一世界種，恆河沙數世界種為一華藏世界。華藏世界以上，始足為一元。而元之數，則算所不能稽，而終無有已時……

在這裡，與康有為一樣，譚氏不但沒有懷疑自然、自然的統一的規律性的客觀物質存在，而且還認為自然及其規律性並不是由什麼魂靈鬼神或某種非物質的神祕力量從自然外面來創造和主宰；與此相反，存在的原因在其自身，運動也有內在的必然性，「雖天地鬼神，莫可如何」。可見，譚嗣同在這裡的基本傾向是認為事物的生滅變化，以最根本的物質「以太」的運動為最終基礎，「以太」自身處在不停頓不間斷的迅速的運動、轉換狀態中。「以太」處在不斷運動中，萬物在生滅變化中，天地在「日新」過程中，整個世界就這樣不生不滅地永恆存在著和發展著，這就是譚嗣同「以太」說的自然觀。與康有為一樣，譚嗣同也是強調歷史的發展進化的，他把這一切都建築在「以太」基礎之上，比康有為講得更富有哲學意味。

很明顯，與康有為一樣，譚氏這種唯物論的自然觀是在當時由西方傳來的自然科學知識的直接幫助和影響下形成的。它的意義在於與當時封建主義反科學的世界觀的尖銳對立和鬥爭。這一

點不容忽視。把譚嗣同說成一堆漆黑的主觀唯心主義，主要就在忽視了上述自然觀中的科學傾向的歷史地位和意義。當時封建反動統治階級的唯心論者就正是極力反對科學，斥科學為「絕不可信」的「異端邪說」的：「西人言日大不動而八行星繞之，……蓋西人主天故抑地，使不與天配。」「窺其用心止以破天地兩大，日月並明，君臣父子夫婦三綱而已矣，吾不知今之學者何為捨《尚書》而信其說也。」（曾廉：《瓠庵集·西人天算·曆象》）

譚嗣同的自然觀正是應與這種愚昧、反動卻具有悠久傳統和巨大力量的封建主義唯心論相比較，來估計它在當時的哲學作用，譚嗣同三十歲左右寫《仁學》前對當時流行的各種封建主義神祕的、傳統的唯心主義的批判反對，也應該從這個角度予以評價：

釋氏之末流，滅裂天地，等諸聲光之幻，以求合所謂空寂，此不惟自絕於天地，乃並不知有聲光，夫天地非幻，即聲光亦至實，聲光雖無體，而以所憑之氣為體。（《石菊影廬筆識·思篇》。後來，以太便替代了「氣」，聲光不再以「氣」為體，而是以「以太」為體了。）

夫浩然之氣，非有異氣、即鼻息出入之氣。理氣此氣，血氣亦此氣，聖賢庸眾皆此氣。

然則所謂天者安在乎？曰：天無形質，無乎不在。粗而言之，地球日月星以外皆天也。……此以氣言也。精而言之，地球日月星及萬物之附麗其上者，其中莫不有天存。朱子《四書注》曰：

天即理也。此以理言，而亦兼乎氣也。……自後人誤分天地為二，其解遂晦。夫地在天中，天亦即在地中。(同上書)

譚指出客觀世界的實在性，否定有超脫物質（「地」、「氣」）的而獨立存在的規律、理則的本體（「天」、「理」），這正如譚氏否定有離「器」的「道」一樣，是對當時根深蒂固的傳統封建主義唯心論思想的反駁。

譚還嘲笑和否定過在中國封建社會長久並相當廣泛地流行著的玩弄「數」的神祕主義思想：

「中國往往以虛妄亂之，故談算者必推本河圖洛書，為加減乘除之所出。不知任舉二數，皆可加可減可乘可除，何必河洛。夫河洛誠不解是何物。要與太極圖先天圖讖緯五行爻辰卦氣納甲納音風角壬遁堪輿星命卜相占驗諸神怪之屬，同為虛妄而已矣，必如西人將種種虛妄一掃而空，方能臻於精實。算家又言黃鐘為萬事之根本，此大可笑，黃鐘一律筒而已，何能根本萬事？……」「理數二也，其實一也，……知數者，知理而已，無數之可言也。不善言數而專任乎數，數始與理判矣。……自邵子圍數為道，而數始為天下惑，……然不過附會五行，排比八卦，聽命於未定之天。及一值乎其機，遂同符契，而要之所以致此之故，莫之能知。……故夫星卜命葬諸術即有可觀，君子必遠之而弗為，以其不知本也。」(《短書》)

　　封建唯心主義把「數」神祕化，不認為「數」是「理」（客觀事物的規律）的一種抽象反映方式，不去研究「數」如何表現「理」，而認「數」為本體，認為其中先驗地包含了一切「理」，企圖從「數」中直接推算出一切事物的規律。譚嗣同的這些反對迷信、相信科學的思想，都應該看作是其唯物主義的因素和傾向。這些因素和傾向是與《仁學》以「以太」為基礎的唯物主義自然觀進化論相連結、一致的。

　　一般說來，這些「零散」觀點本來並無多大意義，不能看作是什麼重要的哲學思想。它的意義只在於（一）它表現了當時先進人士接受科學的時代精神，（二）它在譚嗣同哲學思想發展行程中占有地位。它們雖是所謂譚在接受佛學之前的「佞西學太甚」（梁啓超）的時期的思想，但與後來並非毫無關係。不能把《仁學》中關於「以太」的觀點與這些觀點完全隔絕分開（如張德鈞文），許多把它們隔絕分開的論著也都未正面論證其理由。事實是，譚嗣同在寫作《仁學》前後，在楊文會等人的嚴重影響下，在力圖構造一個以佛學唯識論為基礎的唯心論體系的同時，前數年這些樸素的唯物論的觀點、看法，儘管與其體系自相矛盾（例如以前的反佛與現在的尊佛等等），又並未完全捨棄。相反，而是包容錯雜在其哲學思想中。他之所以要提出一個「以太」的概念，所以認為「下學」（指西學）為「上達」（「教務」，指宗教）的「始基」，之所以堅持一大堆自然科學的知識觀念，他的佛學之所以並未能完全消化或取消西學，「仁」與「心力」之所以並未能完全取代「以太」，都表明了這一點。這也說明譚嗣同《仁學》是一個未

成熟、未完成的體系，還處在構造的過程中，所以充滿了矛盾和
混亂。斥責這種混亂（主張譚為唯物論者或唯心論者都斥責過這
種混亂），或人為地替他彌縫補合，都是無用的，它自有其歷史的
意義和原因。《仁學》中「以太」這個概念便是如此。因關乎多年
爭論，下面對這個譚嗣同哲學中的核心──「以太」概念，不嫌
重複再作些分析。

　　例如，孫長江認為：譚氏的唯心主義在於，他以為聲、光、
電不能由其本身來說明，而必須找出一個更根本的東西──「以
太」作為原因，在聲、光、電之外再提出什麼「以太」是不對的，
根本就不應該提出究竟什麼是聲光電等等現象之共同基礎和原因
的問題。光就是光浪，電就是電浪，提出究竟它們存在的共同的
本質和原因，就是脫離「客觀物質世界本身去求解釋」的唯心主
義。實際上，譚嗣同所表現的這種思想，所提出的這個問題，我
以為倒清楚地顯示了他作為一個哲學家的特色。因為他不滿足於
對世界和一切事物的存在和原因作表面現象的繁多解釋，而極力
在思考和探求這些眾多複繁的現象的一個根本的實質和統一的原
因。「光浪」「電浪」「聲浪」所以沒有滿足他，正因為他覺得這些
都還只是一種形態和現象，它們本身的存在需要解釋：「動盪者何
物？」「牽引者何物？」「何以能成可紀之數？」在這種聲光電化
的規律的現象和存在的後面，是不是有一個共同的基礎或原因？
是不是有一個統一的本體或實質呢？顯然，譚嗣同在這裡是接觸、
提出和研究了有關世界統一性、世界的實體和本質等哲學問題。
當時譚氏所知道的自然科學對聲、光、電的科學解釋的模糊（電

子學說、光粒波二重說未出世，「光浪」「電浪」究竟是什麼東西還很模糊含混），更助長和刺激了譚氏在哲學上去探求其統一性和實體的問題。譚嗣同所以不僅是一個單純的自然科學知識的宣傳者，而能是一個哲學家，也正在於他的這種探求，和在這種探求之上提出以「以太」為世界本體的哲學觀點。他以「以太」為基礎，提出了他自己的一個統一的宇宙觀。本來，企圖從多樣性的物質現象追尋一個統一的世界本體實質，這常常是一般哲學家（不管是唯物主義或是唯心主義）所提出和研究的課題。不管用「理」也好，用「氣」也好；用「理念」也好，用「原子」也好；用「精神」也好，用「物質」也好；古今中外好些哲學家都無非是對世界事物、現象提出一個統一的本體論的哲學概念來在根本上說明它。所以，不能說提出這樣一種概念就是「脫離客觀事物本質去求得解釋」的唯心主義。

問題不在於譚嗣同是否應該提出一個哲學本體論的「以太」概念，而在於這樣一個「以太」概念究竟具有些什麼特徵，包含些什麼內容。正是在這裡，才面臨了最複雜的問題。因為「以太」是一個充滿矛盾的和含混的概念，因為這個概念既不像「原子」那樣徹底是物質性的概念，又不像「理念」那樣是純粹精神性的概念，因此，也才發生爭論。重要的是不要抓住任何一個片面來立論。

首先，如前面剛已說過，「以太」基本上是被譚氏規定為一種物質的微粒子似的東西。（「任剖某質點一小分，以至於無，察其為何物所凝結，曰惟『以太』。……更小之又小至於無，其中莫不

有微生物，浮寄至空氣之中，曰惟『以太』。」）在許多地方，譚氏對「以太」作了樸素的物質性的描寫和說明。要注意「以太」在當時自然科學中，也是被認作無所不在、無形無性、貫通萬物而為光電傳播的原因媒介的微細之至的物質的。譚氏沒有考慮其他精神性的概念而恰恰採用當時這個自然科學上的物質概念，就不偶然。應該看到，與康有為、唐才常等當時許多先進的思想家屬於同一類型的體系，譚嗣同的哲學也正是中國古典傳統哲學在近代的終結。他們的特點是承繼了古代關於「氣」「器」等等傳統觀念、思想，而給這些古老的哲學範疇牽強附會地填塞和改換以他們當時所接受的近代自然科學的內容。他們盡量利用和附會著當時的自然科學的知識，把世界解說和歸結為電、為質點、為元素、為「以太」等等。儘管他們對電、以太等本身還帶著神祕的唯心主義的看法，但是，其主要的時代歷史意義卻仍然是：他們熱誠接受自然科學的洗禮，選擇和採取了當時自然科學對世界的唯物主義的科學解釋，來作為建立自己的世界觀和本體論概念的依據。忽視或否認這一總的思潮傾向和時代特色，片面強調他們所用概念（「以太」「質點」「電」……）中所附加的非科學性和唯心論成分，便很難正確估計當時這一時代精神的意義所在。脫離開整個時代思潮的特色，一個充滿矛盾的哲學體系僅就其自身而言，便很難確定其真實內涵和歷史價值。僅就《仁學》來談論《仁學》，是不夠的。

其次，譚嗣同的「以太」，也並不如柏拉圖、黑格爾的「理念」或二程朱熹的「理」那樣，它還不是脫離或超越客觀物質世

界的實體存在。譚嗣同自己說得明白：「以太」是「無形焉，而為萬物之所麗，無心焉，而為萬心之所感」。就是說，「以太」並不存於萬物萬心之外，而只存在在萬物萬心之中；「以太」並沒有超脫萬物而獨立存在的「形」和「心」。在譚氏整個對「以太」的描敘中，強調的是「以太」與萬物的不可分割，是「以太」存在、運變在萬物中，而沒有像「理」或「理念」那種高出世界的實在的或邏輯的先驗存在的規定。「以太」與世界的關係，在譚那裡，不是一種邏輯的演繹或反照（像「理」或「理念」與物質世界的關係那樣），而只是一種構成物質世界的「至精微」的「原質之原」的單粒子。因此，在這裡，與其說「以太」接近於精神性的「理念」，就不如說它更近於物質性的「原子」。所有這些，是「以太」概念的一個方面。

　　然而，「以太」概念又確有另一方面，正因為譚嗣同所選擇的這一科學概念本身也是模糊不清的，使譚氏更便於把它加上濃厚的神祕色彩，用它與唯心主義相妥協。首先，由於譚氏強調「以太」不能為人類感官所感知，所謂「目不得而視，耳不得而聲」，它「無形」「無性」之可言，形體性質缺乏明確的感性規定性，這就使「以太」的客觀存在帶上了極抽象的性質，它的物質性缺乏足夠的內容。更重要的是，由於譚氏不了解世界事物規律性的存在和發展的繁複眾多的具體的物質原因和根據，就概括地把這一切萬事萬物之「所以然」——從「骨肉之能粘砌不散去」，「聲光熱電風雨雲露霜雪之所以然」等自然現象一直到「有家有國有天下之相維繫」等社會問題都一概簡單地抽象地諉之於「以太」的

作用。因之，「以太」在這裡就遠遠超出了其作為純粹物質的功能而帶有了某種神祕的主宰的性質。於是，很清楚，在這種情況下，「以太」與「仁」這兩個概念的差別就大大縮小以至到完全消失，「以太」在這裡也作為自然規律的抽象存在，與「仁」完全等同起來合而為一了。「反而觀之，可識仁體」，不再是「以太」為體，而是以「仁」為本體了。在這種情況下，也就可以說「以太」即「仁」，「仁」即「以太」。從而，在這裡，「以太」和「仁」的本體的「不生不滅」也就帶有了形而上學的抽象性質。因之，譚氏說，「仁者寂然不動。」強調自然的規律，以致把自然及其規律從其具體感性物質中抽出來當作世界的本體，常常是剛脫胎的唯物論的巨大缺點，使及其向唯心主義轉化的契機。在歐洲哲學史上就有過這種情況，在中國近代，這一弱點的發展和轉化就更為迅速和突出，它首先擠在、縮壓在譚嗣同一個哲學體系中了。

總括起來，我認為，「以太」與「仁」是兩個不能完全等同的概念。「以太」有與「仁」可以等同的一面，也有非「仁」所能完全概括包含的另一面。一方面，譚嗣同說，「夫仁，以太之用」，「其顯於用也，孔謂之仁」，「謂之性」，「謂之靈魂」，以及「性一以太之用」等等，表明物質「以太」是「仁」（規律）的「體」，「仁」是「以太」的「用」（表現），「以太」是本源的，第一性的；「仁」是派生的，第二性的，其他如「性」、「靈魂」等等，也都是「以太」的「用」。在這裡，「以太」與「仁」二者不可以等同，這不是「一個是來自西方，一個則是借用於古代」（孫長江文）的問題。但另一方面，譚嗣同又的確經常把「以太」與「仁」

完全等同起來，甚至認為「仁」比「以太」更根本更重要，「以太」不僅作為單粒子的物質，又還作為萬事萬物的原因的超感官經驗的抽象的存在。在這裡，「以太」本身帶有自然規律的性質（在啟蒙思想家那裡，社會規律一般都只是自然規律的推演，譚嗣同也如此，所以他把「仁」看作世界〔包括自然與社會〕的總規律，把「有國有家之所以然」與「電光聲之所以然」看作是受同一規律的支配），因此，在這裡，「以太」就帶上抽象的「至大」的形而上學的實體存在的本體論性質而確乎與「仁」相等同了。總之，「以太」一方面作為一種單純的「至精微」的單粒子式的物質存在，在這方面，它與「仁」是不同的；但另一方面，它同時又具有一種所謂「至大」的形而上學的抽象實體性質和作用，在這方面，「以太」與「仁」又是相同的。正是因為這兩個方面的交錯混合，就使「以太」概念帶有準泛神論的特色。

這就是「以太」這一概念本身的巨大矛盾和不同涵義，也是「以太」與「仁」的多層關係。但「以太」之作為物質單位和作為規律這兩方面，前者畢竟是主要的。這就是「以太」之不同於「仁」所獨具的特徵之所在。並且，即使「以太」作為根本不生不滅的永恆實體（「仁」），它無所不包無所不在，是一切物，一切事，一切事物之所以然；但它仍不超脫這些事物和世界之外，而只存於其中。它畢竟具有著與現實物質世界密切統一可以察知的感覺性的光輝。這與康有為哲學思想的情況又完全一致，自然觀上科學唯物論影響在轉入唯心主義本體論的過渡中，閃灼著這種準泛神論的光彩。譚嗣同一方面固然是把物質（以太）存在神化

（仁）了。把物質昇華為規律，讓規律作為主宰的神而君臨萬物；
但另一方面，這神化的規律（「仁」）又畢竟只能與物質（以太）
同在，只能存在在物質之中。在「以太」作為自然觀（物質構成
和宇宙圖景）與「仁」作為本體論這一既滲透等同又差異矛盾的
錯綜多層關係中，呈現出比歐洲資產階級哲學如笛卡兒的二元論、
斯賓諾沙的泛神論要遠為混亂和幼稚的狀況。忽視或甩開這種種
複雜、錯綜、幼稚、混亂的情況特點，簡單地把他說成是完整的
唯物論（如楊正典、楊榮國、馮友蘭文）或完整的唯心主義（如
張玉田、孫長江、張德鈞文），都是片面的，無助於揭示譚氏哲學
的內在矛盾。

3. 唯心主義的成分和體系

　　泛神論把整個物質世界置放在上帝實體之內，上帝存在於事
物之中，上帝實體就是物質世界。所以，「泛神論是神學的無神
論，是神學的唯物論，是神學的否定」（費爾巴哈：《未來哲學原
理》，三聯書店，1955年版，第23頁）。但是，「泛神論必然要走
到唯心論。」「唯心論也是泛神論的真理：因為上帝或本體只是理
性的對象，『自我』的對象，思維實體的對象。」「沒有上帝，任
何事物就都不能存在，就都不能被思想。這些話在唯心論的意義
之下就是說：一切只是作為意識的對象而存在，……存在的意思
就是成為對象，所以要以意識為前提。」「你何以相信事物存在於
你之外呢？這是因為你看到、聽到、觸到一切東西。因此這些東
西只有作為意識的對象之後，才成為一種實際的東西，……因此

意識是絕對的實在或絕對的實際，是全部存在的尺度。」（同上，第 27～29 頁）

　　所以引這麼一大段外國古典哲學，是因為這些話深刻地揭開了哲學思想發展的內在的必然邏輯行程。上帝實體存在於物質世界之中而作為思維的對象的存在，必然會過渡到物質世界的本身作為思維對象而存在，泛神論必然過渡到唯心論。哲學由對象走向自身，由客體走向主體，由自然觀走向認識論。

　　這一哲學的歷史行程，是以多麼急驟的縮影擠在中國近代的許多哲學體系中啊。譚嗣同不是對宗教有神論鬥爭的泛神論，「仁」也不是「上帝」，他的泛神論是沒有神（上帝）的泛神論（所以我們說它是準泛神）。它只是反對程朱理學唯心論，把程朱高高在上超脫人世的「規範準則」——「天理」，拖到人間，變成為與人世事物混然一體不能分割的「仁」。但它由肯定「仁」的實體只能存在於物質世界的「以太」之中，而迅速地走向認為物質世界的「以太」也只是作為「唯識」——意識對象而存在，從而意識「是全部存在的尺度」。這個過程與上述西方哲學史的行程是近似的。

　　譚嗣同的唯物主義的自然觀就這樣邁入唯心主義的認識論。認識論是近代哲學的主題。在中國近代，這一主題到譚嗣同這裡才變得突出起來。在這之前，包括康有為在內，重點仍在自然觀；在封建時代，重點是在倫理學。譚嗣同保留了「仁」這個原本是封建倫理學的範疇，以之來作本體論的應用，到這裡，在楊文會以佛釋儒的直接影響下，譚嗣同的「仁」（儒家）也逐漸隸屬於

「識」（佛學）之下，本體論、自然觀完全歸宿為認識論。如果說，在自然觀中，譚氏唯物主義的成分占著優勢；那麼，在認識論上，唯心主義卻窒息了譚氏的整個思想。如果說，在世界觀中，自然科學知識對譚氏產生了良好影響；那麼，在認識論上，佛教唯心論和偽科學（如證明靈魂不死、心靈感應的所謂「靈學」、「治心免病法」……）卻造成損害。

譚的認識論的正確的一面是開始意識到認識對象及真理的客觀性。例如，譚指出，香臭等不同感覺只是外界不同構造的物質作用於感官的結果。所以，「改其質點之聚，香臭可互易也」。譚也認識了人類知識的相對性質和客觀真理的無窮盡。他從理論和實踐上大力提倡科學，強調「仁而學」，「學當以格致為真際」，反對愚昧與保守。但是，另一方面，由於譚過分誇大客觀世界的運動變易，否定事物存在的相對穩定性和質的規定性，從而就強調人類感官的「不足恃」，進而懷疑依靠感官和科學認識真理的可能性和它們所得到的知識的可靠性。因為他以為感官和科學所獲得的都不過是主觀的假象和「我見」而已：「……且眼耳所見聞，又非真能見聞也。眼有帘焉，形入而繪其影，由帘達腦而覺為見，則見者見眼帘之影耳，其真形實萬古不能見也。……懸虱久視，大如車輪；床下蟻動，有如牛鬥，眼耳之果足恃耶否耶？……」

但譚企圖在其哲學體系中完成對絕對真理的認識，把認識看作有一個終點，譚說，「識者，無始也，有終也，業識轉為智慧，是識之終矣。」正因為如此，譚完全割裂相對真理與絕對真理，把絕對真理看作是與相對真理脫離甚或背反的神祕的永恆不變的

實體，這樣逼使譚氏拋棄感官的實踐和理性的思維，轉而求助於神祕的「直覺」、「頓悟」：「不以眼見，不以耳聞，不以鼻嗅，不以舌嘗，不以身觸，乃至不以心思，轉業識而成智慧，然後一多相容、三世一時之真理乃日見乎前。」這種由相對主義經過懷疑論、不可知論最終導致主觀唯心論，又都是從認識論的感覺論和經驗論開始的。在康有為那裡，經驗論的認識論在其哲學體系中的地位還不明顯和突出，在譚嗣同及後人，就不然了。從感覺立論，也重視感官認識的意義，與強調「學」——學習科學知識聯繫在一起，這本是譚嗣同等人的時代共同點，儘管要「上達」到宗教（詳後），卻又以「下學」（科學）為基礎。在當時自然科學知識影響下，譚嗣同以感官感覺為起點，從經驗論的認識論為出發，而迅速轉向相對主義和主觀唯心論，卻構成一奇異圖景。這種由經驗論到唯心論的過渡，是以主觀地使用辯證法——詭辯式地玩弄概念的靈活性——為其具體途徑。

　　所以不能同意譚嗣同哲學的基本矛盾是「體系與方法的矛盾」（孫長江：〈試論譚嗣同〉、〈譚嗣同是唯物主義者嗎〉，《教學與研究》1955 年第 10 期、1956 年第 10 期），即認為是辯證的方法和主觀唯心主義的體系之間的矛盾；「先進的方法，曾導致唯物論的閃光；但體系是唯心主義的，這就窒息了進步的方法」（同上）。但究竟是如何「窒息」的呢？這種體系與方法的矛盾究竟是如何產生，如何發展，如何呈現的呢？它們的具體情況如何？具體表現在哪些問題上？它們對譚氏整個思想又有什麼關係？這一切都絲毫沒有說明。在我看來，無論是譚的體系，或是譚的方法，其

內部都存在著尖銳的矛盾和衝突。就體系來說，是唯物主義成分與唯心主義矛盾，是「以太」與「心力」的矛盾；就方法說，是辯證法和詭辯論相對主義的矛盾，是強調事物的變化發展和否認事物相對穩定企圖另求永恆的實體的矛盾。一個內部蘊育著這種極其尖銳的幾乎是直接陷入形式邏輯矛盾的體系，如本文所不斷指出，這就是譚嗣同的哲學思想區別於其他人（如康有為、嚴復、章太炎、孫中山）的獨具的特點所在。

　　這裡所謂方法，也就是認識論，因為譚的方法論與認識論是緊密相連交織一處的。上面講辯證觀念時已指出這點，即主觀地使用辯證法，由強調人類感官作為認識的「不足恃」，進而懷疑和依靠感官和科學認識真理的可能，到根本懷疑和否定客觀真理和客觀事物的存在；由強調認識的相對性質和客觀真理的無窮，到認為一切認識都不過是主觀的「我見」。可以經常直接看到這個由辯證法滑入相對主義和詭辯論的思想過程。常常是這樣：在一大段連續的譚的原文中，上半部還是相對深刻的辯證法，下半部卻已變成了主觀主義的詭辯論了。例如，「一多相容」「三世一時」「何幻非真」「何真非幻」這樣一段相對主義的詭辯就正是緊接著為今人稱讚能比美於赫拉克利特的辯證法觀點（世界一切的變化發展，一切存在的相對性質）的論證之後，並且還正是它的直線推演。正是：跨出真理一步，便變為荒謬，辯證法主觀任意的直線推演便立刻轉為詭辯。了解這一點很重要，它是譚氏哲學思想一個關鍵所在，也是這個哲學留下的重要教訓之一，貌似辯證法而實際是主觀詭辯論，這在中國近代是頗具代表意義的。一方面，

要求熱情學習科學知識，相信並重視經驗科學，提出「學當以格致為真際」，「仁而學，學而仁」；另一方面，又輕視感知認識，認為它們「不足恃」，以為「但有我見，世上果無大小」。把物質世界當作假象而要求超脫這個運動變化生滅不息的世界，超出這個所謂可悲的「輪迴」，而去尋求和把握另外的不生不滅永恆存在的真理和實體。這種尋求的結果，譚氏就終於找到了他的心靈的寶貝——無所不在的「心力」。

念人所以靈者，以心也，人力或做不到，心當無有做不到者……所謂格致之學真不知若何神奇矣，然不論神奇到何地步，總是心為之，若能了得心之本源，當下即可做出萬萬年後之神奇，較彼格致家惟知依理以求節節為之，……利鈍何止霄壤。

企圖一下子立即完成絕對真理的認識，譚氏以為「心」——「心力」就是這種真理本身。譚氏懷疑和否定感覺知識的可靠，想用靈魂和智慧去尋求絕對的真理，這種尋求的結果，所得到的當然只是一種純精神性的實體「心力」。譚氏認為通過智慧（這智慧不是理性、邏輯，而是一種神祕的直覺）達到絕對真理的認識的時候，也就是「天人合一」，人的「心力」「靈魂」與宇宙的大「心力」大「靈魂」合一的時候。這樣，認識就完成了，「仁一通」實現了，人我萬物渾然為一了。在這方面，譚氏的神祕的直覺認識論與其「心力」確是一致的。歸結起來，為什麼認識論上相對主義會占優勢呢？這是因為（一）主觀主義地運用了辯證法，

變成了詭辯論；（二）認「心力」為本體，世界為假象，這裡還應該指出，譚氏只是懷疑和否定通過感官和理性能夠獲致絕對真理（只能在這個意義上可對譚氏使用「不可知論」的名詞），而並不否定可以通過「智慧」即通過「心力」相通的神祕直覺來取得它。所以它的認識論的矛盾不是什麼不可知論的問題，而是科學認識與神祕直覺的矛盾，是格致與宗教的矛盾。

　　既然「心」──「心力」不依賴客觀而能創造改變一切，「一切唯心所造」。當然也就「尊靈魂，掊體魄」，認為一切問題皆可直接由心來解決。因為人心即天心（仁），天心（仁）亦即人心，「理者何，即天也，然而至誠所成可致飲羽，是理為心所致，亦即天為心所致矣」。如能求得人類萬物的「心力」相通，仁也就能實現。在這裡「心」就成為「仁」的根本內容而為宇宙本體了。宇宙本體在這裡，就是一個統一的「心」，它是靈魂，是規律，也是人的意識。人的意識是這個大心的一部分。客觀世界變成了主觀意識。在這裡，具有物質內容的「以太」也就自然成了一個不必要的幻象和假借，所以譚氏一再說：「仁為天地萬物之源，故唯心，故唯識」，「以太也，電也，粗淺之具也，借其名以質心力」，「以太者，固唯識之相分，謂無以太可也」。「三界唯心，法界唯識」，「天地乎，萬物乎，夫孰知其在內而不在外乎」。如此等等，不一而足。一切物質都等同為精神，實在的現實世界被宣布為空靈的心力意識，自然科學的「以太」被當作佛教唯心主義的注腳，「以太」說中的唯物主義的傾向和因素迅速地淹沒在唯心主義之中。

　　那麼，譚嗣同的「心力」說到底是主觀唯心主義還是客觀唯心主義呢？從表面看，「心力」既然是「心」，是「識」，並且又明確以佛學唯識論為基礎，當然應該是主觀唯心主義。許多論文（如張玉田、孫長江、張德鈞諸文）也都是這樣講的，似乎確鑿無疑了。然而，事情好像又沒有這樣單純。譚嗣同哲學思想擁有各種極端尖銳的矛盾，既有唯物論與唯心論、辯證法與詭辯論的矛盾，同時還有客觀唯心主義與主觀唯心主義的矛盾。就拿「心力」這一概念來說，它既是主觀唯心主義的概念，同時又有許多客觀唯心主義的規定，它所指的不僅是人類的意識，而且也是指一個客觀的大精神。「心力」被譚氏描述為普遍的獨立的無所不在的貫串萬物的大靈魂大智慧，人類的「心力」不過是其中的一部分：「同一大圓性海，各得一小分，稟之以為人，為動物，為植物，為金石，為沙礫水土，為屎溺，乃謂惟人有靈魂，物皆無之，此固不然矣。」「推此則虛空之中，亦皆有知也。」心「在外而不在內」等等，這正是譚氏所再三強調的而為許多研究者所避而不提的思想。他的「通人我」、「通天地萬物人我為一身」，正是建立在這樣一個萬事萬物的共同的、統一的客觀基礎之上，且不管這個統一的共同的基礎是接近物質的「以太」也好，是精神性的「心力」也好（究竟是誰、誰為主要，上已說明），它們的共同的和基本的特點卻又正是客觀的。正因為這樣，所以譚氏又常常用無所不在而貫通萬物的「電」來比擬和論證「心力」，就因為「電」也是一種客觀的存在。因此，所謂「電氣即腦」「無往非電即無往非我」，「思入於物，物入於思」，凡認為是主觀唯心主義的，也可以解說

為客觀唯心主義：「人心」只是「天心」的一部分，它們同質而相通，「以太」也好，「心力」也好，「電」也好，它們又都可以是客觀的概念。「仁－通」的規律正是建築在這基礎上，被譚嗣同看作是種不可阻擋的客觀性的法則。所以譚說「識」有終，謂「以太有始終不可也」。並且，更有趣的是，譚嗣同這種「心力」說又還與他的機械唯物主義傾向有關係。在用「以太」替代「氣」時，譚嗣同也就用近代的機械運動替代了中國古代的素樸的「氣化流行」的模糊觀念。而當譚嗣同用「心力」來界說「以太」時，他的這種「心力」－「仁」的唯心主義，又恰好與其在哲學根本問題——物質與精神的關係問題上的機械唯物論的觀點混雜揉合在一起。於是，荒謬的「心力」說唯心主義居然又是這種唯物主義的獨特引伸：譚氏雖然在其世界觀中明確承認了客觀世界的物質性，但他把精神（意識）認作是居於人體而能獨立存在的如電一般的高級的輕巧的物質，他把人類的意識（精神）看作是一種巧妙的物質的機械運動。他說，「原夫人我所以不通之故，腦氣之動法各異也。吾每於靜中自觀，見腦氣之動，其色純白，其光燦爛，……如雲中電，無幾微之不肖。信乎腦即電也。……當其萬念澄徹，靜伏而不可見，偶萌一念，電象即呈，念念不息，其動不止，易為他念，動亦大異，……某念即某式，某念變某式，必為有法之動，且有一定之比例。……可馭之入算，列之成圖……。」「腦為有形質之電，是電必為無形質之腦。」「電與腦猶以太之表著於一端者也。」

科學知識的幼稚使譚氏相信將來「能測驗腦氣體用，久必能

去其重質，留其輕質，損其體魄，益其靈魂，……今人靈於古人，人既日趨於靈，亦必……化為純用智純用靈魂之人」。同時譚氏也認為萬物（動植物、無機物）都有「靈魂」，都有「知」。「知則出於以太，……靈魂者，即其不生不滅之知也。而謂物無靈魂，是物無以太也，可乎哉？」「人之知為繁，動物次之，植物以下惟得其一端，如葵之傾日、鐵之吸電、火之炎上、水之流下。……在人則謂之知，在物乃不謂之知，可乎？」

　　無視人知與所謂「物知」的根本區別，把高級人類思維等同於低級物質的電的活動，是當時先進人士在當時自然科學影響下產生的機械觀點的共同點，在康有為哲學思想中已看到過這點，譚嗣同只不過表現推演得最為突出罷了。

　　很明顯，譚氏鼓吹的「心力」、「靈魂」是被賦予了物質機械內容的精神，「心力相通」、「心靈感應」是被等同於物質機械運動的精神活動。正因為不能認識人知與「物知」的根本區別，不認識人類意識產生、發展的真正社會歷史根源，於是就在對人類智慧感到驚奇之下，才去尋找人心中某種神祕的「靈理」──「心力」，才去荒謬地誇大「心」──「心力」的作用。

　　這是不是說，完全否認譚嗣同哲學沒有主觀唯心主義的成分呢？當然不是。恰好相反，除了唯物主義和客觀唯心主義、泛神論和物活論種種矛盾混雜外，主觀唯心主義也占有突出的位置。並且，就體系的構造說，譚嗣同既以佛學唯識宗為核心和依據，那當然是一種主觀唯心主義。問題只在於，這個體系並未成熟或建成，所以有各種「混亂」和形式邏輯上的自相矛盾。簡單說來，

「以太」可說是其唯物主義（自然觀），「仁」屬於客觀唯心主義（本體論），「心力」基本是主觀唯心主義（認識論），譚嗣同將此三者有時區別開來有時等同使用，有時混雜一起……，他自己也沒來得及想清楚，更沒有表達清楚，如前所說，他寫《仁學》時是「每思一義，理奧例賾，坌湧奔騰，際筆來會，急不暇擇……」（《仁學·自敘》），「決非此世間語言文字所能曲肖，乃至非此世間腦氣心思所能徑至」（同上），想未清，道不出。章太炎當年就說它「拉雜失倫」，今天重要的是去揭開這層層矛盾，而不必去強持一端以概全體。

不成熟的理論反映了不成熟的社會政治力量，譚嗣同的哲學深刻地反映了中國近代資產階級改良派要求自由與解放，而又缺乏和找不到進行現實鬥爭的力量。正因為找不到「體魄」的鬥爭，這就必然逃向「靈魂」的空想：「吾貴知不貴行，知者，靈玜之事也；行者，體魄之事也」，「輕滅體魄之事，使人人不困於倫常而已矣。」

一方面，要求「體魄」的平等，要求實現所謂「仁」──這實際是資產階級「自由」、「平等」、「博愛」口號的哲學抽象化──的新秩序新標準新尺度，必需把這口號鼓吹為根本不變的「自然法則」和絕對真理，所以，在譚氏，「仁」也就是「天地萬物之源」，是「不生不滅」的存在，同時，他們又看到了要樹立新標準、新尺度、新秩序就必需無情地摧毀封建主義舊標準、舊尺度、舊秩序，所以，在譚氏，「仁」也就必須依靠物質的「以太」的運動變化來「破對待」，來「衝破重重網羅」，來「有間者通之而無

間，有等級者通之而無等級」……。但是，另一方面，因為在實踐上並沒有真正的革命鬥爭，並不能真正找到和投入這種鬥爭。於是，在連改良主義的道路也被堵塞、阻礙，滿腔悲憤而又無可如何時，便只好在南京埋頭寫這種哲學著作，反映在哲學理論上，「仁」的實現也就更偏重於「心力」的交通、心靈的感應了。譚嗣同救中國的進步要求和努力學習西方自然科學，使他原先的樸素唯物主義思想向前發展為機械唯物主義的傾向。另一方面，政治上消沈苦悶和接受佛教唯識宗的學說，把他引入唯心主義而不能自拔。這兩個方面兩種成分在這位還不成熟的思想家的頭腦中矛盾錯綜，此起彼伏，在《仁學》中，常常上句還包含著自然科學的真理，下句就變成了佛教唯心主義的夢囈。儘管這種思想矛盾的政治內涵並不為譚本人所自覺意識到，它的客觀歷史內容卻確乎如是，它產生的具體狀況也確乎如此。

並非偶然地，唐才常的質點配成萬物說的哲學理論與譚嗣同有完全近似的矛盾。唐氏認為「物之身配於質，質之生起於點，點之微起於魂，魂乎質點之中者天」，「雖微點亦靈魂，笵此微點世界者靈魂」，「司大千界諸微點腦氣者是謂大靈魂」。無超越的獨立形體，無人格、無目的的「天」「靈魂」分寄而存在於「質點」之中，「質點」本身即是「魂」。這是與「仁一以太」一樣的準泛神論。但是這種泛神論的後路又仍然是經過機械唯物主義，走到唯心主義中去了：「天之大腦氣曰電，人之大腦氣曰靈魂」，「天有大靈魂質點萬物，故萬物魂。人能天其靈魂以用質點，故魂而靈……」。天一電一靈魂成了高於「質點」的宇宙本體。這一代人

的哲學，從康有為到譚嗣同、唐才常，竟是如此之相似。

這裡，又要再次回到《仁學》和譚氏哲學的中心概念「以太」問題上。「以太」與「心力」又是一種什麼關係呢？既然「仁」可以通過「心力」來實現，「以太」也就自然成為多餘，於是也就成了「心力」的「假借」，「借其名以質心力」，「心力」是更根本的東西。而「心力」無可爭辯地既是精神性的東西；那末，這樣一來，「以太」不就只是精神性的概念，從而譚嗣同的哲學不就正是主觀唯心主義了麼？好些文章千言萬語，簡單說來，其實也就是為了論證這一點。

譚嗣同說「以太」是「心力」的「假借」，當然是對「以太」作了明顯的唯心主義的規定和解釋。但是不是由此就可以立即得出「以太」就的確只是「心力」，只是精神性的概念了呢？並不如此。首先，既然「以太」只是「心力」的「假借」，那為什麼譚氏一定要而且必須靠著這個「假借」呢？為什麼不直接從純粹精神性的「心力」來推演一切而必須用一個近乎物質的「以太」來作為構造他的體系的槓桿呢？其次，在譚氏哲學中，究竟是「以太」還是「心力」在客觀上占著重要的地位呢？儘管照譚氏那句話，「心力」的確比「以太」更根本，但只要通讀譚氏全書便可看出，「以太」仍然是遠比「心力」更為根本更為重要的東西。譚氏整個哲學是建築在物質性的「以太」上，而不是建築在精神性的「心力」上，這一點仍然很明白。因之，不能把「以太」完全等同於或歸結為「心力」，不能認為「『以太』＝『心力』＝精神性的概念」，不能抹殺「以太」的雙重性的矛盾特點。「以太」等概念這

一雙重性特點不但是譚氏而且還是整個中國近代哲學思想的特徵
之一。直到孫中山那裡，「生元」也還沒有擺脫這種兩重性：一方
面是物質的單位，另一方面帶有精神性的活力論的性質。然而，
這種雙重性的矛盾只在譚嗣同哲學裡才呈現最為尖銳深刻。所以
如此，則是前述譚氏哲學的時代階級背景所決定的。譚嗣同哲學
充滿唯物主義和唯心主義的尖銳矛盾，有著矛盾的兩個基本方面，
每個方面都千絲萬縷地與其整個哲學的兩種成分兩種傾向聯繫
著，一方面發展觀點的辯證法與其樸素的唯物主義的自然觀、人
性論聯繫著；另一方面相對主義、詭辯論與其誇張「心力」的唯
心主義、神祕的直覺認識論聯繫著。而其哲學思想這兩種成分兩
種傾向的矛盾又直接表現為其社會政治思想中的急進與保守、革
命與改良、主張科學與宣揚宗教的矛盾。更具體一點說，總括譚
嗣同哲學思想的特色，「仁」是譚嗣同哲學的最根本的實體，它依
附於（一）「以太」或（二）「心力」而實現其存在。「以太」基本
上是一種物質性的概念（雖然它同時還有某些精神性的功能，但
這是次要的），「心力」基本上是精神性的概念（雖然它也有某種
庸俗唯物主義的物質內容，但這是次要的）。在譚氏自己的規定
中，「心力」高於「以太」，「以太」只是「心力」的假借的「粗淺
之具」，「心力」更接近於「仁」的本性。所以，我們說譚氏對自
己的哲學作了明白的唯心主義的解釋和規定，他是在構造一個唯
心主義的體系。但是，在實際上，譚氏整個哲學卻主要不是建築
在「心力」這個精神概念上，而是建築在「以太」這個物質概念
上，「以太」在其哲學中占據著比「心力」遠為重要的基礎地位。

譚氏正是必需依賴這個「以太」來展開他的自然觀、人性論的構圖。所以，儘管「以太」被宣稱為是一種不必要的「假借」，但這個哲學體系又終於需要這個「假借」，終於必須建築在這個「假借」之上。這也證明了：在這種種矛盾錯綜中，其唯物主義的成分、因素，仍然是更為重要的方面。其重要性在於，這些觀點是與其在歷史上起了進步作用的社會政治思想直接聯繫在一起的，而其社會政治思想卻是當時時代的最強音。

 譚嗣同的社會政治思想

1. 對封建倫常禮教的批判

譚嗣同的社會政治思想與其哲學理論保持著幾乎是直接推論式的形式邏輯的演繹關係，反映了哲學體系與社會政治主張密切聯繫和統一，證明了這個哲學是其社會政治主張的一種直接的提昇。一方面，從其「以太」——「仁」、「通」的唯物主義直接引出了急進的社會批判的邏輯結論；另一方面，其唯心主義的「心力」說又作了神祕的社會宗教主張的理論基礎。

與康有為一樣，譚嗣同也是從自然人性論開始社會批判。譚嗣同從「以太」為萬物「原質之原」和「以太即性」的哲學觀點

出發，論證了中國哲學上長期聚訟紛紜的人性善惡問題。他否定封建主義先天人性善的唯心論，認為「性一以太之用」，其中不存在先天的所謂「義理」的善惡因素或本質。因為天地間本來就沒有超絕的所謂善惡道德法則，支配人類萬物的只應是自然的規律或法則——「仁」，合乎自然本來的條理規律——「仁」的就是「善」，而「惡」即是「不循條理之謂也」：

> 生之謂性，性也。形色天性，性也。性善，性也；性無，亦性也。無性何以善？無善，所以善也。有無善而後有無性，有無性斯可謂之善也。（這即是否認有先天主宰的義理之性——善的存在，認為性本身即善。）……性一以太之用，以太有相成相愛之能力，故曰性善也。性善何以情？有惡曰情。豈有惡哉？從而為之名耳。……禮起於飲食，……則飲食無不善也。民生於貨財，……則貨財無不善也。……故曰：天地間仁而已矣，無所謂惡也。惡者，即其不循善之條理而名之。……言性善，斯情亦善。生與形色，又何莫非善？故曰：皆性也。世俗小儒，以天理為善，以人欲為惡，不知無人欲，尚安得有天理？吾故悲夫世之妄生分別也。天理善也，人欲亦善也。王船山有言曰：「天理即在人欲之中；無人欲，則天理亦無從發現。」……男女構精，名之曰淫，此淫名也。……名之不改，故皆習謂淫為惡耳。向使生民之初，即相習以淫為朝聘宴饗之巨典，行之於朝廟，行之於都市，行之於稠人廣眾，如中國之長揖拜跪，西國之抱腰接吻，沿習至今，亦孰知其惡者？……是禮與淫，但有幽顯之辨，果無善惡之辨矣。

（將封建社會認為「萬惡之首」的「淫」與封建社會認為最崇高的「禮」等同起來！）……惡既為名，名又生於習，可知斷斷乎無有惡矣。假使誠有惡也，有惡之時，善即當滅，善滅之時，惡又當生；不生不滅之以太，乃如此哉？《仁學》）

與康有為的人性論一致，他們都從唯物主義的自然觀出發，直接引伸為社會道德政治方面的自然人性論。他們都把自然的規律看作是人間的規律，他們都認為人間的一切規範準則只能是也只應是那個永恆不變的自然規律的表現、體現。在康有為那裡，正因為「理」只在「氣」中存在，所以，「善」（「義理」）就只能在「性」（「氣質」）中存在，因此：「生之謂性」，沒有超脫「氣質之性」的主宰的「善」。在譚嗣同這裡，正因為「仁」只能存在在「以太」中，因此「天理」就只能存在「人欲」中，「人欲」本身就是「天理」；沒有與「以太」超脫、對立的「仁」，從而也就沒有與「人欲」超脫對立的「天理」及「善惡」。所以，譚特別強調「以太」就是「性」，「仁」（自然規律）就是「善」，此外沒有其他的「善」「惡」，一切舊的「善惡」標準都是反自然規律（「仁」）的虛假的「名」、人為的鎖鏈：「性一以太之用，以太有相成相愛之能力（按即仁），故曰性善也。」「天地間仁而已矣，無所謂惡也。」因此，一切封建社會的「善」「惡」的道德規範，概念就都應該一律廢除，封建道德認為的「惡」並不是「惡」，「善」也並不是「善」。這樣，他們就把批判武器的鋒芒指向了當時那些不可侵犯的神聖的封建主義的綱常禮教，也就是所謂綱常名教。

　　在中國哲學史上，幾乎每次社會大轉變階段，例如先秦、魏晉，總要提出名實問題來討論，近代中國又是如此。譚嗣同又提出名實問題，對封建名教進行了猛烈抨擊，鮮明地標誌了時代轉換的急迫要求。譚嗣同強調封建綱常都是不符合實際（「以太」）的「名」，製造了大量的混亂。「不識仁之體，故為名亂。亂於名，故不通。」（《仁學》，下同）封建名教造出種種人為的等級、區別、界限和隔閡，就「不仁」「不通」「不平等」。他問道：「仁而已矣，而忽有智勇之名，而忽有義信禮之名，而忽有忠孝廉節之名……胡為者？」本只要一個有「以太」實體為根據的「仁—通—平等」就夠了，為什麼會有「本無實體」的忠孝廉節禮義信之類的「名」即封建主義的標準、觀念呢？他認為，這是因為要故意製造出來以壓制人民：

　　俗學陋行，動言名教，敬若天命而不敢渝，畏若國憲而不敢議。嗟乎，以名為教，則其教已為實之賓，而決非實也。又況名者，由人創造，上以制其下，而不能不奉之；則數千年來，三綱五倫之慘禍烈毒，由是酷焉矣。君以名桎臣，官以名軛民，父以名壓子，夫以名困妻……

　　君臣之禍亟，而父子夫婦之倫遂各以名勢相制為當然矣。此皆三綱之名之為害也。名之所在，不惟關其口，使不敢昌言，乃並錮其心，使不敢涉想。愚黔首之術，故莫以繁其名為尚焉。

　　故曰：禮者，忠信之薄，而亂之首也。夫禮，依仁而著，仁則自然有禮，不特別為標識而刻繩之，亦猶倫常親疏，自亂而有，

不必嚴立等威而苛持之也。禮與倫常皆原於仁，……

如曰仁，則共名也，君父以責臣子，臣子亦可反之君父，於箝制之術不便，故不能不有忠孝廉節一切分別等衰之名，乃得以責臣子曰：爾胡不忠！爾胡不孝！是當放逐也，是當誅戮也。

這就是說，封建主義奉為「大經大法」的種種觀念、標準，舉凡所謂忠、孝、廉、節、禮、義、信以及「三綱五倫」等等，都是「上以制其下」的反動工具。譚嗣同繼承了王夫之、戴震批判程朱哲學的傳統，在近代社會條件和西方影響下，遠為激烈地控訴了封建倫理道德的罪惡，揭露了封建統治者利用倫常名教殘酷迫害人民的事實，淋漓盡致地控訴了斥責了封建倫常的滔天罪惡，揭發出廣大人民在封建主義禮教綱常的束縛壓制下深重痛苦，沒有自由，沒有平等，沒有獨立自主的權利，人的精神、肉體在這副枷鎖下遭受著最大的折磨和屈辱，除了正式的君臣、父子、夫婦以外，即如「……後母之於前子，庶妾之於嫡子，主人之於奴婢，其於體魄皆無關，而黑暗或有過此者乎！三綱之懾人，足以破其膽，而殺其靈魂！……」

這些資產階級思想家大聲疾呼地要破除這一切反人道的束縛和枷鎖（「禮」），要破除這一切他們認為是完全違反自然本來規律（「仁」）的人為的標準、網羅和鎖鏈，與此對立，他們抬出了新的道德標準規則，認為這種新的道德準則就正是自然和人性的本來規律。中國傳統以「仁」「禮」互補，這是內外、本（實體）末（現象）的關係，到譚這裡，變成了相互對立、衝突和不可並存

的仇敵關係了。譚嗣同認為，只有「衝決」這種種傳統名教（即禮教）的羅網，實現「仁－通－平等」，才能還事物以本來面目，才能談得上政治上的改革。譚嗣同要求把封建主義的三綱五倫一律廢除，而以「朋友」一倫來替代之，認為只有「朋友」一倫的人與人的相處的原則，還合乎自然「本性」和人的「本性」，也即是表現了「仁－通」：

> 五倫中於人生最無弊而有益，無纖毫之苦，有淡水之樂，其惟朋友乎！……所以者何？一曰「平等」，二曰「自由」，三曰「節宣惟意」。總括其義，曰不失自主之權而已矣。兄弟於朋友之道差近，可為其次。餘皆為三綱所蒙蔽，如地獄矣。上觀天文，下察地理，遠觀諸物，近取之身，能自主者興，不能者敗。公理昭然，固不率此。……故民主者，天國之義也，君臣朋友也。父子異宮異財，父子朋友也。夫婦擇偶判妻，皆由兩情相願，……夫婦朋友也。……今中外皆侈談變法，而五倫不變，則舉凡至理要道，悉無從起點，又況於三綱哉！

與康有為在「大同」空想裡所規劃的一樣（不過譚嗣同是急切要求立即實現康有為認為需要慢慢地來的自由、平等、博愛的原則），譚嗣同幻想在這樣一種自由獨立的社會結構下，在工商業和物質文明十分繁榮發達的經濟基礎上（譚氏所理想的社會，是與那安靜、節儉、分散、保守的自然經濟小生產的封建社會完全相反的動盪、奢侈、集中、先進的機器大生產的資本主義社會，

他天真地盡力謳歌著機器生產、自由貿易、反儉主奢等等），建立起一個普遍幸福的理性的國度、地上的天國：「君主廢則貴賤平；公理明則貧富均。千里萬里，一家一人。」——一種空想的社會主義的大同世界。這些資產階級啓蒙者們還不能如以後的革命派那樣，看出資本主義社會的矛盾和潰瘍，他們所嚮往歌頌的這個「地上的天國」，正是理想化了的資本主義社會。這是中國近代先進的意識形態，它突破了幾千年的封建生產方式，從經濟、政治、文化、觀念體系都具有嶄新的性質，是近代客觀歷史行程的要求和反映。它沒有太平天國意識形態那種農民階級的革命性，但它在指向更高一級的社會形態和反對封建意識形態（詳下節）等方面，卻具有比前者更為先進的性質。例如譚嗣同主奢反儉，提倡消費，以發展生產，批判封建剝削，倡導資本主義，「有礦焉，建學興機器以開之，……有田焉，建學興機器以耕之，……有工焉，建學興機器以代之。……富而能設機器廠，窮民賴以養，物產賴以盈，錢幣賴以流通，己之富亦賴以擴充而愈厚，遂至充溢溥遍而收博施濟眾之功故。理財者慎毋言節流也，開源而已」，是相當鮮明突出，富有眼光的。

正如馬克思以及普列漢諾夫所指出，法國十八世紀唯物主義由唯物主義的自然觀和人欲非惡的倫理觀念出發，構造了一整套的社會政治理論和社會主義烏托邦的理想（十九世紀的西方烏托邦是法國唯物主義理論的繼承和發展）。譚嗣同康有為的人性論與法國唯物主義者的人性論是相當近似的。他們都吐露了反封建的鋒芒。其出發點是「以太」而不是「心力」，是其唯物主義的自然

觀，而不是主觀唯心主義。與法國唯物主義者一樣，譚嗣同也是企圖「用人性當作鑰匙，……相信能用它來打開道德上、政治上、歷史上的一切門戶」。與法國唯物論者一樣，譚也覺察到了「社會法則與自然法則相抵觸」，也企圖從「自然中抽引出人人應守的不變規則來」，也「把自然母體在政治方面、道德方面都當作法則看待」（普列漢諾夫：《唯物論史論叢》，人民出版社，1953 年版，第 22、24、27 頁）。這個所謂自然的永恆「法則」，這個所謂「人人應守的不變規律」，在譚嗣同，就正是「不生不滅」的「以太」，就正是「不生不滅」的「仁」—「通」—「平等」。當然，這裡的「自然」和「人性」，是失去了具體階級內容的抽象，是漂亮的然而模糊空洞的「自由」、「平等」、「博愛」。「他竭力抓住自然界和人。但是，在他那裡，自然界和人都仍然只是空話。無論關於現實的自然界或關於現實的人，他都說不出任何確定的東西。」（恩格斯：《路德維希‧費爾巴哈與德國古典哲學的終結》，《馬克思恩格斯選集》第 4 卷，第 236 頁）而這，也同樣是譚嗣同他們這些資產階級抽象的自然人性論的唯心主義之所在。由抽象的人轉到歷史具體的人，由自然人性論轉到歷史、階級的人性論，這是馬克思主義對社會問題的歷史唯物主義的了解和把握。

　　這種資產階級人權平等的社會倫理思想，與封建禁欲主義的思想體系是相對立的，它的出現激起了正統派的狂怒。「新道德恢復了肉體的地位，重新肯定情欲為正當，要社會對社會組成員的不幸負責……希望『在地上建立天國』。這是它的革命的方面，但是在擁護當時已有的社會秩序的人們心目中，這也是它的過錯。」

（普列漢諾夫：《唯物論史論叢》，人民出版社，1953 年版，第
13 頁）這些「擁護當時已有的社會秩序的人們」對譚嗣同和改良
派掀起了狂熱的仇視和攻擊：

　　君為臣綱，父為子綱，夫為妻綱。⋯⋯董子所謂⋯⋯天不變
道亦不變之義本之。⋯⋯親親也，尊尊也，長長也，男女有別，
此其不可得與民變革者也。五倫之要，百行之源，相傳數千年更
無異義，聖人所以為聖人，中國所以為中國，實在於此。故知君
臣之綱，則民權之說不可行也；知父子之綱，則父子同罪免喪廢
祀之說不可行也。知夫婦之綱，則男女平權之說不可行也；⋯⋯
近日微聞⋯⋯有公然創廢三綱之議者⋯⋯怵心駭耳，無過於斯。
（張之洞：《勸學篇·內篇·明綱第三》）

　　夫有君斯有國，有親斯有種，有師斯有教，⋯⋯然而保國不
以君為本，則民主民權之義起而父子同權矣，⋯⋯此大亂之道也。
（王仁俊：〈正學敘言〉）

　　這些理論與譚嗣同上面所主張的理論，完全對立。從這種叫
喊聲中，也就可以了解，當時譚氏思想是在何等尖銳的鬥爭中勇
敢地前進著，它在當時曾有過多麼大的進步意義。應該充分肯定
這種新興思想──資產階級自然人性論以及與之相聯繫的社會政
治道德學說。

2. 對君主專制和清朝政權的抨擊

　　譚嗣同社會思想的特色之一（如不同於康有為），是著重社會倫常問題，特別是他把社會倫常問題集中歸結為政治壓迫的問題，圍繞著君臣這一倫（「五倫之首」）來展開廣泛批判，對君主專制制度勇敢衝擊。也如普列漢諾夫稱讚法國唯物主義者一樣，「道德在他們那裡，全部變為政治」（《論一元論歷史觀的發展》，人民出版社，1954 年版，第 19 頁）。充滿了光輝的愛國主義、民主主義和人道主義精神的對君主專制、倫常名教和清朝政權的勇猛批判，是譚思想中最深刻和最重要的內容和特色，它起了極大的進步影響，至今猶為人所熟知。但因許多文章對此都作了著重的說明，這裡不擬作過多的重複。總括起來，應該指出，譚的社會政治批判有它的獨特的時代和階級的光輝，這就是：它深刻地反映了在悲慘苦痛的現實中的廣大人民對專制主義長期壓迫的憎恨情緒，反映了反抗這個制度的暴風雨的快要來臨。譚氏的批判達到了驚人的思想高度：首先明確堅決地正面抨擊了整個封建專制制度，指出了它奴役剝奪人民的深重罪孽，「二千年來之政，秦政也，皆大盜也」。譚氏通過經濟、政治、軍事、文化各方面的具體事實論證了這一點，他歷數千年以來封建專制的殘暴罪惡，悲痛地控訴著君主專制制度，痛斥了神聖不可侵犯的皇帝老子的威嚴：

　　由是二千年來君臣一倫，尤為黑暗否塞，無復人理，沿及今茲，方愈劇矣。夫彼君主猶是耳目手足，非有兩鼻四目，而智力

出於人也,亦果何所恃以虐四萬萬之眾哉?則賴乎早有三綱五倫字樣,能制人之身者,兼能制人之心,……

積以威刑,箝制天下,則不得不廣立名,為箝制之器。

譚氏揭發了封建社會上層建築——法律、政治、文化、道德為君主專制制度服務的本質,指出統治者制禮立法,一切行政措施都是為了其統治:「獨夫民賊,固甚樂三綱之名,一切刑律制度皆依此為率,取便己故也。」「其所以待官待士待農待工待商者,繁其條例,降其等差,多為之網罟,故侵其利權,使其前跋後躓,牽制百狀,力倦筋疲,末由自振,卒老死於奔走艱蹇,……然後彼君主者,始坦然高枕曰,『莫予毒也已』。」「言學術則曰『寧靜』,言治術則曰『安靜』。處事不計是非而首禁更張,……統政府臺諫六部九卿督撫司道之所朝夕孜孜不已者,不過力制四萬萬人之動,縶其手足,涂塞其耳目」。興「文字之冤獄」以威脅,張科舉八股以利誘,「焚書以愚黔首,不如即以詩書愚黔首」,「修《太平御覽》之書,以消磨當世之豪傑」,「慘鷙刻核,盡窒生民之靈思」……

譚嗣同深刻地指出了歷代儒家學說為封建統治和壓迫服務的反動性質,指出一向被尊為「忠臣」、「大儒」的封建社會著名的政治學術代表人物,不過是「輔紂助桀」的幫凶和奴僕:

……其為學也,在下者術之,又疾遂其苟富貴取容悅之心,公然為卑諂側媚奴顏婢膝而無傷於臣節,反以其助紂為虐者名之

曰忠義；在上者術之，尤利取以尊君卑臣愚黔首，自放縱橫暴而塗錮天下之人心。……（中歷數漢唐各代封建君主利用「荀學」——儒家學說的手段）割絕上下之分（指尊君卑臣），嚴立中外之防，……遂開兩宋南北諸大儒之學派，……其在上者，亦莫不極崇宋儒，號為洙泗之正傳，意豈不曰宋儒有私德大利於己乎？……二千年來之學，荀學也，皆鄉愿也。惟大盜利用鄉愿，惟鄉愿工媚大盜，二者相交相資，……

　　嗚呼，三代以下之忠臣，其不為輔桀助紂者幾希！況又為之掊克聚斂，竭澤而漁，自命為理財，為報國，如今之言節流者，至分為國與為民二事乎？國與民已分為二，吾不知除民之外，國果何有，無惑乎君主視天下為其囊橐中之私產，而犬馬土芥乎天下之民也！

　　與此相對立，譚提出了新的政治原則——這就是我們在前面文章裡所已講到的資產階級民主政治。譚對民主政治作了理論上的證明，他直接遵循和承繼著黃梨洲、王船山的民主思想，指出民貴君輕，民本君末，指出「政」的「極致」就是「興民權」，「君也者，為民辦事者也；臣也者，助辦民事者也，事不辦而易其人，亦天下之通義也」，譚氏所急切盼望的是比較徹底的民主共和國的理想。所以，與康有為有所不同，在他的著述中，很少論證歷史進化漸進論的一面——必須由君主立憲才能過渡到民主。相反，表現在譚氏憤怒呼號中的，是對革命的想望和民主的渴求，這也正是改良派左翼激進派的特色所在。

上面只是把譚嗣同社會思想的特色作了著重的提出，譚與其他改良派人士許許多多共同的思想——如經濟上對自由貿易、自由競爭的強調，政治上的民主人權的宣傳解釋，文化上的反對八股時文，主張科學「格致」以及許許多多變法維新的具體方案主張，就不一一論述了。

當然，譚嗣同還不認識封建君主專制制度和封建倫常名教的歷史的本質，他對封建社會上層建築服務於其地主階級土地所有制經濟基礎的這一本質不可能了解，這些啓蒙者們總是站在歷史唯心主義的立場來對待和論證社會問題：把歷史和人類的災難看作是一種簡單的「不幸」和「錯誤」，是人類的理性在「荀學」和「大盜」的欺騙下，在習俗和偏見的蒙昧下，作了悲慘犧牲的緣故。他們以為把歷史和人類從「錯誤」和「不幸」中解救出來，就只有恢復理性：「作育人材」。歷史不是一種規律性的結果，而只是漆黑的一團不幸。只有理性才能解救災難，理性是歷史的推動者。

但是，儘管如此，譚氏對封建倫常名教為封建統治服務的實質的揭穿，這一點卻仍然是譚氏整個思想中最深刻的部分。在當時那個像子夜般的漆黑的時代環境裡，這些思想是一種革命的火花，是一支反叛的號角。比起《大同書》的作者以及當時其他所有進步人士來說，譚氏對封建倫常秩序的批判，帶著更豐富更飽滿的具有感性血肉的內容，帶著更強烈更勇屬的階級鬥爭的生活氣息。譚比當時任何人都發掘得狠，發掘得深，其中已閃灼著某些接近歷史唯物主義的個別觀點的光亮。(如對倫常名教和學術文

化為封建君主專制政治制度服務的性質的揭發。）譚在這方面的批判，直接為「五四」運動所承繼下來，終於燒起了摧毀那個古老而凶狠的封建廟堂的熊熊大火。譚嗣同的這支批判的武器到今天仍然閃耀著它的不可磨滅的光彩。今天讀著這些充滿著戰鬥氣息的批判文章，仍然能夠令人親切地感觸到那個時代的進步精神，那種激動人心巨大力量。

如果說，譚氏對封建倫常禮教的批判必須到「五四」時代才燒起真正的革命的烈火，那末，譚氏對清朝政權的攻擊卻立即哺養了當時革命派的人員。[8] 如果說，前者可算作是五四思想的先導，那末，後者則是辛亥革命的前驅。譚嗣同反滿清反君主專制的思想，直接作了當時已興起的革命民主主義者的精神食糧。譚嗣同反滿革命的傾向成為他的整個社會思想的第二個大特色（第一個特色即上面所說的對封建倫常的批判）：

---

8 其所以如此，可以用普列漢諾夫的說法來解釋，一個時代的革命有它最主要的戰場、最主要的對象和目的物。在十九世紀末二十世紀初，這種最主要的戰場就還不是在封建倫常禮教的方面，也不在文學改革的方面，而是集中在反對或改革現存政權的直接政治方面。而這也就可以理解，為什麼那麼急烈勇敢的革命派人士並沒有掀起整個思想領域——道德、學術、文藝的大改革。這也就可以理解，譚嗣同對禮教綱常的批判為什麼必須延續到「五四」時代才能找到他的繼承者，而對君主制度和對清朝政權的攻擊，為什麼卻在當時立即引起了那麼廣泛的興趣和注意。詳本書另文。

　　天下為君主囊橐中之私產，不始今日，固數千年以來矣。然而有知遼金元之罪浮於前此之君主者乎？其土則穢壤也，其人則膻種也，其心則禽心也，其倫則蟲俗也；一旦逞其凶殘淫殺之威，以攫取中原之子女玉帛，……錮其耳目，桎其手足，壓制其心思，絕其利源，窘其生計，塞蔽其智術，……而為藏身之固。……雖然，成吉思之亂也，西國猶能言之，忽必烈之虐也，鄭所南《心史》紀之；有茹痛數百年不敢言不敢記者，不愈益悲乎！《明季稗史》中之〈揚州十日記〉、〈嘉定屠城記略〉，不過略舉一二事，當時既縱焚掠之軍，又嚴剃髮之令，所至屠殺虜掠，莫不如是。……亦有號為令主者焉（按指乾隆），觀《南巡錄》所載淫擄無賴，與隋煬明武不少異，不徒鳥獸行者之顯著《大義覺迷錄》也。臺灣者，東海之孤島，……鄭氏據之，……乃無故貪其土地，據為己有。據為己有，猶之可也，乃既竭其二百餘年之民力，一旦苟以自揆，則舉而贈之於人。其視華人之身家，曾弄具之不若。噫！以若所為，臺灣固無傷耳，尚有十八省之華人，宛轉於刀砧之下，瑟縮於販賈之手，……吾願華人，勿復夢夢謬引以為同類也。……故俄報有云：「華人苦到盡頭處者，不下數兆，我當滅其朝而救其民。」凡歐美諸國，無不為是言，皆將藉仗義之美名，陰以漁獵其資產。華人不自為之，其禍可勝言哉！

　　《仁學》中的這些片斷，如果放在以後《民報》等革命派刊物中，是並沒有什麼區別的。這就證明了，一葉知秋，譚嗣同這種思想的出現，預告著革命風暴是難以避免地就要到來了，預告

著改良主義將讓位於民主主義，預告著革命民主主義的浩大思潮
即將萬馬奔騰而至！譚氏對滿清政權的批判中已開始認識了滿清
統治者的利益與人民利益根本對抗不可調和的性質，開始認識了
滿清統治者對外賣國與對內屠殺的必然的聯繫：

> 中國則惟恐民之知兵，民間售藏槍械者謂之犯法，……蓋防
> 民熟其器而為亂，如漢時挾弓弩之禁也。……日存猜忌之心，百
> 端以制其民，……一遇外侮，反覥然樂且受召之焉。
>
> ……外患深矣，海軍燼矣，要害扼矣，堂奧入矣，利權奪矣，
> 財源竭矣，分割兆矣，民倒懸矣，國與教與種將偕亡矣。唯變法
> 可以救之，而卒堅持不變！豈不以方將愚民，變法則民智；方將
> 貧民，變法則民富；方將弱民，變法則民強；方將死民，變法則
> 民生；方將私其智其富其強其生於一己，而以愚貧弱死歸諸民，
> 變法則與己爭智爭富爭強爭生，故堅持不變也。

譚氏對清朝統治政權的極度憎惡中，自然地引出了對人民起
義和反抗的同情。鄭鶴聲的文章引譚氏早年遵父命所寫的家譜中
對其祖先（湘軍將領）的頌揚，以證明譚氏對人民群眾的敵視態
度，是片面的。實際上，譚氏在理論上一貫地表示了對人民革命
的同情和對統治階級屠殺政策的憤慨：

> 洪楊之徒，苦於君官，挺而走險，其情良足憫焉。……奈何
> 湘軍乃戮民為義耶？……湘軍之所謂克服，藉搜緝捕匪為名，無

良莠皆膏之於鋒刃，乘勢淫擄焚掠，無所不至。……中興諸公，正孟子所謂「服上刑者」。

中國之兵，固不足以禦外侮，而自屠割其民則有餘。自屠割其民，而方受大爵，膺大賞，享大名，瞗然驕居，自以為大功，此吾所以至恥惡湘軍不須臾忘也。

設陷阱以誘民，從而扼之殺之，以遇禽獸，或尚不忍矣，奈何虐吾華民，果決乃爾乎！殺游勇之不足，又濟之以殺「會匪」。原「會匪」之興，亦兵勇互相聯結，互相扶助，以同患難耳，此上所當嘉予讚嘆者。且會也者，在生人之公理不可無也。今則不許其公。不許其公，則必出於私，亦公理也。遂乃橫被以匪之名，株連搜殺，死者歲以萬計。往年梅生、李洪同謀反之案，梅生照西律監禁七月，期滿仍逍遙海上，而中國長江一帶，則血流殆遍。徒自虐民，不平孰甚！

從上面這些論點，譚氏得不出「滿漢不分」「君民同治」的改良主義的理論綱領，和「循序漸進」「不能躐等」的改良主義的政策主張。這種主張和綱領無論在實質上或邏輯上都直接地與譚的急進政治批判和愛國精神相矛盾相衝突。所以，理論的邏輯把譚氏引到了反清革命的自然結論：「彼君之不義，人人得而戮之。」「鏟除內外衰衰諸公而法可變。」「今日中國能鬧到新舊兩黨流血遍地，方有復興希望。」「志士仁人求為陳涉楊玄感以供聖人之驅除，死無憾焉。」「各國變法無不流血。」……等等。

與康有為進呈《法國革命記》以恐嚇統治者恰好成了一個對

照，譚嗣同大肆讚揚了法國大革命的「誓殺盡天下君主，使流血滿地球，始泄萬民之恨」的「民主主義」。而把反清的書籍祕密地介紹給他的學生、朋友們，與下層會黨開始有所交往和聯繫，以及不把全部希望寄託在為滿清貴族所控制的中央政權，而是同樣注意地方政權，如暗地謀劃湖南獨立，以「南學會」為政權組織的種種思想、行動[9]，已相當接近了以後革命民主派的主張。它是改良派左翼激進派在政治、組織方面的特點的表現。

當然，並不是說，譚已完全是一個革命民主派。人所共知，在實踐中真正承認和履行其思想中所意識和肯定的東西，還有著多麼大的距離。又何況譚氏這種革命意識還只是處在當時國內改良主義思潮的汪洋大海似的包圍中的萌芽，還未成熟為能貫徹到各方面的完整體系呢？很可能，如普列漢諾夫論費爾巴哈時所說：「⋯⋯當暴風雨不再在一座陳設富麗的客廳裡爆發，而在巨大的歷史舞臺上爆發時，他這個最可憐的人卻改變了自己的看法，⋯⋯很可能他是不願與這些『粗野的』共和黨人有任何往來的⋯⋯」（普列漢諾夫：《唯物論史論叢》，第 38 頁）思想家們很難擺脫對

---

9 當時譚嗣同等人認為只有興民權（政治）和辦公司（經濟）才是救亡之本，如果清廷不行，則地方可搞。「南學會」就是作為議院雛型而倡立的：「湘省請立南學會，既蒙公優許矣，國會即於是植基，而議院亦且隱寓焉。⋯⋯無論如何天翻地覆，惟力保國會，則民權終無能盡失。於有民權之地而敢以待非澳棕黑諸種者待之，窮古今亙日月，可以斷其無事也」（〈秋雨年華之館叢脞書未刊稿・上陳右銘撫事書〉，《湖南歷史資料》1959 年第 4 期）。

人民群眾的輕視，總認為只有「救世濟民」的偉大個人才是歷史的推動力。譚在某些時候表明自己「害怕騷動」，怕「大亂一作，無可收拾」，但另一方面，按譚的「不樂小成」的個性特徵和上述激進思想，革命風起也很難保證他不會捲入其中而成為領袖的。所以，與康有為、梁啓超不同，譚在中國近代應是激進派和激進思想的最早代表，他才是辛亥革命和五四運動的真正先驅。他的思想是中國近代由自由主義到激進主義、由改良到革命的意識形態的轉捩點。

3. 對宗教神祕主義的膜拜

如果說，上面兩節中所談到譚氏社會觀點的謬誤，還是許多啓蒙思想家共同的局限性的話；那末，這裡所要披露的，就是集中反映了苦悶的譚氏在思想中所獨有的謬誤了。這就是由其哲學「心力」唯心論直接引伸出來的宗教神祕主義的思想。

這種思想的來源，從理論上說，是因為譚不能了解社會災難的真正原因，因為找不到社會罪惡的物質根源，而又在自己生活經歷中看到了統治階級和封建士大夫們各種卑鄙污濁、自私自利的卑劣心理，於是與其錯誤的精神論和抽象的人性論相吻合，譚氏就簡單地錯誤地把一切罪惡的原因歸之於「人心」的後天的不善，歸之於人因自私而起「機心」生「我相」，產生「念念相續」之「意識」「我識」，歸之於人類萬物的「心力」受阻而不能交通溶會，從而也就「不通」「不仁」了。所以譚說：「大劫將至矣，亦人心製造而成也。西人以在外之機器製造貨物，中國以在心之

機器製造大劫。」「緣劫運既由心造，自可以心解之。」（〈北遊訪學記〉）於是，「仁」─「通」一方面是要求衝破當時重重的封建「網羅」，要求「破對待，求平等」；而另一方面卻又希望通過人們「心力」精神的相通以實現靈魂的交流、佛法的普渡。前一方面指向現實的鬥爭，後一方面投入宗教的懷抱。從階級根源上說，則正是因為譚本人畢竟出身高級官吏家庭，不是像農民革命的領袖在廣大群眾中去尋找物質力量，所以當要求改變社會而無從著手無所依靠時，特別是遭到嚴重困難和消沈狀態時，也就自然而然地轉向宗教，以實行抽象的「人心的改造」：

達則兼善天下，不知窮亦能兼善天下。且比達官之力量更大。蓋天下人之腦氣筋皆相連者也。此發一善念，彼必有應之者，如寄電信然，萬里無阻也。

……人心風俗之受害殆不可勝言，無術以救之，亦惟心以救之。

心力不能驟增，則莫若開一講求心之學派，專治佛家所謂願力，英士烏特亨立所謂治心免病法。……各教教主，皆自匹夫一意孤行而創之者也。

蓋心力之用，以專以一。佛教密宗，宏於咒力，咒非他，用心專耳。故梵咒不通翻譯，恐一求其義即紛而不專。……思之思之，鬼神通之。孔子曰民可使由不可使知，殆此謂也。

　　言慈悲而不言靈魂，止能教聖賢而無以化愚頑。

　　愚夫婦能常念此，則知生前之聲色貨利諸適意事，一無可戀，而轉思得死後之永樂，尤畏死後之永苦。

　　知天堂地獄，森列於心目，必不敢欺飾放縱，將日遷善以自兢惕。

　　譚在這裡只能解嘲似地提出所謂「以心度一切，眾生苦惱」，號召大家去「慈悲」，去「除我相」、「斷意識」、「泯滅機心」，去「視敵如友」、「愛人如己」，使「心力」交通，人我合一，這樣「仁」也就能「豁然體現」。就譚自身說，這種與宇宙同一的宗教感情是其世俗行為和道德意志的根基和動力，同時也與他早年即有的人世悲涼感密切相關。但就客觀意義說，譚的「仁」—「通」思想本來是要求「中外通」（「通學」、「通政」、「通教」，即向西方全面學習，溝通科技、思想、政治、宗教）、「上下通」（即興民權，反對君民上下懸隔）、「男女內外通」（即男女平等反對禮教）、「人我通」（即自由平等博愛），是具有各方面現實內容和鬥爭意義的，這時竟在這宗教感懷裡變成了、縮成了只講「人心」溝通的虛幻超度的麻藥了，譚氏把實現「仁」—「通」的希望竟完全寄託於「愚夫婦輒易聽從」能「使民歸命」的宗教信仰上。一個號召武器批判的急進戰士同時又變為一個主張「向人涕泣陳訴」的可憐的乞求者。「原夫世間之所以有教，與教之所以得行，皆緣民生自有動而必倦倦而思息之習性，然後始得迎其機而利導之。」

要求宗教把人這樣輕輕地送到對現狀的安眠中：「人心難靜而易動者也，……靜之以和平，天下自漸漸帖服；動之以操切，皆將詭詐流轉，以心相戰，由心達於外而劫運成矣。……自此猛悟，所學皆虛，了無實際，唯一心是實。……雖天地之大，可以由心成之，毀之……」（〈北遊訪學記〉），於是一切現實的鬥爭，一切「格致」「西學」，都並無意義，一切運動變化亦然。「衝決網羅者即是未嘗衝決網羅」，乾脆逃避到宗教中去吧。「人力或做不到，心當無有做不到者」（同上），這一切，與譚強烈倡「動」反「靜」，又是何等的矛盾。譚氏學佛，完全逃向這條神祕道路，是正當譚由京去寧，在遠離人民生活的污濁封建官場中感到「所願皆虛」「茫無所倚」，自己的抱負和精力都沒法開展的最孤獨最寂寞最痛苦的時候。脫離了現實鬥爭，急進思想家也同樣可以投向消極的宗教解脫。沒有現實力量可以依靠，便只好去依靠「心」。譚嗣同這條道路又是具有典型代表性的。以後革命派中的好些人也是走的這條路，由革命家變而為沙門和尚，由要求改變現實變而為去超度心靈，包括章太炎也一度要去做和尚。但是，後代的激進革命者卻批判譚這種宗教方面，認為它是與《仁學》中的進步思想大相逕庭、不能一致的：

　　讀《仁學》書有一大疑點，即提倡宗教以籠罩人民，與力倡平等自由及自主之權是也。夫宗教者，世間極不平等、不自由、不自主之障礙物也。總之，宗教乃限制人民之思想，非開展人民之思想，則平等、自由、自主之說，自不能與宗教愚民之說同時

並立，明矣。(〈張昆弟烈士日記〉，見《湖南革命烈士傳》，湖南通俗出版社，第 99 頁)

　　譚氏思想、性格和行動，就的確充滿著這種急進又不能急進，要求鬥爭而沒有鬥爭的尖銳的矛盾──這是一種悲劇性的矛盾。譚嗣同的思想矛盾與康有為是有著區別的。康有為思想矛盾是他自己意識到並自覺地加以調和和統一的：康有為一方面相信激進的「大同」理想，另一方面卻又清醒地制定了一套必需「循序漸進」「不能躐等」的改良主義的策略主張，所以也可說不矛盾。譚嗣同的矛盾是不清醒的矛盾。他在九〇年代愛國主義高潮下所形成的急進民主思想，以及其個人「賦性偏急」「不樂小成」的勇敢的浪漫性格，就常常很難滿足這套「循序漸進」的理論和策略主張。與康、梁不一樣，譚氏著作中很少有對這套主張的論證和闡發。即使在實踐上參加和從屬於這條改良主義道路，也總還是難以掩蓋其獨特的激烈色彩。而在這條改良主義道路實踐面臨破產，以強力說袁世凱企圖實行宮廷政變的謀劃又失敗後，譚氏就只能以拒絕出走的「我自橫刀向天笑」的慷慨就義和「有心殺賊，無力回天」的悲壯精神，向統治者表示了他最後的急進的「桀驁」。

　　所以，譚氏之死不能說是為了「報聖主」(梁啓超)，或者是「個人英雄主義」(楊正典文)，而正是譚氏思想的悲劇性矛盾發展到頂峰的必然結果。這種個人的悲劇反映了當時改良派左翼的悲劇，反映了這一階層或派別有其獨具的急進的政治要求，卻又不能不從屬和追隨在改良主義軟弱實踐下的內在的痛苦和矛盾。

而這種急進思想與溫和實踐的矛盾，卻只有在悲慘地將譚氏本身埋葬後，才得取得真正勝利的解決——走向革命的進軍，譚氏的激進思想經過血的洗煉，在人心中便生長得愈加茂盛而堅決，開放出美麗而悲慘的行動的花朵。革命派打著譚嗣同的旗號向前邁進了。

＊　　　　　＊　　　　　＊

　　總之，譚嗣同整個思想具有著尖銳的矛盾的兩面性：它呈現了唯物主義與唯心主義、辯證法與相對主義詭辯論、科學與宗教、反滿與改良……的不可調和的矛盾、衝突與混亂。一方面是物質的「以太」，另一方面是精神的「心力」；一方面是強調事物的運動發展，另一方面是尋找永恆不變的實體；一方面譚的哲學並不建築在「心力」而是建築在「以太」上，講了一大堆「以太」，另一方面又硬要說「謂無以太可也」，「以太」又可以根本不要，只是「借其名以質心力」[10]；一方面要「衝破網羅」，「流血遍地」，另一方面要「涕泣陳訴」，「視敵如友」；一方面在理論上痛斥封建君主，另一方面在實踐上又要依靠封建君主；一方面是最急進的革命要求，另一方面是最落後的宗教麻藥……。然而，譚氏思想起了重要歷史作用的，是其哲學中的辯證法因素和社會政治思想中對封建倫常道德和君主專制的挑戰和反叛。他的這些反封建的

---

10 懂西方哲學的王國維當年評論康有為的哲學「大有泛神論之臭味」，譚嗣同「其形而上學之以太說，半唯物論半神祕論也」（《論近年之學術界》），今日看來，仍頗準確。

勇敢思想至今讀來猶虎虎有生氣，似乎並未失去它的進步意義。

因之，我以為與其憑幾個公式去爭論不休譚嗣同到底是唯物主義還是唯心主義，還不如具體研究問題，深入揭露和分析矛盾，論證譚嗣同的思想各個方面如何具體聯繫關連著，如何既矛盾又統一的，以展開問題的全部複雜豐富的性質，並歷史地評價和肯定他那「以太」—「仁」—「通」—「平等」的反封建主義的思想主線。

（原載：《新建設》1955 年第 7 期，大有增補）

五、論嚴復

在中國近代史上的地位

1. 是「法家」嗎?

　　嚴復為什麼被毛澤東挑選為「在中國共產黨出世以前向西方尋找真理的一派人物」(〈論人民民主專政〉)的四大代表之一,研究還很不夠。1949 年前,「譯才並世數嚴林」,人們只把嚴復看作與林紓一樣的著名翻譯家而已。1949 年毛提出嚴復是與洪秀全、康有為、孫中山並列的代表人物,也曾使好些人包括學術界出乎意料。對洪、康、孫三人的地位是沒人懷疑的,他們不但代表了中國近代三大先進思潮,而且本人也都是當時站在時代前列、叱咤風雲、指揮鬥爭的政治活動家和領導者。嚴復顯然不具有這種著名作用和顯赫身分,他何以能與上述三人並列呢?不是譚嗣同,不是黃興、章太炎等等,不是其他當時更有聲勢和名望的人物,而偏偏是嚴復?1949 年後有關嚴復的論著仍寥寥無幾,在好些論及中國近代思想界先進人物的文章中,也經常看不到嚴復的名字。前數年,由於毛澤東再次提及嚴復,情況有所改變,有關嚴復的文章大大增多了。但是,這時又用儒法鬥爭來編纂中國近代歷史,把嚴復說成是什麼「法家」。毛以前所說的,「在『五四』以前,中國文化戰線上的鬥爭,是資產階級的新文化和封建階級的舊文

化的鬥爭。在『五四』以前，學校與科舉之爭，新學與舊學之爭，西學與中學之爭，都帶著這種性質。」（《新民主主義論》）這時都變成了「法家」和「儒家」，法家思想與儒家思想的鬥爭。於是，一些奇怪的現象都出來了，講革命派，不提孫中山，只大講所謂「法家」章太炎；代表改良派的，也不能是「儒家」康有為，而成了「法家」嚴復……。

　　一般地說，作為先秦特定思想政治派別的儒法兩家，不能作為一種超階級超時代的抽象框架，用於全部中國史或思想史哲學史；特殊地說，更不能把它們作為近代中國史或思想史哲學史的鬥爭線索。當然也不能用於嚴復。關於嚴復批儒尊法思想並不是什麼新發現或新問題，早有人作過論述，國外也有人特別強調過這點。[1] 關鍵在於必須把它們放在具體歷史條件下作分析。嚴復的確有一些推崇、讚揚中國古代法家或具有某些法家思想的人的議論。前期有，後期也有，它們便有著大不相同的具體內容。

　　在前期，嚴復是西方資產階級新文化的熱心的倡導者，他在熱情宣傳、介紹、翻譯這種新文化的時候，也不斷援引中國古代

---

1 如本杰明‧史華茲 (Benjamin Schwartz)：《尋求富強：嚴復與西方》，倫敦，1964 年第 1 章。其中便認為，「十九世紀以前所發展的中國傳統思想在可稱作政治—經濟的哲學領域內提供兩種基本選擇，一是儒家正統的主線，另一就其根源是常與法家相一致的……」（第 10 頁），點出了《商君書》、《韓非子》、《管子》、《鹽鐵論》、漢武帝、諸葛亮、朱元璋、張居正等，「有生氣活力的皇帝和宰相……似乎本能地即是法家」（第 13 頁），以及嚴復反儒尊法等等。

各家各派的思想學說加以比較、對照、印證和發表議論。其中就
有一些讚美申、商、荀況、王安石和不滿或批評孔孟程朱陸王的
話，例如：

尚賢則近墨，課名實則近於申商，故其為術，在中國中古以
來，罕有用者，而用者乃在今日之西國……。(《天演論》卷上〈導
言十七善群按語〉)

(斯賓塞)大闡人倫之事，懺其學曰群學。群學者何？荀卿
子有言：人之所以異於禽獸者，以其能群也。(〈原強〉，據《直報》
原文)

千古相臣，知財計為國之大命……荊公一人而已。……不容
後人輕易排擊也。(《原富》按語) 王荊公變法，欲士大夫讀律，此
與理財，皆為知治之要者。蜀黨群起攻之，皆似是實非之談。至
今千年，獨蒙其害，嗚呼酷矣。(《法意》卷 6 按語)

吾國自三代至今，……至於政法，非所得立者也。孔子謂觀
於鄉，而知王道之易行，使此老而生於今，所言當稍異耳。(《法
意》卷 19 按語)

嚴復批評孟軻、韓愈、宋儒特別是陸王的言論是更加突出和
明確的。因此，在援引中國古人以印證西方新說時，嚴復也確有
將商鞅、荀況、劉（禹錫）柳（宗元）、王安石與孟軻、宋儒等對

立起來，並肯定前者反對後者的地方。例如，在《天演論》中，當嚴復不同意赫胥黎認為人性中「有其精且貴者，如哀樂羞惡，所與禽獸異然者」等等，從而「人惟具有是性而後有以超萬有而獨尊」即先驗的人性善時，便「按」曰：「此篇之說與宋儒之言性同，……朱子主理居氣先之說，然無氣又何從見理？」（卷下論十三論性按語）而當嚴復同意赫胥黎「與天爭勝」的思想時，卻「按」曰：「此其說與唐劉柳諸家天論之言合，而與宋以來儒者以理屬天以欲屬人者，致相反矣。」（《天演論》卷下〈論十六群治按語〉）但是，所有這些，並不是用古代儒法來衡量和介紹西學，恰恰相反，嚴復是為了介紹西學，而用霍布士、洛克、亞當斯密、斯賓塞等人的觀點來援引、評點、估量和議論中國古人。他認為人不是由於天生「性善」，而是由於各為「私」「利」「安全」爭鬥，終於「積私以為公」，「明兩利為利，獨利為不利」，才結成社會和有近代資本主義經濟的大發展。他之所以稱引荀況、劉柳、王安石，批評孟軻、程朱、「蜀黨」，是因為前者更接近、後者更遠離這一觀點。召喚亡靈是為了當前需要。因為要提倡資產階級的法制和宣傳社會必然變化進步，所以才讚揚法家和變法[2]；才

---

2 所以《法意》、《社會通詮》等書按語中，多提及法家。如「夫井田之制，至於春秋定哀之間，有存蓋寡，至孟子時，掃地盡矣。故其所陳說於齊梁諸君者，常存復古之意，江河趨下，其勢必不可挽。商君李悝因而毀之，以收一時之利……唐宋諸儒想望太平，皆太息於先王經制之破壞，而歸獄商君，雖然，商君不任咎也。認思當日即無商君，井田之制尚克存乎？」（《法意》卷27按語）「物窮則必變，商君始皇帝李斯起而郡縣

強調「中西之異在於法制」(《原富》按語)。因為主張「功利何足病」「理財計學為近世最有功生民之學」(《天演論》卷下〈論十六群治按語〉),所以才反對「何必曰利」的「孟子」和稱讚「理財讀律」的「荊公」。而當「荊公」的「理財」並不符合近代資產階級的經濟原則(如自由主義、個人主義、放任主義)時,也就立即予以批評:

> 讀王介甫〈度支副使廳壁題名記〉……,是名理財,實以禁制天下之發財,既禁發財而又望天下之給足而安吾政,所謂多所抵捂者也。(《法意》卷 21 按語)

可見,嚴復對中國古代各家學說的評論取捨,都完全服從於、從屬於他當時提倡資產階級新學、西學的需要,都具有這個特定的時代內容。從議論「六經且有不可用者」[3] 到橫掃宋學、漢學、科舉詞章、金石書法種種封建文化(見〈救亡決論〉等論文),都是為了替資本主義新文化鳴鑼開道。它鮮明地表現了當時的近代西學、新學和傳統中學、舊學的鬥爭。這裡根本不是什麼「儒法

封域阡陌土地。」「乃悟商君李斯,其造福於中國之無窮也。」(《社會通詮》序、按語)這是近幾年人們常引用的幾段,其實,當時主張改革而讚揚商鞅王安石,並不是特別稀罕的事。例如,連主張極其溫和後代也不甚知名的鍾天緯 (1840~1900 年),便專門寫過肯定商、王的〈商鞅論〉、〈王安石論〉以及〈漢武帝論〉等(見鍾著《刖足集》)。

3 〈原強〉《直報》原文,後嚴復將「六經」二字改為「古人之書」。

鬥爭」，儒、法都是前近代的東西。嚴復也不是什麼「法家」，如果看到嚴復有幾句推崇、贊同法家人物的話，就把他說成法家或「繼承法家傳統」，那末，嚴復也有好些推崇老子的話（其評價遠超過任何法家理論或人物）[4]，也有多處贊同墨翟反對孟軻的話[5]，是否因之就可以說嚴復是「道家」、「墨家」或「繼承」道家、墨家傳統呢？

並且，有意思的是，嚴復的「尊法」思想，是在辛亥革命後變得最為鮮明、確定和突出的。在這一時期，嚴復反覆這樣說：

> 齊之強，以管仲，秦之起，以商公，其他若申不害、趙奢、李悝、吳起，降而諸葛武侯、王景略，唐之姚崇，明之張太岳，凡有強效，大抵皆任法者也。（〈與熊純如書〉第 15 函，1915 年）[6]

> 是故居今而言救亡學，惟申、韓庶幾可用。除卻綜名核實，豈有他途可行？賢者試觀歷史，無論中外古今，其稍獲強效者，何一非任法者耶？管商尚矣，他若趙奢、吳起、王猛、諸葛、漢

---

4 見《老子評點》，如「太史公六家要旨注重道家，意正如是。今夫儒墨名法所以窮者，欲以多言求不窮也，而不知其終窮」等等。

5 如「夫孟子非至仁者歟？而毀墨，墨何可毀耶？……吾所至今而不通其說者也」（《法意》卷 24 按語）。「兼愛之說，必不可攻，兼愛者不二本，孟軻氏之說，乃真二本耳！……，夫孟子固聖賢人，而云其學說，則未安者眾矣。程朱又安能盡護之」（同上，卷 21 按語）等等。

6 次序及年代依南京大學歷史系編嚴復書信油印本。下同。

宣、唐太，皆略知法意而效亦隨之，至其他亡弱之君，大抵皆良懦者。……（同上，第 16 函，1915 年）

　　然今日最難問題，即在何術脫離共和，……自吾觀之，則今日中國需有秦政、魏武、管仲、商君及類乎此之政治家，庶幾有濟……，所用方法，皆在其次。（同上，第 32 函，1916 年）

　　其能閱濟艱難，撥亂世而反之正者，……能得漢光武、唐太宗，上之上者也。即不然，曹操、劉裕、桓宣武、趙匡胤，亦所歡迎。（同上，第 36 函，1916 年）

　　這不是很接近近幾年豔稱的「法家名單」麼？看來，嚴復這時倒真有點「繼承法家傳統」的樣子了。但是，它的具體的歷史階級內容又是什麼呢？

　　本來，嚴復就是堅決反對革命和資產階級革命派的。辛亥以後，他更認為現實證明他原有主張的正確。所以他一再說：「天下仍需定於專制」（同上，第 1 函，1912 年），「終覺共和政體，非吾種所宜。」（第 6 函，1913 年）也正是在這樣一種思想基礎上，他終於被列名參與了袁世凱稱帝的籌安會。袁垮臺後，嚴復仍然堅持己見。他又一再說：「項城之失……，因別有在，非帝制也。……夫共和之萬萬無當於中國，中外人士人同此言。」（第 26 函，1916 年）「吾國形勢、程度、習慣，於共和實無一合。」（第 40 函，1916 年）「現在一線生機，存於復辟。」（第 41 函，1917 年）「總之，鄙人自始至終，終不以共和為中華宜採之治

體。」（第 68 函，1920 年）上述「尊法」言論，正是與這些思
想、言論緊密交織在一起的，是與他極力支持袁世凱（只恨鐵不
成鋼，嫌其才識不夠），主張復辟，是與他大罵孫（中山）、黃
（興）、抨擊辛亥革命，是與他反對白話文、反對五四運動等聯繫
在一起的。反對民主共和，主張帝制復辟，提倡馬基雅弗利
(Machiavelli)，幻想強人政治，希望出現一兩個強有力的統治人
物，以鐵腕方式，「恢復秩序」、「撥亂反正」、「綜名核實」、「脫離
共和」、鎮壓革命、統一中國，這就是嚴復這個時期占主導地位的
政治思想，也就是他這個時期「尊法」的具體含意和階級內容。
因之，不難理解，嚴復在抒發「尊法」思想的同時，何以愈來愈
讚揚舊文化。「尊法」並不與批儒批孔而是與尊儒尊孔同時並舉。
例如，他提出「將大學經文兩科合併為一，以為完全講治舊學之
區，用以保持吾國四五千載聖聖相傳之綱紀彝倫道德文章於不
墜……，此真吾國古先聖賢之所有待，而四百兆黃人之所托命
也。」（〈與熊純如書〉第 2 函，1912 年）這種思想、言論、活動
很多[7]。

---

7 如「1913 年，孔教會成立……以嚴復領首。同時，他又在中央教育會發
　表〈讀經當積極提倡〉的演說，亦旨在尊孔讀經。在此以後，他又寫了
　《導揚中華民立國精神議》，竭力提倡忠孝節義等封建道德。1914 年，
　他看到衛西琴 (A. Westharp) 所著《中國教育議》中有讚美孔丘的話，就
　引為同道，將全書翻譯過來。第一次世界大戰爆發後……，更篤信代表
　中國封建時代的孔丘思想，以為這就是救中國救世界的丹方……，嚴復
　又歌頌起孔孟以來的道統了。」（王栻：《嚴復傳》，上海人民出版社，

可見，同是講申商，說法家，時間、條件不同，在嚴復便有大不相同，乃至完全相反的意義。在前期是與「專制之治所以百無一可」(《法意》卷5按語)的觀點相連，在後者則與「仍需定於專制」的主張一致，那麼，為什麼硬要避開具體分析，把它們揉在一起，混為一談呢？

2. 在於代表改良派嗎？

也是由於「四人幫」只許講「儒家」康有為的尊孔與復辟，於是頗有讓「法家」嚴復來充當戊戌變法運動的改良派的主要代表之意。這一點，在近幾年好些文章、小冊子中，或明或暗不同程度地浮現出來。

這本是個一直沒有說清楚的問題。多年以來講嚴復，幾乎很少例外，都把他當作資產階級改良派的代表來論述，都是大談或著重談他在戊戌時期要求變法維新，代表了當時的改良派，等等。當然，就廣義說，即嚴復的政治思想和階級立場屬於當時資產階級改良派，這是事實。但我以為，它並不是嚴復歷史作用的主要方面。這個時期，嚴復寫過幾篇重要文章，《天演論》的譯稿也在被極少數人閱讀稱讚，但不僅其影響和作用不及康有為的萬言書和梁啓超的《時務報》，而且嚴復提出的具體主張和變法方案，也比康、梁要保守得多[8]。並且，當變法維新運動日益走向高潮，

1976年版，第132～133頁)

8　〈原強〉文中最「急進」的政治主張，不過是「設議院於京師，而今天

參加和贊同的人越來越多的時候，嚴復剛好相反，卻日益退下陣來，對它抱著懷疑以至反對的態度。1898 年的〈上皇帝萬言書〉就比前兩三年的那些文章還要更保守。實際上，他並不很贊成康有為等人掀起的政治改革運動，他強調的是搞教育，辦報紙，「開民智」，認為這才是救國之「本」。一個在理論上思想上並不很贊成、在行動上也並不很熱心和積極於戊戌變法的政治運動的人，硬要他來充當它的主要代表，豈不有點冤枉？如果嚴復在中國近代史上的地位，只是代表了戊戌變法運動的改良派，有康有為還不夠嗎？顯然，嚴復作為能與農民革命領袖洪秀全、資產階級改良派領袖康有為、資產階級革命派領袖孫中山齊名並列的而為毛所讚頌中國近代大人物，其歷史地位和代表意義，並不在這裡。

　　我認為，嚴復在中國近代史上的地位不是什麼「法家」，也不在於代表了資產階級改良派，而在於他是中國資產階級重要的啓蒙思想家。他之所以被毛看重，與毛個人親身經歷和感受有關，而毛是素來重視意識形態和「世界觀」的。嚴復確乎表現和代表了近代中國向西方資本主義尋找真理所走到的一個有關「世界觀」的嶄新階段，他帶給中國人以一種新的世界觀，起了空前的廣泛影響和長遠作用，這種啓蒙影響和作用不只是在戊戌時期和對改良派，更主要更突出的是對後幾代包括毛在內的年輕的愛國者和革命家。所以，儘管嚴復本人在基本政治傾向上屬於戊戌時期的

下郡縣各公舉其守宰」這麼含糊籠統的一句，這一句也是應付梁啓超而增寫的，《直報》原文並無此句。可參看王栻：《嚴復傳》，第 47～48 頁。

改良派，但把他的客觀歷史地位、意義和作用框限在改良派或戊戌時期，又是不符合實際的。

　　從林則徐主纂《四洲志》、《華事夷言》，魏源編寫大部頭《海國圖志》開始，先進的中國人踏上了尋求救國真理的千辛萬苦的艱難道路，到五四運動馬克思主義輸入中國之前，歷時八十年。中間經歷了好幾個重要階段。像十九世紀七、八〇年代以鄭觀應《易言》（即《盛世危言》）為代表，提出向西方學經濟學政治，主張「藏富於民」，「開議院以通下情」等等，是一個階段。像九〇年代，以康有為、譚嗣同為代表，創造性地提出一套資產階級哲學思想，作為變法運動的理論基礎，又是一個階段。但是，鄭觀應等人提出的，只是些具體的政策措施，至於這些政策措施的理論依據是什麼，亦即西方資本主義種種經濟政治制度的根本實質是什麼，人們還是茫然。當時所能讀到的西學譯書，不過是些《汽機問答》、《格致彙編》、《萬國公法》之類，從這些譯作中得不到上述問題的解答。康有為、譚嗣同正由於迫切感到現實鬥爭需要理論的指導，才「於此種學問饑荒之環境中，冥思枯索，欲以構成一種不中不西即中即西之新學派」（梁啓超：《清代學術概論》），寫了一些理論著作。這些著作，混合著一大堆從孔孟、陸王到唯識、華嚴的各色傳統，「蓋固有之舊思想，既深根固蒂，而外來之新思想，又來源淺觳，汲而易竭；其支絀滅裂，固宜然矣。」（同上）無論是裝在「公羊三世」套子裡的庸俗進化論，或者是《仁學》裡人權平等的政治呼號，都半是荒唐，半嫌膚淺，「拉雜失倫，幾同夢寱」，沒有多少科學性和說服力，不能適應和

滿足愈來愈多的愛國人士特別是年輕一代的要求。需要從根本上了解西方，中國往何處去，是與世界發展的普遍趨向相聯繫的，需要了解這一趨向，已經日益成為當時的迫切課題。不是別人，正是嚴復，自覺地擔負起時代提出的這個歷史重任，通過《天演論》、《原富》、《法意》、《穆勒名學》（這是嚴譯中最重要的四部）等翻譯，把進化論、唯物論的經驗論、資產階級古典經濟學和政治理論，一整套系統地搬了進來，嚴復是將西方資產階級古典政治經濟學和政治理論，一整套系統地搬引進來，嚴復是將西方資產階級古典政治經濟學說和自然科學、哲學的理論知識介紹過來的第一人。它標誌著向西方尋找真理由感性到理性、由具體到抽象、由形式到內容、由現象到本質這條「天路歷程」中不斷上升的一個界碑。從而嚴復在中國近代思想史上開創了一個新紀元，使廣大的中國知識分子第一次真正打開了眼界，看到了知識的廣闊圖景：除了中國的封建經典的道理以外，世界上還有著多麼豐富深刻新穎可喜的思想寶藏。嚴復對西方學術思想的系統介紹，及時滿足了當時人們進一步尋找真理、學習西方的迫切要求。從此，人們就不必再去從那些《汽機問答》、《格致彙編》等自然科學或工藝技術的課本中，也不必再去從那些《泰西新史攬要》、《政法類典》之類的單純的政法史地的記述譯作中，來費盡心思地學習研究、揣摩推測西方的道理和情況了。（在這以前，許多人正是這樣去學習和了解的，如康、譚等人建立自己的思想體系也只得如此。）這樣，中國近代先進人士向西方尋求真理的行程便踏進了一個嶄新的深入的階段。這一事實是極為重要的，它從根

本上打開了人們的思想眼界，啓蒙和教育大批的中國人，特別是愛國青年。從嚴復同代或稍晚一些的人，到魯迅的一代，到比魯迅更年輕的一代[9]，無不身受其賜。他們一開始都是用嚴復搬來的這些思想武器進行鬥爭，構成他們思想歷程中所必然經過的一環，並對其中一些人留下了不可磨滅的深遠痕跡。其後，革命派和其他人介紹盧梭和各家各派西方理論學說，儘管政治路線可以有所不同[10]，翻譯形式可以大有發展，但就介紹西學、新學的整個理論水平說，卻並沒有超過嚴復。嚴復於是成了近代中國學習和傳播西方資本主義新文化的總代表，成了最主要的啓蒙思想家之一。不能低估嚴復的這種作用和影響。魯迅就是很尊重嚴復的。[11]在接受馬克思主義階級論以前，魯迅一直是相信嚴復介紹過來的達爾文進化論的。毛澤東青年時代閱讀嚴復的譯作，更是大家熟知的事情。而胡適給自己取的名字就昭示嚴的影響。所以，

---

9 這裡所謂「一代」，非二三十年一代的嚴格時間概念，下同。

10 正如林則徐、魏源與洪秀全向西方尋找真理，代表了兩種不同的政治路線一樣，嚴復與革命派對西學的介紹，也存在著政治路線的對立。革命派所推崇的盧梭和天賦人權、民主共和等理論，是嚴復始終加以反對的。他用十九世紀的進化論觀點，指摘、批評盧梭和天賦人權說是非歷史的，認為並非生有人權或天生平等，平等、人權、民主都是歷史進化的產物，等等。好些論著把嚴復說成天賦人權說的倡導者，誤。

11 魯迅曾多次提到嚴復的翻譯，「據我所記得，譯得最費力，也令人看起來最吃力的是《穆勒名學》和《群己權界論》的一篇作者自序，其次《社會通詮》……」（《二心集‧關於翻譯的通信》），可見魯迅對嚴復的譯作都認真讀過並有印象的。

在某種意義上，也可以說，與其是嚴復本人的主觀思想，不如說是受嚴復譯作重要影響的後人的思想、作為，使嚴復在中國近代史上取得如此光榮的一席。

嚴復在《天演論》出版後一年說：「有數部要書，非僕為之，可決三十年中無人為此者。」（致張元濟函）後來的事實證實了這個頗為傲慢自大的說法。包括嚴復翻譯的資本主義古典名著《原富》、《法意》，數十年便沒出過新譯本。所以，從最簡單的「船堅炮利」的《海國圖志》前進到「藏富於民」和「開議院以通下情」的《籌洋芻議》、《盛世危言》，再前進到有著樸素簡單的資產階級民權平等理論思想的《大同書》、《仁學》，而最後進到真正系統複雜的資產階級古典經濟政治的思想理論的《原富》、《法意》等，這就是中國近代先進者不斷向西方尋求真理幾十年艱辛的整個歷史過程。

然而，嚴復帶給人們的又不只是某些資產階級的理論學說而已，更重要的是，他結合這些介紹、翻譯，創造性地給予了當時中國人以一種新鮮的世界觀，從思想根基上突破了傳統的意識形態。這主要表現在《天演論》的譯作中。要準確估計嚴復在中國近代史上的地位，的確不能與《天演論》分開。

（二）　《天演論》的獨創性

　　不但在嚴復所有譯著中，而且在馬克思主義傳播以前的所有譯作中，《天演論》是影響最大的。為什麼會這樣？它到底給了人們什麼？

　　嚴復《天演論》的特點在於它不是赫胥黎原書的忠實譯本，而是有選擇、有取捨、有評論、有改造，根據現實，「取便發揮」的「達旨」(《天演論》譯例言)。這本書所以能起巨大影響，原因也在這裡，它對外國思想的介紹翻譯沒有生搬硬套，而是力求服務於當時中國的需要。魯迅稱讚嚴復是「感覺銳敏的人」(《熱風》)，他「做」過《天演論》。嚴復「做」的《天演論》，確乎已不同於赫胥黎的原書《進化論與倫理學》了。

　　書名只用了原名的一半，正好表明譯述者不同意原作者把自然規律（進化論）與人類關係（倫理學）分割、對立起來的觀點。赫胥黎是達爾文主義的勇敢捍衛者。但他認為人類的社會倫理關係不同於自然法則和生命過程。自然界沒有什麼道德標準，優勝劣敗，弱肉強食，競爭進化，適者生存。人類社會則不同，赫胥黎認為，人類具有高於動物的先天「本性」，能夠相親相愛，互助互敬，不同於上述自然競爭，「社會進展意味著對宇宙過程每一步的抑制，並代之以另一種可稱為倫理的過程。」(赫胥黎：《進化

論與倫理學》，科學出版社，1973 年版，第 57 頁）由於這種人性，人類不同於動物，社會不同於自然，倫理學不能等同於進化論。這是赫胥黎本書一個基本觀點。嚴復是不同意這種唯心論的先驗論的。在《天演論》中，他不斷通過按語加以批評。例如，在譯述赫胥黎「人心常德，皆本之能相感通而後有，於是是心之中常有物焉以為之宰，字曰天良。天良者，保群之主……」（卷上導言十三制私）這段話後，就「按」：「赫胥黎保群之論可謂辯矣。然其謂群道由人心善相感而立，則有倒果為因之病，又不可不知也。蓋人之由散入群，原為安利，其始正與禽獸下生等耳，初非由感通而立也。夫既以群為安利，則天演之事，將使能群者存，不群者滅，善群者存，不善群者滅。善群者何？善相感通者是。然則善相感通之德，乃天擇以後之事，非其始之即如是也。……赫胥黎執其末以齊其本，此其言群理所以不若斯賓塞之密也。」（同上，按語）

這就是說，所謂人類有「善相感通」的同情心、「天良」而相愛互助，團結「保群」，也只是「天演」的結果和產物，而不是原因，是「末」而非「本」。人本與禽獸下生一樣，之所以「由散入群」，形成社會，完全由於彼此為了自己的安全利益，並不是由於一開始人就有與動物不同的同情心、「天良」、「善相感通」。因此，生物競爭，優勝劣敗，適者生存的自然進化規律，同樣適用於人類種族和社會。在講社會學原理上，嚴復指出，赫胥黎的上述觀點不及斯賓塞。[12]

斯賓塞並非達爾文的信徒，卻是社會達爾文主義的倡導者。

他在達爾文《物種起源》出版前便提倡一種普遍進化的觀念。這種觀念是經由柯律立芝 (Coleridge) 接受德國古典哲學（主要是謝林）後庸俗化的產物，其中也混雜著生物學中的拉馬克主義。斯賓塞的哲學和進化論思想充滿了種種矛盾、含混不清和前後變異[13]，但在當時，卻是具有所謂完備體系、風行一時、「主宰這世紀最後三十年左右英國哲學界」[14]的著名哲學家。

---

12 又如，嚴復堅持感覺論的道德論，反對赫的先驗論，「有叩於復者曰，人道以苦樂為究竟乎，以善惡為究竟乎？應之曰，以苦樂為究竟。……樂者為善，苦者為惡。苦樂者，所視以定善惡者也。……赫胥氏是篇所稱屈己為群為無可樂，而其效之美不止可樂之語，於理荒矣。且吾不知可樂之外，所謂美者果何狀也」（《天演論》卷上〈導言十八新反按語〉），等等。即認為苦樂是根本的，善惡（道德）是派生的。這與康有為的觀點一致，而不同於章太炎。嚴復反對割裂「天理」「人欲」，認為「生民有欲」也是「天」所給予的。嚴復的這些觀點與康有為、譚嗣同等人大體上是一致的。

13 如一面力主極端自由主義、個人主義，另面又以社會有如生物機體。前一面要求保護個人求生存的自然競爭權利，不應受任何干涉限制，因而反對政府或國家的任何干預。後一面因提政府為生物體的中樞，從而個人作為社會機體的部分，又並不能享有無限制的自由而影響整體，但社會機體的進步又首先有賴於個體細胞的更新、發展，等等。把社會比擬於生物體，本就是庸俗理論。斯賓塞的一些基本概念，如所謂「力」、「生命」等等，也是非常含混模糊的。可參看巴克爾 (E. Barker)：《英國政治思想：從斯賓塞到今天》第 4 章。

14 羅道夫・梅茲 (Rudef Metz)：《英國哲學百年》，倫敦，1950 年，第 98 頁。

　　嚴復留學英國，正當其時，深受影響，把它當作了科學真理。在〈原強〉中，嚴復介紹達爾文之後，緊接便介紹斯賓塞，並對之作了極高評價：「美矣備矣，自生民以來未有若斯之懿也，雖文（文王）周（周公）生今，未能捨其道而言治也。」[15]在《天演論》中，嚴復也一開始就在按語中介紹斯賓塞的著作，說「嗚呼，歐洲自有生民以來，無此作也。」（卷上導言一察變按語）全書更多處用斯賓塞來反駁赫胥黎，特別是用斯賓塞的普遍進化觀念來強調「天演」是任何事物也不能避免的普遍客觀規律，完全適用於人類種族與社會。他說，「萬類之所以底於如是者，咸其自己而已，無所謂創造者也」（《天演論》卷上〈導言一按語〉）。嚴復非常欣賞老子所講的「天地不仁，以萬物為芻狗」，認為王弼解釋為「地不為獸生芻而獸食芻，不為人生狗而人食狗」，符合進化論觀點，即並不是某種神祕的宗教目的論支配著世界，天地或上帝也並不特別對人或物有什麼恩惠，人所以成為「萬物之靈」，並不是上帝的賜予，完全是自己奮鬥的結果，包括人的聰明才智，也是在進化中大腦容量和皺紋不斷加大加多的結果。自己努力奮鬥，不斷進化，就能生存、發展，否則就要被淘汰而歸於滅亡。嚴復舉例說：「澳洲土蜂無針，自窩蜂有針者入境，無針者不數年滅。」（《天演論》卷上〈導言四人為按語〉）植物也如此。「嗟呼，豈惟是動植而已，使必土著最宜，則彼美洲之紅人，澳洲之黑種，何由自交通以來，歲有耗減？」（同上）在〈原強〉中，嚴復也

---

15 據《直報》原文。後嚴復改為「嗚呼，此真大人之學矣」。

說：「達爾文曰，物各競存，最宜者立，動植如是，政教亦如是也。」這些都是接受斯賓塞學說的表現。[16]

　　但是，斯賓塞終究是當年所謂日不落國的大資產階級利益的代表，他那套強調個體之間、種族之間的所謂自由競爭、優勝劣敗，甚至主張政府不辦教育，不搞福利，不管人民健康……等等，以任其自然淘汰、適者生存的社會達爾文主義，是欺壓、剝削殖民地民族的強權邏輯，它本質上與嚴復要求救亡圖存的愛國思想處於很不協調和實際對立的地位。所以，儘管評價很高，嚴復對斯賓塞這樣一些基本主張卻並未著重介紹。相反，嚴復倒是選擇翻譯了反對斯賓塞社會達爾文主義理論的赫胥黎。如嚴復在《天演論》自序中所點明，「赫胥黎此書之旨，本以救斯賓塞任天為治之末流，……且於自強保種之事，反覆三致意焉。」所謂「任天為治」，指的就是任憑「物競天擇」的自然規律起作用，而不去積極干預它。嚴復不滿意這種思想，認為這是斯賓塞「末流之失」，從而要用赫胥黎「與天爭勝」的觀點來糾正「補救」它。赫胥黎在這本書裡宣傳的便是「我們要斷然理解，社會的倫理進展並不依靠模仿宇宙過程，更不在於逃避它，而是在於同它作鬥爭。」（《進化論與倫理學》，第 58 頁）主要是由於這一點，而不是別的什麼理由[17]，使嚴復對這本新出（1894 年出版）的通俗書大感興

---

16 達爾文雖從馬爾薩斯人口論得到啓發，但他並未認為自己所發現的生物界生存競爭規律適用於人類社會。

17 不是如史華茲提出的那些理由：文字簡潔，詩意盎然等等。

趣。並立即翻譯了過來。總之，一方面雖不同意赫胥黎人性本善、社會倫理不同於自然進化的觀點，另一方面又贊成赫胥黎主張人不能被動地接受自然進化，而應該與自然鬥爭，奮力圖強。一方面雖然同意斯賓塞認為自然進化是普遍規律，也適用於人類；另一方面又不滿意斯賓塞那種「任天為治」弱肉強食的思想。

這一態度完全是當時中國的現實所決定的。嚴復是在中日甲午戰爭失敗的巨大刺激下著手翻譯《天演論》的。[18] 甲午戰後，帝國主義列強看到日本如此得手，都眼紅心急起來，紛紛各劃勢力範圍，要求「瓜分中國」。當時中國首次面臨帝國主義各國大規模入侵宰割的危亡局面。但當權的封建頑固派卻依然故我，不肯改革，頂著「天朝上國」的紙帽子不放。知識界的士大夫們也仍然抱殘守缺，夜郎自大，愚昧無知，空談夷夏，還認為中國作為「聖聖相傳」的「禮義之邦」，優越得很，特殊得很。嚴復所以要大聲疾呼地介紹達爾文、斯賓塞，就是針對這種現實情況，強調進化是一種不可抗拒的客觀普遍規律，是中國與外國、人與自然萬事萬物均如此，「雖聖人無所為力」的「運會」。嚴復要突出進化規律的普遍有效性，要宣傳、介紹事物共同遵循這個普遍觀念，要指出中國並不特殊，並不例外。因此不能再麻木不仁，自以為

---

18 「和議始成，府君大受刺激，自是專力於翻譯著述，先從事於赫胥黎之《天演論》，未數月而脫稿。」（嚴璩：《侯官嚴先生年譜》）一般均說《天演論》於 1896 年譯出，但王栻《嚴復傳》考證認為，《天演論》「至遲在光緒 21 年（即 1895 年）譯成。」（該書第 41 頁）

了不起，自以為歷史悠久，人口眾多，便不會亡國滅種。他舉出上述動植物和美洲紅人、澳洲黑人等等作為例證來警告。這也就是他接受、推崇、宣傳斯賓塞和用以駁難赫胥黎的地方。

但與此同時，也是更重要的，是嚴復要人們認識這種規律後，不應自甘作劣等民族坐待滅亡，而應該趕快起來進行奮鬥。只要依靠自己的力量，團結一致，奮發圖強，命運還是操在我們自己手裡。這就是他選擇翻譯赫胥黎這本書，要用赫胥黎來「補救」斯賓塞的原故，也是他在提倡西學的文章中，對比中西時特意提出：「其於禍災也，中國委天數，西人恃人力」[19]，以及稱頌欣賞荀況、劉柳「制天命而用之」、「天人相分」思想的原故。嚴復要人們重視的是：自強、自力、自立、自主……，這才是嚴復宣傳「物競天擇，適者生存」的「天演」思想的真正動機和核心。嚴復在各種著譯中再三說：「萬類之所以底於如是者，咸其自己而已，無所謂創造者也。」（《天演論》卷上導言一察變按語）「要當強立不反，出與力爭，庶幾磨厲玉成，有以自立，至於自立，則彼之來，皆為吾利，吾何畏也。」（〈有如三保〉）「國之興也，必其一群之人，……人人皆求所以強而不自甘於弱。」（〈國聞報緣起〉）嚴復具有強烈的民族自尊心和自信心，對中國的前途，如對人類的前途一樣，抱著樂觀態度[20]。

---

19 〈論世變之亟〉。〈救亡決論〉也說：「故凡遇中土旱乾水溢，飢饉流亡，在吾人以為天災流行，何關人事，而自彼（指西方）而論，則事事皆我人謀之不臧。」

可見，強調自然進化的普遍規律和人們應該適應這一規律而團結起來，自強、自力、自主、進步，以與外物鬥爭，不再受別人的欺侮、主宰和控制，這就既不是斯賓塞的一般進化觀念，也不同於赫胥黎的人性本善的倫理學說，表面看來，嚴復折中赫胥黎和斯賓塞，似乎是矛盾，實際卻是一種合情合理的「創造」。[21]

《天演論》用自然科學的許多事實，論證了生物界物競天擇、進化無已的客觀規律，以達爾文主義的科學性和說服力，給了當時中國人以發聵震聾的啓蒙影響和難以忘懷的深刻印象，立即作了當時正湧現的新型知識分子和革命派的重要的精神食糧，煽起他們救亡圖存的愛國熱情，走上革命道路。固然這主要由於社會階級鬥爭形勢所決定，而《天演論》在思想上所起的作用，也不容忽視。正如當時革命派所公正指出：「自嚴氏之書出，而物競天擇之理，犖然當於人心，中國民氣為之一變。即所謂言合群言排外言排滿者，固為風潮所激發者多，而嚴氏之功，蓋亦匪細。」（《民報》第2期〈述侯官嚴氏最近政見〉）[22]

---

20 如「吾民……實有可為強族大國之儲能，雖摧斲而不可滅者……，盡去腐穢，惟強之求，真五州無此國也。何貧弱奴隸之足憂哉，世有深思之士，其將有感於吾言。」（《社會通詮》按語）此種言論思想多見。

21 史華茲只講嚴復用斯賓塞批評赫胥黎，說嚴完全站在斯的一方，似片面。

22 嚴氏的譯作大都出版在戊戌以後（《天演論》正式出版於戊戌年，而大量風行則在戊戌以後），與其說是為改良派變法運動服務，實際上還不如說，不管作者主觀意圖如何，它作了正興起的革命派的思想食糧。而革命派對嚴氏某些譯作如斯賓塞的《社會通詮》雖有反對意見（參看章太

　　然而,《天演論》的作用還不只此。人們讀《天演論》,不只是獲得了一些新鮮知識,儘管例如破天荒第一遭兒知道西方也有並不亞於中國古聖賢的哲人,「蘇格拉弟、柏拉圖也出來了」(魯迅),的確使人倍感興趣;也不只是獲得對某些問題甚至是救國之類的大問題的具體解答,儘管這種解答的確掀起了上述救亡圖存的愛國熱情。更獨特的是,人們通過讀《天演論》,獲得了一種觀察一切事物和指導自己如何生活、行動和鬥爭的觀點、方法和態度,《天演論》給人們帶來了一種對自然、生物、人類、社會以及個人等萬事萬物的總觀點總態度,亦即新的世界觀和人生態度。晚清末年以來,中國封建社會和封建家庭加速度地瓦解崩潰,一批又一批、一代又一代的不同於封建士大夫的新式青年學生和知識分子在迅速湧現,嚴復介紹過來的這種鬥爭、進化、自強、自立……的資產階級世界觀,正好符合他們踢開封建羈絆,蔑視傳統權威,鍛鍊身體與自然界鬥爭(傳統社會是不講體育的),走進

炎《社會通詮商兌》),但與對康、梁不同,基本上仍採取了尊重的態度,並且還認為嚴氏「未嘗以排滿為非」,「其對於民族國民主義,實表同情」,「嚴氏民族主義至譯《法意》而益披露」,「……故知排滿革命為吾民族今日體合之必要,嚴氏徵據歷史而衡以群學之進化之公例,其意蓋有可識者」,「皮相嚴氏者,……以為嚴氏主張平和」,「或者不學,不察嚴氏之意,……而疑其擁政府而非民族主義」,「嚴氏既以所學重於世,世亦受嚴氏學說之影響,而自吾人觀之,皆足以徵其鼓吹民族之精神而鮮立於反對者之地位」(均《民報》第 2 期),這是把嚴復並不具有的排滿革命思想強加給他,硬把嚴說成自己的同道。

人生戰場，依靠自己力量去闖出道路來的需要。而這種觀點和態度，又是以所謂「科學」為依據和基礎，更增強了信奉它的人們的自信心和衝破封建意識形態的力量。自《天演論》出版後，數十年間，「自強」、「自力」、「自立」、「自存」、「自治」、「自主」以及「競存」、「適存」、「演存」、「進化」、「進步」……之類的詞彙盛行不已，並不斷地廣泛地被人們取作自己或子弟的名字和學校名稱。今日老人中，此類名號恐還有不少。這就深刻地反映了嚴復給好幾代中國人特別是知識分子，以一種非常合乎他們需要的發奮自強的新的世界觀。這是《天演論》獨創性之所在，也是這本書及其思想長久風行、獲得巨大成功的主要原因。

　　當然，用「物競天擇」的生物學規律來解釋社會發展和歷史進化，是並不科學的。如恩格斯所指出：「想把歷史的發展和錯綜性的全部多種多樣的內容都總括在貧乏而片面的公式『生存鬥爭』中，這是十足的童稚之見。」（《馬克思恩格斯選集》第 3 卷，人民出版社，1972 年版，第 572 頁）社會生產方式的演變，才是人類發展的歷史。《天演論》和進化論在馬克思主義廣泛傳播後，其社會影響也就很快地消失了。

經驗論及其歸宿

　　如果說，《天演論》帶給人們一種新的世界觀，對嚴復本人來說，並不一定是很自覺的事；那麼，用培根、洛克和穆勒等英國經驗論作為認識論和方法論，來武裝中國人的頭腦，則是他非常重視、十分自覺的工作了。許多文章也都講到，嚴復用唯物論的經驗論批判以陸王心學為主要代表的中國傳統唯心論的先驗論，這裡不再重複。本文認為，更重要的是，嚴復從一開頭就非常重視哲學認識論。他提到哲學路線鬥爭的高度來考察向西方尋找真理的整個問題，並明確認定認識論是關鍵所在，這才是嚴復思想一個很突出的地方。這一點大概也給毛澤東以重要影響。

　　嚴復駁斥那種認為「中國之智慮運於虛，西洋之聰明寄於實」，即西方只講求所謂實學的膚淺看法，指出問題不在虛實，「中國虛矣，彼西洋尤虛」（〈原強〉）。西方所以船堅炮利，國力富強，經濟政治制度所以比封建中國精良優越，正在於它們有各種近代基本理論科學（包括自然科學和社會科學）作為基礎和依據，而所以有這種種科學，又正在於它們都以新的認識論——邏輯學為指導。這種認識論——邏輯學就是培根開其端的經驗論和歸納法。他說，「而有用之效徵之富強，富強之基本諸格致，不本格致，將所無往而不荒虛。」（〈救亡決論〉）「是以制器之備，可

求其本於奈端（即牛頓）；舟車之神，可推其原於瓦德；用靈之利，則法拉弟之功也；民生之壽，則哈爾斐之業也（指哈維發現血液循環，在醫學上的重大貢獻）。而二百年學運昌明，則又不得不以柏庚（即培根）氏之摧陷廓清之功為稱首。」（〈原強〉）嚴復把富強之基歸於科技，科技之本在於方法，即培根提出的哲學經驗論和歸納法。嚴復稱之為「實測內籀之學」。所謂「實測」，是指一切科學認識必需從觀察事物的實際經驗出發，「其為學術也，一一皆本於即物實測」（〈原強〉）。「古人所標之例，所以見破於後人者，正坐闕於印證之故。而三百年來科學公例，所由在在見報不可復搖者，非必理想之妙過古人也，亦以嚴於印證之故。」（《穆勒名學》部丙按語）不是書本，而是實際經驗，才是認識的出發點和檢驗的標準。因之，「吾人為學窮理，志求登峰造極，第一要知讀無字之書」（〈西學門徑功用說〉）。「故赫胥黎曰，讀書得智是第二手事，唯能以宇宙為我簡編，民物為我文字者，斯真學耳。此西洋教民要術也。」（〈原強〉）「夫理之誠妄，不可以口舌爭也，其證存乎事實。」（《原富》譯事例言）所謂「內籀」，是相對於「外籀」（演繹）而言的歸納，它是上述認識論所具體採用的邏輯方法。嚴復認為，一切科學真理必需通過歸納法而設立，「內籀者，觀化察變，見其會通，立為公例者也。」（《原富》譯事例言）「西學格致……，一理之明，一法之立，必驗之物物事事而皆然，而後定之為不易。」（〈救亡決論〉）

　　嚴復大力提倡邏輯歸納法，是針對中國傳統「舊學」而發的。嚴復將「西學」與「中學」作了一番比較。他列舉出中國社會的

科舉八股、漢學考據、宋學義理，以及辭章、書法、金石等等「舊學」「中學」，「一言以蔽之，曰無用」，「曰無實」（〈救亡決論〉），「其為禍也，始於學術，終於國家」（同上）。

　　嚴復認為，傳統的文化學術的根本問題在於不從客觀事實的觀察、歸納出發，也不用客觀事實去驗證。演繹的前提來自主觀臆造或古舊陳說，是「師心自用」的先驗產物。「舊學之所以多無補者，其外籀（演繹）非不為也，為之又未嘗不如法也，第其所本者，大抵心成之說。」（《穆勒名學》部乙按語）「不實驗於事物，而師心自用，抑篤信其古人之說者。」（同上，部甲按語）「何嘗取其公例，而一考其所推概者之誠妄乎？」（同上，部乙按語）因此，講起來似乎很有道理，實際上脫離現實，墨守陳說，推論過程即使不錯，但前提完全錯了：「原之既非，雖不畔外籀終術無益也。」（同上，部乙按語）原因仍在於前提不是來自實際經驗的歸納，而是主觀臆造的，「無他，其例之立，根於臆造，而非實測之所會通也」（同上）。

　　與康有為等人欣賞陸九淵、王陽明不同，嚴復用唯物主義經驗論，著重批判了以陸王心學為代表的唯心主義先驗論。嚴復在《穆勒名學》中一再提到「良知良能諸說，皆洛克、穆勒之所摒」（部丙按語），認為一切真理都由歸納經驗而來，沒有什麼「良知」「公例無往不由內籀，……無所謂良知者矣。」（部乙按語）嚴復還明確指出：

　　　西語阿菩黎詞黎（即先驗的，a priori），凡不察事實，執因言

果，先以一說以概餘論者，皆名此種。若以中學言之，則古書成訓，十九皆然。而宋代以後，陸、王二氏心成之說尤多。（《穆勒名學》部乙按語）

夫陸王之學，質而言之，則直師心自用而已。自以為不出戶可以知天下事，與其所謂知者，果相合否？不逕庭否？不復問也。（〈救亡決論〉）

嚴復對陸王心學的批判，把由培根到穆勒的英國哲學經驗論，即嚴復所謂「西學」，是與中國封建主義的先驗論，即嚴復所謂「中學」，從方法論認識論的哲學高度上對立了起來。這就比康有為、譚嗣同等人對西方自然科學的認識，要遠遠深刻。

總之，只從傳統的「古訓」、教條出發，「不實驗於事物」，「不察事實，執因言果，先以一說，以概餘論。」（《穆勒名學》部甲、部乙按語）這才是中學不如西學的問題所在。「中土之學，必求古訓，古人之非，既不能明，即古人之是，亦不知其所以是，記誦詞章既已誤，訓詁注疏又甚拘……。」（〈原強〉）這種教條主義和唯心論的先驗論，必需予以打倒和廢除。必需「即物實測」，從實際經驗出發，觀察、歸納、綜合，才能得到「無往而不信」的科學「公例」，即普遍原理、原則。「科學所明者公例，公例必無時而不誠。」（《原富》〈譯事例言〉）掌握了這種「公例」，就可以普遍應用，駕御各種繁複變化，是「執其例可以御蕃變者。」（《天演論》自序）從實際經驗出發，通過歸納，得出原則「公

例」，然後再普遍運用，這就是嚴復所要大力提倡的哲學認識論。他所以不惜花費最大的精力和時間去翻譯《穆勒名學》，這部書所以能與《原富》、《法意》兩部資產階級上升時期的古典名著，同成為他所著意譯出的「數部要書」之一，原因就在這裡。約翰穆勒 (John Stuart Mill) 時負盛名，被認為英國經驗論的最大代表，其《名學》一書被看作集歸納法大成的名著。嚴復翻譯它，實際是想把從培根、洛克開創的英國經驗論搬過來，所以在《穆勒名學》按語中經常提到培根、洛克，在一開始「正名」時，便指出「本學之所以稱邏輯者，以如貝根（培根）言，是學為一切法之法，一切學之學，明其為體之尊，為用之廣」（《穆勒名學》部甲按語），並一再指出，「西學之所以翔實，天函日啓，民智滋開，而一切皆歸於有用者，正以此耳。」（同上，部乙按語）總之他認為，由於培根等人「倡為實測內籀之學」，牛頓、伽利略、哈維「踵用其術，因之大有發明」（《天演論》卷下〈論十一學派按語〉）。正因為如此，才取得近代自然科學的巨大成就，嚴復認為，這才是中國所應學習的根本。

嚴復這樣高度重視認識論和邏輯學[23]自覺介紹經驗論[24]和歸

---

[23] 嚴復是在近代中國最早講邏輯學的人。1900年，「開名學會，講演名學，一時風靡，學者聞所未聞」（王遽常：《嚴幾道年譜》）。1908年給女學生某講授邏輯學，其教本和講義即《名學淺說》（1909年出版）。嚴復開其端後，邏輯學在晚清曾風行一陣，王國維、章士釗均有譯著。嚴復通過講述形式邏輯一再指出，中國傳統哲學概念極不嚴密精確，例如「氣」之一詞就如此，中國常用「元氣」、「邪氣」、「屬氣」、「淫氣」、「正氣」、

納法，就眼光和水平說，在七、八十年前確是鳳毛麟角，極為難得。這一點就使他超過了前前後後許多人，是在提倡「新學」反對「舊學」中的一個獨特標誌。毛澤東在《新民主主義論》及其他地方多次提及「舊學」與「新學」、「西學」與「中學」的鬥爭，當然有嚴復的身影在。而毛的強調經驗，反對所謂「本本主義」，以及直到晚年還提及形式邏輯，也仍是嚴的影響。這樣看來，毛把嚴復提到那麼高的地位，也就是可以理解的了。

但是，唯物論的經驗論最終必然要走進主觀唯心主義和不可知論去。培根、洛克之後，有巴克萊和休謨。約翰穆勒是繼承巴克萊、休謨追隨孔德 (Comte) 的不可知論和實證主義者。人的認識不能超出感覺，物質不過是「感覺的持久可能性」，是穆勒的哲學名言。英國經驗論的歸宿是這樣，他們的中國學生嚴復也沒有例外。由於片面強調感覺經驗，輕視理論思辨，迷信歸納萬能，

「餘氣」等等，但「今試問先生所云氣者究竟是何名物？可界說乎？吾知彼必茫然不知所對也。然則凡先生所一無所知者，皆謂之氣而已，指物說理如是，與夢囈又何以異乎？」「出言用字如此，欲使治精深嚴確之科學哲學，庸有當乎？……他若『心』字、『天』字、『道』字、『仁』字、『義』字，如此等等，……意義歧混百出。」（《名學淺說》）這種澄清含混的語義批判，在中國至今猶堪借鑑。

24 嚴復之後，對西方哲學的介紹，更多是當時流行的反理性主義、浪漫主義思潮，如叔本華、尼采、柏格森之類，對古典哲學認識論相當冷淡。法國唯物論很少被翻譯介紹，德國古典哲學也直到 1949 年後才有像樣的翻譯。嚴復倒早在 1906 年專文介紹過黑格爾（〈述黑格爾惟心論〉，《寰球中國學生報》第 2 期）。

嚴復終於完全投入實證主義，並塗上一層實用主義的色彩[25]。在探討哲學根本問題時，他不斷把笛卡兒（「我思故我在」）、巴克萊、斯賓塞與莊周、孟軻、《周易》以及佛、老拉在一起，認為事物的最終本質、實體是「不可思議」即不可知的，而且也無需去認識，因為它們於國計民生沒有什麼干係，沒有什麼用處，可以不去管它，可以不去研究議論。對一切涉及哲學根本課題以及宗教迷信等等，均認為既不能肯定，也不能否定，既不去提倡，也不應反對。嚴復說：

> 竊嘗謂萬物本體，雖不可知，而可知者止於感覺，……（時空中）有其井然不紛秩然不紊者，……為自然之律令，……亦盡於對待之域而已。是域而外，因無從學，即學之，亦於人事無涉也；《穆勒名學》部甲按語）朱子謂非言無極，無以明體，非言太

極，無以達用，其說似勝。雖然，僕往嘗謂理至見極，必將不可思議。(同上)

嚴復認為，所謂「不可思議」，不是「不可名言」，也不是「不能思議」。例如看見某種「奇境怪物」或「深喜極悲」「得心應手之巧」等等，都難以語言表達，這叫「不可名言」「不可言喻」。例如熱帶的人沒見過冰，聽說水變冰後，冰上可以行走，覺得不好理解，這叫「不能思議」。「不可思議」與這些都不同：「談理見極時，乃必至不可思議之一境，既不可謂謬，而理又難知。……不可思議一言，專為此設者也。」(《天演論》卷下〈論十佛法〉)這是說，一些哲學問題推到最後時，便不知真謬，不可思議了。例如「天地元始」(世界來源)「造化主宰」(上帝存在)「萬物本體」，佛說「涅槃」，以及時空、精神、力等等，便都是這種「不可思議」，「雖在聖智，皆不能言」(同上)。追求一切事物的最最終極的原因，就必然會遇到這種「不可思議」。哲學本體論的種種問題，就正是這種「不可思議」。

大抵宇宙究竟，與其元始，同於不可思議，不可思議者，謂不可以名理論說也。

老謂之道，《周易》謂之太極，佛謂之自在，西哲謂之第一因，佛又謂之不二法門，萬化所由起訖而學問之歸墟也。

不生滅，無增減，萬物皆對待而此獨立，萬物皆遷流而此不

改，其物本不可思議，人謂之道。

常道常名，無對待故，無有文字言說故，不可思議故。(《老子評點》)

是以不二法門，文字言語道斷，而為不可思議者也。(《穆勒名學》部甲按語)

問上帝有無，實問宇宙第一原因，……雖不設，可也。(同上)

嚴復認為，這種世界的本體既是不可認識的，也就不必去講求這種「心性之學」，實際是反對思辨理論，認為這種學問沒有實用，「不必亟求其通」，感知對待之域而外，「固無從學，……吾聞食肉不食馬肝，不為不知味，……不必亟求其通也。」(《穆勒名學》部甲按語)

本體論如是，認識論也同樣。嚴復認為，「心物之接，由官覺相，而所覺相，是意非物，意物之際，常隔一塵。物因意本，不得逕同，故此一生，純為意境。」(《天演論》卷下〈論九真幻按語〉)他舉例說，圓紅色的石頭的圓、紅、堅，都只是我們主觀的感覺，並不屬於物體自身，「是三德者（指圓、紅、堅），皆由我起」，「則石之本體，必不可知；我所知者，不逾意識」，因之，「人之知識，止於意驗相符，如是所為，已足生事，更騖高遠，真無當也」(同上)，主張不必去迫根究底，好些問題可處之於一

種非信非疑的態度。「迷信者，言其必如是，固差；不迷信者，言其必不如是，亦無證據。故哲學大師如赫胥黎、斯賓塞諸公皆於此事謂之 Unknowable（不可知），而自稱為 Agnostic（不可知論者）。蓋人生智識至此而窮，不得不置其事於不論不議之列，而各行心之所安而已。」（嚴復家書，見《嚴幾道先生遺著》，新加坡，1959 年版）

　　在嚴復看來，萬物本體既不可知，「可知者止於感覺」。因之儘管嚴復承認自然規律有其普遍必然性質（「不同地而皆然，不同時而皆合」），認識、科學賴此而立，但這也只是感覺現象的所謂「對待之域」，「對待為心知止境」，這就是認識的有限範圍。儘管嚴復認為外物是認識的原因，我的認識是外物作用的結果，但所認識的究否外物，還是不能肯定的，這種離開認識的外物存在也沒有意義，「必有外因，始生內果。然因同果否，必不可知」（《天演論》卷下〈論九真幻按語〉）。「我而外無物也。非無物也，雖有而無異於無也。然知其備於我矣。乃從此而黜即物窮理之說，又不可也。蓋我雖意立，而物為意因，不即因而言果，則其意必不就」（《穆勒名學》部甲按語），承認有外因才能生內果，但同時又認為離開果（我）也就談不上什麼因（物），即使有這種獨立於我之外的物，也是不可知的，等於沒有一樣。於是，「積意成我，意自在，故我自在」。只有「意」「我思」才是唯一無可懷疑的。「我」（思維的我）是積「意」而成，「是實非幻者，唯意而已」（均《天演論》卷下〈論九真幻按語〉）。嚴復的不可知論與主觀唯心論終於混同在一處了，巴克萊、笛卡兒、穆勒……被嚴復一

股腦混合起來了。

　　嚴復這種哲學認識論不能不影響其政治思想,在政治思想上,嚴復原來就存在著一個內在矛盾和理論的惡性循環,即一方面認為要國家富強 , 首先有賴於組成國家的無數細胞即國民個體的「德」「智」「體」三方面的基本素質,著重個人在經濟上、思想上、言論上的自由、競爭和發展。這當然與他接受斯賓塞的社會機體論有關,是斯賓塞的這種理論的具體應用。「斯賓塞非正式建立而是暗中以之為前提的現象主義,是從巴克萊到穆勒的思維經驗方式的共同財產,是斯賓塞精神生活在其中成長發展的那個傳統的一部分。」(梅茲:《英國哲學百年》,第 105 頁)這其實也是嚴復的精神生活在其中受到熏陶培育的「傳統」。這個「傳統」已是英國經驗論的沒落之流的實證主義,斯賓塞便是著名的實證主義者。嚴復脫離當年改良派所掀起的變法活動[26],認為中國人民的德智體基本素質都很落後,沒有實行政治變革的基礎。

　　另一方面,迫切的救亡局面,把國家富強問題推到當務之急的首位,使嚴復愈來愈痛感「小己自由非今日之所急,而以合力圖強……為自存之至計。」(《法意》卷 18 按語)這樣,國家富強又比個體的德智體,比個人思想言論上經濟上的自由和發展要緊得多,急迫得多,應該擺在前面。這是近代思想家包括嚴復在內

---

26 可參看王栻《嚴復傳》,描寫這個時期,「嚴復當日聲望雖高,卻常閉門寡合,鬱鬱不歡」(第 52 頁),與康有為意氣風發地積極從事組織、鼓吹變法運動,成了對照。

所實際著重的首要主題。嚴復把這個擺在首位的國家富強問題，先是寄託於清朝政府，後是幻想在統治者中出現強有力的法家人物，只要達此目的，手段方法均屬次要，暴露了他思想中的實用主義的成分。到暮年，嚴復每況愈下，不但完全拋棄經驗論，而且最後（第一次世界大戰中）又終於放棄了他一直堅決信奉的進化論，連法家人物也不再指望，完全回到孔孟，並且在極端悲觀中，沈浸在莊周的虛無主義的哲學中，以麻痺自己。「槁木死灰，惟不死而已……，以此卻是心志恬然，委心任化。」（〈與熊純如書〉第 74 函，1921 年）

嚴復的悲劇歸宿就是這樣。[27]

然而，當嚴復日益為歷史所遺忘的時候，他的前期譯作卻還在起著作用。一代接一代的青年仍在繼續尋找救國的道理，他們仍在認真閱讀嚴復的翻譯，接受嚴復的世界觀和方法論的教導，並由此而邁上接受馬克思主義的道路。毛澤東就是這樣。而嚴因毛而名始大彰於今日。

---

27 「羸病餘生，旦暮入地，睹茲世運，惟有傷心無窮而已。」（〈與熊純如書〉 第 65 函，1920 年）「惟是對於時局，終是悲觀。」（第 66 函，1920 年）

（四）「以自由為體，以民主為用」

　　如果說，嚴復在介紹西學中客觀上起了最大效果的，是世界觀（「天演」）和方法論（邏輯），對後人影響甚巨的話；那末，嚴復主觀上想搬到中國來的更為現實的救國之道——以英國為榜樣的歐洲資產階級的經濟和政治，卻非常遺憾地毫無反響。在廣大農村小生產為社會基礎和農民革命為實質的中國近代，這種微弱的資產階級自由主義的理想和要求，根本得不到任何力量的支持，只好消失在漫漫長夜中了，連思想領域內的影響也微不足道。真正信奉和要求實行《原富》《法意》以及以洛克等人為代表的英國民主政治體系的人，不過是少數知識分子，沒有任何可以稱道的社會力量作依靠。戊戌以後中國近代日益處在封建軍閥專政與農民革命這樣尖銳激烈的鬥爭之中，「第三條道路」始終沒走通。嚴復以英國為榜樣的改革主張，成了無用的高調。然而，它卻並非歷史的陳跡。把嚴的這一部分思想放在全文的結尾，注意歷史的經驗教訓，應該不是多餘的贅物。

　　嚴復翻譯《天演論》，介紹「物競天擇」思想，翻譯《穆勒名學》，介紹邏輯科學特別是歸納法，以及翻譯介紹《原富》《法意》等等資本主義經濟、政治基本理論，都是為了要說明西方資本主義的「強盛」，並不在於「船堅炮利」之類「形下之跡」，也不在

於「善會計」「善機巧」之類的注重功利事務，真正的關鍵在於「學術則黜偽而崇真，於刑政則屈私以為公」（〈論世變之亟〉）。也就是說，「黜偽而崇真」的自然科學方法和「屈私以為公」的民主政治制度，才是西方資本主義國家的根本。這其實也就是「五四」提出來的賽先生與德先生──科學與民主。

科學與民主不可分割。企圖用西方科技來保衛中國封建的「中體西用」理論，自然成了嚴復批判對象。嚴復《天演論》的譯序說：「西學之事，問塗日多，然亦有一二巨子，訑然謂彼之所精，不外象數形下之末，彼之所務，不越功利之間，逞臆為談，不咨其實。」這就是針對「中體西用」而言。嚴復隨後明確指出，「體」「用」不可分割，一個國家的「政教學術」好像具備各種器官的生物，它的各個組成部分是完整的統一物。它們的功能（「用」）與其存在（「體」）不能分開，不能把馬的四個蹄子加在牛的身上，「有牛之體則有負重之用，有馬之體則有致遠之用，未聞以牛為體以馬為用者也」（〈與外交報主人論教育書〉）。「故中學有中學之體用，西學有西學之體用」，如果要「合而為一物」，連道理名義都講不通，更不要說能夠行得通了。嚴復舉例說，中國以前沒有槍炮，現在買來了槍炮；中國城市以前沒有什麼警察，現在設立了警察，凡此種種，就能解決問題，使國家富強嗎？嚴復指出，「挽近世言變法者，大抵不揣其本，而欲支節為之」（同上），當然不能成功。

中國近代曾經經歷過學習西方「船堅炮利」工藝技術的階段，沒有解決問題，原因就在不明體用不可割裂，科技與政教不可分

開,科學與民主不可分開。嚴復較早從理論上注意了這個問題。

那麼,什麼是西方社會的「體」呢?當時大多數先進分子,甚至後來的人,都把民主政治作為這個「體」。嚴復也是主張資本主義的民權或民主的,所以他才猛烈抨擊韓愈的君主專制、君權至上論,指出「君也,臣也,刑也,兵也,皆緣衛民之事而後有也」(〈辟韓〉),因為人民中間有各種糾紛欺奪禍害,自己又忙於「耕織工賈」,所以才設立「君」、「臣」等等來保護自己,「故曰:君臣之論,出於不得已也。惟其不得已,故不足以為道之原……」(同上)。封建專制統治,不是應該如此或必然如此的天經地義,韓愈主張的君主專制的原道,不過是竊國大盜的道理罷了。「國誰竊?轉相竊之於民而已」,「斯民也,固斯天下之真主也」。嚴復認為,這才是西方資本主義社會政治的命脈:「是故西洋之言治者,曰國者斯民之公產也,王侯將相者,通國之公僕隸也。」(同上)

但是,嚴復比當時其他許多人更深刻,在他看來,「民主」還不是西方資本主義的根本。「民主」不過是「自由」在政治上的一種表現,「自由」才是「體」,「民主」不過仍是「用」。「自由」才是資本主義的實質,嚴復認為,這正是中國社會所最為害怕和反對的。他說:

夫自由一言,真中國歷古聖賢之所深畏,而從未嘗立以為教者也。彼西人之言曰:唯天生民,各具賦畀,得自由者,乃為全受,故人人各得自由,國國各得自由……,而其刑禁章條,要皆為此設耳。(〈論世變之亟〉)

夫所謂富強云者，質而言之，不外利民云爾。然政欲利民，必自民各能自利始。民各能自利，又必自皆得自由始。(〈原強〉)

嚴復把斯賓塞的社會機體論竟一改而為反洋務派「中體西用」論的武器：「一群之成，其體用功能無異生物之一體。」(〈原強〉)「身貴自由，國貴自主，生之於群，相似如此。」(同上)國家為生物，個人為細胞，都要有自由。自由才是根本。甚至到較晚時期，嚴也仍在理論上認為：

故今日之治，莫貴乎崇尚自繇，自繇則物各得其自致，而天擇之用存其最宜，太平之盛，可不期而自至。(《老子評點》)

嚴復對資本主義社會的了解比改良派任何其他人更為深入，他把個人自由、自由競爭，以個人為社會單位，等等，看作資本主義的本質，從政治、經濟以及所謂「物競天擇」的生存競爭進行了論證。並且指出，民主政治也只是「自由」的產物。這是典型的英國派自由主義政治思想，與強調平等的法國派民主主義政治思想有所不同。在中國，前者為改良派所主張，後者為革命派所信奉。然而，以「自由貿易」為旗號的英國資本主義，數百年來的確建立了比其他資本主義國家（如法國）更為穩定、鞏固和適應性強的政治體系和制度。其優越性在今天也仍是一個值得研究的課題。嚴復當年的眼光是銳利的。

嚴復的「自由」、譚嗣同的「平等」、康有為的「博愛」，完整

地構成了當時反封建的啓蒙強音。

　　嚴在理論上比改良派其他人物要堅實，並且他的〈辟韓〉也的確是《仁學》的前驅，他的〈原強〉是梁啓超《時務報》《清議報》好些文章的先導。嚴復提出了一些帶有普遍規律性的問題，並採取了真正近代科學的形態。嚴復強調的是社會發展的必然趨向。所以章太炎說他是「知總相而不知別相」（《菿漢微言》）。所謂「總相」，就是這種包括中國在內全世界各國向前發展的普遍規律。這種規律（走向資本主義）是主張中國走特殊道路的章太炎所當然不贊成的（詳本書論章太炎文）。嚴、章二人的分歧對立，實際代表中國近代兩種不同要求和兩種思潮傾向。但它們又同屬於反對帝國主義侵略這一共同主題之下。所以，即是主張「自由為體」的嚴復也仍然把國家的自由（即獨立），把富強、救亡遠遠放在個人自由之上，這就構成嚴復的理論思想（「自由為體」）與實際主張的一個重大的內在矛盾。

　　嚴復儘管在理論上是先進和徹底的，但如前所說，他在現實政治主張中，卻比康、譚要慎重和保守，他儘管在理論論文〈辟韓〉中反對君主專制，但同時更認為，「然則及今而棄吾君臣可乎？曰是大不可。何則？其時未至，其俗未成，其民不足以自治也。」又堅決反對立即實行資產階級民主政治。他認為，根本問題在於進行教育，只有每個人都能夠自強自治，然後才可能實行資本主義的民主政治，國家也才會繁榮富強。所以，嚴復才提出「鼓民力」、「開民智」、「新民德」三項以作為變法改革的根本。「欲聽其皆得自由，尤必自其各能自治始」（〈原強〉），但總的觀

點和方案是，強調制度由教育決定，變法改革首先在於對人民進行新式教育。這就與康有為、譚嗣同、梁啟超要求立即改革政治制度頗為不同了。他說：

> 生民之大要三，而強弱存亡莫不視此。一曰血氣體力之強，二曰聰明智慮之強，三曰德行仁義之強。是以西洋觀化言治之家，莫不以民力民智民德三者斷民種之高下。……至於發政施令之間，要其所歸，皆以民之力智德三者為準的。（〈原強〉）

嚴復這種觀點正是與他的「物競天擇」的生物學的社會觀點，與他的所謂「以自由為體」的資產階級個人主義社會觀點，密切相連繫的。將政治民主歸結為個人自由，把社會進化歸結為人各自強，從而也就把尖銳的政治鬥爭歸結為一般的教育任務，嚴復終於把自己一生完全獻身於譯著、教育事業，成為中國近代教育救國的先驅。「為今之計，惟急從教育上著手。」（在倫敦答孫中山語，引自王遽常《嚴幾道年譜》）他把「愈愚」當作拯救中國的「要道」。

由於持有這種觀點，嚴復在政治上便越來越保守、穩健。他在〈原強〉等論文寫後一、二年，在戊戌變法走向高潮時，便表現出倒退。他嫌康有為、梁啟超太急進了，他反對「減君權，興議院」，認為「君權之輕重，與民智之深淺成正比例……以今日民智未開之中國，而欲效泰西君民並主之美治，實大亂之道也。」（〈中俄交誼論〉）[28] 隨著改良派失敗，革命派在《民報》大登華

盛頓、盧梭照片以示推崇時，這位在中國宣傳介紹西方資產階級
「新學」「西學」的權威，卻大唱其不同的調子。他曾翻譯穆勒的
《論自由》，出版時改名為《群己權界論》，連過去提倡過的「自
由」一詞，也不願用。這一點至今發人深思（翻譯是在戊戌後，
出版則在 1903 年）。1903 年出版斯賓塞的《群學肄言》時，嚴
說：「竊以為其書實兼《大學》、《中庸》精義，……於近世新舊兩
家學者，尤為對病之藥」（〈譯餘贅語〉），企圖把斯賓塞的社會學
與中國儒家學說調和結合起來。接著他又翻譯出版了甄克思的《社
會通詮》，反對民族民主革命，遭到了章太炎的駁斥[29]。但是嚴復
堅持這一立場，並越來越讚揚和推崇「孔孟之道」，甚至用西學來
辯護「民可使由之，不可使知之」的孔學教義（《平報》1913 年
9 月），更後，他說：「中國目前危難，全由人心之非，而異一線
命根，仍是數千年來先王教化之澤。」（〈與熊純如書〉第 53 函，
1917 年）於是整個向西方學習也大可懷疑和否定了。「覺彼族（指
西方資本主義民族）三百年之進化，只做到利己殺人寡廉鮮恥八

---

28 嚴對帝俄是頗為反感的，這不僅因其英國派的教養，而且帝俄對中國的
　　侵略，均使他憎惡這個亞洲式的歐俄。但在個人政治關係上，他與親俄
　　派李鴻章以及榮祿等或密切或有交往。此〈交誼論〉看來是在某種壓力
　　下寫的，但上引觀點為嚴所本有。

29 與當時革命發展、兩條政治路線劃分界限等總形勢完全適應，1903 年也
　　是嚴復思想消極苦悶而急劇轉變的時間。嚴的重要譯著大都完成在 1903
　　年前。此後嚴積極搞起實業投資等活動來了，而仍以失敗告終。附嚴復
　　譯書表（據王栻：《嚴復傳》）。

個字，回觀孔孟之道，真量同天地，澤被寰區。」（同上，第 59
函，1918 年）「竊嘗究觀哲理，以為時久無弊，尚是孔子之書。」
（同上，第 45 函，1917 年）「歐洲三百年科學，盡作甌禽食肉
看。」（《癒懋堂詩集》）至此，嚴復背棄了他早年曾熱情相信過、
宣傳介紹過的「新學」「西學」，而完全回到傳統懷抱中去了。數
千年中國傳統經常把好些「向西方學習」的分子又逐漸吞噬、消
化進去了。嚴復不過是一個典型例子。其後有更多的人走的都是
這條路。這是一個值得好好研究的課題。中國意識形態的頑強力
量，本不是數年數十年所能清除，特別是小生產社會基礎沒有徹
底改變之前，資本主義的東西不一定能生根，封建主義的東西倒
駕輕就熟，可以改頭換面地一再出現，並把人們從思想到行動，
從靈魂到肉體都吃掉。嚴復介紹西學、新學的故事，應提醒我們
的注意。

（原載：《歷史研究》1977 年第 2 期，有增補）

書名	原書名	原著者	原書出版年分	譯著年分	出版年分	出版者	備註
《支那教案論》	Missionaries in China	宓克 (A. Michie)	1892	甲午戰爭前後 (1894～1895)	未詳，當在 1899 年以後	南洋公學譯書院	
《天演論》	Evolution and Ethics and Other Essays	赫胥黎 (T. H. Huxley)	1894	1894(?)～1896	1898	沔陽盧氏慎始基齋木刻	最早木刻本是 1894 年或 1895 年陝西味經書處刊本，與以後版本文字不同。《天演論》自 1898 年……（光緒 24 年）出版後，各處翻印本甚多。
《原富》	An Inquiry into Nature and Causes of the Wealth of Nations	斯密亞丹 (Adam Smith)	1776	1897～1900	1901～1902	上海南洋公學譯書院	
《群學肄言》	The Study of Sociology	斯賓塞 (H. Spencer)	1873	1898～1903	1903	文明編譯書局	
《群己權界論》	On Liberty	穆勒 (J. S. Mill)	1859	1899	1903	商務印書館	
《社會通詮》	A History of Politics	甄克思 (E. Jenks)	1900	1903	1904	商務印書館	
《法意》	L'esprit des Lois	孟德斯鳩 (C. L. S. Montesquieu)	1743	1900(?)～1909	1904～1909	商務印書館	
《穆勒名學》（上半部）	A System of Logic	穆勒 (J. S. Mill)	1843	1900～1902	1905	金陵金粟齋木刻	
《名學淺說》	Logic the Primer	耶芳斯 (W. S. Jevons)		1908	1909	商務印書館	
《中國教育議》		衛西琴 (S. A. Westharp)		1914	1914	文明書局	

六、二十世紀初資產階級革命派思想論綱

　　二十世紀最初十年是中國資產階級舊民主主義革命的風雨年
代，它以義和團勇士們無畏的血火宣告燦爛的開端，卻完結在辛
亥革命那個悲慘的勝利中。以孫中山為首的中國資產階級革命派
思想的興衰故事，是近代世界史上富有教益的一課。

（一） 兩個關鍵環節

　　關於中國近代史的分期，二十年前有過一番熱烈討論[1]，本
文認為，在社會性質已確定的前提下，應以社會鬥爭形勢為標準，
以重大歷史事件為界標[2]，將中國近代分為 （一） 1840〜1864
年，（二） 1864〜1894 年，（三） 1894〜1911 年，（四） 1911〜
1919 年這樣四個時期，其中兩個革命高潮 （一）、（三），兩個低

---

1 見《中國近代史分期問題討論集》，三聯書店出版。
2 作為界標的所謂重大歷史事件，應嚴格限制在這一事件體現出社會鬥爭
　總形勢轉折點這一意義上，從而也才能標誌出社會發展趨向的階段性質。
　因之，既不是任何重大事件均適宜作界標，也不是作為界標的事件比未
　作界標的，其本身的歷史地位或意義是一定要更大。所以本文不以
　1900 年或 1905 年作分期界標。就中國整個近現代，應分別 （一）1840〜
　1895 年 （二）1895〜1911 年 （三）1911〜1949 年 （四）1949〜1976 年
　（五）1976 年〜，其中亦可見最為短暫的第二時期的關鍵性。

潮（二）、（四）。本文涉及的第二高潮時期，又可以 1898 年、
1900 年、1903 年、1905 年、1908 年為界，劃分出一些小的
階段。

　　1894 年中日甲午戰爭的失敗，結束了「同治中興」的神話，
太平天國失敗後維持相對穩定的年代結束了，中國人民各階級階
層開始了第一次救亡圖存的愛國運動，出現了政治鬥爭的新形勢。
從經濟到思想，從政治局面到社會氣氛，的確進入了一個新的時
期。在意識形態方面，上一時期積累起來的變法維新思潮，一下
被推上時代的高峰，形成了一條思想、政治路線，這就是以康有
為為代表和以後以張謇為代表的資產階級改良派和立憲派的路
線。與這條路線由差異、矛盾終於發展為對抗的，是以孫中山為
首的資產階級革命派路線。就思想史的主流說，二十世紀最初十
年，正是後者與前者不斷劃清界限、逐漸成熟壯大的發展過程。
這個過程不是思想自身的自然延伸，而是以現實社會鬥爭為根基，
經歷了幾個重要的部分質變和飛躍而實現的。如果以 1895 年興中
會成立作為革命派活動的開始，以 1905 年同盟會成立作為革命派
的成熟，那麼，其中對革命派這一發展無論在思想上、政治上、
組織上起了關鍵作用的，就有兩個十分重要的中介環節，這就是
1900 年的自立軍運動和 1903 年的拒俄義勇隊運動。對這兩個環
節及其意義，以前研究、重視得是很不夠的。

1. 自立軍運動

　　戊戌變法失敗以前，儘管已有興中會的活動，但影響不大。

與政治鬥爭的形勢完全一致，當時充當思想舞臺主角的，是與封建主義正統意識形態作鬥爭的資產階級改良派變法維新思潮。當時先進的中國人大多接受從鄭觀應的《盛世危言》到梁啓超《時務報》的啓蒙，熱心地讀新書，談西學，議論時政，積極參加和捲入變法維新運動，認為這是拯救中國免於滅亡的唯一道路。儘管其中一些激進分子在思想、言論上開始越出君主立憲的界線，提出民權、反滿、革命等觀念（例如譚嗣同、梁啓超[3] 1897 年在湖南的宣傳組織活動和思想狀況）。但總的說來，卻仍然從屬在改良主義的旗幟之下，這包括不久以後成為革命派的大部分著名領導人物如黃興、章太炎、蔡元培……等人在內。章太炎很早即有反滿思想，但這時也仍然忠誠地隸從於他並不滿意的以今文經學為理論基礎的變法維新的路線，這說明當時時代精神的確還依附在改良派身上。

戊戌變法的失敗，譚嗣同等人的流血，湖南新政的慘遭摧殘，使這個龐雜的改良派隊伍本身起了巨大分化。它的上層和右翼不是被嚇得一蹶不振，從此消極（如陳寶箴父子可為代表），便是堅守原有主張，寸步不前（如康有為和一批中級官員），這些人大都是有了一官半職的封建官僚或名流士大夫，代表著開明地主和上

---

3 梁啓超的思想特徵之一是搖擺和善變，容易接受外來影響。在戊戌前後，他在外來影響（前是譚嗣同，後是孫中山）下，思想言論曾兩度激越，但很快就被他老師康有為拉了回來。辛亥後始擺脫康的影響，五四時曾接受白話文等，但很快又在胡適影響下，大搞整理國故了。

層資產階級（亦官亦商）的利益。原來追隨在改良派旗幟下的下層和左翼，情況卻有了重要變化。其中大多是年輕的一代，即剛剛接受改良主義啓蒙洗禮，在九〇年代變法維新運動高潮中成長崛起的一代，也就是前面譚嗣同文中說過的，「湖南民智驟開，士氣大昌……，人人皆能言政治之公理，以愛國相砥礪，以救亡為己任，其英俊沈毅之才，遍地皆是。其人皆在二、三十歲之間，無科第，無官階，聲名未顯著者，而其數不可算計。」（《戊戌政變記》）最後這一特徵是很重要的，它說明與「強學會」「保國會」等以名流、官僚、士大夫為主體的上層改良派組織很不相同，在變法運動思潮的高潮中，湧現了一大批年輕的可說是近代中國第一批學生知識分子（其中大部分日後都去日本留學）。他們與有功名爵祿的傳統封建士大夫有了質的區別，這也就是章太炎後來所說的，「今革命者則異是，大抵年少不為祿仕者。」（〈革命之道德〉）這些人在戊戌後並沒悲觀消極，也未停步不前，思想上在尋找新的出路，醞釀著新的變化。然而，這種新的出路和變化都只有通過現實的教訓，才可能獲得成熟。

自立軍運動就是這樣一次教訓。

人所周知，自立軍的實際領袖是譚嗣同的死生摯友唐才常。唐的哲學觀點和社會政治思想和譚完全一致　（見　《覺顛冥齋內言》），不同的是家庭出身、社會地位比譚嗣同等人要低得多，與下層會黨的聯繫也多一些。譚嗣同〈絕命詩〉說：「我自橫刀向天笑，去留肝膽兩昆侖。」寄希望於一文一武。據梁啓超的解釋，文是指康有為，武是指大刀王五。這和譚嗣同說袁世凱實行宮廷

政變一樣，象徵性地表現了既希望和平改良又不得不訴諸武力流血這種深刻的思想政治矛盾。唐才常以自己的現實活動恰好外化了譚嗣同思想的這種內在矛盾。不是康有為，也不是王五，而是唐才常，成了譚嗣同思想遺囑的忠實執行者。

在八國聯軍入侵中國、滿清政府搖搖欲墜的時局關頭，唐才常一方面與孫中山、畢永年[4]取得聯繫和幫助，準備武裝起義；一方面又仍然與康有為、梁啓超以至文廷式等保持聯絡，並推請這些改良派名流，包括容閎、嚴復，作名義上的領袖。在綱領上，一方面提出「創造新自立國」「不認滿清政府」「非我族類，其心必異」等等反滿革命主張；另一方面卻又倡言「君臣之義，如何能廢」「請光緒皇帝復辟」等等改良口號。在組織上，一方面以上述下層知識分子和會黨力量作骨幹、主力；另一方面又寄希望和幻想於地方軍閥張之洞……。[5]譚嗣同的思想矛盾在這裡竟活生

---

4 畢也是受譚嗣同影響很深的，戊戌後參加革命派，「與湘鄂會黨關係極深，譚嗣同倚之於左右手，戊戌政變後東渡，謁孫總理加入興中會」（《革命逸史》）。

5 從譚嗣同當年在湖南辦「南學會」，就有在必要時搞地方獨立自治以實行民權民主的想法（參看論譚嗣同文）。包括「自立」這一口號，也是戊戌時便提出過的。從而對地方軍閥、封疆大吏的幻想（希望他們脫離滿清中央政府的控制），成為當時一種帶普遍性的想法。庚子時，唐才常幻想於張之洞，章太炎也曾寄希望於李鴻章，寫信給他，望李「絕詔迮府以舒近禍」。《訄書》木刻本中〈方鎮〉一篇也表現了同樣的思想。這種思想正是經過自立軍運動的血的教訓而放棄的。

生地呈現為十分現實和具體的政治、組織、軍事上的矛盾兩面性。如果說，戊戌變法是康有為的思想的現實體現，那麼自立軍運動就正是譚嗣同思想的具體展開。如果說，譚嗣同的思想是改良主義必然讓位於革命民主主義時代動向的重要反映，那麼，唐才常領導的自立軍運動就正是這一必然動向通過現實鬥爭直接呈現出來了。

　　結果當然悲慘之極。地方軍閥不過是滿清中央政權的走狗，自立軍大批領導骨幹，大多是當年改良派左翼下層成員，如湖南時務學堂的學生二百餘人被殺。《革命逸史·興中會時期之革命同志》中注明是自立軍組織的凡五十餘人，並說，「以上李英等二百數十人均被派在湘省各縣發難，與唐才常等先後被逮，為湘撫俞廉三所殺。」如林錫圭、李炳寰、田邦璿、蔡忠浩等，便都是當年湖南時務學堂的高材生，「是役之敗，株連而死者自男爵道員至諸生以千數」（趙豐田：《康長素年譜稿》），遠遠超過了戊戌的流血。這次流血不只有量，而是有質的不同意義。張之洞在殺唐才常等人後曾發表一篇所謂「勸戒」大文，其中說，「……起事之人，率皆文弱書生，……卿本佳人，何為從賊？……思之而不得其解也。」知識分子為了救國維新居然會和下層會黨（張之洞目中之「賊」）聯繫在一起搞武裝起義，這對清朝統治者是件新鮮事情；對這些文弱書生來說，他們被屠殺、被鎮壓，卻正是使他們完全擺脫改良主義道路的根本契機。

　　事情就是這樣。自立軍的參加者在哀悼了自己的領袖和同伴後，大都成了堅決的革命分子，很快投身於孫中山的旗幟下，成

為繼興中會之後又一批革命的活動家。自立軍的重要人物秦力山、
陳猶龍等人跑到東京找康、梁算帳，秦與興中會人共同創辦《國
民報》，自任總編輯，「開留學生革命新聞之先河」(《革命逸史》
卷 1，第 96 頁)，並是最早 (1901 年) 與改良派論戰的刊物。
1902 年秦力山與章太炎等人開「支那亡國紀念會」，秦成為溝通
留日學生與孫中山的重要橋梁，如章太炎所記載：「孫公之在東
國，羽翮未具，力山獨先與游，自爾群士輻輳，歲逾百人，同盟
會之立，斯實為維首焉。」(《太炎文錄續編‧秦力山傳》) 此外，
如黃興，「與畢 (永年) 素投契，……而秦力山唐才常均倚重興，
恆資擘畫，及庚子漢口事後，興以計得全。」(鄒魯：《中國國民
黨黨史稿》4 編，第 1534 頁) 如禹之謨，「……與譚嗣同唐才常
等人有所接洽，並同湖南哥老會首腦畢永年等人……幾次會晤。
戊戌政變失敗，他引為憾事。庚子年，唐才常在上海籌設正氣會、
自立會以及開辦富有山堂、召開中國國會等舉動，禹之謨都參與
其事。是年秋，他偕唐才常到漢口，規劃組織自立軍起義。……
他對唐才常的受到犧牲，每一談及，不覺淚下如雨，無限悲傷。」
(《辛亥革命回憶錄》2 集，第 215～216 頁)，其他如楊篤生 (時
務學堂教習)、沈藎 (自立軍右軍統領)、龔超、孫武……等等，
都先後成為革命派的重要分子、骨幹。在他們帶動下，兩湖地區
(又特別是湖南) 成為革命派勢力發展得最早最快和最有基礎和
力量的中心地區。辛亥前，湖南曾被稱為「小法蘭西」。自立軍運
動的十年後，辛亥革命終於在這裡爆發和成功，並非偶然 (武昌
起義是以湖南焦達峰等人為主要後盾的)。 這一直延續到五四運

動、勤工儉學運動（湖南人最多）和大革命時代。兩湖（特別是湖南）的革命者始終前仆後繼，成為全國最富有生氣活力的中心地區，與此也是有關係的。這種民主革命傳統，應該上溯到戊戌、庚子，也就是應追溯到「南學會」、「時務學堂」和自立軍運動的。[6]

可惜迄今對這一關鍵環節研究還很不夠，絕大多數論文貶低自立軍運動，把它簡單地說成是戊戌變法的尾聲。其實，它並不是改良主義的尾聲，而倒是革命鬥爭的序幕；它不是終點，而恰恰是起點。自立軍運動及其失敗是使兩湖地區革命化的媒蘗。[7]

2. 拒俄義勇隊運動

然而，就全國或就日益增多的留日學生全體說[8]，情況還不

---

6 譚嗣同當時就用長沙與南京作了比較：「聞湘中長沙一城銷《湘學報》千數百份，銷《時務報》又千餘份，盛矣！士之好學也。金陵銷《時務報》僅及二百份，蓋風氣之通塞、文化之啓閉，其差數亦如此矣。」（〈與康紱丞書〉，見《湖南歷史資料》1959年第4期）

7 當年的目睹者對這一事件的描述和評價，對這一點也表述得很清楚，例如，有的認為，唐才常打出勤王旗號是因為當時革命風氣未開，「非藉忠君愛國之名詞，不足以鼓動天下」（黃中黃：《沈藎》）；有的指出，自立軍事件揭穿了梁啓超名為保皇黨實則革命的騙局，「……這一次騙局揭穿，遂造成漢口大流血的慘劇，保皇黨的信用掃地，革命黨的怒氣沖天，由此展開鬥爭，成為勢不兩立的仇敵」（《鄂州血史》，第10頁）。

8 當時留日學生數字大體如下：1900年——100人左右，1902年——500人左右，1904年——1,500人左右，1905年——8,000人左右，1906

是這樣。康、梁挾其盛名還為許多人仰慕和追隨，改良主義熱潮還占優勢。為什麼一定要革命，一定要推翻滿清政府才能救中國，這個道理對許多人而言並不清楚。從全局上改變這個局面，不僅在兩湖地區而且使全國大多數愛國志士和先進分子決心走革命道路，使革命派在思想、政治、組織上來一個更大的變化，光自立軍事件是不夠的，它畢竟有地區局限，還要有一次更廣泛的震動。這次震動終於來了，這便是 1903 年發生的拒俄義勇隊運動。

1900 年沙俄參加八國聯軍侵入中國後，以保護鐵路為名，占領我國整個東北地區，他們「殺人放火，把村莊燒光，把老百姓驅入黑龍江中活活淹死，槍殺和刺死手無寸鐵的居民和他們的妻子兒女」(列寧：〈中國的戰爭〉)。到 1903 年 4 月，沙俄不但拒不履行剛簽定不久的撤兵協定，而且向清朝政府提出七項要求，實際是要求將其控制和侵略我國東北加以條約化、合法化。這激起了中國人民的極大義憤，學生作為先鋒群起抗議。北京京師大學堂的學生「鳴鐘上堂，……登臺演說」「發電各省學堂，……稟請該省督撫電奏力爭」(《湖北學生界》第 4 期)，武昌高等學堂「各處集會，有所商議，遂相約不登校」(《游學譯編》8 期)。學生最集中的留日學生界更「聞之大憤，各省同鄉會紛紛開會研究對策」(《革命逸史》初集，第 104 頁)。四月初三，留日學生開大會，討論組織「拒俄義勇隊」，到會五百餘人，情緒悲憤激昂，隨後，「福建、江蘇、湖北、湖南、浙江、雲南、貴州、廣東各開同鄉

年──13,000 人左右。

會，演說義勇隊事，莫不嘔心瀝血沈痛悲切」。十五、六歲的小同學也以國亡無日奮起簽名，堅決要求北上抗俄，「舉座皆涕不可仰」（均《湖北學生界》第 4 期），這可說是中國近代史上最早一次的學生愛國運動。[9]

學生赤手空拳，如何抗俄呢？當時義勇隊的規程是：「定名：學生軍。目的：拒俄。性質：甲、代表國民公憤；乙、擔荷主戰義務。體制：在政府統治之下。」（《革命逸史》初集，第 105 頁）最後一條表露了這個運動基本上屬於反帝愛國範圍，並無明確的革命反滿之意。拒俄義勇隊當時曾致電清朝政府北洋大臣袁世凱，「告以學生軍組織，請隸其麾下，求其援助」（同上）。他們強烈要求滿清政府積極抗俄，不要再喪權賣國。也正是在這一愛國主義的旗幟下，這個運動把當時站在改良派政治立場上的許多同學大都捲進來了，成為在留日學生中具有空前廣泛基礎的一次運動。

但對滿清政府說，這種學生運動是「托拒俄以謀革命，其用意與唐才常相似。」「前歲漢口唐才常……托勤王以謀革命」，這次也是「名為拒俄，實則革命」，認為「東京留學生已盡化為革命黨，不可不加防備」，密令「於各學生回國者，遇有行蹤詭祕，訪聞有革命本心者，即可隨時獲到，就地正法」（同上，第 107 頁）。抗俄有罪，愛國該殺，反動派對付學生運動歷來如此，這個

---

9 如果不算康有為的「公車上書」的話。那次是已有「功名」的舊式知識分子，還不能算近代學生運動。

頭，是本世紀初清朝政府開的。

　　然而，鎮壓學生運動總沒有好下場。正是這種鎮壓使人們的眼睛擦亮，認清滿清政府的性質，由愛國而走向革命。如果說，1900 年自立軍運動的失敗使兩湖地區一部分人脫離了改良主義的思想樊籬，拋棄了對清朝政府或地方官僚的幻想，迅速成為革命派；那麼，1903 年拒俄義勇隊運動的失敗則是在更為廣泛的地區內，實現了這一點。1903 年所以成為革命發展行程一個關鍵的轉折年頭，原因就在這裡。全國各報刊（主要是各地留日同學在日本辦的報刊）由溫和而激烈，由改良而革命，是在這一年。鄒容、章太炎的著名革命文章和轟動一時的《蘇報》案，是在這一年。陳天華那影響極大的小冊子的產生，是在這一年。魯迅譯作〈斯巴達之魂〉，提倡 「尚武精神」 和愛國主義 ，是在這一年……。這些直接間接與拒俄義勇隊運動所激起來的巨大浪潮密切相關。可以拿當時一個著名雜誌《江蘇》為例。1903 年第 1 期〈社說〉中儘管喊改革，倡「尚武」，講政體，但主旨仍在抵抗帝國主義侵略，並沒有明確的反滿和革命主張，刊物用光緒紀年，在國內時評中仍稱「皇上」，思想、論調尚未超出梁啓超的影響範圍，也就是大罵榮祿之類。到第 2 期，介紹了拒俄「義勇隊」，已慷慨激昂起來，論說中也有所變化，字裡行間流露出一種「不得已」的過渡狀態，例如說，「自上讓之則可以無血，至萬不得已自下爭之，則歷史具在，吾色變，吾心疼，吾淚血，吾不忍言，吾又不忍不言」。但這種腔調和文體也還是梁啓超式的。到了第 3 期，論調大變，不再用光緒紀年，用黃帝紀元，登出臆造的黃帝

肖像，高唱民族主義，〈論說〉中正式公開宣布：「今而後吾以民族主義」為宗旨「國亡矣，歐族為主人，滿族為奴隸，我為奴隸之奴隸」，要求革命、反滿。第4期評《蘇報》案。第5期評沈藎案。這期另一篇〈時評〉中說「由是觀之，滿洲者，大盜也，盜之魁也，軍機者，盜之軍師也；督撫者，盜之分頭目；州縣，其小盜也，胥吏差役，盜之嘍囉也。」第6期一開頭的〈社說〉便痛斥立憲、改良，說「吾敢正告我同胞曰，公等今日其勿言改革，唯言光復矣」，完全是革命派的宣傳品了。這與年初第1期，簡直完全換了一副模樣。

1903年正月創刊的《湖北學生界》的情況也基本如此。在第1期論說中，還未標明革命，而是強調反帝和教育，看來受梁啟超的新民說等影響很深，到第5期第6期，便宣布改名《漢聲》，斥責政府賣國，明確宣傳革命。當時如《浙江潮》等雜誌報紙，也大都有與此類似的重要變化。而其中介環節，便正是這次拒俄義勇隊運動。有如《江蘇》雜誌所一再指出和勸說：

嗚呼，我留學生何萬幸而遽邀革命之名乎？夫有拒俄之誠，而即蒙革命之名，方知自今以往世人之欲效忠於滿洲者懼矣。然使昌言革命，而徐圖拒俄之計，吾將不知彼滿洲者，於我將奈之何？（第4期〈社說・革命其可免乎〉）

今運動滿清政府之方針，既不可遂，則諸君與其為滿清政府刀頭之餓鬼，何如為革命黨之鏡將乎？（第4期〈內國時評〉）

　　由拒俄而反滿，由愛國而革命，「欲思排外，不得不先排滿，欲先排滿則不得不先以革命」（吳樾：〈遺書〉），這樣一種認識，首先是從 1903 年拒俄義勇隊運動的現實教訓中總結出來的。滿清政府是帝國主義的忠實走狗，這一革命派的宣傳主題，也是最早從這次運動中概括出來的。

　　1903 年是革命派與改良派開始正式劃分思想政治界線的一年。在這以前，梁啓超作為戊戌被迫害者是深得革命派和愛國人士的同情的，他的思想言論，誠如革命派後來所指出，「雖然不敢說排滿，但法國美國義國革命的事情，他也時時提倡」（《天討‧諭立憲黨》），也如梁自己所說，「我向年鼓吹破壞主義，辛壬之間（1901～1902 年）　師友所以督責之者至甚　（指康有為等不滿意他）。」（〈答和事人〉）但「自癸卯（1903 年）甲辰（1904 年）以後之《新民叢報》，專言政治革命（指改良、立憲），不復言種族革命　（指反滿革命）」（〈蒞報界歡迎會演說辭〉）。原因就正在於「見留學生及內地學校，……頻鬧風潮，……雅不欲破壞之學說深入青年腦中」。這也很清楚表明了以 1903 年拒俄義勇隊事件為起點的學生運動的巨大影響。可見 1903 年是中國思想界一大轉變的關鍵年頭，是革命思潮開始替代改良主義作為思想舞臺主角的第一個年代[10]。它為 1905 年《民報》創立和與改良派《新民叢

---

10 從《蘇報》辦的過程也可具體看到這一點，原來是改良、革命兩派共事合作的，4 月龍澤厚（康門弟子）蔡元培等一起工作，6 月分裂，「愛國學社」也於同時瓦解。

報》大論戰作了先導。

　　不僅在思想上、政治上，而且在組織上，也如此。一方面，
1903 年之後，「出保皇黨以入革命黨者，不可以千數計」(《民報》
第 5 期)，更重要的是，以兩湖和江浙為基地的華興會和光復會也
都是在 1903 年拒俄義勇隊的基礎上成立的。由「拒俄義勇隊」改
組成的「軍國民教育會」，派遣骨幹回內地組織武裝活動，黃興、
陳天華等人回湖南，成立了華興會，被派回江浙的龔寶銓和上海
「中國教育會」、「愛國學社」的蔡元培、章太炎等人組織了光復
會，「光復會……源流則出自癸卯……留日學生所設軍國民教育
會」。雖然從 1903 到 1905 年，仍有一些高低波折，但總的說來是
革命思想蒸蒸日上，一往無前。興中會、華興會、光復會在 1905
年合併組成以孫中山為首的同盟會，革命派有了統一的組織、綱
領和領袖。然而沒有 1900 年和 1903 年，沒有自立軍運動和拒俄
義勇隊運動，也就不可能有 1905 年的同盟會的成立。這兩個關鍵
環節為同盟會作了思想上、政治上、組織上的準備。

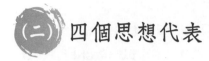 四個思想代表

1. 三大政治派系

　　上述興中、華興、光復是同盟會成立前三個著名革命組織，同盟會成立後，它們也並未減少或停止其各具特色的思想和活動。如何進一步研究、分析它們的共性與個性，也是迄今作得很不夠的重要課題。當然，首先此三會在形式上都具有明顯的地域性，是某種封建傳統的同鄉會的變形，參加這些革命派系活動的也大多是知識分子，但是，即使從這種地區形式著眼，也可看出它們仍各有特點，這些不同地區的知識分子反映了各該地區一些社會情況。興中會是以海外華僑下層[11]為主要基礎，興中會剛成立時，華僑資產階級上層是支持的，但很快就轉向保皇黨了。興中會多活躍在河內、新加坡等外地，國內影響並不很大。光復會則間接反映出江浙地區自耕農以上的農民階級的思想情緒，這與太平天國以後江浙封建關係被革命打亂，土地得到重新調整，自耕農大

---

11 孫中山後來說：「向來本黨勢力多在海外，故吾黨在海外有地盤有同志，而中國內地勢力甚為薄弱」（〈國民黨改組演講〉），這其實也符合於自興中會開始的孫中山的嫡系情況。

量增加，永佃制長久保持等等階級情況有關[12]。江浙上層資產階級勢力很大，但大多站在立憲派一邊。光復會的活動主要放在聯繫會黨方面，其實際力量並不很大。與興中、光復不同，華興會的基礎遠為廣泛，從陳天華強調中產階級革命到共進會，以及日知會、文學社等等的新軍中的活動，它獲得了兩湖地區從資產階級中上層和開明地主士紳的積極支持，再加上會黨、而特別是新軍中的巨大力量，它實際成為同盟會中實力最為雄厚的主幹勢力[13]。同盟會中湖南人人數最多還是表面現象，重要的是在這表層下面的比較廣泛的社會力量。也正因為這個原故，反映在這三派的人物、思想中，便顯然各具特色。如果說，以章太炎為主要代言人的光復會更多反映出一種單純而狹隘的反滿革命的農民階級的意識狀態，興中會可以朱執信為代表，表現了一種激進的然而當時在國內很難能為人所了解和支持的社會主義思想，那麼，以陳天華為最早發言人的華興會的反帝救國思想卻贏得了廣泛的

---

12 可參看王天獎　〈太平天國革命後蘇浙皖三省的土地關係〉（《新建設》1963 年第 8 期）等文。這問題是有爭論的，本文基本同意王文觀點。

13 當年孫、黃（興）並稱，亦非偶然。不僅是黃的個人品質才能功績，而且是他團結、組織、代表的力量，使黃僅居孫下。黃的這種地位以及如焦達峰、譚人鳳等人的作用，一直注意和研究得不夠。由於蔣介石要冒充孫中山的嫡系，國民黨搞黨史就盡量抬高汪精衛、陳其美之流，而貶低或冷淡黃、焦等人。譚延闓本是立憲派，作了國民黨大官後，要掩蓋湖南地區的革命人物和史實，也是原因之一。應該肯定，黃興是當時僅次於孫中山的中國民主革命派的偉大代表。

同情和影響。這種不同倒恰好反映了這三大派系社會基礎的某種差異。

當然，這一切決不能絕對化或簡單化。派系、人物和思想都是十分複雜的，不可能清一色。一方面要注意到它們的個性，便於作進一步的深入探求；另一方面要注意到它們的共性，它們都是資產階級民主革命派，共同擁護同盟會的綱領。並且，共性這一方面是主要的方面。

光復會的思想代表章太炎，有專文論述，下面只簡明提一下鄒容、陳天華和朱執信。

2. 鄒容和陳天華

提陳天華之前，首先應談鄒容。誠如魯迅所說，「倘說影響，則別的千言萬語，大概都抵不過淺近直截的『革命軍馬前卒』鄒容所做的《革命軍》」。鄒容的《革命軍》有如一聲春雷，以震耳欲聾的氣勢，響徹在千年專制古國的上空。它的特點是全面地、明確地宣告了資產階級民主革命的口號、綱領、政策、原理，是整個革命派的最早最鮮明的號角。它把比較徹底的天賦人權說、民主共和制、盧梭、華盛頓、法國革命綱領和美國 《獨立宣言》……，統統以明朗的語言搬了進來。這本書如同它的作者一樣，處在朝氣蓬勃、鋒芒逼人的早期青年時代，顯得那麼視野寬廣和一往無前。從「各人不可奪之權利皆由天授」，「無論何時，政府所為有干犯人民權利之事，人民即可革命」，「凡為國人，男女一律平等，無上下貴賤之分」等等資產階級民主革命的基本原

理，到「先推翻滿洲人所立之野蠻政府」，「誅殺滿洲人所立之皇帝，以儆萬世不復有專制之君主」，「定名中華共和國」等等具體反滿革命的號召和政策，它都用概括而鮮明的方式提了出來。其中常為人忽視而實際頗具特色的是，在這本全面宣傳政治革命的小冊子裡，以相當集中的注意力揭露和批判了當時意識形態方面的問題，指出奴隸主義作為精神枷鎖之嚴重，「中國所謂二十四朝之史，實一部大奴隸史也」，「我中國人固擅奴隸之所長，父以教子，兄以勉弟，妻以諫夫，日日演其慣為奴隸之手段」，「宴息於專制政體之下，無所往而非奴隸」……，指出「革命先去奴隸之根性」。這是繼承了為作者所十分欽佩的譚嗣同的批判的鋒芒[14]，同時也是五四運動和魯迅作品的先導。

　　然而，《革命軍》正如它的作者的短促年華一樣，雖以彗星般的耀眼光焰突地照亮了一個黑暗的世紀，翻印銷行量達百餘萬冊，占當時所有革命書刊的第一位，但它很快也就消失在這長夜難明雲壓天低的封建暗空中。《革命軍》所嚮往所宣告所要求的資產階級的民主主義，包括如「凡為國人，……無上下貴賤之分」。這些

14　「困之以八股試帖、楷折，俾之窮年矻矻，不暇為經世之學。」「辱以童試、鄉試、會試、殿試（殿試時無座位，待人如牛馬），俾之行同乞丐，不復知人間有羞恥事。」「治之以科名利祿，俾之患得患失，不復有仗義敢死之風。」「羈之以庠序臥碑，俾之柔靜愚魯，不敢有議政著書之舉。」「賊以之威權勢力，俾之畏首畏尾。」「名為士人，實則死人之不若。」漢學是「六經之奴婢」，宋學是「啖冷豬肉」等等，均可說是《仁學》的繼續。

最基本的原則，也遠遠沒能實現。幾千年的封建主義很快就把它們吞噬掉了。《革命軍》所斥責批判的種種「奴隸根性」，包括「世有強權我便服，三分刁避七分媚」，「不管內政與外交，大家鼓裡且睡覺」等等，也並沒有多少改變，封建秩序必然繼續培育這種奴隸主義。鄒容所追求的自由、平等、民主、獨立，這個世紀初的天真理想宛如春夢一般地消褪，留下來的仍然是多少世紀的封建妖魔以各種變相不斷出現。

如果說，鄒容《革命軍》的基調是反封，那麼，同樣受到狂熱歡迎的陳天華的作品——《猛回頭》、《警世鐘》、《獅子吼》等基調則是反帝（當然這種比較均係相對而言，下同）；如果說，前者著重宣講的是為民主自由而革命，那麼後者著重宣講的是為愛國、救國而革命；如果說，前者更多突出的是民主革命的一般原理，那麼後者更多突出的則是當前的危亡局勢：

……俄羅斯，自北方，包我三面；英吉利，假通商，毒計中藏；法蘭西，占廣州，窺伺黔桂；德意志，膠州領，虎視東方；新日本，取臺灣，再圖福建；美利堅，也想要，割土分疆……

疼只疼，甲午年，打了敗仗；疼只疼，庚子年，慘遭殺傷；痛只痛，割去地，萬古不返；痛只痛，所賠款，永世難償……

怕只怕，做印度，廣土不保，怕只怕，做安南，中興無望……怕只怕，做非洲，永為牛馬，怕只怕，做南洋，服事犬羊；怕只怕，作澳洲，要把種滅，怕只怕，做苗族，日見消亡……。（《猛

回頭》）

　　如此急迫痛切的國家種族的危亡感，如此憤激慷慨的救亡呼
聲，如此通俗易懂的語言形式，把要救亡愛國就必須反滿革命的
道理，說得最透最為淋漓盡致了。毛澤東說：「辛亥革命是革帝國
主義的命，中國人所以要革清朝的命，是因為清朝是帝國主義的
走狗。」陳天華把這個命題最早最明確地表達了出來，與前述由
愛國而革命的當時現實情況完全一致。反帝是中國近代一個首要
命題。

3. 朱執信

　　鄒容和陳天華都很早就死了。以《民報》為喉舌的革命派雖
然又擁有一批著名的作者和政論家，但像當時頗有名氣的胡漢民、
汪精衛等人卻並沒有什麼獨特的思想貢獻。他們（特別是胡漢民）
寫了許多宣傳文章，闡述了革命派的一些主張，如〈民報六大主
義〉等等，起了很大作用。但是，他們基本上只是轉達了孫中山
的三民主義思想，沒有多少獨創性。真正具有特色的只有獨樹一
幟的章太炎，其次就要算朱執信了。

　　章太炎已有專文，此處不談了。朱執信看來則是當時革命派
的最左翼，他的思想特點是著重闡發孫中山的民生主義，並是最
早介紹過馬克思的名字和學說的人。在《民報》第 2 期（1906
年）〈德意志革命家列傳〉一文中，朱執信介紹了《共產黨宣言》，
指出在馬克思之前，雖有主張社會主義攻擊資本主義的人，「然能

言其毒害之所由來，與謀所以去之之道何自者，蓋未有聞也，故空言何所裨。」「夫馬爾克（馬克思）之為〈共產主義宣言〉也蓋異於是」，說明馬克思創立的科學共產主義不同於以前。緊接著，朱執信介紹了馬克思的階級鬥爭觀點：

> 馬爾克之意，以為階級爭鬥，自歷史來，其勝若敗必有所基，……不待龜筮而瞭也。故其宣言曰「自草昧混沌而降至於吾今有生，所謂史者，何一非階級爭鬥之陳跡乎？」

朱執信比較詳細地介紹了《共產黨宣言》提出的十項措施，並認為「馬爾克素欲以階級爭鬥為手段」，「以之去不平所不可闕」。朱接著簡略介紹了《資本論》：「馬爾克以為資本家者，掠奪者也，其行盜賊也。其所得者，一出於腹削勞動者以自肥爾」，「譬有人日勤十二小時，而其六小時之勞動已足以增物之價，如其所受庸錢，餘六小時者直無報而程功者也。反而觀之，則資本家僅以勞動結果所增價之一部還與勞動者，而干沒其餘」。這就是朱執信當時所了解的馬克思關於剩餘價值的觀念。

當時提到馬克思的文章，不只此一人一篇，在朱執信此文以前，諸如梁啟超、《浙江潮》雜誌都有文評介涉及過。這是當時介紹國際各種革命學說和思潮以求其友聲的表現。其中更大量的、介紹得更多的是無政府主義派別和思想。因之朱執信的特點不在於介紹馬克思，而在於他逐漸贊同、接受、走向馬克思的這些觀點，企圖用這些觀點來觀察、評論當時中國的革命，企圖從社會

的生產、分配、所有制以及階級關係上來探究貧富的「本源」。這在當時確乎是鳳毛麟角。朱執信認為「政治革命」是建立民主共和國,「社會革命」則是「社會經濟組織上的革命」,這是由於社會經濟組織的不健全而引起,之所以不健全則是由於資本主義私有財產和「放任競爭」造成社會上「貧富懸隔」。「貧富懸隔,由資本踐扈。……無私有財產制,不能生貧富,固也。」(〈論社會革命與政治革命並行〉,下同)朱執信強調光政治革命不行,革命主要應進行社會制度的改革。他說「革命者,階級戰爭也」,「社會革命之主體為細民,其客體為豪右」。所謂「細民」指「力役自養之人」即無產者;而「豪右」也就是資產階級。朱執信希望在中國資本主義尚未大發展之時,「當其未大不平時行社會革命,使其不平不得起」。這也就是孫中山講的「舉政治革命與社會革命畢其功於一役」,並通過「土地國有」、「定地價稅」 等等辦法來達到之。

　　但是,中國當時面臨的是資產階級民主革命,而不是無產階級社會主義革命。因之,孫中山、朱執信主觀上為防止資本主義而提出的「社會革命」便有如列寧所說:

　　中國社會關係的辯證法就在於:中國的民主主義者真摯地同情歐洲的社會主義,把它改造為反動的理論,並根據這種防止資本主義的反動理論制定純粹資本主義的、十足資本主義的土地綱領。(〈中國的民主主義和民粹主義〉)

　　所以說是「反動」，指的是違反了歷史發展的客觀規律。他們的「社會革命」要去「防止」資本主義，是違反社會客觀發展的反動理論；但其客觀內容如「土地國有」、「定地價稅」之類則又恰恰是打擊封建地主而有利資本主義的發展的。但後來的歷史說明，他們的「土地國有」之類發展資本主義綱領根本未能實現，而他們「防止」（實亦畏懼）資本主義的主觀空想卻有其深刻現實根源。這是當時瀰漫在革命派陣營裡的一種小生產者民粹主義思潮（參看本書〈章太炎剖析〉文）。朱執信在七十多年前便同意並企圖採用馬克思主義的觀點來觀察分析問題，在當時革命派中超出了一般的思想水平。但是由於中國畢竟仍是一個小生產者廣洋大海的社會，這種馬克思主義從一開始就滲透了小生產者的主觀空想，反而成了一種民粹主義的混合物了。

　　但是如果與章太炎仔細比較一下，則二人仍有不同。章太炎是站在封建宗法農民的立場，帶著小生產者的狹隘眼界來抨擊和反對資本主義，也是要竭力「防止」、阻止資本主義在中國的發展，這在客觀上是一種右的思潮。朱執信雖然主觀上站在左面來反對資本主義，然而由於超越歷史當下的任務，不但根本行不通，比起章太炎，更少人能理解。在革命勢力最雄厚的兩湖地區，共進會把平均地權改為平均人權，三民主義成了二民主義，一點也不奇怪。

　　其實，「二民」也沒有。鄒容所宣傳的民主、自由、平等、獨立等等觀念，並沒能克服和戰勝封建主義傳統意識形態，當時真正深入人心起了實際作用的，倒只有陳天華宣傳的為富強、為救

國而革命的道理，加上章太炎竭力宣揚的反滿光復，這二者共同
構成當時整個革命思潮主要的和突出的部分，人們一般都只是把
打倒滿清皇帝、推翻清朝政府和在形式上建立共和政體，作為革
命的主要甚至唯一的目標。

　　這取得了成功，但更帶來嚴重的後果。

4. 國粹主義與無政府主義

　　同盟會是一個鬆散的組織，有各種各樣的「革命家」，有各種
各樣的思想和人物。以上四位，可以看作革命派思想的主流或代
表，從鄒、陳到章、朱，既是橫的解剖面，也是縱的發展面。它
們都基本從屬和概括在孫中山的三民主義的綱領下。與這個主流
相並行，也還有一些支流。其中又可分出「左」右兩翼。右翼是
當時的國粹主義思潮，這一思潮與章太炎相聯繫，但更專門致力
於保存和發揚國粹，強調用封建傳統教義如華夷之辯等等來宣傳
革命，它常常把人們引導到單純復仇反滿等狹隘民族觀念中去。
這一派當時未對革命造成嚴重損害，但其潛伏的消極影響在日後
卻充分表露出來，如所謂「保存國粹」之類，日後經常成了封建
主義文化反攻的組成部分。

　　「左」的一面是由劉師培、吳稚暉等人所宣揚的無政府主義
思想。這些人趨國際時髦，大唱高調，以所謂個人苦樂均等分配
為原則，要求泯滅分工，提出人人作工，作農，作兵，主張不要
政府，包括反對共和政制，認為社會解放重於政治鬥爭……等等，
在「左」的旗號下，脫離當時民主革命的現實目標，轉移鬥爭的

方向和視線。它出現和喧囂於 1908 年左右（當時革命形勢相對低
落，起義多次失敗，同盟會組織渙散分裂，立憲派迅速發
展……），表現了第一批小資產階級知識分子的雖激昂實動搖的階
級特徵。「左」右是可以逢源合一的，例如，劉師培既是國粹思潮
的幹將，又是無政府主義思潮的先驅。無政府主義是一直到五四
運動前後仍極有影響的思想，它作為對現存秩序的個人病態反抗，
實際反而成了封建主義的補充和幫閑。它們相反相成地構成了在
長期小生產基礎上的近代中國意識形態中的一個重要成分。章太
炎當時批評過無政府主義思潮，[15]但無政府主義那種種反工業文
明、反共和政體、主張無政府等等，又是與章的「四惑」「五無」
可以相通的。「左」右兩翼的共同特點是或超越或落後於當時時代
所提出的發展資本主義中心要求，從而在客觀上便共同起了阻撓
這一時代要求的消極作用，反而替封建主義幫了大忙。國粹主義
是直接幫助，無政府主義、主觀社會主義是間接幫助。因之，無
論是朱執信，或是章太炎，或是無政府主義，他們把矛頭針對資
本主義，反對或要求「防止」資本主義，卻經常在客觀上掩護了、
幫助了封建主義。中國作為有長期封建傳統的國家，同時又作為
有廣大落後小生產者的國家，使這種現象以各種方式不斷重演，

---

15 吳稚暉、劉師培雖一為章太炎惡一為章太炎親，但他們先後都是告密者。
　當然，雖同為無政府主義，吳、劉思想仍有很大差異，吳外在表現更「科
　學」，例如，信進化論；章太炎、陶成章大肆攻擊孫中山時，吳站在孫一
　方，等等。

特別是使以「左」的社會主義面貌的思潮長期氾濫，它們在革命陣營中經常占據統治地位，造成巨大損失。從太平天國的軍營式的共產主義到資產階級革命派中的章太炎式的主張，以及無政府主義，等等，無不反映中國無論經濟政治或思想文化領域所受資本主義發展不足的苦，使封建主義的陳貨可以藉「左」的偽裝或掩護而頑強地延續下來。封建主義與民粹主義成了中國革命的巨大阻礙。

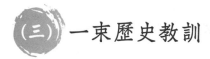 一束歷史教訓

　　辛亥革命以出人意料的速度在全國勝利了。武昌起義後各省幾乎大都是所謂「兵不血刃」「傳檄而定」。然而實際上是悲慘地失敗了。絕大部分的政權都落在立憲派或舊封建軍閥、官僚的手中。有的是發動政變搶去的（如湖南），有的是請進外省兵力奪走的（如貴州），有的是採用陰謀辦法謀得的（如湖北），更多則是乾脆一夜之間換塊招牌，由清朝政府的「巡撫」改為革命軍政府的「都督」（如江蘇）。正如魯迅在〈阿Ｑ正傳〉中所藝術地概括的：「未莊的人日見安靜了。據傳來的消息，知道革命黨雖然進了城，倒還沒有什麼大異樣。知縣大老爺還是原官，不過改稱了什麼，而且舉人老爺也做了什麼──這些名目，未莊人都說不明

白——官，帶兵的也還是先前的把總。」「假洋鬼子回來時，向秀才討還了四塊洋錢，秀才便有一塊銀桃子掛在大襟上了，未莊人都驚服，說這是柿油黨的頂子，抵得上一個翰林。」從阿Q所在的未莊到革命首義的武昌，從傑出的藝術概括到床底下請出個黎元洪的真實歷史，革命派讓權、反革命派奪權的辛亥革命悲喜劇上演得淋漓盡致。辛亥革命使政權實質並無改變，卻由於甩掉一個作為權力中心象徵的清朝皇帝，反而造成了公開的軍閥割據，內戰不已，人民的生命和權利連起碼的保障也沒有，現實走到原來理想的反面。

　　然而這才是第一幕。第二幕便是反革命的任意屠殺。革命派在起義後幾乎對一切人都是「不念舊惡」「咸與維新」，把以前大聲疾呼的「頂子（指清政府官吏）之紅色藍色，無非血也」[16]從而主張懲辦各級滿清政府官員等主張完全置諸腦後，孫、黃之於袁世凱，譚人鳳等兩湖革命派之於譚延闓，都是節節退讓，希望和衷共濟合為一體（孫、黃讓袁加入國民黨，被袁拒絕，譚延闓則居然成了國民黨的要人），從章太炎到孫武更是乾脆叛己投敵，

---

16 「必殺各官吏之暴者。樞臣則以囊括海內專利中央為能，督撫則以鎮壓民氣，摧抑革命軍為能，州縣則以拿獲會黨嚴刑威民為能，武員以扣減軍餉殺敗國民軍為能，上而中堂、宮保，下而老爺太爺，頂子之紅色藍色，無非血也……項羽起兵先殺會稽守，洪軍（指洪秀全）所過先殺地方官，俄虛無黨革命慣殺將軍宰相，驅滿者之先殺此偽官也必矣。」（《漢幟》1907年1期，鋤非：〈驅滿酋必先殺漢奸論〉）其中提出必殺康、梁、張之洞等等。

「革命軍興，革命黨消」。相反，反革命派則只要略有機會，便極
其殘酷地大行鎮壓和屠殺：從譚延闓殺焦達峰、陳作新，黎元洪
殺張振武，袁世凱殺宋教仁，到二次革命的全國大屠殺。革命派
上層著名人物尚且如此，下層一般分子遭遇就更慘。例如，湖南
焦、陳被害後，在常德「將楊任（革命派骨幹）等三人血屍陳堂
前，一一剖心……」、「接著涂鑒衡、劉漢廷、鍾杰、張盛唐和陸
軍小學學生向忠勇等數十人也……槍斃。……這樣，常德的革命
黨人就被一網打盡了」（楊世驥：《辛亥革命前後湖南史事》，第
211頁）。在貴州，如革命派後來追悔，「只以一念平和，不殺劉
顯世於光復之始，坐令外引鄉軍，內謀暴動，起義同志，盡遭殺
害」（張石麟：〈黨澤霖傳〉，見《民國野史》第2編），「肢體裂為
數十段」（《革命逸史》第4冊〈貴州首義發難者楊樹青〉）。在湖
北，革命首義團體文學社、共進會大批成員被殺，波及到了新聞
界，一些新聞記者如凌大同、余慈舫都被慘殺，「黎元洪說，他所
發表的文章過於激烈，……留著是害人的……不明殺，不標真姓
名，也不宣布罪狀。都督府向來殺人一貫是這樣的」（《鄂州血
史》，第215頁）。「（余慈舫）受刑極慘，由漢口解到武昌軍法處
時，在肩骨縫中，用刺刀戳穿一洞，再用鐵鏈繫之以行，……槍
斃並無罪狀公布。」（同上，第217頁）黎元洪規定，凡管帶以上
軍官就有殺人權。譚延闓要求部下「便宜從事」。清朝未完蛋時，
儘管已經極其凶殘，但在形式上一般還有所謂按大清律行事的規
矩，到現在連任何形式上的刑律也沒有了，一切都可「便宜從
事」，真是殺人如草不聞聲，人民毫無任何法律保障，所謂「形式

的」、「虛偽的」、「殘缺不全」的西方資產階級民主也根本沒有，由封建主義開始直接走向現代法西斯。自袁世凱之後，便是走的這條路。

魯迅對辛亥革命後這種血的教訓是極為沈痛的，他多次指出這一點（參看本書論魯迅文）。辛亥革命前革命派所指望、宣傳的資產階級民主、共和、自由、平等一點也沒有得到。沒有民主，沒有自由，有的仍然只是披上各種現代形式的封建主義。從思想史來看，為什麼會這樣？

如前所述，中國資產階級革命派的思想發展的主流是由愛國而革命，即由抵抗外國侵略要求祖國富強而必須推翻滿清政府，是為了國家的獨立、自由、富強而革命，這與洛克、盧梭等人強調個人的自由、平等、獨立、人權，為這些東西而鬥爭而革命，並不完全相同。國家的獨立始終是中國革命的首要主題[17]。所以孫中山要用國家的自由（即不作外國的奴隸）來界說他的「民族主義」。孫中山說得極明白：「外國革命是由爭自由而起，奮鬥了兩三百年，生出了大風潮，才得到自由，才得到民權。……民族主義就是為國家爭自由，但歐洲當時是為個人爭自由。到了今天……萬不可再用到個人身上去。要用到國家上去。個人不可太過自由，國家要得到完全自由，到了國家能夠行動自由，中國便

---

17 不僅革命派，當年改良派的講民權（如譚嗣同）、自由（如嚴復），也都是為了「救亡」，即為了反侵略爭獨立而提出的手段和方案（詳見各文），反帝救國成了整個中國近代思想的壓倒一切的首要主題。

是強盛國家，要這樣做去，便要大家犧牲自由。」（〈民權主義〉第二講）辛亥革命前革命派與梁啓超的大論戰，雖然極為重要而激烈，討論的問題也很多，但實際主題仍然是集中在革命與保皇這個焦點上，亦即集中在是否實行「民族主義」推翻滿清政府才能救國這個目標上。在法蘭西，「不自由毋寧死」的呼號響徹一時。在中國，蹈海以死激勵人們的是為了救國愛國。至於人權、民主等等，雖然辛亥前有過一些宣傳，但既未真正深入人心，也確非當時現實迫切要求所在。它只在表面形式例如主張共和政體廢除君主政體這種極為外在的意義上，為人們所接受和了解。辛亥以後的歷史表明，誰想使清朝政府復辟，或誰想公開再作皇帝，倒的確是不得人心，天下共擊之的。袁世凱稱帝和張勳復辟很快都失敗。但如何在更深遠的涵義和內容上，從經濟、政治、軍事、文化各個方面實行資產階級民主，以真正戰勝封建主義，革命派始終沒有充分的思想武裝和輿論準備。對舊勢力舊傳統可以以各種新形式來繼續進行統治，甚至反攻倒算，更絲毫沒有認識。思想啓蒙工作，革命派本來就做得很少，也不重視。如何在政治上真正實現民主共和，在經濟上搞富強建設，在文化上宣傳自由平等，革命前大多是空話，並沒有生根；革命後很快就被縱橫捭闔的帝王權術（如袁世凱）和殺人如草的血腥鎮壓所淹沒了。報館被大批封閉；結社被公開禁止。在金錢收買下，議員成豬仔，議會乃玩物。袁世凱稱帝，所謂「國民代表」一千餘人全體一致通過，演出了一幕又一幕的反革命專政醜劇。哪裡有什麼起碼的資產階級人權、民主、平等、自由。而這一點，無論從經濟基礎、

上層建築或意識形態來說，又是有其必然性的原因的。

　　僅從思想史角度看，便很清楚，資產階級民主思潮並未在中國生根，在中國有深厚基礎的是封建統治傳統和小生產者的狹隘意識，正是這兩者結合起來，構成了阻礙中國前進、發展的巨大思想障礙。它們與近代民主主義格格不入，蒙昧、等級、專制、封閉、因循、世襲，從自給自足的經濟到帝王權術的「政治」，倒成為習以為常的思想狀態和正統力量。正是與這種狀況相抗爭，與這種意識形態相搏鬥，才有五四運動，才有啓蒙思想家魯迅。

　　五四運動提出科學與民主，正是補舊民主主義革命的思想課，又是開新民主主義革命的啓蒙篇。然而，由於中國近代始終處在強鄰四逼外侮日深的救亡形勢下，反帝任務異常突出，由愛國而革命這條道路又為後來好幾代人所反覆不斷地在走，又特別是長期處在軍事鬥爭和戰爭形勢下，封建意識和小生產意識始終未認真清算，鄒容呼喚的資產階級民主觀念也始終居於次要地位。一方面，歷史告訴我們，經濟基礎不改變，脫離開國家、民族、人民的富強主題，自由民主將流為幻想，而主要的方面，則是沒有人民民主，封建主義將始終阻礙著中國走向富強之道。從而，科學與民主這個中國民主革命所尚未實現的目標，仍然是今天的巨大任務。特別是當封建主義穿著社會主義衣裳，打著反資本主義的幌子，實際是把中國拉向「封建法西斯」的時候，這一任務的重要性、急迫性和艱鉅性就更突出了。「四人幫」在這問題上給了深刻的一課。因此，在向下一世紀初實現社會主義現代化目標的進軍中，回顧本世紀初的資產階級革命思想和這一思想的歷史行

程，不是很值得研究者們去總結和發現其規律和教訓的嗎？

（原載：《歷史研究》1979 年第 6 期）

七、論孫中山的思想

　　孫中山是中國革命的先行者，是不止一代的革命家的領袖和
旗幟。他的遺像聳立在海峽兩岸數十年，還將繼續下去。他是具
有世界聲響的人物。孫中山在十九世紀九〇年代第一個舉起了民
主革命的火把，在舉國沈浸於改良派變法維新浪潮的時候，不屈
不撓地組織武裝起義，不怕孤立，不畏失敗。孫中山第一個全面
提出了資產階級民主革命的理論和政綱，領導了與改良派的大論
戰。孫中山最早識破了袁世凱的陰謀，與軍閥野心家作了長期的
堅決鬥爭。他的一生比他的同時代的革命者，都站得高看得遠，
善於團結人們，勇於拋棄錯誤。孫中山數十年間在中國這樣半封
建半殖民地的社會裡，外不依靠帝國主義，內無個人一兵一卒，
卻始終享有崇高威望，是人民公認的革命領袖。他以其堅持一生
從不少懈的革命活動和人格，感召著億萬群眾。

　　孫中山是積極的革命活動家，很少有時間、精力和興趣去進
行專門的思辨。他的思想學說不能離開他的革命活動作學究式的
研討。所以，儘管理論深度有所不夠，他所提出的思想和政綱，
他的三民主義學說卻概括了整個時代的要求和歷史的動向，是當
時中國最先進最完整的思想體系，並產生了國際影響。

民族主義與民權主義

1. 反對帝國主義

　　反帝與反滿是中國二十世紀初中國資產階級革命派的主要起因，被孫中山概括為民族主義，構成三民主義首要的組成部分。孫中山的民族主義在辛亥革命前是全體革命派的旗幟，辛亥革命後他認識直接反對帝國主義的重要性，發展為新三民主義的一部分。

　　在十九世紀九〇年代〈興中會宣言〉中，孫中山指出：「方今強鄰環列，虎視鷹瞵，久垂涎吾中華五金之富、物產之多，蠶占鯨吞，已見效於接踵，瓜分豆割，實堪慮於目前」，「為免奴隸於他族」，「特集志士以興中」。為救國而革命，進行武裝起義，用暴力推翻滿清政府，是源起於要求改良而不可得的必然結果。孫中山在中國近代最早把這條道路指了出來。當康有為倡導保國、保教、保種，嚴復也說「有如三保」時，孫中山卻提出了「種姓革命」，這是孫中山民族主義的最早提法。

　　當二十世紀初，反滿情緒已瀰漫開來，所謂種姓革命已為人們所歡迎、了解的時候，孫中山則強調指出，「兄弟聽見人說，民族革命是要盡滅滿族民族，這話大錯。」「民族主義並非是遇到不

同種族的人便要排斥他,是不許那不同種族的人來奪我民族的政權。」(〈三民主義與中國前途問題〉)孫中山把當時民族鬥爭問題歸結到推翻為滿族貴族把持的國家政權這一要點上,今日看來如此簡單的道理,在當時的革命陣營中並不清楚。孫中山於革命高潮中要求把「民族革命的目的認得清楚」,這是有針對性的,即要求不要把民族主義看作是種族復仇之類,不只是什麼「仇滿」「光復」等等。

所以如此,從理論上講,是因為孫中山的民族主義是向西方學習的結果。孫中山的民族主義屬於資產階級思想範疇,不同於章太炎等人那種「夷夏之辯」的中國傳統封建觀念。孫中山後來對民族主義作了理論闡明,他說明「民族」這概念是與國家不同的東西。國家是「用武力造成的」(〈民族主義〉第一講),民族則是「自然力造成」,所謂用自然力造成也就是自然而然的形成。孫中山認為一個民族可以由五種「自然力」形成。這五種自然力就是「血統」(「祖先是什麼血統,便永遠遺傳成一族的人民」)、「生活」(「謀生的方法不同,所結成的民族也不同」)、「語言」(「如果外來民族得了我們的語言,便容易被我們感化,久而久之,則遂化成一個民族」)、「宗教」(「大凡人類奉拜相同的神和信仰相同的祖宗,也可結合成一個民族」)、「風俗習慣」(「如果人類中有一種特別相同的風俗習慣,久而久之,也可自行結合成一個民族」)。這些說法顯然是從西方資產階級社會學裡搬來的一般觀念。它不同於從孔夫子到王夫之的封建主義的「夷夏大防」的理論。孫中山上述解說雖然比較晚,但對於熟悉西方文化的孫中山來說,無

疑很早就知道的。

　　孫中山的民族主義，從現實淵源說，則是太平天國、義和拳等農民革命的反滿要求的承續和提高。一些材料說明，孫中山很早便以洪秀全的繼承者自命，「他進校以後，天天談革命，……常常說起洪秀全，稱為反清第一英雄，可惜他沒有成功。」（《興中會革命史要》）「真有以洪秀全第二自命的志向。」（同上）當然，孫中山有繼承洪秀全發揚民生主義那一面，但暴力革命無疑也占重要地位。這種繼承在向西方學習的觀念基礎上，已有很大提高。孫中山的民族主義，比太平天國的〈奉天討胡檄〉的堅決反滿，或義和拳「挑鐵路，把（電）線砍，旋即毀壞大輪船」的原始排外，當然要先進得多。正如李大釗幾十年前所指出：「他（孫）承接了太平天國民族革命的系統，而把那個時代農業經濟所反映出來的帝王思想，以及隨著帝國主義進來的宗教迷信，一一淘洗淨盡。他整理了許多明末清初流傳下來以反清復明為基礎的，後來因為受了帝國主義的壓迫，而漸次擴大著有仇洋彩色的下層結社，使他們漸漸脫離農業的宗法的社會的會黨的性質，而入於國民革命的正軌。」（《守常文集》，第 223～224 頁）孫中山總是把革命活動和希望放在下層會黨，當好些革命派把重點移到新軍方面時，孫開始還不贊成，這說明他的革命思想包括民族主義，確有這樣一種下層社會根基的特徵。

　　孫中山民族主義的涵義本是較寬泛的，但辛亥前現實鬥爭的需要卻把它集中到反滿上。從〈興中會宣言〉到〈同盟會宣言〉，明確提出來的並非反帝，而是反滿：「倡率義師，殄除外虜，此為

上繼先人遺志，大義所在，凡我漢人，當無不曉」、「驅除韃虜，恢復中華……我漢人為亡國之民者二百六十年於斯。滿州政府窮凶極惡，今已貫盈，義師所指，覆彼政府，還我主權。」孫中山甚至還說過民族主義是「從種姓出發，朱明滅元」，「民族革命即已做成」等等。這與當時革命派流行的論調，就沒有什麼區別了。包括當時革命派與改良派的大論戰，論題雖然眾多，焦點也仍然集中在這裡，革命與改良，民主共和與專制，……一切都集中在是否應推翻滿清政府的問題上。反滿竟然掩蓋了一切，也代替了一切。本來，「外邦逼之」與「異族殘之」是聯繫在一起的，「今有滿清政府為之鷹犬，則彼外國取其土地，有予取予攜之便矣」、「故欲避免瓜分，非先倒滿清政府，則無挽救之法也」，反滿本是為了反帝，結果卻是反滿替代了反帝，後一任務根本沒有完成。有如親身經歷者所言：「當時革命（指辛亥革命）的目的，不是僅僅推翻滿洲政府，並且在推翻清朝之後，使半殖民地的中國變為獨立的中國，這個意義本來是很明白的，但是當時有個弱點，只提出反滿的口號，未曾提出打倒帝國主義的口號，以致革命黨人一經推翻滿清政府，便多數認為民族主義革命已告成功。在革命軍起義和臨時政府成立的時候，對外宣言首先就承認了滿族政府和帝國主義國家訂的條約、賠的外債，甚至海關收入的支配權、上海混合裁判的法權，更是無條件地送給列強，而成為惡例……。」（《胡漢民先生在俄演講錄》第 1 集，第 2～4 頁）

　　辛亥後，甚至孫中山也一度把民族主義的旗幟收捲了起來，例如在中華革命黨黨章和宣言中就沒有再提這方面的任務。但孫

中山很快就糾正了這一錯誤，現實教育了他看到獨立的中國並未出現，中國仍然是在列強帝國主義的宰割和支配之下。孫中山陸續指出，「日人駐兵於南滿，俄人駐兵於蒙古，英人駐兵於西藏，法人駐兵於滇黔，日思瓜分」；「我漢族實無國家存在於亞東大陸上，而外憂日迫，瓜分立刻之危機，在昔不過危言恫嚇，近日見之實行」；「現在清室不能壓制我們，但各國還是要壓制的……勿謂滿清已倒，種族革命已告成功，民族主義即可束諸高閣矣。」於是孫中山再次強調提出民族主義，並且愈來愈朝著反對帝國主義的方向前進，他提出取消列強在華特權，廢除領事裁判權，恢復關稅自主，收回租界和失地等等，這為日後接受共產黨的主張，提出新三民主義[1]中的反帝綱領作了思想準備。也可以說，繞一個螺旋又回到出發點，回到了為愛國救亡（即抵抗帝國主義侵略）而革命（推翻反動政府）的初衷，回到了這一整個近代中國的思想主題上。

在新三民主義中，孫中山對帝國主義的侵略，做了多方面的揭露。其中特別強調了帝國主義用「政治力」和「經濟力」征服中國的問題。孫中山在敘述了「政治力」的壓迫之後，又指出「經濟的壓迫比……政治的壓迫還要厲害。政治力的壓迫是看得見的，……但是受經濟力的壓迫，普通人都不容易生感覺。」（〈民族主義〉第二講）孫中山接著詳盡地列舉了關稅問題、洋貨問題、

---

1 所謂「新三民主義」是指二〇年代以來，孫關於三民主義的一系列的演講中所重新規定和解釋的三民主義。

外國紙幣問題、特權經營問題等等。孫中山指出，帝國主義的經濟侵略給中國人民帶來了深重的禍害，他用一些例子說明中國人民吃不飽穿不暖，是由於帝國主義的經濟侵略使得中國工農業不發達的原故。「經濟壓迫令我們中國所受的損失總共不下十二萬萬元。」「一年有十二萬萬，十年就有一百二十萬萬，……因為有了這種經濟力的壓迫，每年要受這樣大的損失，故中國的社會事業都不能發達，普通人民的生計也是沒有了，專就這一種壓迫講，比用幾百萬兵來殺我們還要厲害。」（同上）孫中山又指出，帝國主義的經濟侵略和政治壓迫有必然聯繫，指出帝國主義用不平等條約的政治壓迫手段來保衛和達到它經濟侵略的目的。「他們的政治力幫助經濟力，好像左手幫助右手一樣。」（〈民族主義〉第四講）孫中山說，「我們要解決民生問題，保護本國工業，不為外國侵奪，便先要有政治力量，自己能夠來保護工業。」「要民生問題能夠解決得通，便要先從政治上來著手，打破一切不平等的條約。」（〈民生主義〉第四講）孫中山把民生問題集中在反帝的民族主義上面，民族主義仍然是三民主義之首，國家的獨立（民族主義）仍然是壓倒一切的革命首要任務。孫中山當年從提出中國連殖民地都比不上，中國是受許多帝國主義奴役壓迫的「次殖民地」的著名論點，極大地喚起了中國人民的反帝愛國熱情。

孫中山還說，「我們中國革命十三年，每每被反革命力量所阻止，所以不能進行，做得徹底成功，這種反革命的力量就是軍閥。為什麼軍閥有這麼大的力量呢，因為軍閥背後有帝國主義的援助。」（〈中國內亂之因〉）可見，反帝是打倒軍閥進行國內戰爭的

前提和本質。

　　孫中山用自由平等博愛的理想，來解釋和規定他的三民主義。孫中山說：民族主義對自己民族來說就是爭自由，對別的民族來說就是平等和博愛，也就是相互支持和幫助。辛亥革命前，孫中山曾支持菲律賓的獨立戰爭，企圖「率興中會至菲島投阿氏軍，速其成效，轉餘勢而入支那內地，以起革命於中原」（《三十三年落花夢》）。二〇年代孫中山提出「大亞洲主義」，主張受歐美奴役的亞洲各國團結起來，一致反帝。在民族主義講演結束語中，孫中山又強調「我們要先決定一種政策，要濟弱扶傾，才是盡我們民族的天職。我們對於弱小民族要扶持它，對於世界列強要抵抗它，如果全國人民都立定……濟弱扶傾的志願，將來到了強盛時候，想到今日受過了列強政治經濟壓迫的痛苦……，我們便要把那些帝國主義來消滅，那才算是治國平天下，……這便是我們四萬萬人的大責任……，便是我們民族主義的真精神。」（〈民族主義〉第六講）也正是在這些講演中，孫中山一再提到和接受了列寧民族自決的思想，「列寧……提倡被壓迫的民族去自決，為世界上被壓迫的人打不平。」（〈民族主義〉第四講）

　　對國內各民族，孫中山辛亥後強調「五族共和」，並且「我們國內何只五族呢，我的意見應該把我們中國的所有民族溶成一個中華民族」。孫中山在這方面的思想主張、政綱政策，基本上是健康正確的。到國民黨第一次全國代表大會宣言，這方面更有了發展，「民族主義有兩方面的意義，一則中國民族自求解放，二則中國境內各民族一律平等」，「目的在使中國民族得自由獨立於世

界」,「其目標皆不外反帝國主義」等等。從種姓革命到民族自決,從承認不平等條約到廢除不平等條約,從五族共和到各民族一律平等,孫中山的民族主義達到了他思想的最高水平。

孫中山的反帝國主義的民族自決思想與中國共產黨的民主革命綱領大體一致,但世界觀和理論基礎並不相同。孫中山始終不用馬克思主義階級鬥爭觀點來解釋民族鬥爭問題,而是用抽象的「王道」「霸道」「公理」「強權」等概念來解釋,以所謂講和不講「仁義道德」來解釋。例如他說,「講王道是主張仁義道德,講霸道是主張功利強權,講仁義道德是用正義公理來感化人,講功利強權是用洋槍大炮來壓迫人。」「俄國現在要和歐洲白人分家,……因為他主張王道,不主張霸道,他要講仁義道德,不願講公理強權。」(〈大亞洲主義〉)「將來白人主張公理的、黃人主張公理的,一定是聯合起來,白人主張強權的和黃人主張強權的,也一定是聯合起來,有了這兩種大聯合,便免不了一場大戰,這便是世界將來戰爭的趨勢。」(〈民族主義〉第一講)孫中山已看到了民族問題上的階級分裂的現象,但他把這一切都簡單地納入了抽象的所謂「王道」「霸道」「公理」「強權」之爭去了。

實踐比理論更重要。列寧說:「資本主義把亞洲驚醒起來的時候,在那裡也是到處引起了民族運動,而這運動的趨向,是要在亞洲創立一些民族主義國家……。」這是一種近代性創立民族國家 (nation-state) 的世界潮流。從亞洲叢林到非洲沙漠,從阿拉伯半島到拉丁美洲,民族獨立作為不可阻擋的歷史潮流,成了這一世紀整個世界史上民族民主革命的核心,它與這些國家從農業國

走向工業化，或者與這些國家的農民革命是密切聯繫著的。孫中山不愧是這一歷史潮流的最早的先行者。

2. 建設偉大祖國

　　無論是反滿和反帝或其他鬥爭，孫中山的目標和當時先進人士一樣，是為了建設一個獨立、富強的中國。如果說，在反滿反帝方面，孫中山主要是承接了從太平天國到義和團下層會社的火種，把它在全民族範圍內（即包括中上層社會）點燃了起來；那麼，在建設祖國方面，孫中山則主要是承接了七〇至九〇年代改良派的要求和理想，把它向全民族提了出來。政治上獲得獨立之後，必須有經濟上的富強獨立，這是孫中山的民族主義的另一巨大內容。以前好些文章卻忽略了這一方面。

　　在 1894 年〈上李鴻章書〉中，孫中山提出：「人能盡其才，地能盡其利，物能盡其用，貨能暢其流」的著名綱領：「所謂人能盡其才者，在教養有道，鼓勵以方，任使得法也」；「所謂地能盡其利者，在農政有官，農務有學，耕耨有器也」；「所謂物能盡其用者，在窮理日精，機器日巧，不作無益以害有益也」；「所謂貨能暢其流者，在關卡之無阻難，保商之有善法，多輪船鐵道之載運也」。「此四者，富強之大經，治國之大本也。」這當然不出改良派主張的範圍，但孫中山以後擯棄了改良主義，搞革命鬥爭，也仍然沒有忘懷這個建設祖國的巨大任務，孫中山實行與改良不同的革命辦法，還是為了建設祖國這個目的。長期的革命鬥爭，容易使人們把手段誤認為目的本身，把手段看得很高，反而輕視

和忘記了其手段之所由起,即原先的目的所在,從而經常走入歧途。孫中山比革命派好些人認為革命本身似乎即是目的,辛亥以後即認為大功告成等等,要高明得多了。

孫中山不僅以革命而且也以建設富強祖國為己任,他苦口婆心地再三說明,中國必須擺脫窮困和屈辱,消滅愚昧和落後,要做到這些必須在革命後實現工業化,努力興辦規模巨大的工業,建立高度發展的交通線和鐵路網,生產大量的農產品和日用物。他在《建國大綱》中說:「建設者首要在民生,故對於全國人民之食衣住行四大需要,政府當與人民協力,共謀農業之發展,以足民食,共謀織造之發展,以裕民衣,建設大計畫之各式屋舍,以樂民居,修治道路運河,以利民行。」孫中山一再說,「……我們革命之後,要實行民生主義,就是用國家的大力量,買很多的機器,去開採各種重要礦藏,像煤礦鐵礦……。我們也用機器去製造貨物……,中國將來礦業開闢,工業繁盛,把中國變成富庶,比較英國、美國、日本,還要駕乎他們之上。」(〈女子須明白三民主義〉)「第一是交通事業,像鐵路運河都要興大規模的建築;第二是礦產,中國礦產極其豐富,貨藏於地實在可惜,一定要開闢的;第三是工業,中國的工業非要趕快振興不可」(〈民生主義〉第二講)。孫中山特別著重從改善和提高人民生活水平這個角度,強調要從根本上解決吃飯和穿衣問題 , 要 「解決農業和工業問題」,而關鍵就在興辦近代大機器的工農業生產。孫中山對此作了十分具體細緻的研究,提出了一個中國建設的具體藍圖,即有名的《實業計劃》。這個計畫的要點是在國家統一規劃,主辦和經營

下，吸收外國投資，來迅速發展各種近代企業，首先是交通運輸業。孫中山認識交通運輸是近代工業的先行。

《實業計劃》指出，「中國今尚用手工為生產，未入工業革命之第一步，比之歐美已臨第二革命者有殊。故於中國兩種革命必須同時並舉，既廢手工採機器，又統一而國有之。如斯際，中國正需機器以營其巨大的農業，以出其豐富之礦產，以建其無數之工廠，以擴張其運輸，以發展其公用事業。」

孫中山在辛亥後，即提出修築十萬英里鐵路的計畫。在《實業計劃》中，則更具體化為六大鐵路系統（西南、西北、中央、東南、東北、高原），從邊疆到內地，從西北到江南，鐵路密如蛛網，四通八達，無遠弗屆。[2] 孫中山對各種幹線、支線都擬定得十分具體。《實業計劃》中還規定建立三大海港（北方大港、東方大港、南方大港），圍繞這三大港，疏通內河水運，發展內地交通。《實業計劃》規定興建糧食工業、衣服工業、居室工業、行動工業、印刷工業……。孫中山說，「歐美兩洲之工業發達，早於中國百年，今欲於甚短時期追及之，需用其資本，用其機器。若外國資本不可得，至少亦需用其專門家、發明家，以為吾國製造機器……。」有的人因之批評孫中山依靠外國，其實不然。孫中山遠比章太炎等人的「依自不依他」式的空論要切實和高明，他所主張的是在不損害中國主權條件下，來引進外資和技術，以便在

---

2 這一點比以後的當政者們就高明得多，1949 年後只知蓋工廠而不重修鐵路，至今猶然。

最短時期內迅速趕超外國，從根本上改變中國數千年來手工式的落後的生產方式。這種種設想在當時國際國內的條件下，是不可能實現的計畫，當時帝國主義資本家對孫中山這些主張和要求採取了嘲笑和冷淡的態度，國內反動派嘲笑孫中山是孫大炮，但它並不因之而失其為偉大的愛國者的主張。

　　歷史證明，《實業計劃》是一個眼光遠大、氣魄宏偉、在中國近代思想史上應占有重要地位的偉大理想，它開時代之先聲，是孫中山民族主義重要主題之一。它是為了解決億萬中國人民的豐衣足食問題，也是使中國民族能自立於世界民族之林，對人類能做出貢獻的基本方案。今日讀來，猶使人倍受鼓舞而感慨萬千，由於帝國主義特別是小生產封建主義的阻撓，使這個計畫推遲了數十年。

　　　　　　　　（原載：《中國青年報》1956 年 11 月 12、13 日，有增改）

3. 民主共和國的理想

　　照理說，民權主義本該是三民主義的核心，是資產階級主要的革命綱領，因為正是民權主義才使中國革命和中國思想具有明確的近代性質，使它區別於太平天國和義和團，也不同於資產階級改良派。它是革命的綱領，所以不同於改良派。但更重要的是，它是資產階級民主主義的綱領，所以不同於單純農民革命和農民思想。作為整個世界的時代思潮，它本應能開花結果。但嚴酷的事實是，數千年的封建社會傳統土壤，使向西方學習來的資產階

級民主思想，在中國遠沒能生根，這個近代社會的基本主題，在中國失敗得很慘。民主主義被湮沒在各式各樣的封建主義的踐躪下。

孫中山一開始便把實行民權主義作為革命的內容，在興中會的簡短誓詞中，「建立共和政體」是重要目標。在〈同盟會宣言〉中，「建立民國」是四大綱領之一。「今者由平民革命，建立民國政府，凡我國民皆平等，皆有參政權，大總統由國民共舉，議會以國民公舉之議員構成之，制定中華民國憲法，人人共守，敢有帝制自為者，天下共擊之。」在 1906 年《民報》創刊週年紀念會上，孫中山又強調說，「民權主義就是政治革命的根本，……我們推倒滿洲政府……以顛覆君主政府那一方面說，是政治革命，……照現在這樣的政治論起來，就算漢人為君主，也不能不革命。……凡革命的人，如果存有一些皇帝思想，就會弄得亡國，因為中國從來當國家作私人的財產」，這是有所指而言的。當時參加革命的人，例如以章太炎、陶成章為代表的光復會一派，只著重在光復舊物，驅除韃虜，對資產階級民主主義、對所謂自由平等博愛，並不太感興趣。至於當年想當皇帝的，當然更不乏人。[3] 皇帝是

---

3 孫中山晚年還一再指出了這一點：「當我提倡革命之初，其來贊成者，十人之中，差不多有六、七人是有一種帝王思想的，……其中還有一二人，就是到了民國十三年，那種做皇帝的舊思想，還沒有化除」。「現在共和成立了十三年，但是還有想做皇帝的，像南方的陳炯明……北方的曹錕……廣西的陸榮廷……此外還更不知有多少人都是想做皇帝的，中國歷代改朝換姓的時候，兵權大的就爭皇帝」（〈民權主義〉第一講）。

封建社會的至貴至尊，辛亥後，袁世凱當了實際上的皇帝仍不過癮，硬要名副其實才甘心，就可見當時社會思想的一斑，也可見堅持資產階級民主主義理想在千年封建王國中的可貴。本世紀初，〈同盟會宣言〉說，「前代為英雄革命，今日為國民革命，所謂國民革命者，一國之人皆有自由平等博愛之精神……。」自由平等博愛是反對傳統的等級制、世襲制的思想武器。不是少數英雄而是「全體國民」，不是改朝換代而是建立共和，不是君君、臣臣、父父、子子，而是自由、平等、博愛，這就是孫中山「天下為公」在政治思想方面的涵義，亦即孫中山民權主義的基本觀點。

　　與辛亥後一些人拋棄民主理想，幻想強人政治不同，孫中山始終堅持了資產階級民主主義，並不斷對他的民權主義作各種說明補充。其中重要的是提出了著名的「五權憲法」的原則。所謂的「五權」就是立法（議會議員制定法律之權）行政（政府首領管理國事之權）司法（裁判官司法之權）考試（試官掌管考試以選擇大小國家官員之權）監察（監察官對國家大小機關和官員進行彈劾之權）。這「五權」是從西方資本主義的三權（立法、行政、司法）加上考試、監察而來，其實質是權力分散，即分權制。「三權分立」是從洛克、孟德斯鳩（理論）到美國獨立、法國革命（實踐）以來的資本主義政治制度的根本原則。孫中山說，「英國憲法所謂三權分立，……是從六七百年前由漸而生，成了習慣，但界限還沒有清楚，後來法國孟德斯鳩將英國制度作為根本，參合自己的理想，成為一家之學。美國憲法又將孟德斯鳩學說作為根本，把那三權界限更分得清楚，在一百年前，算是最完美的了。

一百二十年以來，雖數次修改，那大體仍然是未變的。」（〈三民
主義與中國前途問題〉）所謂三權分立，也就是行政、立法、司法
彼此獨立，相互制約，盡力避免封建專制政體將權力集中於一人
一處的嚴重弊病。應該說，這在政治思想史和整個歷史上，都是
一大進步。事實證明，這種政制對於促進資本主義社會生產力的
順利發展，起了不可磨滅的積極作用。儘管仍有缺陷，但它比君
主專制和封建官僚體系，無論在發展近代工業生產和改善人民生
活等等方面，都要先進得多。嚴復曾以英國為榜樣，提出「以自
由為體，以民主為用」，正是要在資本主義自由競爭的經濟基礎之
上，樹立起「三權分立」的近代資本主義民主政治體系。虛君共
和也好，民主立憲也好，民主共和也好，這都是外形式，實質基
本一致，都是要求從君主專制和封建官僚統治體系走向適應現代
經濟基礎的民主分權制。因此，也可以說改良派（康、梁、嚴）
與革命派的手段雖有不同，在目標上倒是相近似的，而不同於農
民革命，也不同於章太炎。地主階級對近代民主主義是堅決反對
的，束縛在封建生產方式裡的農民，對此也無多大興趣。而軟弱
的中國資產階級只能依附於統治集團，於是真正熱心於近代民主
主義的，便只剩下浮萍一般的知識分子群了。除了愛國主義外，
民主主義經常驅使他們掀起反封建反專制獨裁的鬥爭浪潮。然而
他們在中國畢竟沒有基礎，這種熱潮很快消失在傳統重壓之下。
本世紀初，以孫中山為首的革命派的民主共和國的理想，在中國
終究沒有實現。列寧曾經讚揚孫中山說，「孫中山的綱領每一行，
都滲透了戰鬥的真實的民主主義，他充分認識到『種族』革命的

不足，絲毫沒有對政治表示冷淡，甚至絲毫沒有忽視政治自由和容許中國專制制度與中國『社會改革』、中國立憲並存的思想。這是帶有建立共和制度要求的完整的民主主義。」這個「完整的民主主義」沒有實現，實現的倒是戴著假民主面殼的一次又一次的封建法西斯的個人獨裁。

如同詳細作《實業計劃》一樣，孫中山也作了一本十分詳細的《民權初步》。這本書具體告訴人們如何開會、發言、表決，如何當會議主席，如何作提議、附議，等等。這種似乎是如此可笑的程序設計，卻有其苦心和價值在。因為當時中國人確實不知道也不習慣如何來實行近代民主方法，「頭說了算」的封建宗法習慣——在鄉里是家長、族長、村長說了算，在官場是大官說了算——幾乎是不成文的法律和以為當然的觀念。因此，不但從政治體制上，而且從思想觀念和傳統習慣上來個改革，顯然十分必要。《民權初步》正是作為這種民主實習教材而寫作的。

孫中山在新三民主義時期中，對資產階級民主的種種弊病有了進一步的認識。他針對西方資產階級議會的虛偽性質，提出「政權非少數可得而私」的思想，在具體方案上，孫中山提出了「直接民權」，即廣大人民有選舉、罷免（官員）、創制、複決（法律）四權。這「四權」仍然是從瑞士、美國學來，但它表明孫中山已不滿足於代議政治，對進一步真正擴大人民自己的權力十分重視。

但是，孫中山這時的民權主義由於企圖避免資本主義制度的種種弊病，卻在一些問題上，反而把自己的某些主張引向了歧途，其中最重要的是「權」「能」分開的理論。孫中山認為要超越歐

美，避免其政治的各種混亂，主張把權（「政權」）能（「治權」）分開。他說，「政是眾人之事，治是管理眾人之事」（〈民權主義〉第六講）。「政治之中，包含有兩個力量，一個是政權，一個是治權，……一個是管理政府的力量，一個是政府自身的力量。」（同上）在孫中山的設想中，人民有「政權」（「權」），可以選舉、罷免官員、創制、複決法律；政府有「治權」（「能」），具有高度的行政效率和專長，以服務於人民。這樣「人民和政府的力量，才可以彼此平衡」，孫中山認為中國和歐洲不同，自由平等早就有了，白屋可出公卿，布衣可至將相，不像歐洲封建世襲制那樣嚴格，「歐洲的專制要比中國厲害得多，原因在什麼地方呢，就是在世襲制度……，帝王公侯那些貴族，代代都是世襲貴族……，耕田的人，他的子子孫孫便要作農夫，做工的人，他的子子孫孫便要做苦工，祖父做一種什麼事業，子孫不能改變，這種職業上的不能改變，就是歐洲的不自由……。因為職業不自由，所以失掉了平等……」「歐洲人民在兩三百年以前的革命都是集中到自由平等兩件事，中國人向來不懂什麼是爭自由平等，當中原因就是中國的專制和歐洲比較實在沒有那樣厲害。」（〈民權主義〉第三講）所以「如果專拿自由平等去提倡民氣，便是離事實太遠，和人民沒有切膚之痛，他們便沒有感覺，沒有感覺，一定不來附合。」（同上）孫中山從辛亥以來，看到了廣大人民（主要是農民）對自由平等沒有多大興趣，似乎是在開始放棄他前期那些資產階級民主理想，但其實卻是對中國封建專制嚴重估計不夠。他自認為超過歐美資本主義的新思想，卻恰恰成了容易為封建主義利用的

理論。他把中國地主制度與歐洲中世紀領主封建制度作為本質區分，他沒看到，雖然這兩種制度有所不同，但是基本經濟形態和在這基礎上的世襲制、終身制、等級制等等政治法律體制和社會結構，其性質是一致的，而與資產階級的經濟基礎和在這基礎上的上層建築及意識形態，包括自由平等博愛，有社會形態的根本區別。孫中山嚴重低估了專制政體的嚴重影響和傳統潛力，把「政權」與「治權」分開，又強調行使「治權」的是諸葛亮，是先知先覺者，這就在理論上和實際上，把「治權」放在「政權」之上。更由於孫中山在理論上沒重視國家政權的階級專政性能，以及政府機關、軍隊、警察、法庭、監獄這些東西（「治權」）的嚴重性和歷史具體性，沒重視在所謂民主、民權的外在形式下，仍然可以是封建專制的老一套，因此，所謂權能分離說，倒可以成為符合皇帝獨裁統治需要的東西。後人就利用了這一點，他們的確把孫中山的所謂「萬能政府」實現了，但他們實現的不是孫中山所理想的為人民服務的行政效率的「萬能」，而是殘酷壓榨和剝削人民的「萬能」。至於人民所擁有的甚至公之於「憲法」的所謂「四權」，在這種「萬能政府」的統治下，完全不過是一錢不值的空話而已。

要進行近代社會管理和建設，需要有權威有效能的政府；同時，人民也要有直接參預的民主權利，這的確可以出現矛盾，因為多數意志並不一定經常正確，特別是在處理一系列專門課題之上，這種課題由於近代工業的發展和社會的變化而愈來愈多。但是，這個矛盾不能由孫中山設計的這種權能分開、治權萬能的道

理來解決，因為這種解決可以為「領袖」「天才」獨裁統治的理論，為凶暴的獨裁統治的實際開闢道路。歷史的行程一再證明了這一點。

由於中國社會的落後，孫中山主觀上想超越和優越於西方資產階級民主主義的設想，實際得到的卻反而是比資產階級民主更落後的東西。舊中國在政治、經濟和意識形態方面，缺乏在歐洲已有了數百年歷史的近代民主主義。這個民主主義是封建法西斯的死敵。袁世凱害怕宋教仁真正搞資產階級議會，便圖窮匕首見，公然實行暗殺。蔣介石害怕真正的憲政，便把孫中山的「軍政」「訓政」「憲政」三時期中的所謂「訓政」無限期地延長，甚至沒有人敢在名義上和他競選總統。毛澤東更在所謂「無產階級專政」的名義下公開宣揚要「大權獨攬」。至於議員成豬仔（曹錕賄選）、投票為形式 （「國民代表」 一千餘人全體投票擁護袁世凱當皇帝） [4]，「人民代表大會」乃「橡皮圖章」……等等，更是所在多有。所有這些，近代歷史已寫下了許多教訓。它說明資產階級民主在中國不是太多太虛偽，而是從來沒有過，而是從來遭到封建法西斯的各種阻撓、反對和破壞。因此，很好地總結孫中山的民權主義思想，高度評價他的「完整的民主主義」，繼承他為民主而奮鬥的革命傳統，在今天也仍然不是沒有意義的。

---

4 「收買國民代表，……故一千九百九十三人竟得一千九百九十三票，一律贊成君主」《袁氏盜國記》）。

 民生主義

1. 思想背景

　　「民生主義」是孫中山「三民主義」中最具特色的部分，是孫中山自己自始至終都看得最為重要的思想。從同盟會時代他就向革命派中許多人竭力講解，到新三民主義時期中，他又把三民主義說成是「發財主義」[5]，都說明孫中山重視把中國從貧困境地中解放出來。國家獨立的民族主義（自由），建立共和的民權主義（平等）和平均地權的民生主義（博愛），是孫中山的全面的資產階級民主主義的內容和理想。但孫中山認為，他的三民主義所以比歐美資產階級的自由、平等、博愛要優越，正在於他有重點，在於他有解決人民經濟生活問題的民生主義。所以，從一開始，孫中山的「民生主義」既反映了當時中國社會經濟發展的矛盾和

5　「中國人聽到說發財就很歡迎的原故，因為中國現在到了民窮財盡的時代，人民所受的痛苦是貧窮，因為發財是救窮獨一無二的方法。……發財便可救窮，救了窮便不受苦。所謂救苦救難。」「……現在中國來提倡自由，人民向來沒有受過這種痛苦，當然不理會，如果在中國來提倡發財，人民一定是很歡迎的，我們的三民主義，便是很像發財主義。……俄國革命之初，實行共產，是和發財相近的。」（〈民權主義〉第二講）

要求，同時又是瀰漫在當時整個革命派陣營中的社會主義主觀空想的代表和表現。1904 年〈致公堂重訂新章要義綱領〉中把「平均地權」作為政綱和口號提出；同盟會成立，確定革命綱領時，「……有數人於平均地權一節略有疑問，總理乃歷舉世界革命之趨勢及當今社會民生問題之重要，謂平均地權即解決社會問題之第一步方法，吾黨為世界最新之革命黨，應高瞻遠矚……庶可建設一世界最良善富強之國家云云。演講約一時許，眾大鼓掌，……全場無異議。」（馮自由：《革命逸史》2 集，第 149 頁）隨即，〈民報發刊詞〉上，「民生主義」正式被孫中山宣布為革命的三大主義之一。以後，在一切有關「三民主義」和革命政綱的演講著作中，孫中山堅持和著重地宣傳、解釋了他的「民生主義」的思想學說。「民生主義」所以占有如此突出的位置，首先是因為它是孫中山和當時整個革命民主主義思潮的一個鮮明的時代特徵和階級標誌。

「民生主義」誕生在歐洲出現無產階級革命前夜的世界歷史條件下，誕生在二十世紀初帝國主義瘋狂侵略中國、階級鬥爭空前激化的革命高潮中。孫中山和革命派的「民生主義」，是這種情況下中國社會經濟發展的客觀動向和千百萬下層民眾的主觀願望的強烈表現。

十九世紀九○年代中葉到二十世紀初年，中國民族資本有了初步迅速發展。大批的官僚、地主、商人相繼投資於近代企業，並掀起了修築鐵路收回利權的高潮。民間商人、作坊主也逐漸擴充、轉化成為民族資產階級的下層。統計材料指出，正是從這個

時候起,「商辦的新式工業有了一些增加」,並且越來越「可以看出商辦工業逐漸占優勢」(嚴中平等:《中國近代經濟史統計資料選輯》,科學出版社,第 90 頁),資本主義的正式出現和要求發展,是當時中國社會經濟動向中的主要情況之一。

隨著資本主義的發展,特別是外國資本主義的大量侵入,農村(主要是沿海沿江地區)在迅速地分化解體,農民走向破產和赤貧化。廣大人民對資本主義懷著不了解和恐懼,對日益加重的封建壓榨充滿著不堪忍受的仇恨,農民群眾的土地要求構成了整個時代的核心問題。這就是當時社會經濟動向中的另一個基本情況。

這兩個情況是交織著和連繫著的。它們是近代歷史的根本問題的兩個方面。前者(資本主義發展問題)以後者(如何解決土地問題)為前提,又以它為基礎。它們成了激動、困擾當時整個社會的重要問題。不同階級、不同集團以不同的思想學說來對待這種情況。地主階級的頑固派和洋務集團,一方面既壓制民族資本主義的發展,另一方面又堅決鎮壓農民以保衛自己的封建地租。他們的經濟思想和經濟政策,無論是「重本抑末」,或者是「中體西用」,都是以不同的方式歪曲和否定了中國社會經濟生活的真實情況,阻撓社會經濟的發展。當時資產階級改良派和立憲派主張創辦資本主義民族工商業。但這些資產階級政治家思想家們掩蓋嚴重的農村土地問題。他們對農民採取敵對態度。只有以孫中山為代表的「民生主義」的經濟思想,在當時歷史所能允許的條件下,全面地反映了當時社會經濟發展的客觀趨向,表達了人民群

眾的要求。「民生主義」是中國近代資產階級革命派的經濟學說和社會主義，它基本上屬於資產階級經濟思想的範疇，但浸透了小資產階級民粹主義的浪漫空想。這兩個方面的交錯，正是孫中山及其「民生主義」的特色。

孫中山的「民生主義」有複雜的思想來因和理論源泉。從客觀歷史程序上，首先應把中國近代太平天國的空想社會主義和九〇年代改良派發展資本主義的思想看作是「民生主義」最重要和最直接的思想前導。「民生主義」是上述近代兩個歷史階段和兩種不同思想的繼承和發展。太平天國素樸的革命思想對這位與農民有血緣關係的偉大的民主主義者，一開始便具有著很大的吸引力量。孫中山對洪秀全的傾服，不能單純歸結為對反清民族英雄的嚮往，它充滿著更親切的階級同情。「孫中山是從民間來的……他生於農民的家庭……就在這早年還是貧農家裡的貧兒的時候，他變成為一個革命的人。……他下定決心，認為中國農民的生活不該長此這樣困苦下去。」（宋慶齡：《為新中國奮鬥》，人民出版社，第 50 頁）孫中山說：「民生主義即貧富均等，不能以富者壓制貧者是也。但民生主義在前數十年已有人行之者，其人為何？即洪秀全是。」（〈欲改造新國家當實行三民主義〉）孫氏曾屢屢提到洪秀全和太平天國，指出自己的「民生主義」與他們的革命事業的類似和相近，自認是他們事業的繼承者。八、九〇年代資產階級改良主義者站在太平天國農民革命的否定者的立場上，他們不贊成並敵視農民革命；但卻強調提出和廣泛傳播了中國必須發展民族工商業使祖國獨立富強的進步思想。孫中山早年是這種思

想的熱烈的擁護者。前述著名的〈上李鴻章書〉中提出的主張就
屬於當時改良主義思潮的範圍。孫中山在《倫敦避難記》中說明，
九〇年代「興中會」時期是他由改良主義向革命民主主義的過渡。
孫中山接受和承繼了改良派發展資本主義的思想，但堅決揚棄這
一思潮敵視農民群眾的地主資產階級自由派的立場。孫氏同情和
擁護著農民的利益，提出了與改良派路線不同的發展資本主義的
另一條道路。所以，孫中山的「民生主義」思想是整個中國近代
經濟思想和社會主義思想的繼承和發展，是它的揚棄和否定。從
太平天國到改良派再到革命派，由洪秀全到康有為再到孫中山，
這是中國近代彼此不同而相互連續、相繼交替而出現的三個歷史
時期，同時也是中國近代進步思想所經過的不同而相連續的三個
思想歷史階段。中國近代舊民主主義革命時期，在反帝反封建的
鬥爭中，出現了上述三種重要的社會思潮，它們屬於三個不同的
類型，帶有三種不同的特色，處在近代三個不同的歷史階段。它
們上承古代民主思想，下接馬克思主義，並為它們在中國的傳播
發展掃清道路。它們是馬克思主義在中國傳播以前的近代中國思
想的主流。它們在中國的陸續出現相互交替，是一種具有深刻社
會涵義的規律性的歷史現象。孫中山是它的未完成的綜合和總結。
這條本應貫串著「否定之否定」（第二個否定並未完成）的邏輯規
律的歷史道路，揭示著「民生主義」的真正意義。

　　當然，中國近代思想又是中國古代思想歷史的繼承和發展，
它有著自己民族的悠長傳統。太平天國和改良派就正是以不同的
階級立場、不同的政治出發點，各自分別承接了古代中國「均分

田地」的農民思想和地主士大夫的「經世致用」等社會改革思想。
孫中山在制定其「民生主義」學說的時候，也研究了中國古代各
種社會經濟思想和經濟政策。其中他一再提及了古代中國的「井
田制」，並以它與「平均地權」相比擬。「孫中山在己亥庚子間
（1898～1899 年）與章太炎、梁啓超及留東學生界之餘等晤談
時，恆以我國未來之社會問題及土地問題為資料。如三代之井田，
王莽之王田與禁奴，王安石之青苗，洪秀全之公倉，均在討論之
列。」（馮自由：《革命逸史》2 集，第 144 頁）然而，中國近代
進步思想一個更為重要的標誌，是他們幾乎「都從歐美借取了自
己的解放思想」（列寧：〈中國的民主主義和民粹主義〉），他們都
是「經過千辛萬苦，向西方國家尋找真理」（〈論人民民主專政〉）
的人物。孫中山當然更是這樣。如果說，洪秀全在四、五○年代
從西方教士那裡借來了基督教素樸「天國」觀念，康有為在西方
資本主義階段裡產生了對資本主義世界樂園的大同空想；那麼，
孫中山卻是在帝國主義誕生時代，接受和提出了避免西方資本主
義道路的社會主義。其中特別是當時風靡一時的亨利・喬治的著
作學說，則幾乎為孫氏所完全吸取過來，作為「民生主義」的具
體內容和辦法。與此同時，馬克思主義的社會主義對孫中山和革
命派在當時也產生過影響。他們的民主主義的正直立場，使他們
歡迎一切反對壓迫和剝削的理論。但是，儘管在外表上看來，孫
中山的社會主義思想多麼像純粹從外國搬來的古怪東西，然而歸
根結蒂，它卻仍然是自己社會的客觀歷史要求的真實反映。孫中
山所以會和所以能接受、吸取西方社會主義作為自己革命的思想，

特別是又在其中特別選擇和看上了亨利‧喬治，把這種社會改良思想變成革命武器，就正是中國自己的社會條件和時代任務所決定。所以，本來只能產生發育在當時西方的社會歷史條件下的各種社會主義，到孫中山他們手裡畢竟完全變了樣。在借來的西方社會主義的空想的思想形式裡，我們看到了中國民主主義的現實內容。

2.「資本問題」

　　土地問題和資本主義發展問題是當時社會發展的中心問題。它構成了「民生主義」的主要內容。孫中山把他的「民生主義」明確地歸結為「資本」和「土地」兩大問題（這一明確規定雖然說在辛亥革命後，其根本思想卻在辛亥前就有）：

　　民生主義，就是時下的社會主義。……兄弟所主張的民生主義，有很好的具體辦法……我的辦法是什麼呢？就是歸宿到「土地」和「資本」兩個問題。（〈三民主義之具體辦法〉）

　　民生主義，必不容緩，……依余所見，不外土地與資本問題。（〈軍人精神教育〉）

　　先看資本問題。在這個問題上，孫中山採取了先進的立場。他以高度愛國熱情指出中國要擺脫愚昧和落後、貧困和屈辱，就必須有近代的大工業、大廠礦，必須有高度發達的交通線和鐵路

網，必須有豐足的農產品和日用品，總之就必須使中國工業化。
從早年的〈上李鴻章書〉到建設十萬英里鐵路自許和《實業計劃》，孫中山無時無刻不在期望著、憧憬著在祖國富饒的土地上，建立起具有高度現代科學技術和物質文明的繁榮、富強、幸福、安康的地上天堂。孫中山曾多次指出他的「民生主義」這方面的涵義：

　　民生主義，就是用國家的大力量去開礦……此外還有開闢交通、振興工業、發展商業、提倡農業，把中華民國變成一個黃金世界。（〈革命軍人不可想升官發財〉）

　　我們的民生主義是作全國大生利的事，要中國像英國美國一樣富足……。（〈女子須明白三民主義〉）

　　在以後「三民主義」的著名演講中，孫氏又著重指出要解決當前廣大人民「吃飯」「穿衣」問題，也就必須發展近代機器生產的工農業。孫中山提供了一個使中國工業化的十分龐大的具體計畫。在這個計畫裡，修築鐵路是它的主要基幹之一。「予之計畫，首先注重於鐵路道路之修築」（〈中國實業應有的發展〉），「交通為實業之母，鐵道又為交通之母。國家之貧富可以鐵道之多少定之」（《鐵道計畫》）。當然，與一般資本主義工業化的程序大體近似，這個方案也仍是首先著眼在創建發展交通業、礦務業和輕工業方面。但這個企圖使中國工業化的巨大計畫氣魄雄偉，它代表了千

百萬中國人民使祖國富強起來的忠誠願望，這方面我們在民族主義中已經強調說過了。

　　如列寧所指出，孫中山完全「承認生活所強迫他承認的東西，即是『中國正處在巨大工業（即資本主義）發展的前夜』，中國的『貿易』（即資本主義）將大規模地發展起來。」（〈中國的民主主義和民粹主義〉）孫中山不但反映和承認了這種社會發展的客觀情況，而且還歡欣鼓舞去迎接和推動這種發展。在這裡，孫中山比許多悲觀的小資產階級社會主義者，例如俄國民粹派和中國的章太炎等人要高明得多，孫中山不像他們那樣在資本主義面前嚇得驚慌失措而萬分感傷、悲嘆，認為近代文明是時代的「不幸」和「錯誤」，是歷史的「衰落」和「倒退」；孫中山不像他們那樣「寧肯停滯而不要資本主義發展」（列寧：〈我們究竟拒絕什麼遺產〉），從而把落後保守的封建農村硬加以溫情脈脈的牧歌式的粉飾和理想化，拿舊時代的小生產的落後框子來衡量和規定現代的生產方式而加以抨擊反對。孫中山從「進化論」的哲學觀點出發，樂觀地眺望著未來，相信資本主義是歷史發展的必然。「社會黨常言文明不利於貧民，不如復古，這也是矯枉過正的話。況且文明進步是自然所致，不能逃避的。」（〈三民主義與中國民族之前途〉，即「《民報》發刊週年紀念會上演講」）「大公司之出現，係經濟進化之結果，非人力所能屈服。」（《實業計劃》）在對待近代文明（即資本主義）的態度上，孫中山與那些以小生產為基地的小資產階級經濟學家或社會主義者並不相同，他畢竟反映和代表著中國民族資本主義發展的要求和利益。他與章太炎、光復會一派的不同

和分歧，實質也在這裡。

中國社會歷史的特點，規定了孫中山的特點：一方面，作為啓蒙者，孫中山他們剛從沈沈昏睡的封建古國的愚昧裡驟然驚醒過來，他們滿懷希望和信心去迎接了那個在封建制度面前顯得那麼優越的西方文明，他們與十九世紀俄羅斯的革命民主主義者完全一樣，「熱烈地相信當時社會發展的進步性質，把無情的仇恨全部針對著陳舊東西的殘餘」（列寧，同上），當時中國社會的落後，資本主義發展得十分微弱，使他們要求大力發展資本主義和近代文明；但是，另一方面，他們所處的時代與十九世紀六〇年代的俄國「啓蒙者們」畢竟已大不相同，西方以及俄羅斯正經歷著無產階級的革命風暴，世界資本主義已暴露出它的嚴重弊病，當時資本主義兩極分化迅速而巨大，工人階級相對貧困化和絕對貧困化異常觸目驚心，孫中山看到了當年西方資本主義的殘酷現實，在美妙動人的高度文明後面的，是那麼駭人聽聞的貧困與壓迫。「文明越發達，社會問題越著緊，……英國財富多於前代不止數十倍，人民的貧窮甚於前代也不止數千倍。並且富者極少，貧者極多。」（〈三民主義與中國民族之前途〉）這一切強烈刺激著這些懷著偉大理想而獻身革命的真理追求者，使他們義憤填膺地來抨擊這種情況。他們當然不能容忍自己的「民生主義」建設工業、發展資本主義的後果是這種深重苦難的製造，是使廣大群眾貧困和破產。資本主義在當時中國是先進的東西，不是太多，而是太少。但從西方的經驗看來，它又必將產生嚴重的後果。先進人們希望只取其利，免去其害。正是這樣，他們愈益清楚地看出西方

資本主義社會驚人的矛盾，愈益看不出自己社會向前發展必然重複這個矛盾，他們便愈益一方面相信當時社會的發展，努力為發展資本主義創造最好的條件；另一方面卻愈益自相矛盾著要求中國避開這個必然到來的矛盾，「預防」這個矛盾。這也就是愈希望避免資本主義；而中國資本主義的愈不發達，又使他們愈相信可以避開這個矛盾，從而樂觀地希望資本主義的發展。他們毫不懷疑地把發展工商業作為「民生主義」的重要內容，同時又痛心疾首地把自己的這種主義與現實的資本主義的真正發展區別開來：「許多資本家開了一個工廠，雇了幾千名工人做工，每人每日發給很少的工錢，他們便自誇於眾，說是實行民生主義。諸君想想：這種資本家所講的民生主義，同真正的民生主義相差有多遠呢！」（〈三民主義之具體辦法〉）所謂真正的「民生主義」，便是既要發展大工業又要「預防」和避開資本主義。中國社會的落後和世界資本主義的危機，客觀上更從矛盾的兩方面加強了它的尖銳性質（即中國更迫切需要發展資本主義，而西方的客觀經驗更迫切告訴人們不能發展資本主義），使它比在法國啓蒙思想家（普列漢諾夫曾指出，那裡已開始有避免資本主義的思想）和俄國革命民主主義者（他們比法國啓蒙者有更明朗的避免資本主義的烏托邦的思想）顯得更加突出更加明朗。這種矛盾的表現，按照列寧的提法，便是資產階級民主主義塗上了民粹主義的色彩。孫中山的「民生主義」正是如此。雖然真正的「民粹主義」的代言人並非孫中山，而是章太炎。孫中山只帶有「民粹主義」的「色彩」而已。

民粹主義滲透了當時革命派的整個思想中。孫中山的經濟理

論觀點也具有這種氣質。

孫中山把經濟學正確地看作是研究生產與分配的科學。「千端萬緒，分類周詳，要不外乎生產分配二事，……社會之萬象莫不包羅於其中也。」(〈社會主義之派別與方法〉) 但是孫氏在生產問題上，相信了和接受了當時流行的資產階級經濟學生產三要素的說法：「生產之原素三，(一) 土地；(二) 人工；(三) 資本，土地為人類所依附而存者也，故無土地即無人類……僅有土地而無人工資本，則物產仍不能成。」(同上) 關於資本，孫氏說：「凡物產或金錢以之生產者，可皆謂之資本。」「資本原非專指金錢而言，機器土地莫不皆是。就今日世界現狀觀之，其資本生資最巨者，莫如鐵道。」(同上)「夫資本者，乃助人力以生產之機器也……資本即機器，機器即資本，名異而實同也。」(〈中國實業當如何發展〉) 在孫中山看來，凡用於生產的一切資料工具，甚至荒島上魯濱遜的「斧與糧」也是「資本」，這種對資本的了解當然是謬誤的。孫中山把「資本」的概念擴大了，使它成了一個從古便有而將永世長存的非歷史、非社會性質的自然物的範疇，這就忽視了「資本」剝削勞動群眾的實質。孫中山固然不能從理論上認識「資本」的真實；但是，孫中山從自己革命派的觀點出發，雖然是簡單地然而是嚴厲地斥責了資產階級金錢萬能論和商品拜物教。他直觀地認為勞動「人工」是一切財富和價值的泉源和創造者。他一再強調指出「人工」「勞力」是「資本」以及金錢貨幣的「母親」，「人工者，則所以生資本也」(〈社會主義之派別與方法〉)，「人工生貨物，貨物生金錢」(〈說知難行易〉)，「經濟學者

僅知金錢本於貨物，而社會主義（作者名之曰民生學者）乃始知
金錢實本於人工也（此統指勞心勞力者言也），是以萬能者，人工
也，非金錢也」《孫文學說》。把「人工」看作比「資本」更根
本更重要，正表現了孫的特色。（當然在這裡，「人工」又是被放
大了的概念。）並且，與藉生產三要素理論來為資本和土地所有
者的高額利潤的分配來辯護完全不同，孫中山恰恰指出了根據三
要素的分配是嚴重的「不公平」和「非正義」：

　　我人知社會貧困，當求生產發達，何生產既多而社會反致貧
困乎？其中原因實由於生產分配之不適當耳，工之所得，不過其
一小部分，地主與資本家所得，反居多數，……故根本解決有不
能不從分配上著手也。

　　社會主義者，……當於經濟學上求分配平均之法，而分配平
均之法，又須先解決資本問題。

　　……按斯密亞丹經濟學生產之分配，地主占一部分，資本家
占一部分，工人占一部分。遂謂其深合於經濟學之原理，殊不知
此全額之生產，皆為人工血汗所成。地主與資本家坐享其全額三
分之二之利，而工人所享三分之一之利，又析與多數之工人，則
每一工人所得，較資本家所得者，其相去不亦遠乎。宜乎富者愈
富，貧者愈貧，經濟階級，愈趨愈遠，平民生計遂盡為資本家所
奪矣。

……按以舊經濟學之三原素分配亦不符也，故有生利之工人，則恆受飢寒，而分利之大地主及資本家，反優游自在。……當知世界一切之產物，莫不為工人血汗所構成，故工人者不特為發達資本之功臣，亦即人類之功臣也。以世界人類之功臣而受強有力者之蹂躪虐待，我人已為不平，況有功於資本家而反受資本家之戕賊乎？……（〈社會主義之派別與方法〉）

　　孫中山斥責資本家的殘酷剝削，詛咒資本主義的暴虐腐朽，熱烈關懷和同情工人大眾的困苦生活，抽象地但是熱情地提出了「貧富不均」的問題。孫中山尖銳揭露了西方資本主義經濟發展和經濟制度的無法解救的矛盾。他指出機器大生產帶來的貧困和失業，帶來的生產過剩和經濟危機、生產無政府狀態和財富的極端的不平均，帶來的托拉斯的暴虐統治，資本和土地的高度集中……。孫中山還看到了在西方帝國主義國家中，資本家實行政治統治和這種統治的必然覆滅：「他們（資本家）用金錢的勢力，操縱全國的政權，總是居於優勝地位。試看哪一國的法律政治及一切制度不是為資本家而設。」（〈三民主義是建設新國家的完全方法〉）「現在世界經濟革命的潮流，一天高似一天，這就是平民和勞動者對著富豪和資本家的反動」（同上），「大資本家擅經濟界之特權，牛馬農工，奴隸負販，專制既甚，反抗必力，伏流潛勢，有一發而不可抑者，蓋資本家之專制與政府之專制，一也。政府有推翻之日，資本家亦有推翻之日。」（〈社會主義之派別與方法〉）儘管這一切並不能表示孫中山已經了解資本主義必將覆滅，

他毋寧是直觀地素樸地把萬分複雜的資本主義社會經濟問題歸結為簡單的「分配不均」的問題，但是這一切卻充分表示了這位東方的革命家仍然忠誠於為西方資產階級所早已拋棄的自由、平等、博愛的革命理想。

　　站在革命派的立場，孫中山在前期就自發地同情馬克思主義，坦率地承認和宣稱自己對馬克思主義的尊敬、信任和同情。他不但一再讚揚了馬克思主義經濟學說是「得社會主義的真髓」，「使研究社會主義咸知其本」（〈社會主義之派別與方法〉），而且即在資產階級古典政治經濟學和馬克思主義政治經濟學之間，孫中山也擁護後者：

　　現之所謂經濟學者，恆分二派，一舊經濟學派，如斯密亞丹派是，一新經濟學派，如馬克思派是。各國學校教育多應用舊經濟學，故一般學者深受舊經濟學之影響，反對社會主義，主張斯密亞丹之分配法，縱資本家之壟斷，而壓抑工人。實則誤信舊經濟學說之過當，其對於新經濟學說之真理蓋未研究之耳。社會主義者則莫不主張亨（按指亨利·喬治）馬（馬克思）二氏之學說而為多數工人謀其生存之幸福也。（〈社會主義之派別與方法〉）

　　前面已說過，孫中山「民生主義」對資本主義是要求既發展大工業，又避免資本主義。那麼，用什麼具體辦法來實現這個要求，來解決這個矛盾和問題呢？孫中山認為具體辦法就是實行「集產社會主義」。所謂「集產社會主義」，實際上是一種國家資本主

義，即由國家來舉辦企業，鐵路、工廠都歸國有……。在孫中山看來，這就一方面既發展了實業，另一方面又避免了資本家的產生。這種「集產社會主義」的主張成為「民生主義」關於解決資本問題最終的歸宿：「主張集產社會主義，實為今日唯一之要圖。凡屬於生利之土地鐵路，收歸國有，不為一二資本家所壟斷漁利，而失業小民務使各得其所，自食其力，既可補救天演之缺憾，又深合於公理之平允。……」（〈社會主義之派別與方法〉）「凡天然之富源如煤鐵水力礦藏等，及社會之恩惠如城市之土地交通之要點等，與夫一切壟斷性質之事業，悉當歸國家經營，以所獲利益歸之國家公用……此即吾黨所主張民生主義之實業政策也。」（〈中國實業當如何發展〉）

當然，孫中山並不能避開資本主義的發展，孫中山以為「國家民有以後，國有即民有」（〈民生主義有四大綱〉），但是問題正在於把國家看成是抽象的超階級的。從而，經濟上的「國有—民有」也就只能是十分模糊的概念。在這裡，所謂國有化也就不過是各種變形的資產階級通過政權來掌握企業，它並不能真正改變工人階級和勞動群眾的被剝削的經濟地位。這一點在今天仍然如此明顯突出，就更不用說當年了。然而，另一方面，如恩格斯所指出：「即使是資本主義的國有化，它也顯示著生產力的突破生產關係，它在使社會本身掌握一切生產力的道路上前進了新的一步。」（《反杜林論》）並且這種「國有化」也為徹底解決這一問題走向社會主義創造了有利條件。這一問題是一個具有世界歷史意義和世界走向何處的巨大問題，至今仍有待於歷史實踐來檢驗和

證實。在工業發達的國家中，國家資本主義可以為通向社會主義創造一些有利的前提。這也是一個值得深入研究的複雜問題。孫中山在那麼早的時候便提出了這樣的思想和辦法，以致為今日殖民地半殖民地的許多國家和各式社會主義者所實行，就愈見這位真正革命的民主主義者的胸懷和目力。孫中山不愧是亞非拉革命民主派最早和最有遠見的先驅者。

在當時歷史的不可避免的局限下，孫中山舊「民生主義」在發展中國實業的一個比較明顯的弱點，是對帝國主義和殖民主義認識不夠，對它們抱著一種天真幻想。因為一方面看到中國資本家的實力太弱，另一方面也為了「預防」私人資本主義產生，孫中山曾特別希望通過國家借外債、招洋股、接洽外人投資等方式來開發中國。孫中山向外國政府和資本家提供了多種費盡辛苦擬成的建設藍圖，希望外國資本主義國家的政府和企業家能本人類「博愛」「互助」之情來幫助中國，用他們的機器、技術和貸款來幫助中國的工業建設，來解決中國工業化的資金來源和技術困難的問題，照孫中山的語言，這就是「欲使外國之資本主義以造成中國之社會主義」（《實業計劃》）。孫中山這一想法本身並無可非議，但在當時歷史條件下卻不可能實行。當時是二十世紀初，正是帝國主義瘋狂侵略殘酷掠奪的「全盛」時期，西方資本主義國家政府和資本家們對孫中山這一誠摯善良的空想的報答只是冷冰冰的懷疑、輕蔑和嘲笑。當年各國殖民主義者寧肯扶植滿清政府（辛亥前）和忠於他們的地方軍閥（辛亥後），以為他們效勞，而決不會真正支持致力於國家獨立富強的偉大革命家的事業的。這

對孫中山是一個極大的教訓，終於使他把指望轉向蘇聯。

　　總括上面，可以用孫中山自己的一句話來標出他的「民生主義」對資本問題的思想主張的全部特點，這就是：「夫吾人之所以持民生主義者，非反對資本，反對資本家耳。」（〈民生主義談〉）把資本與資本家分開這句天真的話語清晰地表現著「民生主義」的矛盾：既要求發展資本主義（近代大企業），又堅決譴責和反對資本主義的剝削壓迫，要求避開資本主義。然而，在當時歷史條件下，孫中山不能「避開」資本主義，可以一蹴即得的社會主義只是空想。但應該說，由這位偉大革命家所提出並堅持的「民生主義」，卻莊嚴地宣告了這個偉大民族的要求。既發展大工業使國家工業化，又不走西方資本主義道路的遠大理想。雖然這個遠大理想的真正實現，仍大有待於實踐和探索。孫中山那麼早地把它提出來，卻無疑是一大功績。

3.「土地問題」

　　與資本問題緊相聯繫，實際作為解決資本問題的條件和基礎的，是土地問題。土地問題是資產階級民主革命的中心問題。就經濟意義和理論說，在民主革命中如何解決土地問題，實質上也是如何發展、採取何種道路發展資本主義的問題。因為要發展資本主義，就必須從封建土地所有制的桎梏下解放農村勞動力，擴大市場和原料的供應。資本主義的發展，必然要求、同時也必然促使封建自然經濟的崩毀和改變。但是，正如列寧在論證俄國民主革命中的土地問題時所指出，這種改變或崩毀可以有兩條完全

不同的道路：「這種發展（按指資本主義的發展）可能有兩種形式。農奴制殘餘消滅的過程可能走改造地主經濟的道路，也可能走消滅地主大地產的道路──換句話說，可能走改良道路，也可能走革命道路。資產階級的發展可能在由日漸資產階級化和日漸用資產階級剝削手段代替農奴制剝削手段的大地主經濟占主導地位的情形下發生，也可能在以小農經濟占主導地位的情形下發生，這種小農經濟用革命手段把社會機體上的贅瘤即農奴主大地產鏟除，然後就在已鏟除這種贅瘤的基礎上，按資本主義法麥爾經濟道路自由地發展下去。」（《社會民主黨在 1905～1907 年第一次俄國革命中的土地綱領》）列寧把這兩種不同的道路分別叫作「普魯士式的道路」和「美國式的道路」。列寧在論證民主革命中的土地問題時，曾一再地反覆地強調了這兩條道路的根本歧異和不同階級（自由派地主資產階級和民主派資產階級）對它們的不同選擇以及無產階級的態度。列寧這種在民主革命中解決土地問題兩種不同道路的理論，對了解孫中山對土地問題的主張、思想、政綱可能有些用處。

作為民主主義革命家孫中山思想和政綱中的特色，是在解決土地問題上的反對封建土地制度的態度。「民生主義」與以前所有改良派發展資本主義的經濟思想不同，它沒有忽視土地問題來談發展國民經濟；相反，孫中山特別重視土地問題。與康有為自由主義改良派所主張的「普魯士式的道路」剛好對立，孫中山在土地問題上，堅持了最大限度來發展資本主義的「美國式的道路」。儘管在孫中山主觀上並沒意識到這點，而把自己的選擇叫做「社

會主義」。反映著中國落後的社會存在和不成熟的資本主義生產狀況和階級關係，孫中山認為中國當時既還沒有大資本家和顯著的資本主義生產關係，所以只要通過土地問題的解決便可以直接實行社會主義，「預防」資本主義的禍害，「可舉政治革命與社會革命，畢其功於一役」（〈民報發刊詞〉），從而將「民生主義」的視線集中在土地問題上。另一方面，這種對土地問題的注意，實際上又並不是別的什麼緣故，而恰恰是因為當時中國客觀上所面臨的還只是民主革命而不是社會主義革命，革命的客觀性質要求解決的還只是土地問題而不是消滅資本主義問題。正是這種客觀歷史條件，規定了孫中山這種以社會主義為形式和標誌而以民主主義為真正實質的思想的產生和出現。

　　從這種客觀歷史條件出發，便可以了解，為什麼在派別繁多的西方社會主義學說中，孫中山會獨獨選擇了打著社會主義招牌的資產階級土地國有論者的亨利・喬治？這就是因為：以「土地公有」為內容，而又有著「社會主義」的招牌的亨利・喬治的理論，正好投合了孫中山當時的願望和需要的緣故：

　　原夫土地公有，實為精確不磨之論。人類發生以前，土地已自然存在。人類消滅以後，土地必長此存留，可見土地實為社會所有，人於其間，又惡得而私之耶，或謂地主之有土地，本以資本購來，然試叩其第一占有土地之人，又何自購乎？故卓爾基・亨利之學說，深合於社會主義之主張，而欲求生產分配之平均，亦必先將土地收回公有，而後始可謀社會永遠之幸福也。（〈社會

主義之派別與方法〉〉

　　然而，亨利‧喬治的急進的土地公有，卻並不是真正的社會主義。恩格斯說：

　　亨利‧喬治卻使自己局限於把土地像現在這樣分租給個人，只是調節它的分配，並且把地租用於公共的用途，而不是像現在這樣的用於私人用途。社會主義者所要求的是社會生產的整個制度的總的革命，亨利‧喬治所主張的則是絲毫不動目前社會的生產方式。(恩格斯：〈美國工人運動〉)

　　恩格斯在同篇論文中，用歷史唯物主義觀點指出亨利‧喬治的理論上的謬誤：「亨利‧喬治認為人民大眾之被剝奪土地是造成人們之所以分成貧富的重要和普遍的原因。從歷史上看來，這是不十分正確的，在中世紀成為封建剝削的根源的，並不是由於人被剝奪了土地，相反地是由於人被束縛於土地。」馬克思在《哲學的貧困》中揭示了資產階級土地國有論的階級本質，指出「這是工業資本家對地主懷抱的仇恨的率直的表現，因為在工業資本家的心目中，地主是無用之長物，是在資產者的生產的全般機構裡面的一個累贅。」

　　但是，這樣一種錯誤理論卻歷史地最適合於孫中山和當時革命民主派的口味。其所以如此，如前指出，是因為這些「主觀上的社會主義者」在客觀上卻處在民主主義革命的緣故。他們主觀

社會主義歷史地以客觀民主主義為其真實內容。他們要求廢除抽象的一般的「貧富不均」的「社會主義」，不能不歷史地成為要求廢除特定的封建主義下的土地的貧富不均。孫中山應用亨利・喬治的社會主義理論，認為「歐美為什麼不能解決社會問題，因為沒有解決土地問題」（〈三民主義與中國民族之前途〉）。實際上，歐美為什麼不能解決社會問題，當然不是「因為沒有解決土地問題」。所以，孫中山的這句話的真實的客觀意義卻應該是：中國為什麼沒有解決社會問題，是因為沒有解決土地問題。中國社會當前所面臨的問題正是這個反封建土地制度問題。這就讓歷史本身說明了孫中山和革命派為什麼會特別借重亨利・喬治社會主義，要在其中「借取自己的解放思想」；亨利・喬治土地公有的「社會主義」為什麼會成為「民生主義」的土地綱領的思想依據[6]。我們從這一綱領提出的具體辦法中，便可以清楚地看到這一點。

在舊民主主義時期，孫中山提出了「平均地權」的政綱，作為「民生主義」主要內容。這一政綱的具體實施辦法則是「定地價」和「土地國有」：

本黨的民生主義，是有辦法的，這個辦法就是平均地權，平

---

6 附帶提一筆，獨特地反映了俄國農民的情緒要求，作為「俄國農民革命的鏡子」的列夫・托爾斯泰，在所有西方的社會主義中，也同樣傾心於亨利・喬治，這不應是偶然的現象。它同樣反映了資產階級革命中的農民土地要求。

均地權的一部分的手續，就是定地價。(〈三民主義之具體辦法〉)

其平均之法，(一) 照價納稅；(二) 土地國有。(〈續論民生主義之實施〉)

對於土地，宜先平均地權，此與中國古時之井田同其意而異其法。法之大要有二，一為照價納稅，一為照價收買。(〈軍人精神教育〉)

所謂「定地價」和「照價納稅」，就是由地主自報地價，國家徵以重稅，同時國家又握土地國有之權，可以隨時按地價收買地主土地。孫中山認為這樣一來，則地主報價時不敢「以少報多」，因如此「年年須納最高之稅，則己負累不堪，必不敢」；同時又不敢「以多報少」，因如此「則又恐國家從而收買，亦必不敢」。而「在國家一方面言之，則無論收稅買地，皆有大益之事」。因為這樣便消滅了土地投機和土地壟斷，而能促進工商業的發展。「投機業 (指土地投機業) 愈盛者，其工商業必為阻滯。若實行稅價法及土地收用法，則大資本家不為此項投機業，將以資本盡投之工商」(〈論三民主義〉)；同時國家只徵地稅 (天然稅) 而不徵「人工稅」，則更扶助了工商業，「中國行了社會革命之後，私人永遠不用納稅，但收地租一項」。孫中山直觀地認為，隨著資本主義的發達，不勞而獲的土地所有者所得的絕對地租的增加是不正當的。他多次強調說，「世界地面本屬有限，所有者壟斷其租稅，……坐享其成，……不平之事孰有過於此者。」「地價的高低沒有一定，

完全隨附近交通的方便和商務的繁盛為轉移。」「因為社會上大家要用那處地方來做工商事業的中心點，便去把它改良，那塊地方的地價，才逐漸增加到很高。」「紐約一城地租每年至八萬萬之巨，惜均為地主所私有，若歸公有，則社會經濟上必蒙其益。」所以，孫中山就特別致力於消滅這種隨資本主義發展而日益增大的絕對地租量。孫中山以為消滅了這種地租，便是消滅了資本主義；實際上卻正好相反，孫中山的這種努力客觀上卻是便利於消滅封建地租發展資本主義。列寧在評論孫中山時，特別尖銳地指出了這一點：

事實上，孫逸仙在文章開端談得如此漂亮而又如此模糊了經濟革命，其結果如何呢？

結果是地租轉交國家，即採用亨利·喬治的什麼單一稅制來實行土地國有。孫逸仙所提出和宣傳的「經濟革命」中絕對沒有任何別的實在的東西了。

窮鄉僻壤的土地價值與上海的土地價值之間的差別，就是地租量上的差別。土地的價值是資本主義化的地租。使土地「價值的增加」成為「人民的財產」，就是把地租的土地所有權，交給國家，或者換句話說，使土地國有化。（〈中國的民主主義和民粹主義〉）

但是，「土地國有的經濟意義，並不在於人們所常常追求的地方，它不在於反對資本主義關係的鬥爭中，……而在於反對農奴關係的鬥爭。」（列寧：〈十九世紀末期俄國的土地問題〉）「民粹

派以為否定土地私有制便否定資本主義，這是不對的，否定土地
私有制，便是表現著最純粹的資本主義發展的要求。」（列寧：
《社會民主黨在 1905～1907 年第一次俄國革命中的土地綱領》）
正是這樣，孫中山的民主主義以避免資本主義的社會主義空想為
形式，以反封建主義的平均地權的社會改革為內容，孫中山的資
產階級的民主主義以小資產階級的民粹主義作了補足。

　　進一步的問題在於，孫中山「土地國有」「平均地權」的思想
和理論，在具體實踐方案上達到了怎樣的急進手段呢？

　　從前面「平均地權」的具體辦法──「定地價」和「照價收
買」的方案中，可以看出孫中山當時就沒有把土地綱領，在實踐
上與農民階級的利益、與農民革命緊密結合起來。孫中山的民粹
主義只具有理論上的意義，只是在客觀上曲折反映了時代的動向，
群眾的要求，它並沒有成為農民群眾的戰鬥綱領，像太平天國和
洪秀全那樣；恰好相反，孫中山的「平均地權」與農民群眾是脫
離和隔絕的，它的著重點是城市土地的地位問題，而不是具有迫
切意義的廣大農村的土地問題。它提出的是未來的問題，而不是
當前的問題，是理想的問題而不是現實的問題。它不能動員農民
群眾，並且，為了避開反對者的攻擊和誣蔑，孫中山否認「奪富
人之田為己有」的「均產」之類的說法，希望採取和平的「使地
主也不受損失的」「地主也可以安心的」辦法來實現「平均地權」
和「土地國有」。孫中山在理論上堅決反對馬爾薩斯主義和社會達
爾文主義，站在資產階級小資產階級的立場，孫中山主張博愛的
「互助論」。孫中山認為既不是「弱肉強食」，也不是「階級鬥

爭」，而是社會各階級「經濟利益的調和」，「人類的求生存」才是
社會進化的動力。他把具體歷史的現實社會問題歸結為「民生」
「人類求生存」的抽象、一般的概念，把充滿著階級矛盾、對立
和鬥爭的具體社會，看成或希望成一個和諧的生理有機體。他宣
稱自己不是「病理學家」而是「生理學家」，（這與聖西門以生理
學作為自己的社會主義的理論基礎相似！）從而把自己的社會主
義建築在人道主義的基礎上：

> 社會主義者，人道主義也。人道主義，主張博愛、平等、自
> 由，社會主義真髓，就不外此三者。……社會主義為人類謀幸福，
> 普遍普及，地盡五洲，時歷萬世，蒸蒸芸芸，莫不被其澤惠，此
> 社會主義之博愛，所以得博愛之精神者也。（〈社會主義之派別與
> 方法〉）

把社會主義溶解在人道主義裡面，把具有具體社會階級內容
的社會主義歸結為超階級超歷史的自由、平等、博愛的抽象口號，
把具體歷史的經濟剝削歸結為一般的貧富不均，「平」與「不平」
（「我人所抱之唯一宗旨，不過平其不平，使不平者趨於平而已
矣」）把解放一定歷史條件下之具體階級歸結為解放一切眾
生……，以為社會主義「並不是無產階級的利益，而是人性的利
益，即不屬於任何階級並且根本不存在於現實界而只存在於哲學
渺茫冥想太空的一般人的利益」（《共產黨宣言》）。「消除舊的障
礙，……用『平等、博愛、自由』代替『不平等』（地主大地

產）——這就是民粹派思想十分之九的內容。平均地權、平等使用土地、社會化——這一切都不過是同一思想之各種表現形式。……在民粹派分子看來，目前的土地變革不過是……從不平等和壓迫轉到平等自由的一種過渡。」（列寧：《社會民主黨在1905～1907年第一次俄國革命中的土地綱領》）

　　正是這樣，由於在理論上把社會主義和土地問題歸結為抽象、一般的「人性」和「平等」，從而就容易在實踐中看不清現實真正存在的問題和關鍵。孫中山當時憂慮的是中國未來的資本主義制度下的絕對地租量的增長危險，是西方資產階級與無產階級的變得簡單明瞭的階級對立和階級鬥爭；反而看不見那時中國當前的現實的封建地租問題，看不見在落後的封建生產關係和等級制度掩蓋下，中國社會的比較複雜和比較隱蔽的階級對抗和階級鬥爭。孫中山指出將來世界範圍內資產階級和無產階級（孫中山把它們稱作「橫暴者」和「被壓迫者」，「強權」和「公理」）的階級決戰的不可避免，並堅決站在「被壓迫者」和「公理」的無產階級方面，卻又同時把中國的階級分化歸結為所謂「大貧小貧」，從而否認地主和農民的階級鬥爭。「中國人大家都是貧，並沒有大富的特殊階級，只有一般普通的貧。中國人所謂貧富不均，不過在貧的階級之中，分出大貧與小貧。」（〈民生主義〉）從所謂「貧」「富」等財產占有或消費質量，而不是從生產方式、生產關係上來區別人群，劃分階級，這正是小資產階級的典型觀點。這樣，符合人道主義的博愛，便自然而然地傾向於在經濟上和平進化。孫中山的思想是中國落後的社會關係（資本主義還很不發達，階級關係

還很不成熟）所必然帶來的幻想。孫中山這種人道博愛的胸襟和願望是無可非議的；然而用以指導實際，卻是行不通的。孫中山前期的反封建主義的「平均土地」的革命主張就正因為沈浸在這種善良幻想中，沒有找到實現它的現實物質力量和方法，所以儘管苦口婆心地到處宣講勸說，終於還是失敗了。在辛亥革命前，就連華興會一些人也不理解，把「平均地權」改為「平均人權」，「三民主義」變成了「二民主義」；光復會一派人也對「土地國有」「定地價稅」之類極不滿意，而自行設想其更落後更空想的民生主義（參看本書論章太炎）。在辛亥革命後民生主義更是被人置於腦後，連孫中山的嫡系派別的大多數人也把它忘得一乾二淨。只有孫中山本人在堅持著。

　　此外，應該指出，即使在「舊民主主義革命」時期，也不能說孫中山完全沒有「耕者有其田」和農民革命的思想。孫中山是來自民間的革命者，很多記載都說明孫中山早期便有解除農民痛苦、均分土地給農民和土地革命的思想。章太炎在《訄書》中提及他的均分土地的主張是得自孫中山，梁啓超曾說過孫中山主張國家直接授田給耕者以排除地主的地租剝削。實際上，它是當時孫中山主張的「土地國有」一個重要內容。梁啓超說，「孫文嘗與我言曰，今之耕者，率貢其所獲之豐於租主而未有己，農之所以困也。土地國有，必能耕者而後授以田，直納若干租於國而無一層地主從中朘削之，則可以大蘇。」「同盟會」成立後，革命派在報刊上也曾經宣傳過這種急進主張，也鼓吹過農民革命（參看本書其他文章），但這種思想卻並沒有作為一種同盟會的明確的理

論、政綱和革命手段制定下來和付諸實行，在實行中仍然只是聯絡會黨、活動新軍，在理論上，則是淹沒在繁瑣而不切實際的「定地價稅」之類的研討中。孫中山的「平均地權」的「民生主義」沒在農民群眾中找到實踐它的物質力量，來徹底變動封建農村的經濟基礎。中國近代由太平天國開始的「否定之否定」的歷史行程，只好留待給「新民主主義」的農民戰爭了。

總結上面，可以知道，提出「平均地權」、「土地國有」來解決土地問題，是孫中山「民生主義」的關鍵。在主觀上，孫中山以為解決土地問題，便能避免資本主義和實現社會主義；但在客觀上，解決土地問題卻正是打擊封建主義，為資本主義創造廣闊前途。但正因為這個「民生主義」沒有找到實現它的物質力量和物質基礎，於是封建主義既沒有推倒，資本主義也沒能發展，更談不上「預防」云云了。相反，因為害怕資本主義，千方百計地「預防」它，「在娘胎裡弄死它」，這種思想帶來的反而是封建主義的延續和變形，使即使後來在解決土地問題後也得不到迅速而正確的發展方向和道路。中國近代歷史和思想史在這方面留下了不少辛酸的經驗。孫中山的「民生主義」、這種帶有民粹主義特徵的小資產階級空想，便是一種典型，是值得很好研究和總結的。

4. 新的發展

辛亥革命後，孫中山獲得了無數痛苦教訓，孫中山滿以為辛亥以後是實現民生主義的時候了，到處遊說，在社會上層得到的只是冷淡和訕笑。這個主義的主觀理想性質，使它無法用社會事

實證明自己；也沒法找到真正的物質力量來實現自己。帝國主義
和封建主義的反動派打擊和阻撓他，資產階級冷漠和不支持他，
農民階級不了解他。正當孫中山在黑暗和孤立中找不到出路的時
候，十月革命給中國送來了馬克思主義，中國共產黨提出了中國
革命的綱領。孫中山得到了共產黨的擁護和支持。在與中國共產
黨合作後，孫中山重新解釋了他的「民生主義」，使它具有了一些
新的特點。

　　與「民族主義」「民權主義」一樣，新「三民主義」中的「民
生主義」貫徹了「聯俄、容共、扶助農工」三大政策的主張，與
以前幻想依靠帝國主義經濟援助來發展中國實業已根本不同，在
共產黨堅決反對帝國主義影響下，在幾十年革命的痛苦經驗的教
訓下，孫中山新「民生主義」中突出揭發了帝國主義經濟侵略，
採取了堅決的反對立場。孫中山這時通過許多具體實際例子一再
向人民生動地說明，中國人民吃不飽穿不暖，正是由於外國經濟
壓迫，使國家工農業不發達的緣故（見〈民生主義〉演講）。「中
國人民就謀生一方面的經濟說，完全是處在外國的經濟壓迫之下。
中國國家表面上雖是獨立國，實在成了外國的殖民地。」（〈中國
工人所受不平等條約之害〉）「現在中國不止工人要受外國資本家
的壓迫，就是讀書的人耕田的人做生意的人都是受外國經濟的壓
迫。」（同上）孫中山號召全體人民為反對帝國主義的經濟壓迫作
鬥爭，「要抬高中國國家的地位，就先要中國脫離了外國經濟的壓
迫，也是對資本家宣戰。現在中外的工人都是一樣的作戰，所向
的目標都是一樣的敵人。所以中外的工人應該聯成一氣。中國工

人聯絡了外國工人，向外國資本家宣戰。」（同上）這時孫中山還指出帝國主義利用不平等條約的政治特權來進行經濟侵略的特點。孫中山把經濟問題歸結為政治鬥爭問題：

　　外國壓迫中國，不但是專用經濟力，……到了經濟力有時而窮，……便用政治來壓迫。……當從前中國用手工和外國用機器競爭的時代，中國的工業歸於失敗，那還是純粹經濟問題。到了歐戰以後，中國所開紗廠、布廠，也學外國用機器去和他們競爭，弄到結果還是中國失敗，這便不是經濟問題，是政治問題。（〈民生主義〉第四講）

　　這個政治問題，就是帝國主義進行政治壓榨，強迫中國訂立不平等條約等問題。孫中山就這樣把中國經濟發展問題，歸結為必須首先打倒帝國主義廢除不平等條約的政治問題。因此，要解決中國的經濟問題，要想中國工業發達，國家富強，首先就必須解決政治問題，打倒帝國主義侵略：「外國便強迫中國，立了許多不平等的條約。外國至今都是用那些條約來束縛中國，中國因為受了那些條約的束縛，所以無論什麼事都是失敗。中國和外國如果在政治上是站在平等的地位，在經濟一方面可以自由和外國競爭的。……但是外國一用到政治力，要拿政治力量來做經濟力量的後盾，中國便沒有方法可以抵抗，可以競爭。」「……我們要解決民生問題，保護本國工業，便先要有政治力量，自己能夠來保護工業，中國現在受條約的束縛，……不但是不能保護本國工業，

反要保護外國工業。……我們要解決民生問題，如果專從經濟範圍來著手，一定是解決不通的。要民生問題能夠解決得通，便要先從政治上來著手，打破一切不平等的條約。……」（〈民生主義〉第四講）孫中山這種明確的反帝國主義立場，是舊「民生主義」中所缺少的。當外國記者挑釁式地問及「先生對於中國財政有無辦法」時，與以前強調外國資本的援助完全不同，孫中山回答得很乾脆：「中國當有辦法，不必借外債。」（〈與長崎新聞記者之談話〉）

　　與此同時，隨著二十世紀特別是第一次世界大戰期間，中國資本主義的正式迅速的發展和長大，在客觀的現實面前，孫中山前期那種「預防資本主義」的想法逐漸消失了。中國共產黨明確當前革命的資產階級民主性質，指出資本主義在中國不是太多而是太少。孫中山在新「民生主義」中，再不大強調「預防資本主義」之類的空想，而提出了具體明確的「節制資本」的政綱。這一政綱的內容是一方面容許私人資本主義企業的發展和擴充，但必須加以監督和限制，這樣，就切實和現實得多了。與此同時，這個政綱規定了大企業、大銀行以及交通運輸業等等必須由國家創建和經營。因為新「三民主義」在政治上確定政權「非少數人所得而私」，使這種企業國有化的政策與舊「民生主義」時期的所謂「國家集產主義」有了區別。毛澤東後來說：「大銀行、大工業、大商業，歸這個共和國（指新民主主義共和國）的國家所有。『凡本國人及外國人之企業，或有獨占的性質，或規模過大為私人之力所不能辦者，如銀行、鐵道、航空之屬，由國家經營管理

之；使私有資本制度不能操縱國民之生計，此則節制資本之要旨也」。這也是國共合作的國民黨的〈第一次全國代表大會宣言〉中的莊嚴的聲明，這就是新民主主義共和國的經濟構成的正確的方針。」(《新民主主義論》)

孫中山「民生主義」的核心——土地政策問題，在新時期中獲得了更重要的發展，前期「定地價稅」之類的主觀空想也逐漸褪色了，前期游移未定的「耕者有其田」的思想，這時確定下來並變為這問題上的主要綱領。孫中山在其著名〈耕者要有其田〉的演說中，可以說是直接向農民宣布了這個政綱。孫中山號召農民群眾像工人階級那樣團結起來，組織起來，成立自己的團體，為自己利益而進行鬥爭。孫中山說：

⋯⋯民生主義真是達到目的，農民問題真是完全解決，是要耕者有其田。那才算是我們對於農民問題的最終結果。⋯⋯現在的農民卻不是耕自己的田，都是替地主來耕田，所生產的產品，大半是被地主奪去了。這是一個很重大的問題。我們應該馬上用政治和法律來解決，如果不能解決這個問題，民生問題無從解決。(〈民生主義〉第三講)

現在俄國⋯⋯推翻一般大地主，把全國的田地都分到一般農民，讓耕者有其田，耕者有了田，只對於國家納稅，另外便沒有地主來收租錢，這是一種最公平的辦法。我們現在革命，要仿效俄國這種公平辦法，也要耕者有其田，才算是徹底的革命。如果

耕者沒有田地，每年還是要納田租，那還是不徹底的革命。(〈耕者要有其田〉)

　　在中國共產黨直接參加下，〈中國國民黨第一次代表大會宣言〉宣布：「農民之缺乏田地淪為佃戶者，國家當給以土地資其耕作。」並對「民生主義」的「平均地權」作了「由國家規定土地法，土地使用法土地徵收法及地價稅法」，以實行徵稅和收買的規定。這種「平均地權」、「照價收買」的政綱，與前期的溫和手段不同，它無論是在理論意義上或在革命實踐中，都導向真正的土地革命。孫中山後期「民生主義」的這種革命躍進，是因為他接受了中國共產黨的意見。以毛澤東為代表，中國共產黨特別重視農民土地要求的問題，主張和堅持用革命的辦法來領導農民運動，解決土地問題，實現「耕者有其田」，強調農民運動和土地改革不可能與打倒帝國主義和軍閥分割開，只有實現這種社會革命才能為政治革命打下基礎。所以，孫中山在早期雖然常希望「民生主義」與「民權主義」並行，「畢其功於一役」，實際上這兩者卻完全是分開的，兩者在前期並沒有內在的有機關係。只有這時，孫中山才真正看出，「民生主義」正是整個革命的重要關鍵，「民生主義如果能夠實行，人民才能夠享幸福，才是真正以民為主，民生主義若是不能實行，民權主義不過是一句空話。」(〈農民大聯合〉) 如要實現中國的獨立富強，要徹底打倒帝國主義和軍閥統治，就必須要有受帝國主義和軍閥壓迫最深的廣大工農群眾的支持。從而也就必須制定符合廣大工農利益的經濟綱領。因為要實

行三民主義,所以不得不照中國的現狀依人民的要求來規定這個政綱……政綱既是依人民的要求來規定的,人民今年有什麼要求,我們便要規定一種什麼綱領(〈一致行動便是黨員的好道德〉)。從而這就是貫徹農工政策的民生主義。「蓋國民黨現正從事於反抗帝國主義與軍閥,反抗不利於農夫工人的特殊階級,以謀農夫工人之解放,質言之,即為農夫工人而奮鬥,亦即農夫工人為自身而奮鬥也」(〈國民黨第一次代表大會宣言〉)。中國共產黨當時堅決擁護這一綱領,毛澤東說,「我們主張的新民主主義的經濟,也是符合於孫先生的原則的。……在現階段上(引者按:指民主革命的階段),對於經濟問題,我們完全同意孫先生的這些主張。」(《論聯合政府》)(引者按:指「耕者有其田」和「節制資本」的主張)

　　當然,孫中山民生主義後期的這種進展,不意味著這位民主主義的革命巨人已從其思想理論體系中解脫出來。孫中山的思想體系和哲學世界觀前後期並無重大改變(所以下面論哲學思想便不分前後期來談);改變的主要是政綱政策。孫中山的「平均地權」「節制資本」思想的哲學理論基礎,仍然是小資產階級的社會歷史觀(詳下文「哲學思想」部分)。孫中山始終未了解也不接受馬克思主義;孫中山以互助博愛的理論拒絕馬克思主義階級鬥爭學說。但他一生保持了對馬克思主義的尊敬、景仰和同情,孫中山晚年一再強調自己的「三民主義」就是蘇聯的共產主義,一再強調「民生主義就是共產主義,就是社會主義,所以我們對於共產主義,不但不能說是和民生主義相衝突,並且是一個好朋友。」

（〈民生主義〉第二講）這固然是他的策略，也反映了他的真實思想和情感。

＊　　　　　＊　　　　　＊

中國近代的經濟思想是圍繞著資本主義發展問題和土地問題旋轉的。而它的表現形式則都採用了社會主義烏托邦的主觀性質。前面講康有為時已說到，舊民主主義時期依次出現三種進步的社會思潮，同時也循序出現和經歷了三種烏托邦社會主義——太平天國的千年王國（素樸的農業社會主義的空想，在這種空想裡還沒有提出資本主義發展問題，它的主要特徵是解決土地問題），自由主義改良派康有為的大同空想（這是還沒有看出西方資本主義制度的巨大矛盾，從而有著「世界樂園」的幻想和頌歌，所以它是可望而不可即的大同世界。它的主要特點是提出發展資本主義大工業和近代文明的問題），而最後便是看到那個矛盾要求避開矛盾的孫中山和革命派的「民生主義」。它們各具有不同的性質和特色，各以不同的方式反映了中國人民對沒有剝削沒有壓迫的理想社會和大同世界的強烈的渴望，顯示了中國近代思想在反帝國主義反封建主義的民主主義鬥爭中，具有遠大的理想和目標。所以，孫中山的「民生主義」——社會主義，一方面是中國近代先進人士向西方尋求真理的整個歷史過程和認識過程歷史地告一段落，它顯示了中國先進人們在經歷了長期摸索追求之後，把對沒有永遠剝削壓迫的社會主義的理想，把對獨立、富強、自由、民主國家的理想由西方轉向蘇聯，由資本主義轉向社會主義。社會主義替代自由平等博愛舊口號，在農民國家裡成了進行民主革命的旗

幟和理想。中國近代空想社會主義的不斷出現，特別是孫中山這
種既要求發展資本主義、又要求避開「預防」它的禍害的空想社
會主義的出現，就非常清楚地顯示了馬克思主義的社會主義將在
中國興起，在這些空想社會主義基礎上開闢自己的道路。就世界
歷史意義說，孫中山的社會主義是世界上最鄰近馬克思主義的最
後一種的空想社會主義，它比法國的空想社會主義和俄羅斯革命
民主主義的社會主義具有著更突出的革命實踐的性格。當然，孫
中山的「民生主義」如他的整個「三民主義」一樣，誕生在暴風
雨的革命實踐年代，還來不及在理論上作充分準備以構造成完備
的理論。

（原題〈論孫中山的民生主義思想〉，載《歷史研究》1956 年第 11 期，有
修改）

 哲學思想

　　為革命鬥爭而尋求理論依據，孫中山熱切地向西方近代的自
然科學學習，以概括自己的革命實踐。他提出一些基本上是唯物
主義的哲學思想，這些哲學思想是他的革命政綱──「三民主義」
的理論基礎。

　　如果康有為的世界觀可以看作是中國古典哲學的終結，那麼，孫中山的哲學思想則是真正近代資產階級哲學的標本。使它具有獨特面貌的是這樣兩個重要的特徵。第一是近代自然科學以其原始形態即未經哲學提昇的科學事實，作為重要的素材和內容充塞在孫中山的哲學體系中，特別是在其自然觀中。從思想源流說，孫中山早在少年時代就擺脫了「制藝帖括」，而「遊學海外，於泰西之……天文輿地之學，格致化學之理，皆略有所窺」（孫中山：〈上李鴻章書〉），從而，他的真正「科班出身」的自然科學的教養就大不同於當時任何一個中國思想家。他是受過近代科學正規訓練過的醫生，其自然科學和一般西方文化知識，當然遠遠地超越了同時代的許多對自然科學一知半解的先進知識分子，例如康有為、譚嗣同、章太炎、梁啟超等人。同時，十九世紀的「自然科學本身也因為說明了自然界本身中所存在的各個研究部門（力學、物理學、化學、生物學等）之間的聯繫，而由經驗科學變成了理論科學，並且，由於把所得到的成果加以概括化，又轉化成了唯物論的認識體系」（恩格斯：《自然辯證法》）。這也使孫中山有可能直接從自己所學到的自然科學的經驗事實中，對宇宙現象來作出哲學說明，而不同於當時大多數人只是附會一些科學知識的皮毛來進行哲學概括。孫中山也繼承了傳統的中國古典哲學，例如，在世界到底是物質的或是精神的問題上，孫中山採用了傳統的唯物主義的說法──「氣」在「理」先，把「太極」這個物質概念作為宇宙的本源；在論證物質與精神之間的關係方面，他認為這是「體」與「用」的關係，如此等等。但是，從根本上說，

孫中山和中國古典哲學的關係與康有為他們不同，後者是以自然科學知識相當牽強地來適應和填塞古典哲學，前者則真以自然科學為內容，而僅帶有傳統的哲學術語和形式。孫中山哲學的第二個特徵，是以自己的社會革命實踐作為他的哲學觀點特別是認識論的直接源泉。豐富的革命鬥爭不斷地提供大量的素材，特別是革命不斷失敗，迫使他去深入思考、探索，作出分析和回答。他的「知行學說」就是基於自己革命實踐上的一種理論概括。

1. 進化論和「生元」說

首先，堅持進化發展的普遍觀念，是孫中山哲學世界觀一個基本內容。與康有為「公羊三世說」的進化思想不同，孫中山哲學的進化論採取了自然科學的直接的簡樸形式。孫中山確信世界處於不斷進化發展的狀態中，是一個持續的自然歷史的過程。自然界和人類社會都是處在不斷的更替和發展中，它由簡單和低級的階段上升到有質的差異的高級階段。孫中山的進化發展觀念不是康有為那種玄學的神祕產物，而不過是對於自然科學和社會現象直觀的、樸素的概括結果，擁有明確的科學論據。孫中山特別服膺達爾文學說，認為進化論的出現是人類思想中的重要變革，使得「各種學術均依歸於進化」；他贊同拉普拉斯的「星雲形成說」，認為它正確的闡述了宇宙的發生。孫中山簡略地描述了宇宙和自然形成的歷史過程:「推到地球沒有結成石頭之前……普通都說……是一種流質，更在流質之先，是一種氣體。所以照進化哲學的道理講，地球本來是氣體……日久就凝結液體，再由液體固

結成石頭……。講地球的來源，便由此可以推究到人類的來源，地質學家考究得人類初生在二百萬年以內，人類初生以後到距今二十萬年，才生文化。二十萬年以前，人和禽獸沒有什麼大分別，所以哲學家說人是由動物進化而成，不是偶然造成的，人類庶物由二十萬年以來，逐漸進化才成今日的世界。」（〈民權主義〉第一講）這樣，孫中山就在自然領域中貫穿了發展變化的觀念，指出宇宙乃是發展的結果。

當時這些社會活動家在宣講自己的社會政治理論時，總要從自然、從宇宙圖景講起，這不是偶然的。無論是康有為、譚嗣同、章太炎，目標是社會，起點卻都要講自然、地球、天體。原因就在於，他們都要找出或指出一個宇宙萬物包括自然和社會在內的總規律總法則，來作為自己活動的依據。自然觀之所以在當時具有一種哲學意義，之所以與社會變革的思想不可分割地連在一起，道理就在這裡。我們之所以不能忽視自然觀在中國所有近代思想家中占據的特有地位和具有的特殊價值和意義，道理也在這裡，這一點在本書有關康、譚的文章已一再指出。與人無關的自然觀，只在先秦或希臘才具有獨立的哲學價值，近代哲學的核心本是認識論，自然觀只是在上述意義上才成為哲學世界觀的一個重要部分。

孫中山把社會歷史同樣看作是自然歷史過程，認為它在自身的發展中經歷了幾個階段。孫中山說道：「民權之萌芽，雖在二千年以前的羅馬希臘時代，但是確立不搖，只有一百五十年，前此仍是君權時代，君權之前便是神權時代，而神權之前便是洪荒時

代。」(〈民權主義〉第一講)這當然是當時流行的孔德 (A. Comte) 實證主義一類的膚淺說法,但在中國,它卻是向傳統的歷史循環論觀念的挑戰。

這裡,孫中山實際是以政治形態為標準,指出社會歷史不是循環過程,不是所謂「分久必合,合久必分」「亂久必治,治久必亂」的交替,而是從低級到高級的上升過程。社會歷史不是單純的量變或形態的重複,而且還有「洪荒時代」—「神權時代」—「君權時代」—「民權時代」這些性質不同的社會形態的質變。

既然社會歷史是一個持續的過程,那麼,所有社會現象就不是「一成不變」的或是「自古已然」,而是在時間的長流中湧現。民權政治也是如此。孫中山反對盧梭把民權看作「天賦」的觀點,指出:「民權不是天生出來的,是時勢和潮流所造就出來的」(〈民權主義〉第一講),一切政治形式都不能久駐,它們有著共同的發生和消滅的命運。「君權」曾經代替「神權」,並且曾經是「有用的」;但是,隨著社會的演進,「君權」也必將成為「過去的陳跡」,而「民權」便又起而代之。

孫中山堅信世界的進化發展是事物的普遍絕對規律,任何對這種發展的抗拒都將無用。儘管歷史的進程有著挫折甚至逆轉的情況,但是,它正如長江黃河的水流相似,「方向或者有許多曲折,向北流或向南流的,但是流到最後,一定是向東的」(〈民權主義〉第一講)。孫中山屢次教導他的同志說,我們的革命事業是「順應世界潮流」的,所以當前革命勢力可能還弱小,並且在前進的路途上,「艱難頓挫」是不可避免的,但是,革命事業「一定

成功」，而敵人力量如何龐大，也「一定要失敗」。孫中山就這樣以具有客觀必然規律的進化論理論為思想依據，對革命前途作了樂觀的確信，這種世界觀成了他們進行革命的重要思想基礎。進化論本是中國近代先進思想之共同特色，但是，如果說康有為強調的主要是量變漸進；那麼，孫中山卻重視進化與革命的關係，注意了不同質的階段的區分和飛躍。

在思維對存在、精神對物質的關係問題上。自然科學的唯物主義思想與強調精神作用的中國近代特色，也同樣出現在孫中山思想中。它們糾纏混雜在一起，只是二者的比例不同，使孫中山不同於康、譚、章，孫中山沒有完全陷入主觀唯心主義，而只帶有某種二元論色彩。

首先，如前所述，孫中山堅持了自然科學唯物主義的自然觀，企圖用他所學習來的西方自然科學知識來闡明宇宙——星球的形成和實質：「太極（此用以譯西名以太也）動而生電子，電子凝而成元素，元素合而成物質，物質聚而成地球」。孫中山仍然取用中國古代哲學的陳舊概念（「太極」）來等同於當時科學所提供的物質概念——「以太」。將「以太」了解為「彌漫六合」的、沒有固定形態的物質，它構成宇宙的實體，是第一性的物質。孫中山的「以太」，比起譚嗣同的「以太」來，神祕性和玄學性少多了，自然科學唯物論更突出了。

對於有機界和人類的形成，孫中山也認為，有機界和人類乃是物質長期發展的產物。「造成人類及動植物者，乃生物之元子為之也，生物之元子，學者多譯之為細胞，而作者今特創名之曰生

元，蓋取生物元始之意也。」(《孫文學說》)「生元」是構成一切複雜的生物的物質基礎，它是生命現象的基源。世界是物質的──這是孫中山哲學思想中自然觀的要點之一。

孫中山進而循序考察了物質與精神的關係問題。他說：「六合之內，一切現象，厘然畢陳，種類至為繁夥……然總括宇宙現象，要不外物質與精神二者。」(〈軍人精神教育〉)至於二者之間的關係，孫中山認為「精神雖為物質之對，然實相輔相成，考以前科學未發達時代，往往以精神與物質為絕對分離，而不知二者本合為一。在中國學者亦恆言有體有用，所謂體，即物質，何為用，即精神，譬如人之一身五官百骸，皆為體，屬於物質，其能言語動作者，即為用，由人之精神為之。二者相輔，不可分離，若猝然喪其精神，官骸雖具，不能動作，用既失，而體亦為死物矣，由是觀之，世界上僅有物質之體而無精神之用者，必非人類。」(〈軍人精神教育〉)從這段話中可以看出，孫中山認為一方面精神是「物質之對」，另一方面，二者又相輔相成。抹殺物質與精神的差別，或片面誇大物質與精神的差異，截然把二者割裂為互不相干的並存的實體，是孫中山所反對的。其次，孫中山認為精神是客觀世界發展到一定時期──人類形成時期的現象，因此它不可能扮演創世主的角色。孫中山不可能像康有為、譚嗣同等人那樣，說什麼腦即電、電即腦的胡話，不可能像他們那樣，把什麼「不忍人之心」、「心力」等等當作世界的本源宇宙的本體。這既有階級不同的原因，而更是科學水平的差異。孫中山在素樸的科學立場上，把物質看作第一性的、基源的，把精神看作第二性的、

派生的，二者是「體」與「用」的關係。在哲學基本問題上，孫中山比起改良派來，唯物論要鮮明得多。

但是孫中山沒有徹底理解精神的實質，而簡陋地稱之為「第凡非物質者」。正因為這樣，孫中山就在構成人類的物質實體——「生元」（即細胞）面前變得十分困惑：「生元之為物也，乃有知覺靈明者也，乃有動作思為者也，乃有主意計畫者也。」（《孫文學說》）因而他寫道：「生元者，何物也，曰，其為物也，精矣、微矣、神矣、妙矣，不可思議者矣。」（《孫文學說》）於是，他把細胞賦予了「良知良能」，「按今日科學所能窺者，則生元之為物也，乃有知覺靈明者也，乃有動作思為者也，乃有主意計畫者也。」「生元之構造人類及萬物也，亦猶如人類之構造屋宇、舟車、城市、橋樑等物也。」「孟子所謂良知良能者，非他，即生元之知、生元之能。」（同上）細胞既有意志和意識，情感和思想，這個細胞（「生元」）也就和靈魂相差無幾了。「人身諸物之精妙神奇者，生死為之也；人性之聰明知覺者，生元發之也；動植物狀態之奇奇怪怪，不可思議者，生元之構造物也。」（同上）「生元」在這裡與譚嗣同的「以太」又差不多了，它是物質的細胞，卻具有神祕的功能。如果說，康有為、譚嗣同等人是在物理學化學（聲光電化）面前驚奇膜拜，而把精神變為物質，又把物質看作精神；那麼，孫中山則是在生物學面前如此。孫中山為「生元」（細胞）穿上了具有神祕精神色彩的罩衫。所以，在這裡，最有意思的是，儘管有著各種重大差異，中國近代哲學卻又如此之相近似。自然科學知識無論在康有為、譚嗣同甚或孫中山手裡，都不同程度地

被滲進主觀心知、精神的因素成分。孫中山這種「生元」有知論，是在當時生物學誇張細胞原生質的感應性，受把細胞看作具有某種初等「靈魂」、具有意識的錯誤理論的影響，正如譚嗣同的「以太」說「心力」說是受當時所謂腦即電等偽科學的影響一樣。它們確有當時自然科學本身的某些原因，正如今天某些科學現象也仍可作出神祕主義的唯心論解釋；但驅使他們這樣，卻仍然又有中國近代社會的原因。

　　孫中山既然沒能科學了解和解說精神的發生過程和精神的實質，因而當他估計精神作用時，就把「能動的方面」加以「抽象地發展了」。正是在這種情況下，孫中山吹脹了精神的意義，他認為一旦喪失了精神，官骸雖具，但不能言語，不能動作，而「體即成為死物矣」。於是，精神似乎成了一種具有獨立性能甚或獨立實體的東西。這樣，「用」實際不再是「用」，反而成為支配「體」的東西了。本來「精神喪失」是它的物質基礎——骨骸損壞的結果，而不能倒過來，「精神喪失」致使骨骸成為「死物」。孫中山又認為「凡非物質者，即為精神」，「全無物質亦不能表現精神」，這裡，就發生了把物質與精神分離和以為物質是精神的表現的二元論以至唯心論的傾向。孫中山強調「物質力量小，精神力量大」，在《孫文學說‧自序》中，孫中山更作出這種誇張精神作用的論斷：「夫國者，人之積也，人者，心之器也，而國事者，一人群之心理現象也。是故政治之隆污，繫乎人心之振靡。吾心信其可行，則移山填海之難，終有成功之日；吾心信其不可行，則反掌折枝之易，亦無收效之期也。心之為用大矣哉！夫心也者，萬

事之本源也。」這與康有為、譚嗣同等人強調以心、「心力」來改造世界，其哲學的本質差別又不大了。這是非常值得注意的。

所以，總起來看，中國近代先進思想在哲學上基本特徵之一，是它們在自然觀上對近代西方自然科學的接受和吸取，他們都很愛談這方面的問題。孫中山把這種接受和吸取提到了一個新高度，使中國哲學脫出古典範圍。然而總起來看，這種吸取接受又都沒有超出直觀範圍（包括孫中山在內），真正的理論思辨和哲學概括極為不夠。

中國近代哲學另一基本特徵，便是喜歡誇張主觀心知、精神、意識的作用。由於缺乏強大的物質現實基礎或力量（從近代大工業的生產力到真正發達的自然科學），使哲學家們容易過分吹脹和片面強調主觀精神、意識、意志的作用，而輕視客觀規律（這一般又必須依靠深入的理論思辨才能認識），沈溺於誇張主觀的空想，想把願望盡快即變為現實。康有為的「電一知」是這樣，譚嗣同的「以太一心力」是這樣，孫中山的「生元」也是這樣，它們帶著同樣的模糊神祕的色彩。就是後人（包括毛澤東），也仍以不同形態在重複著這一特點，儘管毛還批判孫為二元論。如果說，康有為、譚嗣同由「電」「以太」直接走進唯心主義的迷宮，那麼孫中山的「生元」和強調精神的結果，卻使他的哲學引向了二元論。從感知經驗出發，注重人的精神力量和發揚主觀能動性，當然是一大優點，但忽視和缺乏深刻的理論思辨，盲目片面地誇張心知意志，則又是重大弱點。中國近代哲學包括孫中山在內的這種不斷重複的經驗教訓，是值得記取、考慮和研究的。

　　中國近代封建主義正統哲學大抵是程朱哲學的形而上學和客觀唯心主義，中國近代資產階級哲學則是與這種封建哲學相對抗的辯證法觀念、自然科學唯物主義、經驗論的認識論和誇張心知的主觀唯心論。幾種成分因素夾雜糾纏在一起，構成一幅極不清晰、多樣而變化的朦朧圖景。就革命派說，如果在章太炎等人那裡，主觀唯心主義更為突出，那麼孫中山則唯物主義更鮮明一些。這特別是表現在他的認識論中。

2.「知難行易」學說

　　認識論是孫中山哲學思想中最重要的部分。它的基本內容包涵在「知難行易」學說之中。這一學說的基本要點，簡單說來是：（一）行在先；（二）能行便能知，可知論；（三）知比行難，認識、理論重要；（四）知是為了行；（五）行來核證知。在這裡，孫中山確乎把「行」——實踐提到重要地位，認為「知」是「行」的結果。但孫中山在認識論中竭力自覺地對自己以往革命奮鬥的經驗進行總結，更強調理論認識的極端重要性。

　　孫中山寫道：「宇宙間的道理，都是先有事實然後才發生言論，而不是先有言論，然後才發生事實，比方陸軍的戰術學，現在已經成了有系統的學問，……是本於古人戰鬥的事實，逐漸進步而來。」（〈民權主義〉第一講）這裡，孫中山是把客觀存在的事實看作是第一性的，而認識則是第二性的，是外在世界的反映，基本上走著「由物到感覺和思想」這條唯物主義路線。

　　世界及其規律性是可以為人們所認識的。人類的認識能力是

無限的，一切都可以「學而知之」，沒有所謂不能認識之物，而只有「尚非人類今日知識所能窺」的未被認識之物。

人類的認識也被孫中山看作是一個發展的過程。孫中山認為認識必須隨著客觀事物的發展而變化，否則就會使得認識在新的事物之前而「漸即於老朽頹唐，靈明日錮」。「知識的範圍」是無限的，「知識要隨事物之增加而同時進步」，因而人們的認識沒有終結，也永無終結。孫中山不像康有為那樣，說自己三十歲學問已成，絕對真理已到手，不需要再前進。也不像譚嗣同那樣，認為有一天，「認識轉為智慧」，認識也就終結了。認識（知）是隨著實踐（行）而不斷提高和前進。

這樣，孫中山就以這兩個基本論點與唯心主義及不可知論區分開來，把自己的認識論置放在唯物主義基礎之上。

孫中山把「行」看作是人類認識的根本基礎。孫中山舉出飲食、用錢、作文、造船、築城、開河、電學、化學、進化等九事為例，說明，必須積累大量「行」的經驗，才可能有科學的「知」。人吃飯是日常生活中的常事，營養烹調的學問則是很晚才知道的道理；人類先會築巢造屋，建築科學後代才有，所以「行」先「知」後，「行」易「知」難。人們應「行其所不知，以致其所知」，以「行」為基礎，才可能有「知」。孫中山說，「且人類之進步，皆發軔於不知而行者也，此自然之理則。……故人類之進化，以不知而行者為必要之門徑也，夫習練也，試驗也，探索也，冒險也，之四事者，乃文明之動機也。生徒習練也，即行其所不知以達其欲能也；科學家之試驗也，即行其所不知以致其知也；探

索家之探險也,即行其所不知以求其發見也;偉人傑士之冒險也,
即行其所不知以建其功業也。由是觀之,行其所不知者,於人類
則促進文明,於國家則圖致富強也。是故不知而行者,不獨為人
類所皆能,亦為人類所當行。」(《孫文學說》)從認識論的角度考
察,孫中山的論述有著兩點重要內容:「行先知後」和「行以致
知」。這就是說實踐在先,認識在後,由實踐產生認識。在另一著
作中 (〈軍人精神教育〉),孫中山進一步考察了認識的本質,指
出:「約言之,智有三種:(一)由於天生者;(二)由於力學者;
(三)由於經驗者。」而所謂知「由於天生」並非是指人類具有
先驗的理性和觀念,而是認為人們的天賦資質不同——「凡人之
聰明,惟為因其得天之厚薄不同,稍生差別」。同時,孫中山也沒
有過高估計這種「聰明」,相反,他指出:「甲乙二人,甲聰明而
不好學,乙聰明雖不如甲,而好學過之,其結果,乙之所得,必
多於甲。」(〈軍人精神教育〉) 所以真正的認識源泉,實際只有
「力學」和「經驗」。孫中山把實踐了解為主體通過客體、反映客
體的唯一橋樑,認為「行」是「知」的基礎,這樣就不同於主張
在認識領域中「返求諸己」,從「心力」「博愛」去獲取真理和認
識的康、譚等人的種種唯心主義。

　　孫中山認為人們所需要的「知」是「真知」——「科學的
知」,並非事物的片面或表面。他指出「捨科學而外之所謂知識
者,多非真知識也」(《孫文學說》),凡真正知識必從科學而來,
它必須經受得起「科學按之,以考其實」的檢驗。人們獲得這種
「真知」是艱辛的,因此「知難」。孫中山強調科學知識和理性認

識（認識事物的本質）的重要，這是孫中山知行學說的要點所在。

　　孫中山又認為客觀存在是不斷地發展的，因此人類的認識也就不能停滯不前。從而他強調了「吾人之在世界，其知識要隨事物之增加而同時進步」，否則便落後於客觀形勢的前進過程。

　　孫中山之所以強調理性認識的重要，並要使認識適應形勢的發展，這是因為作為革命的指導者，他必須要用「知」──理論來指導人們進行革命實踐。所以孫中山能夠理解認識不但導源於實踐，而且更重要的是它還必須用以指導實踐。他指出：「大凡人類對於一件事，研究當中的道理，最先發生思想，思想貫通以後，便起信仰，有了信仰，就生出力量，所以主義是由思想再到信仰，次由信仰生出力量，然後完全成立。」（〈民族主義〉第一講）

　　中國近代哲學認識論大都從經驗論出發，從感知經驗立論，孫中山也是這樣。孫中山與許多人（例如譚嗣同、章太炎等人）不同的是，他沒有由經驗論走入唯心論，而是強調了理性認識（知）的重要。強調了要總結經驗，成為「真知」。所以能如此，恰恰是由於孫中山在一生革命實踐不斷遭到嚴重失敗的緣故。不斷失敗迫使他去認識和尋求客觀的規律性，並切身感受到認識這種規律的重要。這種強調理論、強調基於實踐基礎上的科學真知，突出理性認識的價值，在中國近代思想史上是值得大書特書的。正是革命的失敗而不是革命的成功，使理論的重要性突出了。

　　但是孫中山的認識論中也包含著缺點。孫中山對於實踐的理解是狹隘的和直觀的，他把人類的實踐活動主要歸結為「力學」和「歷事」，而其內容則不外「實驗」、「研究」、「探索」、「冒險」。

雖然人們政治鬥爭的實踐也曾被孫中山個別地提出，但是他沒有認識到實踐的真正社會歷史的內容和性質，特別是對於人類的基本實踐活動——生產鬥爭缺乏科學的理解。中國近代哲學認識論是從感覺經驗出發的，譚嗣同、章太炎、嚴復都如此，孫中山把這種經驗論提到「行」（實踐）的高度，當然是一大前進。但是他的「行」（實踐）在根本上又仍然是以個體經驗感知為單位的生物性的抽象一般，而不是具體歷史的社會實踐活動。例如他的「不知而行」的這個「行」實際等於動物性的本能生存活動。不立足於社會實踐（使用工具製造工具的人類勞動生產為根本基礎），而立足於感官知覺，不立足於人類學而立足於生物學，是一切唯物論的認識論的根本缺陷，這一缺陷至今也仍未被充分認識和克服，就是在好些馬克思主義者（包括毛）那裏也如此，所以在實質上就並沒有超出孫中山多少。

正是由於孫中山忽視了認識對於生產鬥爭的依賴關係，片面強調了比較狹隘的科學活動的作用，因此孫中山就把人民群眾單純地看作是 「實行家」，不了解正是他們的社會實踐才真正是「知」的無限豐富的源泉。反之，他卻把某些人物看作是「先知先覺」，過高地估價了他們活動的意義。這樣就在「先知先覺」和「實行家」之間劃出了一條鴻溝——「知者不必自行，行者不必自知」，從而得出「知」與「行」之間可以沒有聯繫的二元論的結論。與此同時，孫中山雖然強調了「真知」——理性認識的重要，但是他又始終未能使自己的理論真正超出感性的範圍，他的「知行學說」大都停留在瑣碎的各種舉例說明上，並沒有達到思辨的

理論高度，始終帶著濃厚的直觀性和經驗性。他儘管強調了理性
認識的重要，他這個理性認識仍然是相當低級和素樸的階段，非
常缺乏真正抽象的深刻，從而達不到對事物的本質認識，他自己
哲學基本上仍然是經驗論的認識論。如前已指出，這是中國近代
哲學一大弱點，這一弱點使得後來實用主義的理論得以流毒甚廣。
忽視或輕視理論思辨，滿足和局限於日常經驗，是阻礙科學前進
和社會發展的重要思想原因。

　　孫中山看到了人類實踐具有廣泛的可能性，而取得「真知特
識」則是一個艱辛的過程，強調了實踐的重要和認識的艱辛，所
以孫中山強調「知難行易」有其合理性。但是認識過程不僅包含
著由「行」到「知」的過程，而且還意味著把「知」再付諸
「行」。這後一階段並非是簡單和平坦的路程，因為把理論變成實
踐是要經歷無數的曲折和挫折，並且可以經常看到，人們言行不
一。科學依靠工藝，「知」（知識）又必須以「行」（實踐）為其檢
驗的標準。在這樣的意義上，傳統的「知易行難」學說也包含了
一面的真理。事實是：「知難行易」和「知易行難」都反映了一定
的真實，雖然前者是處在更高的階段。但它們在歷史具體的社會
實踐基礎的辯證關係，卻是孫中山所未能揭示的。

3. 民生史觀

　　在社會歷史領域中，孫中山以「民生史觀」為理論基礎。他
的民生主義，前面已講，這裡再簡略說一下他的這種史觀。

　　孫中山認為「歷史的重心是民生」，「民生是社會進化的重心」

（〈民生主義〉第一講）。所謂「民生」，就是「人民的生活，社會的生存，國家的生計，群眾的生命」（同上），在他看來，歸根結底決定社會面貌和進程的是人們的「生存」問題，這裡表現了孫中山對於人民生活的關懷。

正由於把社會歷史「重心」和社會發展歸結為人民的生活——當然首先是物質生活，這使孫中山站在人民群眾立場作出許多接近正確的社會現象的論斷，駁斥了當時在西方流行的社會學的觀點。他曾說：「實際則物質文明與心性文明亦相待而後能進步，中國近代物質文明不進步，因之心性文明之進步亦為之稽遲。」（《孫文學說》）顯然這種論點是反映了客觀實際的。把物質生活（物質文明）作為精神領域中的動向的原因和基礎，認為近代中國的精神生活的落後是由於物質生活的緩慢進展的緣故，這比起什麼東方文明優越論種種理論要高明。總之，高度關懷人民生活和重視物質文明，以之作為社會歷史前進發展的基礎，這是孫中山「民生史觀」中合理部分。

既然社會的「重心」是「民生問題」，而「物質文明」又在紛紜錯綜的社會現象中起著主導的作用，那麼社會歷史的進程就當然不會是偉人和英雄所能隨意搓捏，也不會是某種奇異的精神力量的顯現，這就教導人們不要在英雄或精神現象中去找社會問題的原因，而要在「物質文明」「民生」問題中去尋找。這一觀點顯然對於孫中山的革命實踐和革命理論，有著重要意義。

與改良派思想家們（例如著名的梁啓超）相反，孫中山反對「英雄造時勢」的主觀唯心主義的觀點，而贊同「時勢造英雄」

的觀點。關於華盛頓和拿破崙的評價就是一個例子。孫中山指出：「夫華拿二人之於美法革命，皆非原動者，美之十三州既發難抗英而後，乃延華盛頓出為之指揮，法則革命起後，乃拔拿破崙於偏裨之間。苟使二人易地而處，想亦皆然，是故華拿之異趣，不關乎個人之賢否，而在其全國之習尚也。」（《孫文學說》）這裡，孫中山具體地駁斥了把個人作為「原動力」的謬論，而闡明了傑出人物乃是時代的產兒。同樣，孫中山也沒有誇大天才在人類精神的領域中所發生的作用，他認為無線電的創造是「費百十年之功夫，竭無數學者之才知，各貢一知，而後得成。」（《孫文學說》）人民群眾在孫中山的活動後期日益清晰地呈現於他的視野，經由艱苦的革命實踐而意識到人民群眾的巨大作用。儘管孫中山對人民群眾仍然還有許多不正確的估計，如視群眾為不知不覺的「群氓」。但他在自己的演說中曾屢次指出革命要「大家來作」，「喚起民眾」成為孫中山的最終遺言。

　　站在這種立場上，孫中山自發地反對了當時流行的各種社會學派。他駁斥馬爾薩斯的「人口論」，指出所謂物產按照算術級數增加，而人口則依幾何級數增加的觀點，是反科學的謬論。孫中山認為「人口論」對社會生活發生著戕害作用，因為「中了馬爾薩斯的毒」，會造成人口率的緩慢進展，從而削弱了民族強盛的決定因素之一（人口的作用）。孫這種觀點今天看來並不正確，但在當時卻仍是有意義的。孫中山也貶責了「社會達爾文主義」，認為「物競天擇，適者生存」的規律只適應於比較低級「物種進化之時期」，不能用以解釋人類社會歷史的現象。他說道：「乃至達爾

文氏發明物種進化之物競天擇原則後,而學者多以為仁義道德皆屬虛無,而競爭生存乃為實際,幾欲以物種之原則而施之於人類之進化,而不知此為人類已過之階段,而人類今日之進化,已超出物種原則之上矣。」(《孫文學說》)

孫中山的「民生史觀」有其積極方面,但是也包含錯誤。首要的缺點在於他抽象地來理解社會──民生問題。抽去了具體內容,所謂「人民的生活、社會的生存、國民的生計、民眾的生命」便是抽象的、並無歷史規定性的空泛觀念。人類歷史經歷過不同的社會形態,每一個社會形態都有其不同的生產方式和上層建築,如果撇開了這些具體的社會形態而抽象地論「民生問題」,不可能對於社會歷史作出深入的闡述。人類的「生存問題」本有異於一般生物的「生存問題」,人類是用勞動工具積極地改變自然以謀取生存,人們在這過程中不得不彼此發生社會的生產關係。人們之間的利益是有矛盾的,它們之間進行著不斷的鬥爭,這一切是孫中山「生存問題」所撇開了的。一方面企圖從社會的物質生活中去尋找進化的動力和歷史的發展,這是正確的;另一方面又把這種動力和發展歸結為超歷史的求生存的抽象本能,這是錯誤的;這就是民生史觀的雙重性。

階級存在和對立的情況是孫中山所目睹的,他承認「階級懸殊」的狀態會導致階級鬥爭,孫中山反對把階級鬥爭視作「社會進化的原因」,而認為它是「社會當進化的時候,所發生的一種病症,這種病症的原因,是人類不能生存。」(〈民生主義〉第一講)在他看來「社會之所以有進化,是由於社會上大多數的經濟利益

相調和，不是由於社會上大多數的經濟利益有衝突，社會上大多
數的經濟利益相調和，就是為大多數謀利益，大多數有利益，社
會才有進步，社會上大多數的經濟利益之所以要調和的原因，就
是因為要解決人類的生存問題。」（〈民生主義〉第一講）孫中山
這種論點，是他的「博愛」的人道主義精神的具體化，表現了小
資產階級革命派的一貫常有的超階級的主觀願望，希望各個階級
利益調和與彼此互助會使社會進化。孫中山在這裡看到了作為對
立面的階級矛盾的同一性，忽略了它的鬥爭性；強調了人們解決
「生存問題」的共同意圖，忽略了分裂成為集團——階級的人們
是循著完全對立和不同的方式和途徑去解決「生存問題」的。特
別是在革命時期，階級鬥爭經常是處在不可調和的激化狀態之中。
如列寧所指出「孫中山承認階級鬥爭，沒有超出資產階級思想與
資產階級政治範圍。」（《列寧全集》第 25 卷，第 384 頁）但階級
鬥爭又確乎並非解決階級矛盾的唯一法門，孫中山以階級調和替
代鬥爭，以「生態」替代「病態」等等論點，不是頗值得重新評
價和考慮的麼？

　　孫中山同樣在理論上把人、國家和政治抽去了社會階級內容
而使用著。孫中山抽象地把人看作「心之器也」；國家則是超歷
史、超階級的「人之積也」；政治乃是抽象的「管理眾人的事」，
屬於「人群心理之現象」。這一切就未免太空洞、太貧乏、太蒼
白了。

　　這就是孫中山的社會歷史觀點的大概情況。進步的一面是堅
決反對資產階級的反動的社會學，而主張博愛、互助，注重人民

的生活，維護人民的利益；弱點的一面是在於不能歷史具體地來了解社會生活，而停步在歷史唯物主義的門檻之前。但孫中山這種雖平易之極缺乏任何理論深度的哲學思想和三民主義，卻較之各種揚高鑿深的思想學說，包括占據了數十年統治地位的馬克思主義在內，反而在中國具有它的切實性、可行性和有效性。這是否與中國的實用理性的傳統有所攸關呢？值得研究。又如，在中國，爭取國家的獨立富強和解決廣大人民的貧困飢餓，亦即「人民的生活、社會的生存、國民的生計、民眾的生命」，是近代思想的主要課題。政治上的自由、平等、人權、民主等等，反而居於次要甚至被掩蓋了的地位。這是中國近代歷史和思想史一個重要事實，如何處理這兩者的關係？如何隨歷史的變化，兩者關係將有所不同？凡此種種，便都是需要深入分析和重新認識的問題，包括對孫中山思想的研究也如此。

（原載：《科學通報》1956 年第 12 期，與張磊合作，有修改）

八、章太炎剖析

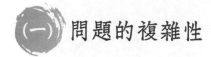 問題的複雜性

1. 歷史地位

　　中國近代是大動盪的歷史時期。長江後浪推前浪，在時代激流中，一些本來站在前列的代表人物，很快就退到後列，甚至似乎成為障礙，由人們所景仰所追隨，變而為所捨棄所批判的對象。康有為、嚴復如此，章太炎也這樣。中國近代各個階級、階層、政治派別有各種複雜的變動，它們的代表人物的思想變化就更為錯綜複雜。可悲的是為了搞政治陰謀，某些人竟想用一個「儒法鬥爭」的簡單公式套在這些複雜問題上，把嚴復、章太炎統統說成是什麼「法家」。無稽之談，甚囂塵上。如何還歷史以本來面目，正確分析和評價章太炎，竟成了一個突出問題。

　　人所共知，中國近代資產階級革命旗手和領袖是孫中山，而非章太炎。雖然總的說來，章太炎不失為當時革命派中的傑出人物，但他在不同時期的具體情況和具體作用，是很不相同的。有的時期，章太炎起了很好的影響；有的時候，起了很壞的作用。這既不是一頂荒唐的「法家」禮帽所能抬上去，也不是一張收集「劣跡」式的公告解釋得了。

　　評價歷史人物，主要是看一個人在歷史上所起的客觀作用，

從推動或阻礙歷史發展的大小著眼，確定其在歷史上所起的主要作用，而不是單純從個人著眼，沈溺在個人的各種思想、行為的細節中糾纏不清。首要的是在歷史上的客觀功過，而不是個人某些主觀言行。所以，這既不是去平衡個人的一生言行，也不是去抽象品評個人的道德、品質，應該以歷史學而不是以倫理學的標準來作為衡量尺度，除非這種道德、品質確在當時或後代造成了重要客觀影響[1]，更不是帶著主觀框框片面去集中優點或缺點。人不是神，總有各種長處和弱點、功績和錯誤。把屠夫的偽善張揚起來，可以被當作聖人；把英雄的缺點抽象集中起來，也可以認作是壞蛋。何況是並非屠夫或英雄的章太炎，何況是處在迅速的歷史變動時期的章太炎。這裡需要的是歷史的具體的分析。不問歷史時期，不作具體分析，籠而統之，混為一談，是很難確定章太炎這樣一位處在複雜時期中複雜人物的本來面目的。

　　章太炎在中國近代歷史上所起的作用和他在當時社會上所占的地位，很明顯是擔任了一個思想家、宣傳家的角色。他始終不像孫中山、黃興、陶成章、宋教仁以及袁世凱、黎元洪、張謇……等人那樣，在政治活動、軍事活動、組織活動中起過多大的領導作用或實際作用。他主要是憑一枝筆進行鬥爭，在思想領域內起了重要作用[2]。

---

1 參看拙作《批判哲學的批判》，人民出版社，第 9 章，〈黑格爾論歷史高於道德〉。

2 這種作用不是幾封未公開發表、在歷史上也並無影響的私人書信能替代

具體一點說，章太炎的一生約可分為四大段，即 1894～1900 年、1900～1908 年、1908～1913 年、1913～1936 年。章太炎雖自稱少年時即有反滿民族思想[3]，但在 1900 年以前，與當時大多數先進中國人一樣（只有孫中山這時打出了革命旗號），他在政治活動和提出的政治主張上，基本是追隨和從屬於康、梁改良派範圍之內的[4]。其哲學思想也與改良派同樣，具有由於接受西方自然科學影響而顯示的機械唯物論色彩。這可算作章的第一時期。從 1900 年「解辮髮」到 1908 年《民報》停刊，是章的第二時期。儘管思想中佛學唯心主義日占上風，發表了大量主觀唯心主義的東西，但總的說來，章在這一時期的主要作為是與改良派進行了尖銳的政治思想鬥爭。從〈駁康有為論革命書〉到《民報》上的許多文章[5]，所起的影響是巨大的，功績是顯赫的，雖短暫

或等同的。唐振常〈論章太炎〉一文（《歷史研究》1978 年第 1 期），就有此缺點。

3 「自十四、五時，覽蔣氏《東華錄》，已有逐滿之志。」（〈與陶亞武柳亞盧書〉）「架閣有蔣良騏《東華錄》，嘗竊窺之。見戴名世、呂留良、曾靜事，甚不平，因念《春秋》賤夷狄之旨。」（《自編年譜·一八八〇年》）

4 只是「基本」，「知是而逐之論，殆可以息矣」（《訄書·客帝》），章與改良派在反滿、民權、今文經學等等方面，一開始便有歧異。著名的《客帝》便存在既帝清又客之的矛盾，而《帝孔》則又是改良派的影響，又如：「康氏之門又多持《明夷待訪錄》，余常持船山《黃書》相角，以為不去滿洲，則改政變法為虛語。」（《自編年譜·一八九七年》）

5 〈駁康書〉與《民報》時期，思想又有不合，可以 1906 年為界分為兩小段。前段多同於當時革命派一般主張，後者更具個人特色。詳後。

不到十年，卻是章的「黃金時代」。從 1908 年到 1913 年，則是章
太炎在辛亥革命前後大鬧分裂，反對孫、黃（興），擁護黎（元
洪）、袁，起了很壞作用的時期[6]。這個時期他的政治活動很多，
大都不利於革命。1914 年被袁世凱軟禁到晚年，則是實際日益離
開政治、思想舞臺，成為雖聲名頗大門徒眾多，但已和時代脫節
的「國學大師」的時期。當然在這最後的漫長的二十多年中，章
的政治態度和思想又有一些變化。但不管是變好（如反對北洋軍
閥，南下與孫中山合作，晚年主張抗日等等），還是變壞（如二〇
年代後提倡讀經，反對白話文運動等等），在社會上實際已沒有什
麼重要的客觀影響，不起多少作用，遠不像早年了。他與人民與
廣大青年早已隔膜，成為僅具歷史意義的過時人物。很明顯，章
太炎作為中國近代史上的思想家、宣傳家，確定他的這種歷史地
位和意義的，主要是第二時期。是這個時期的筆墨文章使他在歷
史上留下了名字。否則人們早就把他遺忘，也根本不會成為今天
爭議的問題了。

2. 思想源流

　　歷史或人物分期很難一刀齊，思想更是如此。後（前）一時
期可具有前（後）一時期的某些思想，進步（落後）時期，也可

---

6 例如章大肆公開辱罵孫中山，1910 年光復會從同盟會中公開分裂出去，
　章被舉為會長。辛亥舉義後，革命派絕大多數推舉孫中山為臨時大總統，
　只有章太炎反對，極力推舉黎元洪，對袁世凱百依百順等等。

保有某些落後（進步）思想。一部《訄書》，章太炎就先後改了多次。由梁啓超署簽的 1900 年的蘇州木刻本（可代表第一時期），不同於鄒容題耑的 1904 年的日本鉛印本（代表第二時期前段），也不同於 1914 年大量增刪、改定並更名的《檢論》本（可代表三、四兩時期），每次都有很大的增刪修改[7]。其他文章也有類似情況。1914 年《章氏叢書》裡沒有收入他在《民報》時期痛斥吳稚暉的著名信件，也沒收入與藍公武論戰的信件，這些信件卻正是被魯迅讚為「所向披靡，令人神旺」的「攻戰的文章」的。既然主要是把章太炎作為思想家來看待，那麼就應該仔細對照和研究這許許多多的思想變化和文章的修改，才能有一個比較準確的結論。這是一件繁鉅的工作，非本文所能及。這裡只先描畫一個初步的輪廓。

　　多年以來，人們常喜引用馬克思關於近代資產階級革命借用古代亡靈和語言來進行鬥爭的著名論斷。其實，馬克思接著還說：「就像一個剛學會外國語言的人總要在心裡把外國語言譯成本國語言一樣；只有當他能夠不必在心裡把外國語言譯成本國語言，當他忘掉本國語言來運用新語言的時候，他才算領會了新語言的精神，才算是運用自如」（《馬克思恩格斯選集》第 1 卷，第 603～604 頁）。馬克思在這裡講的當然不只是語言，而且是比喻革命。歐洲資產階級當它達到比較成熟境地的時候，才拋掉古舊衣裝和語言，「洛克就排擠了哈巴圖」（《馬克思恩格斯選集》第 1 卷，第

---

7 此外，還有 1902 年的手校本，1910 年的手改本（均未刊）。

605 頁）。近代中國資產階級在其革命的英雄時期，也是總要把剛學會的歐洲資產階級的新語言，在心裡翻譯成中國傳統的舊語言。如何把外國新語言（即資產階級民主革命）譯成本國語言（即古典傳統文化），是當時滿肚子封建文化的知識分子所心嚮往之而不能擺脫的病症。章太炎當年所以大受歡迎，在革命派中贏得如此受人尊重的地位，除了坐牢等革命氣概外，與這一點也大有關係。章太炎適逢其會，他嫻熟之極的舊語言，使人們感到只有他才是康有為（也是用舊語言譯新文字，即用「公羊三世」、「托古改制」來宣傳資產階級思想）的旗鼓相當、真正夠格的敵手。章太炎成了這一代沒有「功名」[8]卻有學問、能與上一代飽讀詩書享有功名爵祿的士大夫相頡頏的代表。

康有為抬出今文經學搞變法維新，章太炎用古文經學宣講種族革命。二千年前漢代王朝中熾熱的封建文化的經今古文之爭，居然在晚清死灰復燃，迴光返照，正是這種特定時代要求下出現的奇觀。無論是今文經學派的皮錫瑞、廖季平或是古文經學派的俞曲園、孫詒讓，所以都遠不及康、章的影響[9]，原因就在後者突出體現了當時政治鬥爭的需要。

晚清經學今古文的是非和它們與當時政治鬥爭的聯繫不屬本

---

8 章一生未參加清廷科舉考試，十七歲（1884 年）即「廢制義不為」（《自編年譜》）。《蘇報》案受審時，大加嘲笑審者問他是哪科士人。

9 甚至在純粹學術領域裡也如此。康有為的新學偽經說比廖季平在學術成績上也更突出；章太炎關於中國古代文化學術的許多見解，則是繼章學誠「六經皆史」著名學說後的最有成就者。

文範圍。這裡要指出的只是，尊奉古文經學與章太炎思想、文章面貌的複雜有關。因為古文經學更著重於歷史的詳細考核與論證，章太炎由此而對祖國歷史、文化、語言、文字、法律、風習……各方面進行了廣泛的論列，浩如煙海的歷史典籍成了章太炎旁徵博引出入自如的依據。從文字聲韻到歷朝史實，從典章制度到人物品評，章太炎在其文章中所涉及所論述過的對象、問題、議題、主張異常廣闊；比雖詭異但較狹窄，奇談怪論雖多但目標、涵義卻較單純的康有為的今文經學要遠為寬綽和複雜。如果用《訄書》來比當時的各種政論和著作，這一點就很突出。《訄書》每個議題大都聯繫歷史，引古證今，它比《盛世危言》《變法通議》之類就事論事的時論，具有更多的理論學術色彩。然而也就在這種詰屈聱牙的古文詞中，又居然包含著近代自然科學和社會學說的知識介紹和解說，它比《孔子改制考》《新學僞經考》之類有更明白的政治內容。它是一種半政治半學術的廣闊評述。從而，其複雜性更突出了。

　　構成章太炎思想的複雜性的另一原因，是他對中國古代文化和哲學思想的吸取繼承，也比別人遠為龐雜。他不像康有為明確以《公羊》、陸王為思想主幹，一開始就形成較完整和固定的體系；也不像嚴復明確以英國經驗論和進化論為基本思想；也不像孫中山明確以近代資產階級民主革命思想為主體。章太炎最初「所持論不出《通典》、《通考》、《資治通鑑》諸書，歸宿則在孫卿韓非」(《章太炎自編年譜》)。後來又以佛學唯識宗為主，企圖將道、儒、法和西方哲學等等熔為一爐。而他對所有這幾個方面的探索，

比別人都要深廣。例如，西方哲學他本不如嚴復，但他所論列評議的對象卻比嚴復要多得多[10]。他的博雜有類於梁啓超，但比梁遠為深入，梁淺、雜而多變，章則相對穩定；章構成了自己的思想體系，梁則始終沒有。章太炎曾自述說：

……思想變遷之跡，約略可言：少時治經，謹守樸學……遭世衰微，不忘經國，尋求政術，歷覽前史，獨於荀卿韓非謂不可易。自余閎渺之旨，未暇深察。繼閱佛藏，涉獵《華嚴》、《法華》、《涅槃》諸經，義解漸深……專修慈氏世親……乃達大乘深趣。私謂釋迦玄言出過晚周諸子不可計數，程朱以下，尤不足論，……旁覽彼土所譯希臘、德意志哲人之書……端居深觀而釋齊物，乃與瑜迦華嚴相會……以為仲尼之功賢於堯舜，其玄遠終不敢望老莊矣。癸甲之際，厄於龍泉，始玩爻象，重籀　《論

---

10 「在中國哲學史上，章氏則上自老莊孔墨荀韓諸子，中經漢魏，六朝唐宋明清各家，下抵公羊變法的康有為、譚嗣同以及嚴幾道等均有評判。關於西洋哲學，在古代則談及希臘的埃里亞學派、斯多葛學派、以及蘇格拉底、柏拉圖、亞里斯多德、伊璧鳩魯等，在近代則舉凡康德、費希特、黑格爾、叔本華、尼采、培根、休謨、巴克來、萊布尼茲、穆勒、達爾文、赫胥黎、斯賓塞爾、笛加爾以及斯賓諾沙等人的著作幾乎無不稱引。關於印度哲學則吠檀多、波羅門、勝論、數論各宗，《法華》、《華嚴》、《涅槃》、《瑜迦》諸經，均隨文引入。對世親、無著之書，尤為贊佩」（侯外廬：《中國近代思想學說史》下卷，第 861 頁）。這一描述是符合事實的。章太炎還翻譯過社會學著作。

語》，……又以莊證孔而耳順絕四之指，居然可明，知其階位卓絕，誠非功濟生民而已……自攬平生學術，始則轉俗成真，終乃回真向俗。(《菿漢微言》)

在如此龐雜繁多的議論和思想變化過程中，當然會有極多的先後出入和自相矛盾。一生針對那麼多的問題，發了那麼多的議論，又接受吸取那麼多的學派思想的影響，如果其思想、主張、言論、行為以及政治態度等等沒有矛盾、變化，倒是非常奇怪的事了。在改了多次的《訄書》中，這種自相矛盾衝突之處就有不少[11]。一本書如此，更無論一生了。不注意或抹殺這種思想的複雜性，不問歷史時期和具體情況，片面集中某些材料，是既可以說他「尊法」，也可以說他「尊孔」，既可說他「反孫」，也可說他「擁孫」[12]，還可以說他如何如何的。列寧說得好，「如果不是從全部總和不是從聯繫中去掌握事實，而是片斷的和隨便挑出來的，那麼事實就只能是一種兒戲，或者甚至連兒戲也不如」[13]，「四人幫」的法家說，正是這種「連兒戲也不如」的貨色，只有全面地

---

11 例如，《訄書》初版木刻本中的古今文的矛盾、改良與反滿的矛盾等等，再版鉛印本中的專制與共和、國粹與西學、反宗教與主宗教的矛盾等等，對各種人物、事件、問題的矛盾評議，更是所在多有。

12 章是最早支持孫中山的人。1902 年與孫「定交」，「那時留學諸公，在中山那邊往來，可稱志同道合的，不過一二個人」(《民報》第 6 期〈演說錄〉)，《訄書》鉛印本中頗稱引孫。

13 《列寧全集》第 23 卷，第 279 頁。

如實地考察章的思想，在這種種矛盾錯綜的複雜性中抓住主要的環節和線索，才能還它以本來面目。

3. 四個時期

　　從上述四個時期大體說來，第一時期，章太炎哲學上基本是接受西方近代自然科學影響，具有唯物主義思想。在社會政治思想上，「歸宿則在荀卿韓非」，但這絲毫不意味章太炎是法家，因為章主要是從古文經學立場出發，認為荀所傳是《春秋左傳》學（古文經），是孔門真傳、儒家正統，韓非也多引《左傳》立論[14]。在這一時期，章並不反孔非儒，而是仲尼荀卿並提，滿口仲尼不絕，如《訄書‧獨聖》等篇。同時也並不尊法，例如，他說諸葛亮是法家，最後卻評論說「亦其所以為小器焉爾。」（《訄書‧正葛第三十六》）他說「李斯⋯⋯滌蕩周舊⋯⋯其儌新也，褫以害新也。」（《訄書‧尊荀第一》）「四人幫」的御用文人硬要把這篇〈尊荀〉說成是尊法。因此文有「雖驟變可也」的字樣，便說章太炎主張「驟變」。其實原意恰好相反，是強調革新必須重視遺產的因襲繼承，李斯全部滌除「周舊」，反而是「害新」。《訄書》首篇〈尊荀第一〉還有「素王」之類的提法，第二時期即被

14　「時余所操儒術，以孫卿為宗。」（《自編年譜‧一八九七年》）「故荀子所謂⋯⋯法後王者，則法《春秋》是。」（《訄書‧尊荀第一》）「儒家之荀卿，又為《左氏》、《穀梁》、《毛詩》之祖。」（〈諸子學略說〉）「韓非引《左氏》說最多，其辯論變由而不殺。」（〈與劉申叔書〉，此二件均寫於 1906 年，但思想早有。）

刪去。第二時期的前段，與改良派劃清界限，接受以孫中山為代表的資產階級民族民主革命思想，改訂的《訄書》、為鄒容序《革命軍》、〈駁康書〉是代表，後段則是章的思想體系基本定型的成熟階段，這個階段以獄中深入鑽研佛學唯識宗為根本基礎，出獄後又進一步廣泛涉獵西方和印度各家學說，力圖綜合融會所有這些，構造了一整套社會政治思想和哲學體系。如果說，《訄書》儘管有自然科學唯物論思想和啓蒙主義，但獨立性格尚不明顯，思想體系尚未成熟；那麼，這一時期就成熟了。然而這個成熟期哲學體系卻是以佛學唯識論為基礎的主觀唯心主義。這時，孔丘和儒家的地位特別是哲學地位在章心目中大大下降。〈演說錄〉和〈諸子學略說〉都曾痛斥孔丘和儒學。應該承認，它與當時革命派中要求衝破封建傳統和孔丘偶像的束縛（例如《民報》創刊號刊載墨子畫像稱為「世界平等博愛主義第一大家」而置孔丘於不顧）的思潮一樣，是難能可貴的。但章太炎即使在這時也並未完全否定孔丘，並且還說「雖然孔氏之功則有矣，變讖祥神怪之說而務人事，變疇人世官之世官之學而及平民，此其功亦夐絕千古。」（〈諸子學略說〉）[15]可見根本不像「四人幫」所杜撰的那

---

[15] 這篇文章講到法家韓非時，認為韓是「合此二家（指道家和儒家荀卿）以成一家之說」，又說「至漢公孫弘董仲舒輩……弘習文法吏事而緣飾以儒術，仲舒為《春秋決獄》二百三十二事，以應廷尉張湯之問，儒家法家，於此稍合，自是以後，則法家專與縱橫家為敵……然至今日，則儒法縱橫，殆將合而為一也」，如是云云。可見「四人幫」捧出章太炎來講儒法鬥爭，不過是搬起石頭砸自己的腳罷了。〈討滿洲檄〉（1907 年）也

樣。第三時期，實際是過渡，可以《齊物論釋》（1910 年）為標誌，莊周這時被抬為最高的哲學，以佛解莊，溶莊佛於一體。到第四時期，則是「以莊證孔」，孔莊合一。本來是許給莊周的「內聖外王」的地位[16]，現在又仍然還給了孔丘。章自稱「始玩爻象」、「漸知《易》矣」（《自編年譜‧一九一四年》），都是說回到孔學和《周易》的懷抱。孔學這時不僅能與佛學平起平坐，甚至還在佛學之上，「必以大鑒、馬祖過於孔子，是亦妄而已矣。」（《菿漢昌言》）對於以前鄙視的「程朱以下尤不足論」，現在也都予以肯定，「亦各達其志爾，漢宋爭執，焉用調人」（《菿漢微言》），並對過去反孔，公開表示懺悔，與第二時期尊佛抑孔剛好相反，成了鮮明對照。而這也就是章自己所謂其學術思想「終乃回真向俗」的最後階段：即回到孔丘的傳統懷抱，從「由俗成真」的佛學又到「回真向俗」的孔丘[17]「孔子之道所以與佛法不盡同

強調「世無孔子，憲章不傳，學術不振……繄先聖是賴，是乃其高於堯舜文武而無算者也」，孔丘的大學問家、大教育家的地位，從早年到晚歲，章從未動搖改變過，即使在「批孔」中亦如此。

16 「釋迦應之，故出世之法多詳於內聖，……孔老應之則世間之法多而詳於外王，兼是二者，厥為莊生。〈齊物〉一篇，內以疏觀萬物……外以治國保民」（《菿漢微言》）。《菿漢微言》是第四時期初的語錄，其中有好些第三以至第二時期的思想殘存。

17 這種由儒到佛又由佛返儒的思想行程，近代並非僅見。熊十力也如此，「余平生之學，頗涉諸玄而卒本大易」（《新唯識論》），「余……頗涉諸宗，尤於儒佛，用心深細……卒歸本儒家大易」（《原儒》），也是由唯識回到《周易》。這一共同現象是頗堪注意的。熊當年也是同盟會員。以後

者，正以其出世則能正趣真如，而入世又能經緯人事，是則所謂事理無礙者也」（《答××書》）。這正是與傳統世俗調和一致，其過渡環節便是「彼亦一是非，此亦一是非」的莊周哲學：「和以天倪則妄自破而紛亦解。所謂無物不然，無物不可。」（《菿漢微言》）章太炎晚年終於「粹然成為儒宗」，當了孔門經典的守護神。

　　總起來看，可以說，儒家古文經學（「六經皆史」[18]，「夷夏之防」等等）和佛學唯識宗是章太炎思想來源的主幹。但更重要的是，這些思想來源是在近代的特定歷史條件下，是在章太炎投身資產階級民主革命中來起作用的，它們與現實鬥爭直接相關，不能離開這個根本要點來看思想淵源。實際上，如前所述，恰恰是因為這個要點使新內容舊形式、新時代舊傳統、新舊語言產生交錯滲透，才構成和呈現出一幅極為複雜的面貌。所以，上面所說的這些複雜性，還只是就章太炎思想的時期、過程、來源、成分而言，還是外在方面的，實質內容的複雜性要在下節才能談到。

---

18 章對荀卿、劉歆、章學誠評價之高，史所罕見，如說，「荀卿高過孔子」（《尨書·訂孔》），「孔子死，名實足以仇者，漢之劉歆」（同上），等等。

（二） 社會政治思想的特色

1. 是「地主階級反滿派代表」嗎？

　　既然章太炎主要是作為思想家，在辛亥革命前的一段時間中（即章的第二時期），在歷史上起了重要客觀作用和影響，那麼就應該主要抓住這一段來進行分析。章的哲學思想和社會政治思想也的確是成熟在這一階段的眾多論著中。然而，也正是關於這一時期的章的思想屬性，文化大革命前學術界便有過較多的分歧和爭論。強調章和他的思想代表所謂「地主階級反滿派」一說，在討論中最占上風，幾成定論。章太炎被說成主要是地主階級的思想代表，他的主要思想是漢族地主階級的狹隘的反滿民族主義或種族主義[19]。

　　此說所以頗占優勢，當然有其原因。原因之一，便是章太炎的確有強烈的反滿民族主義和種族主義思想，並且由於他那沈重

---

[19] 此說論著文章頗多。其中似以蔡尚思〈論章炳麟思想的階級性〉（《歷史研究》1962 年第 1 期）、孫守任〈論章炳麟政治思想的階級屬性及其發展的幾個階段〉（《吉林師大學報》1964 年第 2 期）兩文論證最為充分詳盡，可參看。

的歷史文化包袱（這種文化正是幾千年來封建地主階級的文化），
這種思想就以極為耀眼的形式展示出來。打開章的文章論著，從
文字到內容，從用詞造句到博引古典，撲面而來的的確是一股傳
統主義的濃厚氣息。春秋時代的「嚴夷夏之防」，明末清初顧炎
武、王夫之諸大師，幾千年漢民族抵抗、反對異民族的各種歷史、
事跡和思想，為章太炎非常自覺地、反覆不斷地徵引、強調。「僕
以為民族主義如稼穡然，要以史籍所載人物、制度、地理、風俗
為之灌溉。」（〈答鐵錚〉）「用國粹來激動種姓」，唱出反滿的最強
音，把打擊的矛頭集中在滿清政府[20]及其幫閑走狗改良派身上，
這確是當時章太炎在革命宣傳戰線上所進行的戰鬥。再加上章本
人的確具有不少封建地主階級的傳統觀念和思想情感，流露和表
現在這些文章中，因之今天他被看作「地主階級反滿派」的政治
上思想上的代表人物，也就不奇怪了。

　　但仔細分析一下，事情又並不如此簡單。首先，所謂當時革
命陣營中的「地主階級反滿派」這一概念的涵義、內容、性質、
階級利益、具體情況……，並不很清楚，也似乎沒人對此作過認
真的論述。表現在思想史、哲學史領域就更是如此。正如自鴉片
戰爭以來，中國近代歷史無不客觀上帶有資產階級民主革命的性

20　「滿洲弗逐，欲士之愛國，民之敵愾，不可得也，浸微浸削，亦終為歐
　　美之陪隸而已矣」（《訄書前錄・客帝匡謬》），「夫排滿即排強權矣，排清
　　主即排王權矣」，「民族主義非專對漢族而已，越南、印度、緬甸、馬來
　　之屬，亦當推己及之」（〈復仇是非論〉），等等，說明並非全部都是狹隘
　　的種族主義或大漢族主義。

質一樣，近代中國的進步思想更無不是在「向西方學習」這樣一個前提和環境下發展起來的。章太炎本人便曾經是資產階級自然科學和民權思想的熱情的學習者和宣傳者。在《訄書》木刻本、鉛印本中特別是在〈駁康書〉、鄒容《革命軍》序言中，都提出和表示贊同資產階級民主主義（《革命軍》便是這種主義的典型作品）。例如說「在今之世，則合眾共和為不可已……必為民主」（〈駁康書〉）[21]等等。不僅章太炎，就是後來專門通過宣講「國粹」來參加反滿鬥爭，並奉章太炎為領袖的《國粹學報》（1905年創刊）的那一批人，也仍然表白自己是在當時西方資產階級民主思潮下來保衛和發揚漢民族的傳統文化的，例如聲稱這種文化不是供皇帝御用的君學，而是各朝「一二在野君子閉門讀書憂時講學的產物」，所以與接受西方資產階級新思想並無矛盾；相反，〈論國粹無阻於歐化〉中關於「夫歐化者，固吾人所禱祀以求者也」（《國粹學報》第7期）之類的提法、論點倒被他們經常強調。所以，雖然在當時實際政治生活中，確有相當多只知「撲滿興漢」別無所求的人投身革命，「有更多的人是因為簡單地反對清朝政府而主張革命的，這種人各階級都有，非常普遍」（吳玉章：《辛亥革命》）。但要他們在革命派中成為一個獨立的政治派別和政治力量，特別是在理論上、思想上也如此，這恐怕不大可能，事實上也並不存在[22]。把章太炎及其思想說成地主階級反滿派的

---

21 一些論著（如趙金鈺：〈章炳麟的政治思想〉，《歷史研究》1964年第1期）根據這些材料便認為章是資產階級民主主義者，這也是片面的。

代表，看來只是一種表面的描繪。如果章太炎主要思想只是單純的反滿，那也不會在當時有那麼大的影響了。因為反滿是當時整個革命派各派系和人員，所共同崇奉的最低綱領。反滿的思想、主張、言論，在當時是廣泛流行的。各種文章論著更是大談特談，非常突出。從譚嗣同、梁啓超戊戌前在湖南辦南學會、時務學堂起，宣傳反滿便日益成為一種革命思潮。章太炎在這方面不同於革命派許多人的特色，只是運用歷史，引經據典而已。這與其說是階級的原因，還不如說更多是由個人的因素（高度的傳統文化教養）。並且，與當時革命派理論思想上完全一致，章的反滿不但沒有始終框限在簡單的種族主義上，而且還是與反帝密切聯繫在一起的[23]，在內容上並沒有突出的原則區分。這一點是章太炎自己也承認的，他認為，民族主義上與孫中山等人沒有分歧，分歧

22 有人認為光復會就是這樣的派別，代表「地主階級反滿派」（羅耀九：〈光復會性質探討〉、〈再探討〉，見《廈大學報》1960 年第 1 期、1961 年第 1 期），但把包括蔡元培、陶成章、魯迅等人在內，有《龍華會章程》之類的綱領文獻的組織，說成是地主階級的政治派系，很難令人信服。《龍華會章程》中即有「要把田地改作大家公有財產，這不准富豪們霸占，使得我們四萬萬同胞並四萬萬同胞的子孫不生出貧富的階級，大家安安穩穩享福有飯吃」，陶成章還說：「無論什麼君主立憲，共和立憲，總不免於少數人的私論，平民依舊吃苦，將來天下各國，定歸還要革命……。」這些都不是反滿所能解釋的。）

23 材料很多，「排滿洲者排其皇室也，排其官吏也，排其士卒也」（〈排滿平議〉），並不是去滅種。「西人之禍吾族，其烈千百倍於滿洲」（〈革命軍約法答問〉）等等。

是在「民權」、「民生」兩個方面（詳後）。可見，從歷史、文化角度反滿，是章的特色之一，但遠非全部。他至少還有另一特色在。這特色便是反資本主義的堅決態度。一方面要求並積極參與客觀性質是資產階級民主革命的進步事業；另一方面主觀上又全面地、強烈地反對、抨擊歐美日本近代資本主義的經濟、政治、文化、理論……，這才是構成章太炎的全部複雜性的實質、內容和特色之所在。這一特色比反滿重要，它以一種獨特的方式反映了近代中國的一些深刻問題，也構成了章太炎思想的豐盛面貌，給當時人們以強烈的印象和影響。

2. 反資本主義的思想

　　章太炎反資本主義思想的形成，經歷了一個過程。他並不同於地主階級頑固派、洋務派和當時一般封建士大夫，盲目地、愚昧地排斥外來一切，或只接受船堅炮利、「奇技淫巧」。章太炎熱心學習過西方資產階級理論思想和政治主張。《訄書》木刻本中的〈天論〉（自然科學宇宙觀）、〈原變〉（達爾文進化論）、〈喻侈靡〉[24]，《訄書》鉛印本、〈駁康書〉中的民主思想，都說明章開始時與當時「向西方學習」的先進的中國人並無二致，都在以不同方式（一般人是直接鼓吹，章是援引古典來倡導）宣傳資本主義的政治、經濟、思想、文化……。屬於改良主義時期的《訄書》

---

24 接受並贊成資產階級的消費觀，認為「無所謂侈靡也」，與譚嗣同反儉主奢，用資本主義觀點反對封建主義傳統觀念，完全一樣。

木刻本不能說是代表「反滿派」，主張「在今世則合眾共和萬不可已」的〈駁康書〉和顯然為章太炎所贊同的鄒容《革命軍》不能說是代表「地主階級」，它們明顯屬於資產階級民主主義思潮。可以證明，章太炎並非一開始就拒絕，而是曾經接受資產階級思想的洗禮。那麼，在章太炎思想發展的成熟階段，當他在革命派中影響最大、為大家所推重的時期，怎麼可能反而由一個資產階級民主主義者倒成了「地主階級反滿派」了呢？

　　事實並非如此，而是：章太炎在接受資產階級民主主義之後，很快就走上自己的獨特道路，即反資本主義的道路。當許多人日益熱衷於歐風美雨之時，章太炎卻高唱反調，反對「委心向西」，強調提倡國粹。他正是在愈益深入地了解和熟悉資本主義之後，才愈強烈地反對它。表面看來，他之排斥資本主義，似乎比當時提倡資本主義的改良派還要保守、落後。但用地主階級階級性來分析解釋他的這些反資本主義的觀點、論證，卻又很難說通。他與封建地主階級之反資本主義，情況並不相同。與康有為、梁啓超後來在所謂歐遊歸來退到傳統中去也不一樣。

　　首先從政治思想講起。資產階級代議制度是革命派浴血以求的民權主義的具體目標，章太炎卻堅決反對它。這種反對固然在當時確有抵制滿清政府搞立憲的現實政治意義，「余向者提倡革命而不滿於代議……是時所痛心疾首者，蓋在君主立憲」（〈新紀元星期報發刊詞〉）。但同樣重要的是，在理論上，他也是的確反對這種資產階級政治制度的，不但反對滿清政府搞立憲，而且也反對將來革命政府搞立憲，「要之，代議政體必不如專制為善，滿洲

行之非，漢人行之亦非，君主行之非，民主行之亦非」（〈代議然否論〉）。為了反對資本主義的代議政治和民權思想，章甚至連當時為多數先進中國人所欣賞的明末清初的黃宗羲也在非議之列，為此而寫〈非黃〉。看來，這似乎連改良派也比不上，而與地主階級的頑固派和洋務派差不多屬於同一個階級了。地主階級的頑固派、洋務派不正是堅決地、激烈地反對資產階級民權、民主思想和議院制度的麼？他們強調「祖宗之法不可變」和「中體西用」，頑固保衛封建地主階級的君君臣臣的政治統治體系。所以他們反對議會民主的理由便是：「必核乎君為臣綱之實，則民主萬不可設，民權萬不可行，議院萬不可變通」（王仁俊：《實學平議》），「使民權之說一倡，愚民必喜，亂民必作，紀綱不行，大亂四起……此可謂有百害者也」（張之洞：《勸學篇・內篇・正權第六》），「悍然忘君臣父子之義……而隸卒優倡儼然臨於簪纓巾卷之上」（曾廉：《瓠庵集・上杜先生書》），如此等等。這是典型的地主階級的意識形態，是害怕下層人民（所謂「愚民」、「亂民」、「隸卒優倡」）通過議會民主危及地主階級的封建統治（所謂「紀綱不行」、「臨於簪纓巾卷之上」）。章太炎也反對代議民主，那是否也就是站在這種立場上的呢？且看看他的反對理由：

代議政府非能伸民權而適堙鬱之。……歐美日本行之，民愈困窮。（〈與馬良書〉）

被選者必在顯貴仕宦之流，是無異一縣有土客二令……此庸

有異於專制者哉，……徒令豪民得逞，苞苴橫流。(〈記政聞社大會破壞狀〉)

專制之國無議院，無議院則富人貧人相等夷，及設議院，而選充議士者，大抵出於豪家，名曰代表人民，其實依附政府，與官吏相朋比，是故共和政體而不分散財權，防制議士，則不如專制政體之為善也。(〈五無論〉)

是故選舉法行則上品無寒門，下品無膏粱，名為國會，實為奸府，徒為有力者附其羽翼，使得腰膇齊民。……凡法之自下定者，偏於擁護富民。今使議院尸其法律，求壟斷者惟恐不周，況肯以土田平均相配？(〈代議然否論〉，下同)

章太炎對歐美日本資產階級代議民主制的選舉法以納稅、財產、文化（識字與否）等等作為選舉人或被選舉人的標準，一一加以駁難，「以納稅定選權者，其巨戾亦已甚矣」，「所選必在豪右」。認為這些議士不過是一批騎在人民頭上的新的壓迫者，「美國之法，代議士在鄉里，有私罪不得舉告，其尊與帝國之君相似。……不欲有一政皇，況欲有數十百議皇耶」，「故議院者，民之仇，非民之友也」。因之，這種制度還不如沒有的好，與其多這樣一個壓迫階層還不如就在專制制度之下。「與效立憲而使民有貴族黎庶之分，不如王者一人秉權於上。」可見，章太炎反對代議民主，與前述地主階級的反對理由不但明顯不同，而且恰恰相反。一個是怕代議民主會使人民站起來，一個是怕代議民主會又新添

一批壓迫者。所以不能把凡反代議民主都算作地主階級思想。例如，1906 年反清革命的萍瀏大起義中便打出過「新中華大帝國」的旗號，要求「勿狃於立憲專制共和之成說」。

　　章太炎是否在根本上反對民權呢？並不是。他是強調民權、平等的。他之提倡佛學，原因之一正在「佛教最恨君權……與恢復民權的話相合」（〈演說錄〉，下同）。「佛教最重平等，所以妨礙平等的東西必要除去。」《訄書》兩次版本中多次還提到「議院」（如〈地治〉、〈官統下〉）[25]，他也主張行政（總統）、司法、立法、教育分權，「夫欲恢廓民權而限制元首，亦多術矣」（〈代議然否論〉，下同），「置大總統則公，置代議士則戾」，「選舉總統則是，陳列議院則非」。他主張集會、言論、出版的自由，「無得解散禁止」，總統有罪，人人可訴諸法吏逮治。這樣一些思想，都不是地主階級的意識形態。總之，「凡自法律，不自政府定之，不自豪右定之」，反對由資產階級定，那到底如何定呢？章太炎嚮往著一種沒有中間人（議員）的直接民權制。但這在實際中根本不可能。於是設想由一些超階級的所謂「通達歷史用知民間利病之士」即像他那樣的知識分子們來監督元首、制定法律、決定和戰大事等等。這當然是十足的空想，而且有利於保持封建主義。與「階級對立簡單化了」的資本主義社會不同，章太炎不認識包裹在各種溫情脈脈紗幕中的中國封建社會裡的階級對立和鬥爭，而是把等級當階級，強調「中國無階級」，[26]但是，章對地主統治的政權

---

25 《檢論》始全部刪去。

機構及其具體代表——各級官吏卻又是深惡痛絕，主張打倒的。
在辛亥革命後他還一再說：過去改朝換代「……其舊朝貪人惡吏
未有不誅也，今倡義不過四月，天步遂夷，而致固不及墨吏」(《檢
論‧大過》)，「是故處今之世，不誅鋤舊吏，去其太半，其他不悚
然……不戮其人，縱令立法緬於日本，終不可以為善國矣」(《檢
論‧對二宋》)。地主階級及其思想家一般無例外地敵視農民起義，
這是一個極為敏感的問題。包括像王夫之那樣的大思想家也是如
此。近代以來，從魏源到改良派，儘管有某些進步思想或民主思
想，但在這個要害問題上卻從不含糊。地主階級的思想家如汪士
鐸可以斥責孔孟，也同樣在反農民起義問題上異常堅決。像曾國
藩、張之洞更不用說了。然而，奇異的是，被看作「地主階級代
表」的章太炎在這個問題上卻並不如此。他不論是論及歷史上的
和當代的農民起義，包括太平天國，卻很少詆毀反對。[27]難道這
是偶然的麼？

可見，章太炎之反資本主義代議制與頑固派、洋務派並不相
同，不是站在地主階級立場，為了捍衛地主階級的政權體系、統
治秩序和意識形態而去反對的。

可注意的是，章太炎的反代議民主恰好是與他的某些獨特的

---

26 章因反代議制（增加階級）而強調「中國無階級」，「彼之去封建近，而
我之去封建遠」，章所謂「階級」指的都是中世紀封建等級，中國因係地
主封建，不同於歐洲、印度，例如不像印度有界限森嚴的四階級等等。

27 章對李自成等也使用「流寇」等詞語，但整體來看，他對農民起義的態
度並不深惡痛絕而毋寧常有讚賞之意。

經濟思想聯繫在一起。章在反代議政治的同時，便提出：

　　……凡是皆可以抑官吏而伸齊民也。政府造幣，惟得用金、銀、銅，不得用紙，所以絕虛僞也。……不使錢輕而物益重，中人以下皆破產也。輕盜賊之罪，不厚為富人報貧者也。（……譬如家有百萬金者，取二十萬金猶無害，家有十金者，取三金則病甚……），限襲產之數，不使富者子孫躡前功以坐大也。田不自耕植者不得有，牧不自驅策者不得有。山林場圃不自樹藝者不得有。鹽田池井不自煮暴者不得有。曠土不建築穿治者不得有，不使梟雄擁地以自殖也。官設工場，辜較其所成之值四分之一，以為餼稟，使役庸於商人者，窮則有所歸也。在官者身及父子皆不得兼營工商……不與其藉政治以自利也。凡是皆所以抑富強振貧弱也。夫是則君權可制矣，民困可息矣。（〈代議然否論〉）

　　這種思想並非僅見，例如章曾多次提出：

　　凡露田，不親耕者使鬻之。（《訄書・定版籍》）[28]

　　一曰均配土田，使耕者不為佃奴；二曰官立工場，使用人得分贏利；三曰限制相續，使富厚不傳子孫；四曰解散議員，使政

---

28 這是受孫中山的影響所寫。但孫著重在城市土地問題，提出定地價稅之類；章談的是一般土地問題，主要在農村方面。章太炎、陶成章等光復會一派對孫中山的定地價稅、土地國有之類的確不感興趣。

黨不敢納賄。斯四者行，則豪民庶幾日微，而編戶齊人得以平等。……無是四者，勿論君民立憲皆不如君主之為愈。(〈五無論〉)

目睹國外資本主義社會的現實和面臨國內資本主義的興起，章太炎抱著強烈的懷疑、恐懼和敵對的情緒。他認為在歐美已是「以貧病筆撻死者，視以罷工橫行死者，一歲之中，數常十倍」(〈總同盟罷工序〉)，在中國則將「以意絜量，不過十年，中年以下不入工場被筆楚，乃轉徙為乞丐，而富者愈與皙人相結，以陵同類，驗之上海，其儀象可見也」(同上)。所以他主張不僅「均配土田」，而且還要著重打擊工商資本。他的「均配」範圍擴大到礦山、工廠、銀行，[29] 顯然這不是要促進而是故意要阻礙資本主義的發展。他以「重農抑商」的傳統理論，一再強調要打擊、困辱商人，反對「商日益橫，工日益多，農日益減」(〈五朝法律索引〉)，甚至荒唐到反對一切近代資本主義生產力的地步，諸如認為「電車只為商人增利，於民事無益毫毛」(同上)，「……欲事氣機，必先穿求石炭，而人之所需，本不在此。與其自苦於地窟之中，以求後樂，曷若樵蘇耕獲，鼓腹而游矣」(〈四惑論〉)。看來這又似乎比地主階級洋務派還要落後、反動了。因為洋務派還講究「朝運汽機，夕馳鐵路，無害於聖人之徒也」(《勸學篇·外篇·

---

29 這種思想正是革命高潮中的產物，《訄書》木刻本中還有「西班人嘗欲持富實之財以均貧者而卒至亂，人之有輕重且不能平，況於國乎」，鉛印本刪。

會通第十三》）。

　　能不能把章的這種種思想當作「騙人」、「唐塞」或故作怪論、隨便說說的呢？顯然不能。事實上，這種經濟思想與政治思想恰恰就是章太炎自己的「民生主義」和「民權主義」，不同於孫中山以發展資本主義的政治經濟為中心的民權、民生主義。所以章太炎說，「二黨（指同盟會與光復會）宗旨，初無大異，特民權、民生之說殊耳」（〈銷弭黨爭書〉）。章的這些思想顯然代表了光復會中好些人（不是全部）的思想。如果看看《民報》增刊《天討》中的〈諭立憲黨〉的名文，這一點更極為明確突出。此文固然是針對滿清政府搞立憲，但同時也就批判了近代資本主義的議會民主，強調這只是「財主地棍土豪」的民主，實乃這些「紳董」的「專制」，它只能給「沒錢沒勢」的農民大眾帶來痛苦（本書論改良派變法維新文中引有該文，可參看）。

　　並且，這些獨特的政治、經濟思想還具有一個相當鮮明而一貫的理論系統。這個理論系統與當時風靡一時的進化論大有區別。章太炎這時拋棄了他也曾信奉的文明進步、物質幸福[30]等等主張，走到寧肯要古代的儉樸生活也不要近代繁華世界，寧「啜菽飲漿」「冬毳夏葛」，以求所謂心靈的快樂，而不要「沾沾物質之務」

---

30 如刪去的 《訄書·喻侈靡》：「浸久而浸文明，則亦不得不浸久而浸侈靡……必舉成周之世以訾今人，則亦將舉茹毛飲血以訾成周……然則天下無所謂侈靡也，適其時之所尚而無匱其地力人力之所生則饁己」，「慧亦益啓，侈亦益甚」，「是故侈靡者，有工之所自望也」云云。

(〈四惑論〉)。他認為所謂進化並不帶來幸福、快樂和道德,而是樂進苦亦進,善進惡也進:「若以道德言,則善亦進化,惡亦進化。若以生計言,則樂亦進化,苦亦進化。」(〈俱分進化論〉,下同)「由下級之哺乳動物以至人類,其善為進,其惡亦為進。」「虎豹雖食人,猶不自殘其同類。」人「一戰而伏屍百萬,喋血千里」。因之「求幸福者,特貪冒之別名……最初所處之點惟是獸性,循其所處之點,日進不已,亦惟是擴張獸性,……則進化之惡,又甚於未進化也」(〈四惑論〉)。所謂進化、幸福只是動物性的東西 , 無道德之可言 。「知文明之愈進者 , 斯蹂踐人道亦愈甚。」(〈記印度西婆耆王紀念會事〉)「有進於此,亦必有退於彼,何進化足言。」(〈四惑論〉)「以物質文明之故,人所尊崇不在爵位而在貨殖,富商大賈之與貧民,不共席而坐共車而出……此非其進於惡耶。」(〈俱分進化論〉)

革命派和改良派大都以達爾文進化論作為自己的最基本的世界觀和鬥爭理論。就這一點說,他們大都受嚴復的影響。章太炎則偏偏堅決反對嚴復,不僅在政治主張上,而且也在進化理論上。與嚴復強調斯賓塞,認為進化原理適用於社會故意對立,章太炎則引用赫胥黎等人來反對斯賓塞,認為進化只是自然規律,而非社會原理。「……舉社會現象為證……進化論始成。同時即有赫胥黎氏與之反對」(〈俱分進化論〉),認為斯賓塞用生理、生物觀點而不以心理、意識觀點來解釋社會,是錯誤的,「(斯賓塞) 蓋其藏往則優而匱於知來者。美人葛通可斯 (Giddings) 之言曰,社會所始,在同類意識,……屬諸心理,不當以生理術語亂之,故葛

氏自定其事，宗主執意，而賓旅夫物化，其於斯氏優矣。」（譯
《社會學》序言）強調社會另有不同於自然進化的社會意識和人
道規則。「黠者之必能詐愚，勇者之必能陵弱，此自然規律也，循
自然規律則人道將窮，於是有人為規律以對治之，然後丞民有
立。……今夫進化者，亦自然規律也……與人道初無與爾。」（〈四
惑論〉）

　　既然進化論不是使社會健全民生幸福的規律，那麼，究竟什
麼是這種規則而應為革命者所奉為目標和加以履行實現的呢？章
太炎認為，這是心理、意識。不是生物進化而是社會心理和意識
才是社會發生（「所始」）和進步的動力。具體一點說，章太炎認
為，這就是道德。「第一是用宗教發起信心，增進國民的道德」，
的確是章太炎非常基本的思想。講道德、重歷史，始終貫串章整
個思想之中。用所謂道德來衡量品評一切，是章非常突出的思想
特徵。他的倡導佛學，便是為了提倡佛入地獄的道德精神和眾生
平等的道德理想；他反孔批儒，是因為「儒家之病在以富貴利祿
為心」（〈諸子學略說〉），完全著重在道德方面[31]。章太炎對歷史
和歷史人物的評定，也多從道德著眼，例如章經常盛讚東漢，就
是因為「季漢風節，上軼商周」，「東漢風尚二千年中為殊勝」的

---

31 材料極多，不具引。如〈演說錄〉：「孔教最大的污點，是使人不脫離富
　貴利祿的思想。自漢武帝專尊孔教以後，這熱中於富貴利祿的人總是日
　多一日。我們今日要想實行革命，提倡民權，若夾雜一點富貴利祿的心，
　就像微蟲黴菌，可以殘害全身，所以孔教是斷不可用的。」並且有時甚
　至連他所尊敬的荀子也罵在內。

緣故。他對當時「滿清」政府、官吏和改良派的鬥爭，也總是尖銳揭露對方個人道德的墮落、人格的低劣。對「舊黨」、「新黨」各種腐敗現象痛加抨擊，「湛心利祿」、「廉恥喪盡」、官迷心竅、趨附勢利、侫媚諂偽、怯懦畏葸……等等，經常是章太炎的得心應手的議論主題和打擊武器。這種人身揭露的道德武器，在極端愛面子的中國上流社會和知識分子中，經常是使人狼狽不堪，能夠取得很大戰果的。

　　最有趣的是，章太炎從所謂道德標準出發，把當時社會分為十六個等級，他認為這些等級是與人們的「職業」——在社會生產和生活中的客觀地位、職能密切關聯的：

　　今之道德，大率從於職業而變。都計其業，則有十六種人：一曰農人，二曰工人，三曰裨販，四曰坐賈，五曰學究，六曰藝士，七曰通人，八曰行伍，九曰胥徒，十曰幕客，十一曰職商，十二曰京朝官，十三曰方面官，十四曰軍官，十五曰差除官，十六曰雇譯人。其職業凡十六等，其道德之第次亦十六等。
　　農人於道德為最高，其人勞身苦形，終歲勤動……
　　自藝士（醫師畫家等等）下率在道德之域，而通人（高級知識分子）以上則多不道德者……。
　　要之知識愈進，權位愈伸，則離於道德也愈遠。

　　而道德最壞、品級最低的則是為外國帝國主義所服務雇傭的人。

復為白人之外嬖，非獨依倚督撫而已。(均〈革命之道德〉)

這是一種相當獨特的「行業分析」。它把下層人民自食其力不剝削壓迫別人的「職業」跟「不知詐幻」、「剛毅不屈」的道德品級聯繫起來，把上流社會的道德墮落與他們的壓迫剝削巧取豪奪的「職業」聯繫起來，它的矛頭是指向上流社會，獨特反映了對上層社會腐敗惡劣的憤恨和憎惡。

章太炎強調革命者必須講求道德。「且道德之為用，非特革命而已，事有易於革命者，而無道德亦不可就」(同上)，道德成為革命和一切進步作為的動力和目標。章太炎和陶成章等人不但在思想言論，而且在一定程度的身體力行上，都著重突出了甘於艱苦不畏犧牲的道德作風[32]，在當時具有很大的吸引力。也使章太炎這些獨具一格的思想主張產生了良好的影響。魯迅便是當年受章太炎影響的著名例子。除了進化論大不相同以外，在憎惡和抨擊上流社會，反對資本主義的經濟、政治，提倡宗教、道德、國粹和個性主義等等問題上，魯迅基本上站在章太炎一邊。如果拿魯迅 1906 年到 1908 年寫的那幾篇著名論文，特別是〈破惡聲論〉、〈文化偏至論〉，與章太炎上述論點和論文比較一下，便很清楚。當年魯迅在思想上和文字上都接受了章的影響。魯迅一生之所以始終保持對章(在那麼多的革命前輩中獨對章)的高度尊敬，並力排眾議，給章作了蓋棺論定的極高評價，決不偶然。這決不

---

32 魯迅深情懷念過陶成章把草繩當腰帶，不畏艱辛，奔走革命的動人情景。

只是個人的私誼，而是表露了魯迅對自己青年時代所親自感受的章太炎歷史作用的十分珍視，是對章的歷史功績符合實際的肯定。

3. 階級特徵

那麼，到底應該如何來理解章太炎上述的思想特色呢？它的社會階級基礎是什麼呢？

如前所述，把這些思想說成是地主階級的思想意識是很難說通的。這些思想的某些成分、因素、提法，在中國古代地主文化中的確便有，但它們以如此完整的形態出現在近代中國思想史上，卻不是用古代翻版之類的說法所能解釋得了。它是自己時代的產兒，脫不開近代中國社會和階級鬥爭的制約。不能無視它是在資產階級民主革命高潮中和在革命陣營內出現的思想或思潮。

列寧論托爾斯泰，對這個難題的解決也許很有啓發。托爾斯泰是沙皇時代的名門貴族，他在自己的闊綽舒適的莊園裡，安靜地寫出了《戰爭與和平》、《安娜卡列尼娜》等不朽文學巨著。列寧在這位被當時好些革命者罵作貴族地主階級代言人的伯爵老爺身上，在這些被當作純粹是上流社會的風習畫（主要人物、題材、故事、情節都是上層貴族等等）的藝術作品中，卻極為尖銳地看到了、感受到了，在當時資產階級民主革命巨大潮流中處在封建宗法落後關係中的俄羅斯農民群眾的心聲，指出那是在整個資產階級革命的動盪年代中宗法農民的思想和情緒、力量和缺陷的鮮明反映。「托爾斯泰出於真誠地以巨大的力量鞭打了統治階級，十分明白地暴露了現代社會所藉以維持的一切制度──教堂、法庭、

軍國主義、『合法』婚姻、資產階級科學的內在虛偽。但是他的教
義卻與現代制度的掘墓人即無產階級的生活、工作和鬥爭是完全
矛盾的。」[33]「托爾斯泰主義的現實的歷史內容，正是這種東方
制度、亞洲制度的觀念形態，因此也就有禁欲主義，也就有不用
暴力抗惡的主張，也就有深刻的悲觀主義調子，也就有認為『一
切都是無，一切物質的東西都是無』的信念……。」[34]

　　章太炎當然不是托爾斯泰。理論論文也不大同於藝術形象。
特別是章太炎遠沒能像托爾斯泰那樣終於與本階級徹底決裂，自
覺站到農民這邊，而相反卻是回到了封建地主的懷抱[35]。章太炎

---

33 列寧：〈托爾斯泰和無產階級鬥爭〉，《列寧全集》第 16 卷。

34 列寧：〈列·尼·托爾斯泰和他的時代〉，《列寧全集》第 17 卷。

35 例如在對待土地所有制這一關鍵問題上，章本曾主張「均配土田」，「有
　　均田，無均富（指不分工商業主財產）……後王以是正社會主義者也」
　　（《訄書·通法》）。「地權平均之後，全國無地主矣」（〈代議然否論〉），
　　但辛亥以後，政治上很快和封建勢力合流，完全站在自己這一主張的對
　　立面，反對「平均地權」了：「至若土地國有，奪富者之田以與貧民，則
　　大悖乎理，照田價而悉由國家收買，則又無此款，故絕對難行」（〈中華
　　民國聯合會成立會演說辭〉）。「社會主義在歐美尚難實行，奚論中國，其
　　專地價稅者，尤失稱物平施之正，此土本無大地主。」（〈復張季直書〉）
　　這種變化並不奇怪，當年劉師培（也是光復會員）曾寫〈悲佃篇〉，刊載
　　於章主編之《民報》，大聲疾呼「欲籍豪富之田，又必自農人革命始。夫
　　今之田主，皆大盜也，……民受其阨與暴君同，今也奪其所有，以共之
　　平民，使人人之田，均有定額」，非常明確，十分激烈。然而曾幾何時劉
　　變而為叛徒特務，不齒於革命黨人了。劉與章私交甚好，他們當時這些

比托爾斯泰大不同的地方是主張暴力革命。但最重要的是，他們
對上層社會的憎惡和抨擊，對資本主義（包括經濟、政治、文化
各個方面）的全面反對，對封建農村的依戀和美化，提倡和特別
強調道德、宗教作為根本基礎，以及那深沈的悲觀主義、虛無主
義情緒……，卻確有驚人的類似之處。這也不是偶然的。如果說
托爾斯泰是比較自覺而鮮明地代表了，那麼章太炎便應是不自覺
也不是那麼鮮明地反映了資產階級民主革命高潮中作為小生產者
的封建農民的某些特徵和某些方面（不是全部或所有方面）[36]。
托、章當然還有民族的不同和各種具體情況的不同。章太炎以一
個封建地主階級文化的繼承捍衛者，在現實鬥爭中不自覺反映出
農民階級作為小生產者的民粹主義的思想情緒，具有更多的矛盾
性和複雜性。在當時革命派陣營中，本就瀰漫著這樣一種反資本
主義的民粹派思潮，孫中山、朱執信都有，而以章太炎和光復會
某些人更典型，其中尤以章太炎為更濃厚、最突出。他的民粹派
觀點具有中國傳統的封建特性。

　　農民是分階層的，章太炎反映的主要是自耕農以上的階層，
並不代表貧雇農[37]。章說，「中國土田農圃，自主者大半」（〈代議

　　思想表現了同一思潮。

36 最早指出章太炎這一階級特徵的是侯外廬《中國近代思想學說史》，但侯
　　把他籠統說成是整個農民階級的自覺代表，則顯然估計過分了。

37 對這一點，持農民說的論著（如胡繩武、金沖及：〈辛亥革命時期章太炎
　　的政治思想〉，《歷史研究》1961 年第 4 期）沒提及，也未對章的思想作
　　體系的剖析。

然否論〉），反映的並不是社會的現實，倒正好是他自己思想的
現實。

在無產階級登上政治舞臺前，農民和資產階級是近代革命中
兩個主要的積極力量。但它們的經濟要求和政治理想並不相同。
政治是經濟的集中表現。資產階級代議民主是近代資本主義經濟
的要求和產物，它與農民階級的願望並不相通，後者更重視經濟
上的平等或平均，政治體制倒是次要的。反映在思想領域也如此。
在中國近代思想史上，強調發展近代工商業，實行資產階級的民
主政治，提倡科學和資本主義文化、教育，與強調解決土地問題、
衝擊現存統治秩序，而對資本主義經濟、政治、文化並無多大興
趣甚至持敵對態度 （因為這些東西總與帝國主義的侵略連在一
起），都可以同時湧現在革命高潮中。在中國近代太平天國、義和
團和辛亥革命等高潮中都有過這種情況。這兩種思想可以互相吵
架以致彼此敵視，但在反帝國主義和推翻滿清政府的共同戰鬥目
標下，又仍可協調統一起來，章太炎這些思想主張在當時所以為
革命派所允許，與朱執信等人所宣傳的反「豪右」相呼應，起著
一種獨特的社會影響，原因也在於此。

事情也總是一分為二的。不能把農民階級理想化，農民包括
貧雇農在內，作為小生產者，總受封建生產方式的嚴重局限。他
們堅決反對地主階級的剝削壓迫；但他們同時又受地主階級統治
意識的嚴重毒害。他們並不是新的生產力的代表。包括像洪秀全
這樣的天才人物，即便有某種原始平等平均思想（主要是在經濟
平等上），但仍然保留很多封建主義的東西，例如，在〈天父詩〉、

〈幼學詩〉等等作品中便充滿極濃厚的君尊臣卑、夫尊婦卑等等
思想意識。歷代農民起義的領袖所以很快就露出封建帝王的雛型,
正好說明這一點。農民革命思想中可以夾雜著一大堆封建主義的
觀點、意識也就不足為奇了。反映了某種自耕農以上階層的章太
炎的思想就更如此。這並不是說,農民一定要反對新的生產力,
而是說由於這種生產力是與資本主義生產關係一同到來,使農村
破產,大量農民淪為雇傭工人,而感到恐懼不滿和反抗。特別在
近代,它又是與帝國主義的侵略聯在一塊的。早期無產階級還搗
毀機器,農民有反資思想並不奇怪。而一個階級與其政治上、思
想上的代表關係是,「他們的思想不能越出小資產者的生活所越不
出的界限」(《馬克思恩格斯選集》第 1 卷,第 632 頁),章太炎這
些思想代表小資產者正是如此。如在論孫中山時所已指出,在中
國近代資產階級革命中,有些思想家希望避免走西方資本主義道
路,而又要反封建統治,和想建立一種既不同於封建古代,又不
同於現代西方, 既保留東方國粹又接受西方文明的 「第三種社
會」,便成為一種必然的時代思潮。這不但在中國,而且在俄羅斯
(如民粹派)、在印度(如甘地)、在印尼(如蘇加諾)……,都
有這種傾向。然而社會發展的趨勢不以人們意志為轉移,儘管用
各種幻想和言詞掩蓋起來以自欺欺人,所謂東方精神文明(封建
主義)終究要被西方物質文明(資本主義)所戰勝。

　　一方面夾雜封建毒素,另一方面又充滿了小生產者慣有的反
動空想,是章太炎思想的顯著特徵。在反滿反帝的民族主義、經
濟平均主義、政治專制主義、道德純潔主義之旁,再加上絕對個

人主義和極端虛無主義，便構成了章的社會政治思想特色的全貌。章太炎拋棄了《訄書》時期合群以進化的理論[38]，大肆強調「個體為真，團體為幻」（〈國家論〉），「蓋人者……非為世界而生，非為社會而生，非為國家而生，非互為他人而生，故人對於世界、社會、國家與對於他人，均無責任」「惡非人所當為，善亦非人之責任」（〈四惑論〉），「村落軍旅牧群國家亦一切虛偽，惟人是真」，只有個人是真實的，任何社會組合均假。極力抨擊、反對所謂社會抑制個人，要求絕對自由，個性解放，呼喊「何今世卒不得一擺輪（拜輪）也」（〈論印度西婆者王紀念會事〉）。章太炎並提出著名的所謂「無政府」、「無聚落」、「無人類」、「無眾生」、「無世界」的「五無」境界，總之消滅宇宙一切。它的主觀目的和客觀作用不在於去維護或加固現有秩序和傳統觀念，而恰恰在於使人懷疑、否定它們。否認權威，懷疑一切；破壞流行的和習以為常的觀念、道理，就正是章太炎「五無」「四惑」諸論在當時所起的積極的破壞效用。它不是地主階級的思想，而是十分典型的小生產者和小資產階級的東西，這種東西在本質上完全是空想和廢話。[39] 有如章自己所說，就理想言，民族主義（反滿）遠不

---

38 強調群是競爭、進化的重要因素，「物苟存者，強有以與地競矣，此古今萬物之所以變」（《訄書·原變》），批判「山林之士避世離俗以為亢者」，「將絜生民以為鹿蜼」，強調適應環境等等，完全是嚴復那一套，與《民報》時期的觀點完全不同。

39 這種「五無」與康有為「九去」（《大同書》）不同，一是小生產者的悲觀主義，一是資產者的樂觀主義。前者否定物質文明和社會進步，後者

如無政府主義，無政府主義又不如齊物（莊），不如無生（佛）。但就現實言，則「不得不退就民族主義」:「惟排滿為其先務」[40]。極端荒唐的「五無」幻想與極端狹窄的反滿實踐便這樣奇妙地結合了起來。章太炎雖以反滿為其主要現實目標，背後卻有這麼一大堆龐雜的思想作基礎。

總起來看，章太炎這種種獨特思想有其進步的一面；又有其落後以致反動的一面。例如想以道德作為革命動力，是唯心論，反對資產階級的經濟和文化，則不符合歷史發展趨向[41]。反代議民主固然作為宣傳在揭露資產階級偽民主是尖銳的，同時便付出了高昂的代價。章太炎本來和嚴復完全不同，但在這個不贊成代議制民主問題上，在辛亥後卻走到一起：因為怕因民主而使中國四分五裂，便寧願「強有力的人」出來厲行專制，以使國家強盛，外禦侵略，從而對袁世凱之流大抱幻想[42]。對袁的上臺當總統，

反之。

40 當時一群小資產階級知識分子開始醉心於無政府主義，章太炎卻清醒地加以反對。他與小資產階級知識分子又仍有一段距離。

41 與章太炎相反，孫中山認為「……社會黨常言文明不利於貧民，不如復古。這也是矯枉過正的話。況且文明進步是自然所致，不能逃避的。文明有善果也有惡果，須取那善果，避那惡果。」（〈民報演講辭〉）

42 「余嘗謂中國共和，造端與法美有異，始志專欲驅除滿洲，又念時無雄略之士則未有能削平宇內者，……則爭攘不已，禍流生民，國土破碎，必有二、三十處，故逆定共和以調劑之，使有功者得更迭處位，非目政治為政治極軌也」（《自編年譜・一九一二年》）。「今中國積弱，俄日橫於東北，誠能戰勝一國，則大號自歸，民間焉有異議，特惠公無稱帝之能

章太炎主觀上出了力；而袁的稱帝，嚴復客觀上幫了忙；一個是傾心於歐洲資本主義的啓蒙思想家，一個是具有鄉土農村氣質的民族文化的捍衛者，卻居然如此殊途同歸，這真是一場歷史的悲劇。

「依自不依他」的哲學思想

　　章太炎的哲學思想是其整個思想中的重要組成部分，是他全部思想的世界觀基礎。中國近代資產階級革命時期，真正具有哲學上的思辨興趣[43]和獨創性，企圖綜合古今中外鑄冶嚴格意義上的哲學體系的，只有譚嗣同和章太炎兩人（雖然就整個思想體系說他們不及康有為和孫中山）。譚、章二人在政治上和學術上是歧異和對立的。章聲稱不喜《仁學》，譏之為「拉雜失倫，如同夢寐」（〈人無我論〉）。譚嗣同的哲學體系尚未建成便死去，章則基本完成了。然而可驚異的是，儘管有這許多政治、思想上的不同，

耳。誠有其能，豈獨吾輩所樂從，孫、黃亦焉能立異也。」（章太炎：〈與袁世凱書〉）

[43] 兩人都不喜佛學的禪宗，而選中思辨性最細緻的唯識宗。此外，兩人也都讚許莊周的〈齊物論〉。《仁學》一開頭：「循環無端，道通為一，凡誦吾書皆可於斯二語領悟。」

但他們的哲學道路和特徵卻如此的相似：都從接受自然科學唯物論的洗禮開始，而以佛教唯識宗的主觀唯心主義作歸宿。他們的這一道路是有典型意義的。

在自然觀方面，問題比較簡單。當時先進的中國人都是在接受從西方傳來的近代自然科學知識的基礎上，形成自己這方面的觀點和理論。譚嗣同《仁學》中對無限宇宙歡呼式的描繪，章太炎木刻本《訄書‧天論》中對天、日、地的爽朗看法，都如此。章太炎運用近代自然科學知識，盛讚王充的元氣自然論，反對傳統的意志論、目的論。指出天並非上帝，不是主宰，「若夫天與帝則未嘗有矣」。天就是「無」，就是氣。「恆星皆日，日皆有地，地有蒙氣，……望之若蒼蒼矣。在地曰氣，仰瞻則曰天」（《訄書‧天論》）。指出天地生萬物並非為了人，天生人也並無何目的，「因氣而生，偶自生也」，「人死而為枯骼，其血之轉磷或為茅蒐，其炭其鹽，或流於草木，其鐵在礦」（《訄書‧原教下》）。意識（智慮）非氣（物質），但從屬於氣。人死則智慮「若波之復」，如水波也息，所以無鬼神靈魂。「人死曰鬼，鬼者歸也，精氣歸於天，肉歸於土，血歸於水……。」（《訄書‧榦蠱》）這仍是以近代科學來填塞王充、范縝、王夫之的古代唯物論，並同樣帶著機械論的近代特徵。對佛學，章這時尚未給以特殊的地位。[44]

44 章根據當時西方社會學家的材料，指出「上古野人」因「由日中視影」而以為「形體之外必有一靈異之身」，並徵引佛典亦有此說，而發感嘆說，「噫，以彼深識立鑒而猶不免於上古野人之說，何哉。」（《訄書‧

　　與此同時，章這時是相信物競天擇的進化論的。「人之始，皆一尺之鱗也」，「太古之馬，其蹄四指，……今海內有大陸，而馬才一指。然則滄熱燥濕之度變，物之與之競者，其體亦變」（《訄書·原變》）。這裡最值得稱道的是，章提出了「人之相競也以器」的觀點，指出「石也，銅也，鐵也，則瞻地者以其刀辨古今之期也」，接受和宣傳了以工具的改進作為人類進化尺度的觀點[45]。

　　章太炎進入他的思想成熟期後，卻完全刪去了木刻本《訄書》中的這些唯物主義思想，而且極為明確地宣布佛學唯識論的主觀唯心主義才是他所崇奉的哲學。這個通路是從認識論來開闢的。

　　認識論是近代資產階級哲學的主題。歐洲如此，中國亦然。在康有為那裡，認識論還不占主要地位，但到譚嗣同、嚴復、章太炎、孫中山，便逐漸成為他們哲學思想的中心。如果說《仁學》裡，還是所謂「下學而上達」，唯物論與唯心論，科學與宗教，「以太」與「心力」還處在一種交互滲透、要求並存而又尖銳矛盾之中。前一方面（唯物論、科學、「以太」）還在客觀上占有主要地位，但已開始建造以佛學唯識論為基礎的唯心主義體系。那麼在章太炎這裡，這種建造就已竣工，從而科學、唯物主義被完全捨棄了。

　　斡蠱》）

45 在《太炎文錄一·信史下》中卻完全否定了這一點，認為物質文明並不進化，有時後不如前，「古不逮今，何言之唐大也」，並否認由石器而銅器而鐵器的進化觀點。

　　與譚嗣同類似，章太炎開始也強調人通過感覺器去認識外界，承認人的主觀感覺是客觀物質所刺激而引起，指出有不依存於感覺的客觀存在，「日色固有七，不岐光則不見也……不見其光，而不得謂之無色；見者異其光，而不得謂之無恆之色；雖緣睇子以為藝報，有不緣者矣」(《訄書‧公言》)，「人偶萬物而視以己之髮膚。髮膚不觸，夫誰不感覺」(《訄書‧獨聖上》)。「凡成比量（推理）者必不能純無見量（感知）」(《齊物論釋》)；推理（比量）又必須建立在感知（見量）的基礎上。並且，「物之能名，大抵由於能受」(《國故論衡‧原名》)；「諸學莫不始於期驗」(《徵信錄下》)……如此等等。章特別注意西方的經驗論[46]，特別推崇中國的經驗論（如顏元）[47]，這與他的古文經學和樸學的重證據、材料本是一脈相通的。「從入之塗與平生樸學相似」(《菿漢微言》)，從而，章的經驗論的唯物主義比譚嗣同就遠為堅實。譚嗣同剛說了兩句「目視」「耳聞」之後，異常迅速地便推論感官「不足恃」，

---

46 章太炎是反對唯理論和客觀唯心主義的。「先物行先理動之為前識。前識者，無緣而妄意度也。……不事先識則卜筮廢，圖讖斷，建除堪與相人之道黜矣。巫守既絕，智術穿鑿亦因以廢」(《國故論衡‧原道上》)，「最下有唯理論師以無體之名為實，獨據偏計所執性，以為固然……，猶依空以置器，而空不實有。海羯爾（即黑格爾）以有無成為萬物本，笛卡兒以數名為實體，此皆無體之名。……若謂心物外別有道，及太極、無理者即是妄說」(《國故論衡‧辨性下》)。此外，如引叔本華及黑格爾加以反對，等等。

47 「自荀卿以下，顏元可謂大儒矣」(《訄書‧顏學》)。

而走向唯心論。章太炎卻在《訄書》中比較肯定地宣揚了經驗論的認識論，唯物主義比較明確維持和殘存（也只是殘存）了較長較多時間（如上引《齊物論釋》等）。[48]

　　但正如章在道德問題上由幸福論走向反幸福論的康德一樣，他在哲學上也是由休謨的懷疑論走到康德的先驗論，再歸宿於徹底的主觀唯心主義的佛學唯識宗[49]。這時，木刻版《訄書》中的

---

[48] 章太炎的許多說法（第三時期）是很接近譚嗣同的，例如「此生彼毀，成毀同時，是則畢竟無生，亦復無滅」，以及「真妄一源」，「泯絕彼此」，「破名相之封執，取酸鹹於一味」，「一切礦物，皆在藏識，……由彼藏識與己藏識對構，方能映發，識之相遇，如無線電對至即通，不煩傳遞」（《菿漢微言》），等等，只是比譚成熟深刻罷了。

[49] 感覺不但有限度，而且感覺與對象之間也並不能完全對應，章太炎說，例如人種的眼睛顏色不一，所見顏色就不一定相同，因之感覺就沒有真理性了，並且，「余謂吼謨（休謨）之說，猶未究也，感覺時，惟有光相熱相，非有日相火相。日與火者，待意識取境分齊而為之名，故光與熱為現象……，而日與火為非現象。若專信感覺者，日火尚不可得，況可言其舒光發熱之功能成」（〈四惑論〉），更無客觀因果可言了。「識得現起。意雖猛利，於境不現前時，亦得自起獨頭意識，然此獨頭意識亦非無端猝起，要必先有五俱意識與五識同取對境，……雖隔十年，獨頭意識猶得現前，是故五識與意識即以自造之境與自識更互緣生」（〈建立宗教論〉）。「五識」必待「五塵」為對境才生認識；境不在時也必須有記憶，但此認識此記憶又仍不離心的主動，後者仍是決定性的。「如唯物論若穿其柢，即還歸唯識論。何以言之，所以信唯物者，以不信意識之計度而信五識之感覺也。唯信者為誰，仍是意識。若充類至盡，此信心亦應除遣，……」（《菿漢昌言》），如此等等。

自然科學唯物主義觀點已完全消溶不見。章把休謨說成是「唯物論」，即徹底地相信感覺經驗的意思。章指出從感覺經驗出發，結果並不能認識事物的本質，而只能獲得孤立的表面的現象，要認識本質，必須有心中的「原型觀念」來組織、聯繫、綜合、伴隨感覺。他說，「如人見三飯顆，若只緣印象者，感覺以後，當惟生『飯顆、飯顆、飯顆』之想，必不得生『三飯顆』之想。今有三飯顆之想者，……必有原由觀念在其事前，必有綜合作用在其事後。……雖然，此猶感覺以後事也。而當其初感覺時，亦有悟性為其助伴。」（〈四惑論〉）即是說，要認識三飯顆，必先有「三」這個「原型觀念」來綜合感覺。「言科學者，不能捨因果律。因果非物，乃原型觀念之一端。」（〈四惑論〉）因果不在事物，而是一種「原型觀念」，可見要進行認識，「感覺以悟性為依」關鍵仍在具有這些「原型觀念」的「心」。這當然很明顯是接受康德的「先驗統覺」思想的緣故。而從這裡進一步就走入「境由心造」的佛學唯心主義之中去了。

感知、記憶、認識既都離不開「心」的主動作用，「境緣心生，心仗境起，若無境在，心亦不生」（〈建立宗教論〉）。從而，不是別的，是「心」、「識」才是第一性的，「芸芸萬類，本一心耳」（〈五無論〉），「初知所感所定非外界，即是自心現影」。「道何所依據而有真偽，言何以所據而有是非，初無定軌，唯心所取」（《齊物論釋》），真偽是非實全取決於「心」了。章自稱「以分析名相始」，「以排遣名相終」，在哲學上，即是以承認分析感覺經驗始，由二元論而走到主觀唯心主義終，這也是他為學的「轉俗成

真」,「俗」是經驗現象,「真」是心靈本體。章太炎說:「夫五識者待有五塵為其對境,……境既謝落,取境之心不滅,……是故五識與意識者,即以自造之境與自識更互緣生。……解此數事,則此心為必有,宇宙為非有,所謂宇宙即是心之礙相。」(〈建立宗教論〉) 於是在認識論上,也就根本否定了必須由感覺經驗出發,轉而追求神祕的寂定了。「不知而行,不見而名」(《齊物論釋》),「是之非之,不由天降,非由他作,此皆生於此心」(《齊物論釋》),「真見量,真比量,皆於寂定得之」(《菿漢微言》)。

章從而否定自然規律,時空的物質性[50],也否定任何上帝鬼神的客觀存在。從這種哲學認識論出發,章太炎一方面反對唯物論,主張建立非人格神的宗教;另一方面又主張無神論[51],堅持駁斥一切宗教(包括基督教)、鬼神。因為,既然只有「心一識」是真實的,一切「我」、「物質」、「神」便都是虛幻的,所有這些「總是幻見幻想」。「此識是真,此我是幻,執此幻者以為本體,

---

50 「所謂自然規律者,非彼自然,由五識感觸而覺其然,由意識取像而命為然,是始終不離知識,即不得言本在物中也。」(〈四惑論〉)「時若實有,即非唯識。」「時由心造,其舒促亦由變。」(《齊物論釋》)「時間者起於心法生滅,相續無已……空間者,起於我慢。」(《菿漢微言》)

51 章的無神論的思想,先後期倒比較一貫,《訄書》木刻本稱讚孔丘擯斥神怪,「無神之說發自公孟,排天之論起於劉柳,以知此漢族心理,不好依他,有此特長,故佛教迎機而入,而推者之功不得不歸之孔子。世無孔子,則佛教亦不得盛行。」「其聖足以干百王之蠹。」到晚年《菿漢微言》也仍然反對信天、鬼。

是第一倒見也」,「此心是真,此質是幻,執此幻者以為本體,是
第二倒見也」,「此心是真,此神是幻,執此幻者,以為本體,是
第三倒見也」(〈建立宗教論〉)。在這主觀唯心主義的哲學世界觀
基礎上,建立一種非人格神的宗教,[52] 以否定任何外界的客觀權
威,「自貴其心不援鬼神」,從而勇往直前,去幹革命,這就是章
所規劃所宣傳所實行的他那「用宗教發起信心,增進國民之道德」
的革命主張的具體內容和途徑:

> 「非說無生,則不能去畏死之心;非破我所,則不能去拜金
> 心,非談平等,則不能去奴隸心,非示眾生皆佛,則不能去屈退
> 心,非舉三輪清淨,則不能去德色心。」(同上)「尼采所謂超人
> 庶幾相近(但不可取尼采貴族說),排除生死,旁若無人,布衣麻
> 鞋,徑行獨往,上無政黨猥賤之操,下作愜夫奮矜之氣,以此揭
> 櫫,庶於中國前途有益。」(〈答鐵錚〉)

總之,以道德作為革命基礎和動力,反對追求幸福,反對物質文
明,反對任何權威,反對一切束縛,不怕犧牲,不畏困苦,強調
憑藉個人主觀的力量、精神、道德去進行戰鬥,這就是章太炎溶
為一體的哲學世界觀與其社會政治思想。這也就是所謂「依自不

---

52 譚嗣同的宗教和主觀唯心主義是在政治鬥爭中悲觀絕望後的依靠,雖然
　　其中也有積極成分;章則主要是積極方面,雖然其中也有消極成分。這
　　是二人的不同處。

依他」的哲學體系[53]。

在資產階級革命高潮中，小資產階級、階層的主觀主義的狂熱常常不脛而走。法國大革命高潮中，雅各賓的領袖們堅決駁斥法國唯物論，主張建立新宗教；德國在此熱潮中出現費希特的主觀唯心主義；到了近代中國，更是如此，繼承著譚嗣同「我自橫刀向天笑」的犧牲精神，當時革命派好些人的確做到了卓屬敢死、不畏犧牲、獨立無前、道德高尚。與這種實踐相結合，自譚嗣同提出「仁為天地萬物之源，故唯心故唯識」（《仁學》），佛學唯識論主觀唯心主義哲學在近代中國突然流行一時，好些先進的中國人在向西方尋求真理的同時，歡迎和接受它[54]，章太炎的哲學也就應運成熟在這個時期。

現實物質力量的薄弱常常使人們乞求於純粹的心靈，由主觀唯心論所煽起的熱狂畢竟只能持續一個短暫的時刻，很快就消退。

---

53 關於章的哲學思想需有專文分析，本文主要只談其哲學思想與其社會政治思想有關的方面。

54 「善習佛者，未有不震動奮勇而雄強剛猛者也」（《譚嗣同全集》，第38頁），並也把佛學與平等、民權相連繫，等等。佛學在晚清風靡一時，為許多先進分子和革命者所信奉，決非偶然。用佛學來解說西學和孔孟，用佛學來鼓舞鬥志，是當時兩大特色。梁啓超當年曾說，「吾師友多治佛學，吾請言佛學」，他概括認為，「佛教之信仰乃智信非迷信」，「乃兼善而非獨善」，「乃入世非厭世」，「乃無量非有限」，「乃平等非差別」，「乃自力而非他力」等等（〈佛教與群治之關係〉），可見當時佛學在他們心目中的意義。

迷信主觀精神和道德力量去拯救世界，終歸要破產的。譚嗣同由於苦悶悲觀而直接陷進了宗教泥坑，章太炎的這種哲學儘管可以鼓勁於一時，熱狂於一陣，但畢竟受不住時間的考驗，也終於與黑暗現實相調和妥協，他們都最終走入相對主義、虛無主義、神祕主義，他們的哲學在這方面留下了深刻的教訓。

由經驗論到唯心論和主觀地運用辯證法（章太炎《齊物論釋》便很典型，本文暫略），這兩點是譚、章二人這條道路的共同處，而這一點又是與他們（以及整個中國資產階級哲學）和近代自然科學只是處在一種外在（從外面去吸取甚至是附會一些科學知識）而非內在（受自然科學發展所推動）的聯繫有關。歐洲近代資產階級哲學，從培根到洛克到法國唯物論，從笛卡兒二元論到康德二元論，從萊布尼茲的客觀唯心論到黑格爾的客觀唯心論，其中積極的因素都總是與近代自然科學和工業技術的發展密切相關，許多哲學家本身就是大科學家。中國近代卻非常缺乏這種關係，譚嗣同、章太炎等人哲學中的自然科學知識和內容都是極端幼稚甚至荒誕的，這與中國當時落後的社會生產力和生產方式直接相聯，與當時近代工業極端微弱，資產階級和無產階級都非常弱小，包圍著的是廣大的落後小生產者的海洋的社會基礎直接有關。因此，如何徹底改變以小生產為基礎的社會，儘快實現現代化，倒也正是使唯物主義紮下根來，阻塞各種各樣的主觀唯心主義猖狂流行的一個重要（雖非全部或主要）方面。而這，不也正是近代中國哲學以及章太炎的哲學留給我們另一個很好的教訓嗎？

（原載：《歷史研究》1978 年第 3 期）

九、梁啓超王國維簡論

（一）如何評價

　　中國近代人物都比較複雜，它的意識形態方面的代表更是如此。社會解體的迅速，政治鬥爭的劇烈，新舊觀念的交錯，使人們思想經常處在動盪、變化和不平衡的狀態中。先進者已接受或邁向社會主義思想，落後者仍抱住「子曰《詩》云」、「正心誠意」不放。同一人物，思想或行為的這一部分已經很開通很進步了，另一方面或另一部分卻很保守很落後。政治思想是先進的，世界觀可能仍是落後的；文藝學術觀點可能是資產階級的，而政治主張卻依舊是封建主義。如此等等，不一而足，構成了中國近代思想一幅極為錯雜矛盾的圖景。用簡單辦法是不能正確處理這種圖景的。

　　關於梁啓超和王國維的許多評論，就可以說明這個問題。1949 年以來，對他們兩人的評議雖多，但基本論調則幾乎一致，即作為否定的歷史人物來對待和論述。道理很明顯，也很簡單，梁啓超是辛亥革命時期著名的保皇黨，辛亥以後也一直站在反動派方面。一提及王國維，拖著一條長辮自溺於昆明湖的遺老形象便浮現在人們眼前，更何況他鼓吹過叔本華，寫過充滿悲觀主義虛無主義的《紅樓夢評論》？否定和批判他們，「肅清」他們宣揚的世界觀和政治思想，便成了「理所當然」。

　　然而，問題決不如此簡單，即使「先進人物」也有應該批評的思想，落後者也可以在某些方面作出重要的貢獻。因之，評價歷史人物，就應不止是批判他的政治思想了事，而應該根據他在歷史上所作的貢獻，所起的客觀作用和影響來作全面衡量，給以準確的符合實際的地位。

　　如果從這個角度和標準著眼，梁啟超和王國維則都是應該大書特書的肯定人物。他們在中國近代歷史上所起的客觀作用和影響，其主要方面是積極的。這一點幾十年來大量文章卻幾乎從未如此談過。

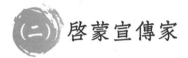 啟蒙宣傳家

　　梁啟超在戊戌時期，作為康有為的弟子和得力助手，積極參加變法維新活動，其進步性人所公認。洪（秀全）楊（秀清）、康梁和孫（中山）黃（興），是中國近代三大運動中聯在一起的著名的領導人物。從一開始，梁啟超活動的特點，就主要是在宣傳。他在歷史上的地位，是在思想方面，在思想方面的地位，又在宣傳方面，即並不在有多大的獨創性（與康有為不同），他不是思想家，而只是宣傳家。〈變法通議〉和《時務報》作為當時眾口傳誦的著名文章和刊物，起的正是這種宣傳作用。他當時所宣傳的大

都是康有為的思想和主張。梁啓超在〈變法通議〉等文章中，以不同於當時文壇的新文體，即更為順暢流利、急切銳利、富有情感、不避俚俗的語言，大聲疾呼非變法不可，「法何以必變？在天地之間者莫不變，……故夫變者，古今之公理也」，從而，「變亦變，不變亦變。變而變者，變之權操諸己，可以保國，可以保種，可以保教。不變而變者，變之權讓諸人，束縛之，馳驟之，嗚呼，則非吾之所敢言矣」（〈變法通議〉）。這在當時，確乎發聵震聾，動人心弦，是封建古國的第一聲愛國啓蒙。這一點許多論著都講到和承認，本文不擬多講。

因為本文認為，梁啓超上述戊戌時期的功勞，並非他在歷史上的主要業績。我仍然堅持二十年前的一個論點，即：「《時務報》時期，梁氏的政論已風聞一時，在變法運動中起了重要的宣傳作用。但梁氏所以更加出名，對中國知識分子影響更大，卻主要還是戊戌政變後到 1903 年前梁氏在日本創辦 《清議報》《新民叢報》，撰寫了一系列介紹、鼓吹資產階級社會政治文化道德思想的文章的緣故。」（《康有為譚嗣同思想研究》，上海人民出版社，1958 年版，第 57 頁，重點原有）

梁在中國近代史上的作用和地位，我以為，主要應根據這一階段來判定。1898 年至 1903 年是梁啓超作為資產階級啓蒙宣傳家的黃金時期，是他一生中最有群眾影響，起了最好客觀作用的時期。時間雖極短，但非常重要。他這一時期的論著，對連續幾代的青年都起了重要作用。在這時期內，他一定程度上不再完全受康有為思想的支配控制，相對獨立地全面宣傳了一整套當時是

先進的、新穎的資產階級的意識形態。這廣泛而富有成效的啓蒙宣傳工作是如此不可抹殺，它幾乎抵消了梁一生的錯誤而有餘，因為後者在當時歷史上所起的消極作用比不上前者的客觀積極作用。

　　戊戌變法失敗後，梁流亡日本，結識了孫中山及一些革命派人士，經常混在一起。梁啓超當時的表現和思想情況，的確夾雜著某些革命思想，這一點革命派和梁本人都承認：

　　（梁）從中國來，與孫君游數月，乃大為所動，幾盡棄所學，由是乃高談破壞。（《民報》第 5 期〈斥新民叢報之謬妄〉）

　　……今日民族主義最發達之時代，非有此精神，決不能立國。……而所以喚起民族精神者，勢不得不攻滿洲。……中國以討滿為最適宜之主義，弟子所見，謂無以易於此矣。滿廷之無可望，久矣。（1902 年 10 月〈與康有為書〉，見《梁任公先生年譜長編初稿》，下簡稱《年譜》）

　　從梁啓超與康有為私人書信中可以很明白地看出，梁當時確實一度脫離了康的思想理論和政治主張的控制。從康的大同學說、保教理論[1]，到改良主義政治主張，都為梁所懷疑、動搖甚至反

---

1 如：「……以為欲救今日之中國，莫急於以新學說變其思想，然初時不可不有所破壞，孔學之不適於新世界者多矣，而更提倡保之，是北行南轅也。……思以數年之功，著一大書，揭孔教之缺點，而是以正之，知先

對。好些論著把梁這段表現一概斥之為「投機」「偽裝」「欺騙」「兩面派」等等，是不能使人信服的。因為如果是那樣，就根本沒有必要在與康的私人書信中進行表白和辯論[2]。所以，儘管在1903年秋冬梁從美洲回後發表聲明，又迅速回到康的路線，但在這以前的短促時期（1898～1902年）內，梁的確發表了一系列在一定程度上背離康的改良主義政治路線的文章。梁在這些文章中激烈地揭發「逆後賊臣」的清朝政府剝削人民「腹我脂、削我膏、剝我膚、吮吸我血以供滿逆黨之驕奢淫佚」（〈論剛毅籌款事〉）的深重罪惡，指出帝國主義勾結利用清朝政府，「使役滿洲政府之力以壓制吾民」（〈瓜分危言〉）的陰險手段，吶喊著「必取數千年橫暴混沌之政體破壞而齏粉之，使數千萬如虎如狼如蝗如蝻如蜮之官吏，失其社鼠城狐之憑藉」（〈新民說〉），號召人們去「破壞」、「暗殺」；「不破壞之建設未有能建設者也」（同上）。梁氏許多論著的確起了促使人們去仇恨清朝政府、傾向革命的影響。[3]

生必不以為然矣。」（《年譜》）

2 「啟超既日倡革命排滿共和之論，而其師康有為深不謂然，屢責備之，繼以婉勸，兩年間函札數萬言。」（《清代學術概論》）當然，梁當時這種背離也仍有一定限度，更多是動搖在康孫之間。1902年革命派舉行「支那亡國紀念會」，梁同意參加卻不願公開簽名，典型表現了這一點。

3 儘管梁曾解釋說：「欲導民以民權也，則不可不駭以革命，……吾所欲實行者在此，則其所昌言者不可不在彼」（〈敬告我同業諸君〉），這是人們常引用的材料，但此心理動機的真實性和此辯解的可靠性（特別用在1903年前）是大可懷疑的。

這也正如梁後來所追溯的：「辛丑之冬，別辦《新民叢報》，稍從灌輸常識入手，而受社會之歡迎，乃出意外。當時承團匪之後，政府創痍既復，故態旋萌，耳目所接，皆增憤慨，故報中論調，日趨激烈。壬寅秋間，同時復辦一新小說報，專欲鼓吹革命，鄙人感情之昂，以彼時為最矣。猶記曾作一小說，名曰《新中國未來記》，連登於該報者十餘回，其理想的國號，曰大中華民主國，……」（〈民國元年十月莅報界歡迎詞〉）。

梁氏這一時期的論著所以如此，是因為在這時，自由主義改良派與革命民主主義還未完全劃清界限，他們在要求改革、反對現有政權上有著某種聯合。正如革命民主主義者在這時還有某些自由主義的動搖一樣（如陳天華對清朝的殘存幻想[4]），剛受過封建反動統治的嚴重迫害的自由主義者在這時也就能夾雜著某些革命思想因素和情緒。例如梁啟超在《新中國未來記》的小說中，一面「其第一代大總統名曰羅在田，第二代大總統名曰黃克強」（「取黃帝子孫能自強立之意」），另一方面，這個「羅在田者藏清德宗之名，言其遜位也」，實即要光緒皇帝來當第一代的總統，以作為過渡階段。正如不能責備陳天華對清朝政府的殘存幻想一樣，也不能硬說梁啟超這時靠近革命是「偽裝」、「欺騙」或「投機」。這種現象也並非個別或偶然，它帶有一定的規律性和普遍性。當

---

4 「去歲以前，亦嘗渴望滿洲政府變法溶和種界以禦外侮，然至近則主張民族者則以滿漢終不並立，欲使中國不亡惟有一刀兩斷，代滿洲執政柄……。」（〈絕命書〉）

時甚至連康門中的著名保守分子也可一度接受革命派的影響,「徐
(勤)、歐(榘甲)在文興所發之論,所記之事,雖弟子視之猶為
蓇粟,……滿紙清賊之言,盈篇溢紙。……樹園,吾黨中最長者
也,然其惡滿洲之心更熱,……同門之人,皆趨於此,……迫於
今日時勢,實不得不然也」(《年譜》)。革命與改良、反滿與保皇,
兩條政治路線、兩種政治思想和政治派別是隨著形勢的發展,才
逐漸由潛在的分歧變而為公開的對立和直接的鬥爭。1900 年革命
派的《國民報》對改良派就有批判,自立軍事件後就有好些人痛
罵康梁,但真正作為路線的鬥爭,卻應以康有為〈論中國只可行
立憲不可行革命〉[5] 和章太炎〈駁康書〉為起點,而以梁啓超美
洲回後發表聲明 [6] 和孫中山〈敬告同鄉書〉,明確揭出「革命保皇
二事,決分兩途,如黑白之不能混淆,如東西不能易位」公開決
裂為正式轉折,到《民報》與《新民叢報》的直接對壘而達到高
峰的。與改良派早有分歧的章太炎,便也承認,在 1897 年「余常
持船山黃書相角,以為不去滿洲,則改政變法為虛語,宗旨漸分,
然康門時或儳言革命,逾四年始判殊方」(《章太炎自編年譜》),

---

5 《新民叢報》雖於 1902 年 8 月以〈辯革命書〉刊載康有為此文摘要,但
梁思想上並未完全接受。

6 1903 年 6 月 27 日梁給蔣觀雲信中已有 「弟近數月來,懲新黨紛亂腐敗
之狀,乃益不敢復倡革義矣」(《年譜》)。到 10 月從美洲回日本後,「先
生自美洲歸來後,言論大變,從前所深信之破壞主義與革命的排滿主義,
至是完全放棄,這是先生政治思想的一大轉變,以後幾年內的言論和主
張,完全是站在這個基礎上立論。」(同上)

逾四年正好是 1903 年。在 1903 年以前梁的政論與革命派的宣傳
大體還不十分矛盾，打擊的矛頭還是共同指向清朝政府，儘管立
場、意圖、言論、論證、主張均與革命派有所不同。

　　然而，梁啓超這一時期在思想戰線上的主要作用，還不在他
宣傳了多少反滿急進主張，因為他畢竟沒有革命派宣傳得多。他
的主要作用在於，他作了當時革命派所忽視的廣泛思想啓蒙工作。
他有意識地廣泛介紹了西方資產階級各種理論學說，作了各種〈泰
西學案〉，同時極力鼓吹了一整套資產階級的世界觀、人生觀和社
會思想。如果說，嚴復的《天演論》以進化論的世界觀激勵起人
們救國自強的熱情；那麼，梁啓超當年的大量論著則把這一觀念
更為具體地、生動活潑地貫徹和灌注到各個方面。在這一時期中，
梁根據自己當時如飢如渴地吸取和了解的西方的思想學說，結合
中國的局勢情況，通過他特有的流暢明白「筆端常帶感情」的文
學語言表達出來，就遠比嚴氏的嚴謹翻譯，更易為人了解、喜愛
和接受。雖在清廷嚴禁下，《新民叢報》不脛而走，暗中暢銷國
內，銷數高達一萬數千冊，在當時不能不是巨大數字。梁向廣大
的青年知識分子鼓吹新鮮的資產階級社會道德觀念。如在膾炙人
口的〈新民說〉中，宣傳要「新國」必先「新民」，人們必須具有
資產階級愛國思想和獨立自由的奮鬥精神，要人們去「愛國」「利
群」「尚武」「自尊」「冒險」等等，並人人「自護其權利」，「勿為
古人之奴隸」，痛斥漢學宋學和種種封建傳統學理觀念，號召「勿
為世俗之奴隸」，而大力發揮勇敢進取意志，宣傳了一整套朝氣勃
勃的資產階級社會意識和精神狀貌。由於對象是當時正大量湧現

　　的一批批近代學生知識分子，梁的這種宣傳，結合對西方文化學
術思想的大量介紹，完全符合了需要，受到了熱烈的歡迎，梁啓
超以其數量極大的作品成爲當時青年中最有影響的人物。

　　例如，1902 一年梁啓超的論著，「除了政治文章以外，關於
學術方面者，有〈論中國學術思想變遷之大勢〉和〈新史學〉兩
篇，其介紹西人學說者有〈亞里斯多德之政治學說〉、〈進化論革
命者頡德之學說〉、〈樂利主義者泰斗邊沁之學說〉、〈天演學初祖
達爾文之學說及其傳略〉、〈近世文明初祖二大家之學說〉和〈論
泰西學術思想變遷之大勢〉數篇。所爲名人傳記有〈近世第一女
傑羅蘭夫人傳〉、〈意大利建國三傑傳〉、〈匈牙利愛國者噶蘇士
傳〉、〈張博望班定遠合傳〉、〈黃帝以後第一偉人趙武靈傳〉。其言
地理者，有〈地理與文明之關係〉、〈亞洲地理大勢論〉、〈中國地
理大勢論〉、〈歐洲地理大勢論〉。文藝作品中除〈新中國未來記〉
外，有〈世界末日記〉、〈新羅馬傳奇和俠情記〉三篇……」（《年
譜》）。

　　這是一張相當複雜的書單，卻居然出自梁一人一年之手。不
像嚴又陵譯作那樣專門，也不像章太炎《訄書》那麼深邃，卻以
通俗淺近順暢華美的文筆，極爲廣泛地介紹、評議和宣傳了資產
階級的意識形態。從柏拉圖、亞里斯多德到培根、笛卡兒、康德；
從孟德斯鳩到達爾文；從邊沁到孔德；從希臘、馬其頓到意大利、
匈牙利，各種西方哲學、人物、歷史、地理，都被梁廣泛地介紹
過來。這種大量新鮮知識打開了原來只知四書五經、孔孟老莊的
封建傳統文化的人們（特別是青年）的眼界，看到了世界原來有

那麼大那麼多和那麼豐富。更為重要的是，在這種新鮮知識中，
介紹進來了大量新鮮的理論、觀點、標準、尺度，使人們知道了
原來除了古聖昔賢之外，世界還有那麼多精深博雅的思想和道理、
原則和方法。也正是從封建文化與資產階級文化這種對比映照中，
才使人們更感自己民族的落後，才更強烈地燃燒起救國和革命的
熱情。一切夜郎自大、坐井觀天、抱殘守缺、因循守舊，都在這
種知識和觀念的宣傳介紹中不攻自破，褪去神聖的顏色，失去其
不可侵犯的尊嚴，而受到理性的懷疑和檢驗。這就正是啓蒙的力
量和啓蒙的意義。所以，當革命派由於集中全力於政治鬥爭和武
裝起義，做炸彈、入新軍、聯會黨，支配了大多數成員的精力和
注意，相對忽視了思想啓蒙工作 [7] 的時候，這個工作就反而由改
良派特別是梁啟超所自覺承擔起來。梁說：「以為欲維新我國，當
先維新我民，中國之不振，由於公德缺乏，智慧不開，故本報專
對此病而藥治之，務採合中西道德以為德育之方針，廣羅政學理
論以為智育之原本」。這裡所謂「德育」，主要是與封建傳統對立
的資產階級人生社會觀念；所謂「智育」，主要是西方的理論學
說，梁並明確提出「重教育為主腦，以政治為附從」，這裡所謂教
育，指的就是思想教育。梁在這方面的確作了有益工作。這種啓
蒙工作的意義不應低估，它構成當時人們（主要是青年一代）思

---

7 只有魯迅十分重視這工作，但當時卻不為人（革命者）所理解。當時革
　命派的報刊也有許多這方面的介紹宣傳，但畢竟後於梁啓超，也沒有梁
　那樣自覺重視。

想發展前進中的一個不可缺少的過渡環節。在政治上，它安排了一塊由不滿清朝政府而走向革命的思想跳板，在觀念上，它安排了由接受初步啓蒙洗禮而走向更開闊更解放的思想境界的媒介。

中國近代思想的一個重要特徵，是因為社會變動的迅速，它在極短的時間內走完了西方資產階級思想幾百年來發展的全程。從溫和的自由主義到激進的革命民主主義，從啓蒙思想到社會主義，都是一個十分急促短暫的行程。它是那樣的神速變遷和錯綜複雜，以致一方面根本不能有足夠的時間和條件來醞釀成熟一些較完整深刻的哲學政治的思想體系；另一方面人們也常常是早晨剛從封建古書堆裡驚醒過來，接受了梁啓超式的資產階級思想的洗禮，而晚上卻已不得不完全傾倒在反對梁啓超的激進的革命思想中去了。然而，梁啓超卻反而因此構成了一個不可缺少的思想環節。梁和《清議報》、前期《新民叢報》的這種客觀歷史作用是不容否認的。[8] 當年魯迅一代受過他的影響：

> 他（梁）攻擊西太后，看來接近排滿，而且如他自己所說，筆鋒常帶感情，很能打動一般青年人的心，所以有很大的勢力。癸卯 (1903) 年三月魯迅給我一包書，內中便有《清議報》匯編八大冊，《新民叢報》及《新小說》各三冊……。(周啓明：《魯迅的青

---

8 如：「杭州開化之速，未有如去歲之甚也，……推其故，溯其因，乃恍然於《新民叢報》之力也」(〈與陳君逸庵論杭州宜興教育會書〉，《新世界學報》1903 年，第 3 期)。

年時代》)

胡適一代受過影響：

我個人受了梁先生的無窮恩惠。現在追想起來，有兩點最分明。第一，是他的〈新民說〉諸篇給我開闢了一個新世界，使我徹底相信中國之外還有很高等的民族與很高等的文化。第二，是他的《中國學術思想變遷的大勢》篇章給我開闢了一個新境界，使我知道四書五經之外，中國還有其他學術思想。(胡適：《四十自述》)

郭沫若一代也是受過影響的：

……但那時候他(指章太炎)辦的報是禁書，我們怎麼也不能得到閱讀機會。

《清議報》很容易看懂，雖然言論很淺薄，但他卻表現得很有一種新的氣象。那時候，梁任公已經成了保皇黨了。我們心裡很鄙屑他，但卻喜歡他的著書。他著的《意大利建國三傑》，他譯的《經國美談》，以輕靈的筆調描寫那亡命的志士、建國的英雄，真是令人心醉。我在崇拜拿破侖、俾士麥之餘，便是崇拜加富爾、加里波蒂、瑪志尼了。

平心而論，梁任公地位在當時確實不失為一個革命家的代表。他是生在中國的封建制度被資本主義衝破了的時候，他負載著時

代的使命，標榜自由思想而與封建的殘壘作戰。在他那新興氣銳
的言論之前，差不多所有的舊思想、舊風習都好像狂風中的敗葉，
完全失掉了它的精采。二十年前的青少年——換句話說，就是當
時有產階級的子弟——無論是贊成或反對，可以說沒有一個沒有
受過他的思想或文字的洗禮的。他是資產階級革命時代的有力的
代言者，他的功績實不在章太炎輩之下……。(《少年時代》)

　　如本文一開頭所指出，中國社會處在如此複雜的過渡時期，
事情經常如此錯綜矛盾，心裡「鄙屑」梁的政治立場，卻仍然可
以在思想上接受他的啓蒙洗禮。這當然不是一個人兩個人，而是
極富代表性的好幾代青年知識分子。因之，我始終不能同意某些
學者完全抹殺梁的這種客觀歷史作用，把以〈新民說〉[9]為代表
的梁的這一時期的思想啓蒙工作，簡單斥責為意圖反動，手法狡
猾，反正是壞得很、壞極了。例如說他「發表〈新民說〉，目的是
在阻止更多的青年知識分子接受革命思想」，「他就將奴役中國人
民的心理和身體的專制統治以及有其統治基礎的各種制度的罪惡
輕輕地開脫掉，而把全部罪惡歸之於中國人民自己的思想了」(胡
繩武、金沖及：〈關於梁啓超的評價問題〉，《學術月刊》1960年

9　〈新民說〉全文較長，寫作也跨了年限，基本寫於1902年，結尾於
　　1903年，該文內部也是有矛盾的。當時有人指出「自理論上言，則有新
　　民固何患無新政府，而自事實上言，則必有新政府而後可得新民也」《浙
　　江潮》8期飛生文) 等等。

第 2 期）。這種說法雖以批判梁啓超的政治思想為題目，其實卻並不符合歷史和梁本人當時的全面事實，也解釋不了上述魯迅、胡適、郭沫若的親身經歷。

梁啓超當時這種啓蒙工作，不僅在一般的思想觀念領域中，而且還突出表現在文藝和史學這兩個重要方面。梁啓超是在中國近代最早高度評價和極力提倡小說創作的人，也是最早在中國主張用資產階級史學觀點和方法來研究中國歷史的人，這兩點都是與封建正統文學觀念和封建史學觀念相對抗的。

在戊戌變法時期，黃遵憲、梁啓超等人曾提出語言與文字合一，實際提出了白話文問題，梁啓超曾認為，「日本之變法賴俚歌與小說之力」。與此大約同時，嚴復和夏穗卿在《國聞報》發表〈附印小說緣起〉（1897 年）一文，闡明了小說的價值[10]。戊戌以後，梁啓超在日本帶頭提倡新小說，辦專門雜誌（《新小說》），自己既翻譯又創作，大開時代風氣，這是戊戌前後所謂「詩界革命」[11]「小說界革命」和白話文運動的延續。到了二十世紀初，

---

10 梁啓超在〈譯印政治小說序〉中說，「在昔歐洲各國變革之始，其魁儒碩學仁人志士，往往以其身之所經歷及胸中所懷政治之議論，一寄之於小說，於是彼中輟學之子，黌塾之暇，手之口之，下而兵丁，而市儈而工匠而車夫馬卒而婦女而童孺，靡不手之口之，往往每一書出，而全國之議論為之一變，彼美英德法奧意日本各國政界之進，則政治小說為功最高。」

11 譚嗣同、夏穗卿等人以新名詞入詩，黃遵憲以時事入詩，當時號為詩界革命。

以吳趼人的《二十年目睹之怪現狀》（1902 年開始發表在《新小說》）、李伯元的《官場現形記》（1901～1905 年）、《文明小史》（1900 年出版）、劉鶚的《老殘遊記》（1903 年首刊於《繡像小說》）、曾樸的《孽海花》（前十卷，1905 年出版）等為代表的小說作品，浩浩蕩蕩，形成一股強大的文學巨流，無論從內容到形式都衝破了傳統封建文藝，屬於資產階級文藝範圍。在這股潮流中，梁啓超以其在《新小說》創刊號發表的〈論小說與群治的關係〉一文，成了它的理論代表和領導人物。梁在此文中提出了文學（小說）為革新社會服務的根本觀點和綱領。梁說：「欲新一國之民，不可不新一國之小說。故欲新道德必新小說，欲新宗教必新小說，欲新政治必新小說，欲新風俗必新小說，欲新文藝必新小說，乃至欲新人心、欲新人格必新小說，⋯⋯。」[12] 梁說明了小說所以能吸引人的原因即它的感染力的特點 （「熏」、「浸」、「刺」、「提」），和它激勵人影響人的巨大作用。梁進而指出中國社會思想意識中各種落後的迷信的東西，無不與小說的影響有關。因之要改造社會，變革思想，移風易俗，必須改革小說，「故今日欲改良群治，必自小說界革命始。」這些說法當然既淺薄又片面，但它提出的是為人生而藝術反封建傳統的理論。

一個有趣的現象是，當時革命派中好些人倒是以提倡國粹、復古以作為民族主義，無論是章太炎、鄧實等的《國粹學報》或

---

12 可比較魯迅當年觀點：「⋯⋯苟欲彌今日譯界之缺點，導中國人群以進化，必自科學小說始。」（《日界旅行‧弁言》，1903 年）

寧調元、易旭等人的南社詩歌，以及蘇曼殊的古文小說，儘管也風行一時，儘管他們在政治上主張革命、崇拜盧梭，但在文藝形式上和歷史觀點上，卻反而是相當保守的。因此，即使在 1903 年以後，革命派在政治思想上已逐漸全面戰勝了梁啓超，但由於沒有自覺抓緊思想啓蒙工作，這個領域就還是基本為改良派所占據，大部分文藝刊物和小說創作大都出自改良主義者之手，梁啓超仍然留下了很大的影響。正有如當年親身經歷的人所說：「《新小說》的影響還是存在，因為對抗的同盟會在這一方面沒有做什麼工作。」（周啓明：《魯迅的青年時代》）這些改良派的小說由於其主要內容是揭露封建官場以及社會現象的腐敗黑暗，儘管思想上有很大局限，但所起的作用和影響主要還是積極的。包括當時林琴南的翻譯，也是這樣。林琴南的政治思想是很落後的，但他翻譯的大量西方小說卻打開了人們的眼界，使人們知道除了《水滸》、《紅樓》、《西廂》、《牡丹》之外，還別有天地在，西方資產階級的生活內容、社會狀況以及題材、形式等等是如此新鮮而動人，當時起了耳目一新的廣泛進步影響。「林琴南譯的小說在當時是很流行的，那也是我最嗜好的一種讀物，……他在文學上的功勞，就和梁啓超在文化批評上的一樣，他們都是資本制度革命時代的代表人物，而且是相當有些建樹的人物。」（郭沫若：《少年時代》）

革命、反滿是當時時代的最強音，革命派站在這一政治思想的前列，但在啓蒙工作方面卻把陣地讓給了改良派。因為後者無論如何比封建主義要進步，所以它在這方面又仍然可以在社會上

起巨大影響和作用。歷史的複雜性經常如此。

　　與這種文藝思潮並行，梁啓超在本世紀初提出了與封建史學相對抗的資產階級史學觀，也屬於啓蒙範圍。史學在中國整個學術領域素來具有重要地位。梁啓超在〈中國史敍論〉〈新史學〉等論文中尖銳批判中國封建史學傳統，指出中國舊史學「知有朝廷而不知有國家」，「知有個人而不知有群體」，「知有陳跡而不知有今務」，「知有事實而不知有理想」……，因此把歷史弄成了帝王家譜，「鄰貓生子」，沒有理想，沒有規律，沒有「群體」，二十四史只是一部相斫書。梁啓超提出要用「新史學」來代替它，這種「新史學」必須寫出人群進化和歷史事件的因果法則，他說：「歷史者，敍述人群之進化現象，而求得其公理公例者也。」（〈新史學〉）「前者史家不過記載事實，近世史學必說明其事實之關係與其原因結果；前者史家不過記述人間一二有權力者興亡降替，雖名為國史，不過一人一家之譜諜，近世史家必探察人間全體之運動進步，即國民全部之經歷及其相互之關係。」（〈中國史敍論〉）因之，要著重種族、地理、文化等等，而不是一姓的興衰，英雄的成敗。他說：「善為史者，以人物為歷史之材料，不聞以歷史為人物之畫像；以人物為時代之代表，不聞以時代為人物之附屬。」（〈新史學〉）這是與以帝王將相為歷史主體的封建史學不相同的新史學觀，它的進步在於它是當時整個啓蒙思想與傳統封建意識對立鬥爭的一個方面和一種表現。如同梁啓超把改革小說上綱到政治高度一樣，他也把這種新舊史學觀念的對立提到同樣的高度，說：「嗚呼，史學革命不起，則吾國遂不可救。悠悠萬事，唯此唯

大。」（〈新史學〉）

　　梁啓超的啓蒙宣傳雖淺但廣，雖雜但博。他不是重要的思想家，沒有多少獨創性的深刻思想成果。但他從宣傳一般的資產階級世界觀和人生觀到提倡資產階級的「新小說」「新史學」，自覺注意了在意識形態方面與中國傳統觀念作鬥爭，在這方面他比當時任何人所做的工作都要多，起了廣泛和重要的社會影響。他是當時最有影響的資產階級啓蒙宣傳家，這就是他在中國近代歷史上主要地位之所在。

 # 新史學的代表人物

　　如果說梁啓超是資產階級史學一般理論和方法的倡導者，那麼王國維則是這一理論和方法的具體運用者。梁啓超本人儘管寫了有關中國學術史的大量論著，但真正能運用近代方法去進行分析綜合，得出比較科學的結論和具有獨創性的學術作品，卻並不多。《清代學術概論》大概是梁最成功、影響也最廣的學術著作了（六〇年代仍有外文譯本出現），但此書最精彩最有價值的部分仍在描述他親歷的晚清階段。所以，儘管一些人把梁的學術建樹和成就捧得很高，其實並不符合事實。王國維恰好相反，他沒有大談史學理論和方法，他不是什麼宣傳家、思想家，更不是政治家，

他只是一個專門學者，接受他的名字和影響的圈子相當之小。但是他卻以近代科學方法對中國歷史的某些問題進行了深入研究，取得了創造性的重要成果。梁啓超在理論上要求與幾千年的傳統史學劃界線，王國維則在具體研究中履行和實現了這一點。無論從題材的選擇，論證的方法，追求的目的，得出的結論，都與傳統史學確乎迥然不同。他注意從社會制度、經濟、文化等等方面探求歷史的客觀因果，而不同於封建史學的片斷考證和帝王家譜。他開創性地研究了封建社會無人過問的宋元雜劇，寫了《宋元戲曲史》，郭沫若曾把《宋元戲曲史》和魯迅的《中國小說史略》相提並論，[13] 並認為王國維是「新史學的開山」。王國維更重要的學術成就是對殷周甲骨金文的研究，如郭沫若所評定：「他對甲骨文的研究、殷周金文的研究、漢晉竹簡和封泥的研究是劃時代的工作。」（郭沫若：《歷史人物・魯迅與王國維》）本文沒有能力也不擬具體談論這些成果，要指出的只是，他所以取得這些成果，完全在於他接受了當時西方資產階級意識形態——從哲學理論到文藝作品的熏陶，特別是經過近代科學方法論的訓練。他研究過西方哲學和社會學，翻譯過形式邏輯書籍，所有這些才使他能突破傳統史學的方法，對中國古史能具有一種新眼光和新看法，使他的學術成果不但大不同於乾嘉考據之類，而且也比同時的革命派

---

13 「王先生的《宋元戲曲史》和魯迅先生的《中國小說史略》，毫無疑問，是中國文藝史研究上的雙璧，不僅是拓荒的工作，前無古人，而且是權威的成就，一直領導著百萬的後學。」《歷史人物・魯迅與王國維》）

人物如章太炎要深刻和新穎。章太炎也寫了大量有關中國古代文
化的專題論著，但始終沒能擺脫舊樊籬，甚至固執到不相信出土
的甲骨，與王國維用近代方法去整理古史研究甲骨的態度大不
一樣。

　　王國維在西方文化的熏陶下，浸染了叔本華的悲觀主義、唯
心主義，但他清醒地看到「可愛者不可信，可信者不可愛」。他知
道他所愛的唯心主義哲學是並不可信的，從而把自己的主要力量
獻給了可信的歷史科學。[14]也正是由於他有這種西方文化的素養
和態度，使他的《人間詞話》雖然似乎只是零星論評，斷簡殘篇，
卻仍然成為閃灼著光華的中國近代屈指可數的美學著作，在中國
文藝批評史上占有重要地位。總之，如梁王兩人相較，社會影響
上，梁遠甚王；學術成就上，梁不及王。在整個歷史地位上，梁
當然在王之上。但如果說梁啓超的啓蒙影響雖廣泛，畢竟只在一

---

14 王在哲學上一方面不滿足嚴復那種膚淺的經驗論，提倡超一時功利的形
　　而上學，指出中國民族缺乏抽象思辨，「吾國人之所長寧在實踐之方面，
　　而於理論之方面，則以具體之知識為滿足。」(《靜安文集》，下同)「故
　　吾國無純粹之哲學，其最完備者唯道德哲學與政治哲學耳」，最先表現了
　　中國知識分子在比嚴復更深一層的水平上了解西方文化、追求精神價值、
　　批判故國傳統以迎接新的世界；但另方面，王又對中外哲學對理性、人
　　性善惡的形上思辨予以健全常識的經驗反對，這終於使他陷入「可愛」
　　抑「可信」的矛盾中而離開哲學，這一矛盾是有深刻理論意義的。王對
　　時人哲學的評論頗準確，表現了他的高度哲學素養，如他只提嚴、康、
　　譚三人，認康為泛神論，譚半是唯物論，半是神秘論等，一語中的，超
　　過今日好些論文。

時；那麼王國維的學術成果，卻雖專門而影響更為長久。二〇年代清華研究院的三巨頭——梁啓超、王國維、陳寅恪，是三〇年代馬克思主義史學興起前的史學主要代表。[15]馬克思主義在政治上、思想上以及文藝上都在五四運動前後就逐漸取得主導地位，但在史學方面，則是在三〇年代才達到這一點的，它以郭沫若的《中國古代社會研究》為代表開始了史學領域內的馬克思主義的進軍。

　　總括上面，本文認為梁啓超、王國維是中國近代啓蒙思想和學術領域中的主要代表人物。由於中國近代思想集中在社會政治領域，他們兩人的代表地位和時代意義在康、孫、章等巨大身影的遮掩下，顯得暗淡得多。但因此而完全忽視和否定他們，則歪曲了歷史本來面目。

---

15 這也就可說明，二〇年代初梁啓超寫的《中國歷史研究法》為何能再三翻印，受到社會熱烈歡迎。三〇年代馬克思主義歷史科學興起後，這書的影響就迅速消退了。

十、略論魯迅思想的發展

　　魯迅是中國近代影響最大、無與倫比的文學家兼思想家,他培育了無數青年。他的作品是當之無愧的中國近代社會的百科全書。有兩部散文文學可以百讀不厭,這就是《紅樓夢》和魯迅文集。[1]《紅樓夢》是封建社會的沒落輓歌,魯迅的文章則是指向它的戰鬥號角:

　　……那些頭上有各種旗幟,繡出各種好名稱:慈善家、學者、文人、長者、青年、雅人、君子……。頭下有各樣外套,繡出各式好花樣:學問、道德、國粹、民意、邏輯、公義、東方文明……。

　　但他舉起了投槍。

　　他們都同聲立了誓來講說,他們的心都在胸膛的中央,和別的偏心的人類兩樣。他們都在胸前放著護心鏡,就為自己也深信心在胸膛中央的事作證。

　　但他舉起了投槍。

　　……

　　在這樣的境地裡,誰也不聞戰叫:太平。

　　太平……。

　　但他舉起了投槍!(《野草‧這樣的戰士》)

---

1 魯迅的雜文,是應作為整體來看的藝術品,誠如魯迅所說,「我的雜文,所寫的常是一鼻,一嘴,一毛,但合起來,已幾乎是或一形象的全體。」(《准風月談‧後記》)

　　研究魯迅的書籍和論文已經不少。當然，有著許多好的研究論著。一些基本問題，例如評價，在 1949 年後取得無可動搖的公認。本文想以這些成績為基礎，接觸幾個有爭議或被忽視的問題，主要談魯迅早年和前期的思想發展。魯迅所以超越他的革命同輩和許多年輕的革命者，原因之一在於他以自己早年和前期的親身經歷，總結了中國民主革命各種慘痛教訓，清醒地指出了鬥爭的方向和戰略，並堅持到最後一息。

 早年的兩個階段

　　「國民性」是魯迅早年和前期十分關注的問題，它經常占據魯迅思想活動的中心。探索一下它的來龍去脈，對了解魯迅思想的發展及其特徵，非常重要。

　　如果從少年時代算起，魯迅思想一開始就有兩個方面交織在一起。一方面，如魯迅自己所說，「有誰從小康人家而墜入困頓的麼，我以為在這途路中，大概可以看見世人的真面目」(《吶喊‧自序》)。祖父下獄，家道中衰；寄居舅家，遭人白眼；父親重病，來往於當鋪與藥店之間……，人情冷暖世態炎涼的辛酸滋味，總催促著少年心靈的早熟。這比出身貧苦的農家子弟更容易體受到中上層社會的虛偽和奸詐，從小鍛鍊得敏銳、清醒、憤慨而堅強。

另一方面，又如魯迅自己所說：「我母親的母家是農村，使我能夠間或和許多農民相親近，逐漸知道他們是畢生受著壓迫，很多苦痛」（《集外集拾遺‧英譯本短篇小說集自序》）。[2] 樸實的農村環境、誠摯的農家夥伴、田園風景[3]，民間社戲……，從小又給這顆敏感的心靈以難以忘懷的慰藉和溫暖，「都曾是使我思鄉的蠱惑」、「他們也許要哄騙我一生，使我時時反顧」（《朝花夕拾‧小引》）。有所憎，有所愛，對「世人面目」的洞察和憎惡，對農村鄉民的親近和同情，它們交織起來，是使魯迅日後著眼「國民性」問題的重要因素。而在五光十色、形形種種的半封建半殖民地極端複雜的環境中，魯迅幾十年始終憎愛分明，毫不含混，思想中那種既極其清醒又分外深沈的個性特徵，作品中那種火一樣的熱情包裹在冰一樣的冷靜中的美學風格，不都可以追溯到這童年一少年時代的生活印痕麼？[4]

青年魯迅「走異路，逃異地，去尋求別樣的人們」（《吶喊‧自序》），進了為當時社會所訕笑不齒的洋學堂。在這裡受到了時代潮流——戊戌變法維新思潮的精神洗禮。打開了眼界，接受了

---

2 魯迅對農民和農村的了解，更重要是在從日本回來在紹興教書的時候，但這時與農民的交往，仍溯源於童年期認識的基礎上。

3 如「我生長在農村中，愛聽狗子叫，深夜遠吠，聞之神怡，古人之所謂『犬聲如豹』者就是」，等等（《准風月談‧秋夜紀遊》）。

4 自佛洛依德學說在西方廣泛滲入文藝研究和作品、作家分析後，童年決定性影響被極度歪曲和誇大。但在我們這裡，童年一少年期的影響又常被完全撇開或忽視，這也不利於深入分析藝術家的個性特徵。

啓蒙，並到日本留學去了。這裡所謂啓蒙，是指當時傳來的西方資本主義的自然科學和社會思想。其中又特別是以嚴復《天演論》為代表的達爾文學說和社會達爾文主義。魯迅早年不止一次讀《天演論》，並且不是一般地讀，而是熟讀得能背誦。[5] 嚴復宣傳社會必然進化和號召人們必須發奮自強的觀點，是魯迅最早接受並長期堅持的一個基本思想和信念。但這裡的魯迅特點是，在當時先進的中國人，包括革命派在內，都把社會達爾文主義當作救亡的理論武器，魯迅卻更多地站在資產階級人道主義的立場上予以批判地對待。不久之後，他就堅決反對「執進化留良之言，攻小弱以逞欲」的「獸性愛國」（《集外集拾遺·破惡聲論》）。在當時大多數留日學生積極於學理工、政治、軍事等等以圖維新或革命，認為這是救國之道時，魯迅又有自己的不同考慮。他選擇了學醫，到「還沒有中國學生」的仙台醫校去，其後又棄醫而弄文，提倡資產階級個性主義，決心從事不為當時革命派所重視的思想啓蒙工作[6]。學醫是為了救人，為了避免更多的人像他父親那樣被誤治而死。弄文還是為了救人，因為「覺得醫學並非一件緊要事，凡是愚弱的國民，即使體格如何健全，如何茁壯，也只能做毫無意義的示眾的材料和看客，病死多少是不必以為不幸的。[7] 所以

---

5 許壽裳〈亡友魯迅印象記三〉：「有一天，我們談到《天演論》，魯迅有好幾篇能夠背誦⋯⋯。」

6 當時改良派如梁啓超等倒注意這方面工作，如梁的〈小說與群治之關係〉，參看本書論梁啓超文。

7 魯迅晚年題詞：「殺人有將，救人用醫，殺了大半，救其孑遺，小補之

我們的第一要著，是在改變他們的精神，而善於改變精神的是，我那時以為當然要推文藝，於是想提倡文藝運動了」（《吶喊·自序》）。〈狂人日記〉中「救救孩子」的第一聲呼喊，〈阿 Q 正傳〉、〈示眾〉等等小說中不斷提示的「國民」精神上的落後、麻木、愚弱，作「毫無意義的示眾的材料和看客」……，是植根和開始於棄醫弄文這一重大思想轉折的。這一轉折是魯迅日益區別於當時先進人物如絕大多數資產階級革命派人士之特徵所在。

　　所以，關於魯迅早年思想及作品，不能撇開這個十分明白的發展關鍵，把 1903 年與 1907 年的論文混為一談，看作同樣水平，等同看待和引用；甚至不提後者，卻把前者說得極高，這是不符合客觀史實的。事實上，1903 年的〈斯巴達之魂〉、〈說鈤〉、〈中國地質略論〉 與 1907 年後的 〈文化偏至論〉、〈摩羅詩力說〉、〈破惡聲論〉有著明顯的內容差別和思想發展的痕跡，而後者遠為重要。前者主要表現了強烈的愛國反帝、進化論和自然科學唯物主義等思想[8]，基本沒有超出當時革命派先進思潮的範圍（當時革命派的愛國主義是火熱的，進化論和唯物論思想也很突出）。後者卻是更為複雜、深刻的社會、哲學、文藝思想，並開始具有魯迅個人獨特色彩。前者主要還在嚴復的影響下，後者則表現了章太炎的影響。嚴復和章太炎是影響魯迅早年思想最重要的

哉，嗚呼噫嘻」，也可說是早年棄醫弄文思想的成熟表現。

8 近來好些論文把〈說鈤〉說得極高，大有抬入辯證唯物主義之勢，本文不同意此說，而認為〈說鈤〉只是自然科學的樸素立場。

兩個人。其中，章太炎又更為重要[9]。

　　如果說，〈人之歷史〉是前一時期宣傳進化論和科學思想的尾聲，那麼〈科學史教篇〉則是由「科學與愛國」走向提倡文藝運動的過渡。它著重提出科學的方法和精神（歸納與演繹、經驗與數理並舉），強調反對淺薄的實利和功用（反對只重「有形應用科目」等等），這一方面仍不脫嚴復影響，另一方面又超出了嚴復[10]，此文的結語是，「故人群，所當希冀要求者，不惟奈端（牛頓）已也，亦希詩人如狄斯丕爾（莎士比亞）；不惟波爾，亦希畫師如洛菲羅（拉斐爾）；既有康德，亦必有樂人如培得呵芬（貝多芬）；既有達爾文，亦必有文人如嘉來勒（卡萊爾）。凡此者，皆所以致人性之全，不使之偏倚，因以見今日之文明者也。」由科學始，以文藝終，由宣傳科學進步始，以提出人性問題終，這就與嚴復沒有干係了。

　　隨後幾篇論文，特別是〈破惡聲論〉，明顯表現了章太炎主持《民報》時期的思想影響。但魯迅在接受這些影響的同時，又超出了章太炎。

　　在「向西方學習」的中國近代先進思潮和當時資產階級革命派中，章太炎的思想是別具一格，頗有異彩的[11]，以章太炎、陶

---

9 魯迅與章太炎的關係，從政治、思想、學術、文風到個人交往，是值得詳盡分析研究的，可惜至今未有詳細論著。本文暫只能簡略提出這問題。

10 嚴復也著重理論科目和科學方法，認為這才是各種應用科學和工藝技術的根本。但嚴復偏於經驗和歸納，對理論思維和理性方法缺乏足夠估計。參看本書〈論嚴復〉。

成章為代表的光復會一派人（不是全部），在某種意義上具有或反映了走向崩潰的封建宗法社會中農民階級（不是貧雇農而是自耕農）的某些特徵和氣息。章太炎的思想特點與此有關。魯迅與章太炎在思想上的接近，實際也以此為基礎（雖非自覺意識到）。章太炎跟當時革命派許多人不同，幾乎全面反對嚴復。章太炎大講「俱分進化」：「若以道德言，則善亦進化，惡亦進化，若以生計言，則樂亦進化，苦亦進化」《民報》第 7 期〈俱分進化論〉），認為進化論對於改革社會沒有什麼用處。[12] 魯迅則堅持進化論，不贊成「俱分進化」，認為社會後必勝前，這是不同於章太炎那種虛無主義、悲觀主義和佛教唯心主義世界觀的地方。然而，章太炎那種艱苦樸實毫無近代浮華的鄉土作風，他當時與改良派和革命派中的叛徒孟賊的毫不妥協的光輝論戰，他那與人不同的幾乎全面反對西方資本主義的立場、觀點和思想，對魯迅都是很有影響的。章太炎反對崇拜西方，輕視自己，章太炎反對議會民主，反對賤古尊今，他斥責和揭露西方資本主義文明的罪惡和虛偽，甚至對資本主義科技進步也加非難（因為這種進步以人民愈益苦難為代價）。他主張講求道德，建立宗教，提倡國粹。「用宗教發起信心，增進國民的道德」，「用國粹激動種姓，增進愛國的熱腸」《民報》第 6 期〈演說辭〉），這是章太炎 1906 年出獄到東京，

---

11 參看本書〈章太炎剖析〉。

12 此文一開頭便引赫胥黎以反對斯賓塞的社會達爾文主義，嚴復在《天演論》中更多是以斯賓塞反對赫胥黎，章太炎相反，魯迅更接近章。

在革命派歡迎他的盛會上提出的著名論點，以後《民報》上他的好些重要專論就是發揮這一論點的。總之，主張以精神、道德、宗教而不是以物質、科學、進化，來作為革命的推動力量和改革武器，來作為首要的宣傳任務和工作課題。章太炎這種思想與魯迅原來重視國民性的改造，有相通和接近之處。魯迅這時不但也極力斥責盲目崇拜西方資本主義的物質文明，「皇皇然欲進歐西之物而代之」（《墳‧文化偏至論》），而且認為破迷信、毀偶像、禁賽會（指民間以酬神名義的節日活動）、嘲神話是錯誤的，因為所謂宗教迷信、民間酬神等等娛樂活動看來似乎是違反科學的，但它們正是人們不滿足於物質生活的精神要求和「形上需要」。「後之宗教即以萌孽，雖中國志士謂之迷，而吾則謂此乃向上之民欲離是有限相對之現世，以趣無限絕對之至上者也。人心必有所憑依，非信無以立，宗教之作，不可已矣。」（《集外集拾遺‧破惡聲論》）表面看來，這似乎比前一時期如〈說鈤〉之類樸素的自然科學唯物主義的哲學立場要倒退，其實卻是為探索國民性問題而邁入歷史文化領域的曲折前進。一般論著常把 1903 年就說成是所謂辯證唯物主義，就很難解釋 1907 年後的歷史唯心主義。實際上，不僅在哲學思想上，而且在政治思想上，魯迅也沒有停留在 1903 年反帝愛國的水平上，沒有滿足和滿意於當時改良派要求的立憲和革命派主張的共和（都是要求實行西方的議會民主制即代議制）。相反，他認為「托言眾制，壓制乃烈於暴君」、「將事權言議，悉歸奔走干進之徒，或至愚屯之富人，否亦善壟斷之市儈……。古之臨民者，一獨夫也；由今之道，且頓變而為千萬無

賴之尤，民不堪命矣，於興國究何與焉」（〈文化偏至論〉）[13]。表
面看來，這似乎相當保守和落後，其實是獨特地表現或反映了對
資本主義那一套毫不信任的農民階級的某種思想情緒。也正是在
這些文章中，魯迅一再突出「農人」與「士夫」的對比：「……僅
能見諸古人之記載，與氣稟未失之農人，求之於士大夫，戛戛乎
難得矣」；「蓋澆季士夫，精神窒息，惟膚薄之功利是尚」，「墟社
稷毀家廟者，徵之歷史，正多無信仰之士人，而鄉曲小民無與」；
「偽士當去，迷信可存」；「農人之慰，而志士犯之，則志士之禍，
烈於暴主遠矣」（〈破惡聲論〉），如此等等。這可說是前述少年時
代的情感愛憎的理論化，它表明魯迅完全站在「農人」的樸實的
道德、品德與風習一邊，[14]對上層社會來的無論是舊的或新的種
種「破迷信、崇侵略」之類的思想、理論、風氣、習俗予以擯斥、
抵制和批判。不但地主階級的，而且資產階級的某些意識形態也
都包括在內了。

　　正由於此，魯迅早年的進化論思想也好，資產階級人道主義
和個性主義思想也好，在實質上便有與一般很不相同的特色在。
這就是：從少年到早期直到以後，魯迅心目中總有著他未能忘懷
的廣大農民的身影，魯迅的同情和注意總是在這一邊。正因為
此，「哀其不幸，怒其不爭」才成為魯迅許多作品的基本主題。正
因為此，「麻木的神情」與「強壯的身體」相映對，才使魯迅決然

---

13 參看〈章太炎剖析〉。
14 同上。

棄醫而弄文，由宣傳科學而提倡文藝，希望使廣大人民（主要是農民）從那種種落後、愚昧、麻木、被動的處境狀態中解放出來，在精神面貌意識形態有個根本改變。國民性問題的提出，是以它為根本基礎的。

　　救國必先救人，救人必先啓蒙，不是「黃金黑鐵」[15]或政法理工，而是文藝、道德、宗教，總之不是外在的物質，而是內在的精神，才是革命關鍵所在。不奇怪，魯迅由此得出的改變國民性的第一個答案便是：「掊物質而張靈明，任個人而排眾數。」〈文化偏至論〉說：「其首在立人，人立而後凡事舉，若其道術，乃必尊個性而張精神」，「國人之自覺至，個人張，沙聚之幫由之轉為人國」；「多數之說，謬不中經，個性之尊，所當張大，……此亦賴夫勇猛無畏之人，獨立自彊，去離塵垢，排興言而弗淪於俗囿者也」[16]……。魯迅認為，「夫中國在昔，本尚物質而疾天才矣」，今天一些人維新救國又「重殺之以物質而囿之以多數，個人之性，剝奪無餘」，「中國之沈淪遂以益速」，因之必須掊物質，尊個性，反流俗，輕多數，提倡拜輪、尼采、易勃生。魯迅當年的確是醉心於這些浪漫主義的文學家和思想家的，「有人說拜輪的詩多為青年所愛讀，我覺得這話很有幾分真，就自己而論，也還記

15　「黃金黑鐵斷不足以興國家」（〈摩羅詩力說〉）。

16　章太炎〈四惑論〉：「張大社會以抑制個人，仍使百姓千名互相牽制，……名為使人自由，其實亦一切不得自由也」、「以社會抑制個人，則無所逃於宙合……慘刻少恩，尤有過於天理」，也是強調個性不應為社會抑制等等。當然魯迅與章太炎的思想並不可以等同。

得怎樣讀了他的詩而心神俱旺」(《墳‧雜憶》)。當時流行的拜輪
熱,使魯迅熱情洋溢地寫下了今天讀來仍頗有聲色的十九世紀浪
漫主義文學史論〈摩羅詩力說〉。魯迅當時也是喜歡讀尼采的,[17]
在這些文章中,就有「與其抑英哲以就凡庸,曷若置眾人而希英
哲」之類充滿尼采思想的句子。魯迅在這裡總的要求是心靈的啓
蒙和個性的解放。要這樣,就必須衝破束縛,打碎枷鎖,而這種
束縛、枷鎖則正是以所謂「輿言」(輿論)「俗囿」(習慣)「多數」
「庸眾」「一致」(「使天下人歸於一致」)的形態出現的,它們構
成了種種「偽飾」「陋習」和「偶像」(「多數」所崇拜的對象)。
魯迅上述所謂「排眾數」「輕多數」,其實際矛頭正是指向這種種
深入人心而成為多數國民的精神桎梏的「輿言」「俗囿」「偽飾」
「弊習」。魯迅之所以把一切詩人中「凡立意在反抗,指歸在動
作,而為世所不甚愉悅者悉入之」,介紹給中國人民,也就是這個
道理。魯迅呼號要「如狂濤,如厲風,舉一切偽飾陋習,悉與蕩
滌」;「謂世之毀譽褒貶是非善惡,皆緣習俗而非誠,因悉措而不
理也」;「故懷抱不平,突突上發,則倨傲縱逸,不恤人言,破壞
復仇,無所顧忌」。魯迅提倡介紹的是「不為順世和樂之音」,「不
取媚於群而隨順舊俗」「抗偽弊習以成詩」的「摩羅詩力」……
(〈摩羅詩力說〉)。如其說,魯迅在這裡要求對抗、「蕩滌」的是
群眾,不如說是以「眾數」面貌出現的「輿言」「舊俗」「偽飾」

---

17 章太炎當年極力提倡「依自不依他」的主觀唯心論哲學時也多次提到
　　尼采。

「弊習」。所以，一方面是「抗偽」，另一方面則是，「苟奴隸立其前，必衷悲而疾視。衷悲所以哀其不幸，疾視所以怒其不爭」（同上），這就清楚地表明了，魯迅要蔑視、反對、粉碎的並不是「奴隸」群眾自身，而是被加在「奴隸」群眾身上的沈重的精神鐐銬枷鎖。魯迅後來常講的中國人奴隸成性，「暫時做穩了奴隸的時代」等等，實際指的也是這種狀況，是指附在廣大群眾身上的、以「多數」面貌出現的那種種社會統治意識。所以，魯迅早年在介紹了拜輪、雪萊之後，特意指出了普希金「漸去斐倫（拜輪）式勇士而向祖國純樸之民」，這一點有重要意義，它表明魯迅超出了當時及以後許多人只知一味推崇愛慕「拜輪式勇士」的浪漫主義和個性主義。但普希金「終服帝力，入於平和」，最後屈伏在沙皇威力下，歌頌俄羅斯武力，這又是魯迅所深為不滿的。於是緊接便提出萊蒙托夫「亦其愛國，顧絕異普式庚（普希金），不以武力若何形其偉大，凡所眷愛，乃在鄉村大野及村人之生活」，而大為魯迅稱許。但魯迅所更稱許的，則是那些被壓迫民族的代表，如波蘭的密克維支，匈牙利的彼多斐。他們才是為民族為人民大眾爭自由的「決無疑二」「洎死始已」的堅貞戰士，不像普希金「自謂少年眷愛自由之夢已背之而去」的。其實，魯迅在讚揚「摩羅詩力」的首要代表拜輪時，就指出，「拜輪既喜拿破侖之毀世界，亦愛華盛頓之爭自由」。而「自由在是，人道亦在是」，反抗世俗與援助被壓迫民族（希臘獨立）是「兼以一人」，個性主義與人道主義是相交織在一起的。

　　魯迅後來曾說：「其實，我的意見原也一時不容易了然，因為

其中本含有許多矛盾，教我自己說，或者是人道主義與個性主義這兩種思想的消長起伏罷」（《兩地書·二四》）。魯迅早年以至前期無疑有人道主義和個性主義的思想，他不僅受嚴復和章太炎的影響，而且也受托爾斯泰和尼采的影響。[18]但也正如超出嚴、章一樣，魯迅早年思想中的人道主義與個性主義也有異於托、尼。尼采心目中是無群眾的地位的，在尼采，群眾只是活該被踐踏的庸氓，是與天才作對的蟲豸。魯迅始終沒有這種敵視人民的觀點，他從小對質樸的「農人」有強烈的眷戀，而自己則總是謙遜的。那種踐踏群眾高倨人民之上的超人哲學，與魯迅本質格格不入。魯迅鼓吹「摩羅詩力」，鼓吹「貴力尚強」，鼓吹強有力的個性，只是希望有人帶頭，終使整個國民「亦皆詩人之具」[19]。儘管個性主義的孤獨感對魯迅一生有強大影響，滲透在思想、生活和作品中；但魯迅一生的出發點和著眼點始終是廣大人民，即國民性的改造。資產階級人道主義和個性主義，不但交織在一起，而且的確又是有消長起伏的。在早年浪漫主義期，表現在現象上個性主義似乎更突出一些，以後，則人道主義十分鮮明。但總的來看，我以為前一因素（人道主義）比後一因素（個性主義）要更為基

---

18 「托尼學說，魏晉文章」的對聯，據云曾為魯迅首肯。托爾斯泰的思想，如列寧所指出，正是千百萬農民在資產階級革命來臨時的思想情緒的反映。

19 「敗拿破崙者，……國民而已，國民皆詩，亦皆詩人之具，而德卒以不亡。此豈篤守功利，擯斥詩歌，或抱異域之朽兵敗甲，冀自衛其衣食室家者意料之所能至哉？」（〈摩羅詩力說〉）

本,更為持久,也更為重要。儘管從表面看來(例如常引尼采等)情況似乎相反。

但魯迅不是「泛愛眾」,提倡「人皆兄弟」之類的人道主義者,他反對托爾斯泰的非暴力主義。魯迅從來對舊事物和某些人有強烈的憎恨和厭惡,主張用強力去抵制、反抗它。這樣也就用得上個性主義了,即「張個性」以抗「輿言」「俗圍」「弊習」「眾數」。可見,還是有所愛有所憎。魯迅站在自己的基地上,從改變國民性這一基本課題出發,去接受和改造各種思想、理論(從嚴復到章太炎,從托爾斯泰到拜輪、尼采,從進化論到人道主義和個性主義),而形成頗有特色的早年浪漫思想。這種思想雖雄大但空泛, 它作為改變國民性的答案, 當然是沒有實現也不可能成功的。

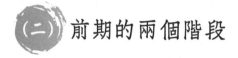

(二) 前期的兩個階段

1909 到 1918 是魯迅沈默的十年。青年浪漫思想期已經過去,辛亥革命特別是二次革命失敗後的黑暗現實,迫使魯迅把早年「我以我血荐軒轅」火一樣的愛國熱情,沈澱在、包裹在、壓縮在冰一般的冷靜的觀察、探索中。1911 年小說傑作〈懷舊〉已初露這種美學風格,雖然其中還有輕快筆調,反映著對當時革命還抱希

望；但對落後的農村毫無變動（並與太平天國革命的巨大震動相映對），魯迅已表現了很大關注。國民性問題並沒解決，革命倒證明了魯迅早年的看法：辦工業興實業，「黃金黑鐵」，固然不能解決救國問題，去皇帝改共和，也仍然不能使中國興起。上層是一幕又一幕的政治醜劇，下層卻永遠沈淪在麻木、「平靜」、不覺悟和被宰割的悲慘境地中。舊的統治秩序和統治人物毫無改變，「到街上去走了一遍，滿眼是白旗，然而貌雖如此，內骨子是依舊的，因為還是幾個舊鄉紳所組織的軍政府」（《朝花夕拾・范愛農》），「知縣大老爺還是原官，不過改稱了什麼……帶兵的也還是先前的把總」（〈阿 Q 正傳〉）。……

出路究竟何在？魯迅並沒有放棄國民性問題，而是在繼續探索。1925 年春魯迅仍然堅持：「此後最要緊的是改革國民性，否則無論是專制，是共和，是什麼什麼，招牌雖換，貨色照舊，全不行的」（《兩地書・八》）。從世紀初在東京向許壽裳等人提出這問題，整二十餘年了，問題依舊，但魯迅這時的答案已有不同。代替「掊物質」「張個性」的早年浪漫理論的，是「以不可見之淚痕悲色振其邦人」的小說創作和白刃般的雜感散文。魯迅提出並實行「文明批評」和「社會批評」，來作為喚醒在「鐵屋子」裡「熟睡」和「悶死」的國民的主要武器。「我早就很希望中國的青年站出來，對於中國的社會，文明，都毫無忌憚地加以批評」（《華蓋集・題記》），「最缺少的是文明批評和社會批評，我之以《莽原》起哄，大半也就是為了想由此引起新的這一種批評者來……繼續撕去舊社會的假面。」（《兩地書・十七》）「我總還想對於根

深蒂固的所謂舊文明施行襲擊，令其動搖，冀於將來有萬一的希望」（《兩地書·八》），這種思想一方面仍然是早年主張啓蒙、主張排「興言」「俗圍」的繼續，所謂「弄文罹文綱，抗世違世情」（《集外集·題吶喊》），還是弄文以抗世。另一方面卻又是這些主張遠為具體深入的發展。因為魯迅實際已經看到正是這古舊「文明」造成了國民性問題，是對廣大人民的毒害，是使人民不覺悟、落後、麻木等等的重要原因，而這種「文明」正是一切統治者們所竭力維護的。魯迅這時對改變國民性問題的答案，已落實在對各種社會現象和占社會統治地位的意識形態進行徹底揭露和猛烈批判上。這種意識形態主要是封建主義。魯迅這時實際清算了早年受章太炎那種種談國粹、講道德、重宗教、輕物質、反對西方資本主義文明等觀念影響，看到了這些東西的嚴重的落後倒退的封建性質。魯迅徹底擺脫了小生產者的種種狹隘眼界，克服了民粹主義的傾向，大踏步地向包括小生產意識狀態精神面貌在內的封建主義猛烈開火了。魯迅當時的雜文和小說都是圍繞著反封建的啓蒙而展開的：

　　有的是對於扶亂，靜坐，打拳而發的；有的是對於所謂「保存國粹」而發的；有的是對於那時官僚的以經驗自豪而發的；有的是對於《上海時報》的諷刺畫而發的……。（《熱風·題記》）

　　從孔孟經書到二十四孝，從傳統道德到宗教迷信，從「保存國粹」到「東方文明」，從「神童」到遺老，從〈估學衡〉到〈咬

文嚼字〉，從〈我之節烈觀〉到〈我們現在怎樣做父親〉，從血醮饅首治肺癆（〈藥〉）到「一代不如一代」九斤老太的感嘆（〈風波〉）……，一支支無可抵擋的匕首和投槍射向了「根深蒂固」實即占據當時社會統治地位的意識形態和社會現實，堅決「撕去舊社會的假面」，露出它吃人的真相。「我翻開歷史一看，……每葉上都寫著仁義道德幾個字，……仔細看了半夜，才從字縫裡看出字來，滿本都寫著兩個字是吃人。」（〈狂人日記〉）「我以為要少──或者竟不看中國書。」（《華蓋集・青年必讀書》）「無論是古是今，是人是鬼，是三墳五典，百宋千元、天球河圖、金人玉佛、祖傳丸散、祕製膏丹，全都踏倒它。」（《華蓋集・忽然想到》）魯迅希望青年與千百年統治社會的封建傳統意識形態徹底決裂，不再被這「根深蒂固」的舊文明所俘虜所吃掉……，這突出地表明了，「文明批評」和「社會批評」作為魯迅這一時期改變國民性而戰的主題的巨大意義。可見，與早年相比，啓蒙雖然依舊，但對待宗教、迷信、國粹、古代文化、西方物質文明等等問題的具體看法，與早年卻很不相同，甚至剛好相反了。

　　雜文如此，小說也這樣。從阿Q精神、祥林嫂到呂緯甫的思想苦痛，也都涉及所謂國民性問題。魯迅後來說：「我的取材，多採自病態社會的不幸的人們中，意思是在揭出痛苦，引起療救的注意」（《南腔北調集・我怎麼做起小說來》）。「我便將所謂上層社會的墮落和下層社會的不幸，陸續用短篇小說的形式發表出來了」（《集外集拾遺・英譯本短篇小說集自序》）。「也不免夾雜些將舊社會病根暴露出來，催人留心，設法加以療治的希望」（《南腔北

調集・自選集自序》）……。還是「療救」，但內容與早年已大不一樣，不再是抽象的人性探討[20]，而是切實具體的社會揭露和批判。

　　魯迅通過這些小說和雜文形象地展示了，舊勢力的凶惡和屬害還不在真刀真槍，更在殺人不見血的舊意識形態的侵襲腐蝕中。「他走進無物之陣，所遇見的都對他一式點頭。他知道這點頭就是敵人的武器，是殺人不見血的武器，許多戰士都在此滅亡，正如炮彈一樣，使猛士無所用其力」（《野草・這樣的戰士》）。陳舊的封建復辟勢力不用說，包括摩登的外國思想代表（如當時來華講學的杜威、羅素）也一例對這「殺人不見血的武器」——古老、巨大、表面文質彬彬實際凶狠毒辣的所謂「東方文明」高唱禮讚之曲。花樣繁複，人物多種，都是要保護、維持這個社會意識形態，以構成為地主買辦階級所需要的上層建築。只有十月革命送來了馬克思列寧主義，運用階級分析的方法才能對它進行理論上的徹底否定。魯迅自己也在摸索這條道路。然而不是在理論上作出結論，而是進行具體而廣泛的「社會批評」和「文明批評」。一直到晚年，魯迅始終堅持了這種社會批判與文明批判，毫不妥協地向一切傳統意識形態和黑暗現實進行鬥爭。

　　但是，魯迅又並不停留在這種批判上。本文認為，正如早年

20　「他對我常常談到三個相聯的問題，怎樣才是理想的人性？中國人民性中最缺乏的是什麼？它的病根何在？」（許壽裳：《我所認識的魯迅・懷亡友魯迅》，〈亡友魯迅印象記〉）

可以 1906 年春棄醫弄文為界標分兩個小段一樣，魯迅前期也可以
1925 年春參與女師大事件為界標分為兩個小段。如果說，前一小
段的「文明批評」、「社會批評」，指向的主要還是廣泛社會現象和
一般的統治階級意識形態；那麼，後一小段則直接地集中地打向
了統治階級本身——它的具體人格代表：「執政」（段祺瑞）「總
長」（章士釗）和作為他們的幫凶幫忙的校長、教授、詩人、名
流——楊蔭榆、陳西瀅、徐志摩之流。這是一個很重要的進展。
它絕不是什麼「糾纏於個人瑣事」，沒有意義（也如魯迅後來自己
所說，「《華蓋集》及《續編》中文，雖大抵和個人鬥爭，但實為
公仇，決非私怨」）；恰好相反，它標誌魯迅所進行的戰鬥進入了
一個與統治階級特別是文化界統治者直接肉搏的新階段。因之才
招來了那麼多的「流言」、誹謗、怨恨和迫害，[21]「免職」、上黑
名單（〈大衍發微〉），避居醫院，終於不得不「逃出北平」離京南
下。兩本《華蓋集》就比《熱風》更為激烈緊張，鬥爭的氣息和
意識更為濃厚強烈，也更吸引著、激動著和有效地教育著人們和
廣大青年。章士釗、楊蔭榆、陳西瀅、徐志摩並非孤立的個人，
他們是以段「執政」為後臺的北洋軍閥的一個統治集團。正是他
們，從精神到肉體，從製造流言蜚語到運用行政手段，從解散學

---

21 「他說文章攻擊社會的黑暗面，借了小說的體裁，卻不專指某人，所以
　容易令人不留意，其後，直接批評社會，有時為了批評的真切，簡直藉
　某一個人，某一件事來給某一群以掊擊，於是這一群與之仇恨……。」
　（許壽裳：《關於魯迅的生活》）

校到槍殺學生，殘酷無恥地迫害、鎮壓和欺騙人民和青年。他們作為半封建半殖民地統治階級的活生生的人格化身和具體代表，魯迅對他們的鬥爭是比前一階段更為具體、直接的階級鬥爭。這不只是一般的「文明批評」和「社會批評」了，而是異常尖銳的政治鬥爭和思想鬥爭。這一鬥爭對魯迅思想的發展，對魯迅日後成為馬克思主義者，對魯迅日益與也曾進行過「文明批評」「社會批評」的「五四」同輩和青年根本區別開來，是起了不可低估的關鍵作用的。魯迅對階級矛盾、階級鬥爭、暴力革命⋯⋯等等觀念的接近和接受，也都與這場鬥爭有關。所以，本文認為，應該強調以它作為魯迅思想發展中的一個重要界標。

在這場鬥爭中，魯迅創造了用具體個人當靶子的戰法，在架子不小面子頗重的中國上流社會，無情撕去紳士們的假面，還其本來樣相，的確煞是好看。這沈重地打擊了敵人，也吸引了廣大的讀者。這些真人真事，即使只是一鼻一嘴一毛吧，合起來卻成了難忘的典型。魯迅以後就一直採用這種戰法，無可抵擋地戰勝了一切敵人。

在廣泛的「文明批評」「社會批評」中，在這種日益深入的階級鬥爭中，魯迅不斷具有和提出了許多接近和符合於馬克思主義的重要思想、觀點或觀念，這些觀念是他 1927 年終於接受和成為堅定的馬克思主義者的內在根據和思想前提：

「人們首先必須吃、喝、住、穿，然後才能從事政治、科學、藝術、宗教等等，所以，直接的物質生活資料的生產⋯⋯構成為基礎」（恩格斯：〈馬克思墓前的講話〉），這是馬克思發現的人類

歷史的根本規律，是歷史唯物主義最基本的一條原理。它本是一個「簡單事實」，卻歷來被「繁茂蕪雜的意識形態所掩蓋」（同上），為千百年各種統治社會的剝削階級的意識形態所抹殺和掩蓋。魯迅在上述批判和鬥爭中，對馬克思主義的這一基本觀念日益接近。早年那種輕視物質文明[22]的浪漫觀點和歷史唯心主義已經放棄，從阿Q的「生計問題」，到〈娜拉走後怎樣〉，從涓生子君的戀愛悲劇到大白菜堆成A字的喜劇，魯迅在其小說、雜文、通訊中一再提出「吃飯」、「啖飯」、「飯碗」問題。「人類有一個大缺點，就是常常要飢餓，……經濟權就見得最要緊了。」（《墳·娜拉走後怎樣》，1923年）「要求經濟權固然是很平凡的事，然而也許比要求高尚的參政權以及博大的女子解放之類更煩難」（同上），「一說到經濟的平均分配，或不免面前就遇見敵人，這就當然要有劇烈的戰鬥」（同上）。家庭尚且如此，社會更不用說。魯迅並且指出，正是胃裡魚肉消化不掉的人們要掩蓋人要吃飯這個基本事實：「凡承認飯需要錢買，而以說錢為卑鄙者，倘能按一按他的胃，那裡面怕總還有魚肉沒有消化完，須得餓他一天之後，再來聽他發議論」（同上）。到後期，這一觀念就以明確的馬克思主義的理論形式表達出來了，「……是以為若據性格感情等，都受

---

22 他晚年對「物質文明」則作了十分明確的階級揭露：「『物質文明』也至少有兩種，一種是食肥甘穿輕暖，住洋房的；一種卻是吃樹皮，穿破布，住草棚。」（《集外集拾遺·兩種「黃帝子孫」》）既不同早年的一筆抹殺，也不同於前期初年的一般肯定。如果說章太炎由反資本主義而退向封建主義，魯迅則由反資本主義而進向馬克思主義。

支配於經濟，（也可以說根據於經濟組織或依存於經濟組織）……。」（《三閑集·文學的階級性》，1928年）[23]

　　與此緊相連，是對階級分野的認識，早年那種章太炎式[24]認為中國古文化「以是而不輕舊鄉，以是而不生階級」（〈破惡聲論〉）的模糊觀點也早已消去。「上等人」與「下等人」、「聰明人」與「傻子」、「闊人」與「窮人」、「治者」與「被治者」、「官魂」與「匪魂」「民魂」，祥林嫂的苦難與魯四老爺的皺眉，愛姑的離婚與七大人的屁塞……，不斷以鮮明對照的方式湧現在魯迅的筆下。1925年，魯迅說：「有燒烤，有翅席，有便飯，有西餐。但茅檐下也有淡飯，路旁也有殘羹，野地也有餓莩，有吃燒烤的身價不菲的闊人，也有餓得垂死每斤八文的孩子」（《墳·燈下漫筆》）。認識或描述「朱門酒肉臭，路有凍死骨」的階級分野現象並不稀罕，當年五四運動新文學中好些作品也有過這方面的感受和描述。魯迅的特點是在親身的社會戰鬥中，是在與教授名流達官貴人總之上層社會代表人物的直接鬥爭中，來認識和提出這些觀念的，這比旁觀的或客觀的感受描述，有著顯然不同的分量。這一方面發展到1927年冬，魯迅便以一個馬克思主義者的立場，

---

23 魯迅前期關於文藝起源於勞動和宗教等觀點（〈中國小說歷史的變遷〉），也是符合馬克思主義的。

24 章太炎認為中國比西方「去封建遠」（指中世紀封建領主制），「去封建遠者，民皆平等，去封建近者，民有貴族黎庶之分」，從而認為中國「無階級」（指等級制）「最自由」云云。當時人們不知道階級的馬克思主義的涵義，指的是封建等級。孫中山也有此種觀點。

就文學階級性問題向梁實秋進行了人所熟知的著名的批判。

馬克思主義認為是人民群眾創造歷史。魯迅的〈未有天才之前〉等許多雜文，也明白地表示了對這一觀點的不斷接近。早年那種「排眾數」「非庸眾」，強調天才個人的孤獨也逐漸消逝。這是由於反「輿言」「俗圍」已日益取得打擊的明確階級方向的緣故。打擊對象（上層統治階級）的明確，使革命動力和基礎（人民群眾）也日益明確。同時，這也與魯迅在戰鬥中愈來愈獲得廣大青年的支持擁戴（特別是 1925 年後，女師大的鬥爭和廈門、廣州的鬥爭）的親身感受有關。但這問題前期並未徹底解決，它要到後期特別是 1930 年以後才取得「工農兵的明確方向」的。

魯迅在自己的戰鬥中，還不斷地與馬克思列寧主義關於暴力革命、武裝鬥爭和無產階級專政這樣一些根本思想相接近：

改革最快的還是火與劍，孫中山奔波一世，而中國還是如此者，最大原因還在他沒有黨軍，因此不能不遷就有武力的別人……（《兩地書·十》，1925 年 4 月）

當時和袁世凱妥協，種下病根，其實卻還是黨人實力沒有充實之故……（同上，〈十三〉，1925 年 4 月）

這既是對魯迅親身經歷的辛亥革命的總結，同時也正是由於在與統治集團的直接鬥爭中使魯迅痛感，能徹底打垮反動派的並不是筆，而是槍，不是文字，而是武力。「我現在愈加相信說話和

弄筆的都是不中用的人，無論你說話如何有理，文章如何動人，都是空的。他們即使怎樣無理，事實上卻著著得勝」（《兩地書‧二二》，1925 年 5 月）。

批判的武器不能代替武器的批判。「血債必須用同物償還，……以上都是空話。筆寫的有什麼相干？實彈打出來的卻是青年的血。」（《華蓋集續編‧無花的薔薇之二》）這是 1926 年三一八慘案（段祺瑞槍殺請願學生）後寫的。「文學是最不中用的，沒有力量的人講的，有實力的人並不開口，便殺人……」（《而已集‧革命時代的文學》）。「孫傳芳可以趕走，是革命家用炮轟掉的，決不是革命文藝家做了幾句……文章趕掉的。」（《集外集‧文藝與政治的歧途》）這是 1927 年大革命失敗前和後寫的，前後一脈相承。很明顯，後期的馬克思主義觀點不是突然跳出來，在前期的現實鬥爭中已打下了深厚的思想基礎。

然而，最著名也是最突出的，是〈論費厄潑賴應該緩行〉了。

魯迅早年是舊民主主義革命的積極參加者，親身感受過當時「社會上大抵惡革命黨如蛇蝎」（《華蓋集‧補白》）的情況。辛亥革命後，這些「漂亮的士紳和商人，看見似乎革命黨的人便親密的說道，我們本來都是草字頭，一路的啊」（同上），革命黨於是也就「不咎既往」「咸與維新」。袁世凱上臺二次革命失敗後，這批人對革命黨進行了大規模的殺害。明的、暗的、集中的、零散的，其情節和手段都是相當驚人的。但這在當時談得並不多，以後更被遺忘或掩蓋。[25] 魯迅卻不能忘懷這許多同輩們的血。魯迅「打落水狗」的堅決主張是從這個血的教訓中總結出來的：

　　……官僚和土紳士或洋紳士，只要不合自意的，便說是赤化，是共產，民國元年以前稍不同，先是說康黨，後是說革黨，甚至於到官裡去告密。……所謂以人血染紅頂子之意。可是革命終於起來了，一群臭架子的紳士們，便立刻皇皇然若喪家之狗……。說是咸與維新了，我們是不打落水狗的，聽憑它們爬上來罷。於是它們爬上來了，……咬死了許多革命人，中國又一天一天沈入黑暗裡，一直到現在。……先烈的好心，對於鬼蜮的慈悲，使它們繁殖起來，而此後的明白的青年，為反抗黑暗計，也就花費了更多更多的氣力和生命。（《墳·論費厄潑賴應該緩行》）

　　這是懷著滿腔悲憤寫下的歷史教訓。魯迅接著舉了秋瑾、王金發的例子，這都是他熟識的人和親歷的事。在《墳》的後記中，魯迅再次慎重提醒讀者：「最末的〈論費厄潑賴〉這一篇，也許可供參考罷，因為這雖然不是我的血所寫，卻是見了我的同輩和比我年幼的青年們的血寫的。」魯迅晚年又一再提起這些事。[26]

　　通過自己的戰鬥和總結歷史的教訓，達到對馬克思主義一些基本觀點的接近和吻合，這是魯迅根本區別於僅從書本上獲得或號稱信奉馬克思主義的人們的地方。馬克思主義對於社會、歷史、文化、革命的這種種觀點（即歷史唯物主義），對魯迅來說，不是一種抽象理論，不是口頭上或文章中的空泛詞句，它日益成為有

---

25 至今對這段血腥歷史敘述研究仍不夠。

26 如《偽自由書·殺錯了人異議》。

血有肉、與自己的生活、鬥爭、經歷不可分割並必須依靠之的科學真理。[27]

正是在這種堅實基礎上，再經過 1927 年大革命和大革命失敗後又一次更慘重的血的教訓，「我一生從未見過有這麼殺人的」（《集外集‧俄文譯文阿 Q 正傳序及著者自敘傳略》）。「在二七年被血嚇得目瞪口呆」（《三閑集‧序言》）。「淚揩了，血消了，屠伯們逍遙復逍遙，用鋼刀的，用軟刀的，然而我只有雜感而已」（《而已集‧題辭》）[28]，在嚴肅的思考和認真的學習（這時學習的並不是馬克思主義文藝理論，而是馬克思主義的一些基本學說）之後，魯迅終於接受馬克思主義，由上述量的積累實現了質的飛躍。這個飛躍的起點似應從 1926 年冬離廈門前後算起，它的完成則可算在 1927 年秋冬到上海的前後。在廈門後期的思想和活動，《墳》的結集，《野草》的題辭，都或象徵或標誌在走向一個新的開始。而 1927 年冬在上海的好些論著、講演，如〈盧梭和胃口〉、〈文學和出汗〉、〈文學與政治的歧途〉等，則可以看出魯迅在集中地考慮和闡述文藝的階級性問題，開始自覺地運用馬克思主義階級論

---

27 所以魯迅並非先掌握辯證唯物主義，再掌握歷史唯物主義，如今日課堂教學次序那樣；情況恰好相反，先是對歷史唯物主義基本觀點的接近和接受，而後才是自覺運用唯物辯證法觀察分析一切（1930 年以後）。馬克思主義本身也是這樣形成的，也並非先有辯證唯物論後有歷史唯物論。（順便說一下，馬、恩並未用過「辯證唯物主義」這一詞彙和術語，它是由普列漢諾夫創始，列寧正式採用的。）

28 魯迅把 1926 年的詩句重作 1927 年雜感集的題辭，顯然有深意在。

作為理論武器來進行戰鬥，與前期零散、自發的階級觀點已很不一樣了。本文認為，這幾篇文章和講演就是完成這個質的飛躍、魯迅思想進入作為馬克思主義者的後期階段的界標。當然，在後期，魯迅思想仍在不斷發展，從基本接受馬克思主義到全面理解和熟練運用，從站在共產黨一邊到明確與工農結合自覺為無產階級鬥爭服務，從初步具備共產主義世界觀到成為一個成熟的馬克思主義者，任何人都有一個過程，魯迅也不例外。所以即使後期，也還可以分出一些小的段落。但這個後期的起點卻應該是 1927 年冬。如果《而已集》（前半）可說是前期的尾聲，那麼《三閑集》（後半）便可說是後期的序幕，從文章的內容、題材，以至文筆、風格，都展現出前後期的差異。到整個《二心集》，就更確定更明顯了。辛亥革命失敗後，魯迅消沈無所作為；三一八慘案後，魯迅憤慨而悲涼；大革命失敗後，魯迅已無處可走，革命處在最低潮，魯迅反而異常堅定、明確，儘管有血的「重壓」，卻「覺得中國現在是一個進向大時代的時代」（《而已集‧塵影題辭》，1927年 12 月，這是一篇很重要的文章）。前兩次那種種消沈、無奈的情感陰影少多了，日益增多的是對前途的希望和自信，與前期的懷疑和彷徨成了對照。這也說明魯迅在世界觀上已完成了一個重要飛躍。他在理論上接受了馬克思列寧主義，結合自己幾十年鬥爭經驗，一下就牢牢抓住了它的精神實質，與自己的情感思想溶成了一體。

總起來看，魯迅早年儘管在自然觀上是唯物論，但世界觀是歷史唯心主義。前期具有了某些接近或符合歷史唯物主義的觀點

和觀念，但還不是馬克思主義者。因為馬克思主義的歷史唯物論
是關於人類社會歷史發展規律的系統理論，不是任何零星片斷的
觀念或觀點的集合所能等同或替代，包括魯迅上述接近或吻合歷
史唯物論的那些思想、看法也這樣。因為這些思想、看法並沒有
自覺地系統地上升到理論的高度來加以認識、論證和掌握。魯迅
自己便承認，他並不是哲學社會科學的系統研究者。與當時許多
知識分子今天標榜這個主義，明日又信奉那個主義根本不同，儘
管早在留學日本時就接觸過馬克思主義（當時資產階級革命派中
有一股學習、宣傳社會主義的思潮，《浙江潮》、《民報》等都有過
介紹馬克思學說的文章），但魯迅對流行的種種理論，一概採取懷
疑、拒絕甚至厭惡、憎惱的現實立場。魯迅從不輕信。在未經過
實踐驗證以前，寧肯對它們採取保留的態度。因此，在後期正式
接受馬克思主義之前，魯迅所能信奉的正式理論，仍然只能是他
早年從《天演論》和自然科學中所接受的達爾文的進化論，相信
自然、生物、人類、社會必然向前進化。所以魯迅經常提到它。
雖然從早年起，進化論就並不能概括或代表魯迅思想的全體。

　　早年的革命浪漫主義，前期的批判現實主義，後期的馬克思
主義，魯迅的思想和作品，經歷了重要的發展。發展就是揚棄，
其中有否定有繼承。魯迅對農民的同情和關注，對上層社會的憎
惡和鬥爭，早年和前後期是相連續的。但魯迅對早年那種民粹主
義的或小生產者的觀點是徹底捨棄了（這點極重要，也很不容易，
有人如毛澤東一生都未做到），對資產階級人道主義、個性主義和
歷史唯心主義，是加以否定了。這種否定和捨棄經歷了無情的自

我鬥爭。從來沒有什麼「天縱之聖」，把魯迅說成一開始就是馬克思主義者或辯證唯物論者，在根本上便違反了魯迅自己的說法和魯迅的基本精神。另一方面，把魯迅的後期與前期和早年截然割開，把早年看成一塌糊塗，也是錯誤的。或者，一再推遲魯迅後期的開始年限，好像必須把它拉到「1928年下半年」甚或1930年之後才更「純粹」，這同樣，但世上並沒有這種「純粹」。並且這些論者也未提出這種分期的具體界標、內容和理由[29]。當然，本文所提出的分期、分段也只是初步意見，可能被責難為割碎魯迅之類，但本文認為，魯迅就正是這樣一步一腳印地向前邁進的，這正是魯迅的偉大。否認這種思想發展的具體階段性，只能導向把魯迅神化或神祕化，把他捧入禮拜的廟堂，這恰好是對魯迅的背離和侮辱。

（三）知識分子的主題

　　魯迅本人是知識分子。在魯迅作品中，知識分子是一個突出

---

29 有人以魯迅日記中的書賬來作為「理由」，似難成立。1928年書賬中馬克思主義書籍大增，其實剛好證明魯迅這時已經接受和相信了馬克思主義，才如此認真深入地鑽研它。

主題。這仍然是中國近代民主革命的深刻反映。從戊戌經辛亥到五四，從五四經大革命到三〇年代，知識分子是中國革命的先鋒和橋樑，同時又具有各種嚴重的毛病和缺點。他們的命運、道路和前途，他們的成長、變遷和分化，成為魯迅所十分關心的問題，這個問題在魯迅思想發展中占有重要地位。它與農民問題同成為魯迅作品的兩大基本主題。這也是中國近代兩大歷史課題。魯迅思想的發展與這問題密切相關，也可以說，魯迅在這個問題上的思想發展是他整個思想發展中的重要組成部分。

魯迅對知識分子寄予很大的同情和希望，同時又給以無情的鞭撻和揭露。革命的，灰色的，反動的，先革命而後反動的，吃人的，被人吃的⋯⋯，各種各樣知識分子形象，活靈活現地出現在魯迅筆下，形形色色，蔚為大觀。

〈懷舊〉、〈孔乙己〉無論矣，他們是被四書、五經吃空了靈魂的末代封建知識分子的下層，那種迂臭、愚昧、空虛受欺侮迫害然而仍不掩其善良的犧牲品，魯迅是用一種嘲諷而又同情的眼光，看著他們的滅亡的。與此相映對，是魯迅對曾參加或企望過革命的同輩和下輩知識分子的深切同情。從瑜兒、呂緯甫、魏連殳到涓生、子君，他們的道路和命運，便是魯迅的親身經歷和見聞。在寂無回響有如荒漠的莽原中，這些曾經滿懷豪情鬧過革命的知識分子，有的爬上去了，本身變成了反動派或反動派的幫凶。當年赫赫有名的革命派，曾經編印過《黃帝魂》之類的影響很大的革命宣傳品的章士釗，不就是典型代表麼？但更多的革命知識分子，特別像范愛農那些下層的，卻終於連整個身心都被黑暗吞

噬掉，完全消失和被人遺忘了。不但范愛農沒人知道或無人問及，連當年轟轟烈烈的「鑑湖女俠」，也同樣荒墳冷落，不再為人所記憶和提及了。他們雖不過一兩個例子，其實代表著整個一代。出生入死建立功勛的最勇敢的革命黨人被殺害，有的退隱消沈了，少數（當年革命派的某些上層人物）成了「新貴」，反動派篡奪大權，依然故我。例如，拿首義地區的兩湖來說，被殺的焦達峰、陳作新（湖南的革命派首領人物）的墓木已拱，無人念及，殺人的主謀譚延闓（原立憲派）卻成了國民黨幾十年的要人和大官。這種事例是太多、太多了。面對這種現實，秋瑾、陶成章、范愛農的身影怎能不再三浮現在魯迅的心頭、筆下？

五四運動過後，魯迅又經歷了這樣一次「有的高升，有的退隱，有的前進」的分化。不論是當年曾悲歌慷慨為推翻滿清建立民國而流血奮鬥過的一代，也不論是當年曾振臂高呼為打倒孔家店而雄談闊論的一代，都逐漸渺無聲息，總之是被那巨大深重的舊黑暗勢力吃掉或「同化」掉，於是自己也就成了黑暗的一部分（呂緯甫、魏連殳等形象是有深刻典型意義的）。就是「前進」的，究竟能「進」到哪裡，魯迅也頗有懷疑。死者已矣，生者何如？曙光在何處？路在哪裡？「新的戰友在哪裡？」（〈自選集自序〉）魯迅看到一代又一代作為所謂先鋒的革命知識分子這種末路和命運，有著巨大的憤慨和悲傷。魯迅一往情深以歌當哭的那些極其沈鬱優美的藝術作品，很多與這一主題有關[30]：

---

30 以小說論，在〈懷舊〉、〈狂人日記〉、〈孔乙己〉、〈藥〉、〈風波〉、〈故

……潮濕的路極其分明，仰看太空，濃雲已經散去，掛著一輪圓月，散出冷靜的光輝。

我快步走著，彷彿要從一種沈重的東西中衝出，但是不能夠。耳朵中有什麼掙扎著，久之，久之，終於掙扎出來了，隱約像是長嗥，像一匹受傷的狼，當深夜在曠野中嗥叫，慘傷裡夾雜著憤怒和悲哀。(《彷徨·孤獨者》)

……新的生路還很多，我必須跨進去，因為我還活著。但我不知道怎樣跨出那第一步。有時，彷彿看見那生路就像一條灰白的長蛇，自己蜿蜒地向我奔來，我等著，等著，看看臨近，但忽然便消失在黑暗裡了。

初春的夜，還是那麼長……(《彷徨·傷逝》)

極強烈的情感包裹沈澱在極嚴峻冷靜的寫實中，出之以中國氣派的簡潔凝煉，構成了魯迅前期作品所特有美學風格。它使讀者深切地感受到、認識到中國革命的艱難和知識分子選擇道路的艱難。這兩個問題是極為深刻地連繫在一起的。它是典型環境中的典型性格和意境。把魯迅前期作品和思想中的沈重、悲涼、孤獨、抑鬱，簡單地一律看成消極的東西，低估它們的思想價值和

鄉〉、〈阿Q正傳〉、〈在酒樓上〉、〈祝福〉、〈孤獨者〉、〈傷逝〉、〈鑄劍〉這些最成功的作品中，以及魯迅全部小說創作中，一半左右與此主題有關，具有濃厚抒情成分。另一半則是農民問題的主題，這一部分個人抒情成分要少得多。

美學意義，是不符合事實的。包括像〈孤獨者〉這樣冷峻哀傷的作品，使人讀後的美學感受，也並不是低沈、消極或頹廢；相反，它燃起的是深重的悲哀和強烈的憤慨。魯迅的小說、散文（如《野草》）所以能如此深入人心，具有那麼強大、深刻和持久的感染力量，與這種美學風格直接有關。它使人玩味無窮，一唱三嘆；低迴流連，不能去云。這是那些所謂「通體光明」實乃一覽無餘的作品所完全不能匹敵的。

　　但是，到 1926～1927 年，上述那種沈重的抒情，開始近乎尾聲了。鬥志方濃，愁緒已淡，比較一下，就很顯然：

　　夜九時後，一切星散，一所很大的洋樓裡，除我以外，沒有別人，我沈靜下去了。寂靜濃到如酒，令人微醺。望後窗外骨立的亂山中許多白點，是叢冢；一粒深黃色火，是南普陀寺的琉璃燈。前面則海天微茫，黑絮一般的夜色簡直似乎要撲到心坎裡。我靠了石欄遠眺，聽得自己的心音，四遠還彷彿有無量悲哀，苦惱，零落，死滅，都雜入這寂靜中，使它變成藥酒，加色，加味，加香。這時，我曾經想要寫，但是不能寫，無從寫。這也就是我所謂「當我沈默著的時候，我覺得充實，我將開口，同時感到空虛。」（《三閑集・怎樣寫・夜記之一》）

　　這裡仍然孤獨，並有哀傷，但已不同於以前之沈重，最後一句是《野草》的題辭，它象徵走向後期的思緒；而寫於 1927 年春的〈鑄劍〉，悲壯高亢，則可說是這一轉折的預告。在後期，特別

是在 1930 年以後的階段中，魯迅逐漸試圖解決著這個知識分子道路和前程問題。這就是認為應該走向工農大眾，與廣大工農共命運，同呼吸，為他們的利益和要求而創作而鬥爭。俄國革命的經驗和成果，中國革命根據地的鬥爭，是促使魯迅明確這個問題的重要因素。前期的孤獨悲涼逐漸消去，明朗、堅定、酣暢和一往無前的磅礴氣勢，形成了後期文筆的風格，但也畢竟喪失了前期更為優美深厚的文采。

　　從早年和前期起，魯迅鬥爭的矛頭經常就指向「拿著軟刀子的妖魔」（《墳・題記》），即作為「用鋼刀的」的幫凶幫忙的高級知識分子如土、洋紳士章士釗、陳西瀅之流。隨後在上海灘頭，則更是與各式各樣的知識分子作過戰，從「喪家的資本家的乏走狗」到「唯我是無產階級」的「革命家」。如對創造社、太陽社的論戰與對梁實秋、第三種人、民族主義文學的鬥爭，就是如此。正是在這種極端複雜的鬥爭中，魯迅認真地研究了中國知識分子的性格和靈魂，對它進行了階級的剖析，這成為魯迅後期一個重要主題[31]。這個主題具有特定的時代重要意義。因為，不同於以前，三〇年代有大量知識分子或者從大革命中退下陣來，或者從迅速解體的舊社會和封建家庭中分化游離出來，他們麕集於上海和一些大中城市，數量之大空前。其中一些人信奉著各種時髦的主義和旗號，頗有不平，要求革命，也謀求個人的出路，於是造成了一個頗為熱鬧的「文壇」，其規模、性質、內容和複雜性，是

---

31 關於後期這許多問題，應有專文來談。

五四或二○年代所不能比擬的。他們是新的一代。魯迅與他們的接觸和較量，其數量和深廣度也是以前沒有過的。這樣，隨著時代的前進，知識分子和青年學生日益增多，解決知識分子在革命中的地位、作用和道路問題，是更為突出和迫切了。

正是這些日益增多的知識分子，魯迅明確意識到，作為革命者，對工農群眾可以起先鋒和橋樑的作用；作為反動者，對工農群眾卻起欺騙和精神毒害的作用。他們是舊文化的承襲者，同時又應該是新時代的開拓人。儘管是槍不是筆才能打倒反動派，但文化戰線上的清算任務也仍然很重。從而，魯迅早年所朦朧地感受到的國民性問題，前期所歸結為「文明批評」、「社會批評」的問題，這時很大一部分便落實在知識分子問題上。圍繞著知識分子這一主題的「文明批評」和「社會批評」，占了比前更大的比重。也正是在這些新的戰鬥中，魯迅自己的思想境界更迅速向前發展了。魯迅後期更多地引證中國歷史，魯迅這時對中國的文化、歷史（都與知識分子問題有關）採取了與前期不大相同的態度。不再是「不讀中國書」，不再是「想做奴隸而不得」和「暫時做穩了奴隸的時代」的籠統提法，而是提出中國自古以來「就有埋頭苦幹的人，有拚命硬幹的人，有為民請命的人，有捨身求法的人」（這裡面就包括封建時代的某些知識分子）。「說中國人失掉了自信力，用以指一部分人則可，倘若加於全體，那簡直是誣蔑。」（《且介亭雜文・中國人失掉自信力了嗎》）不再是全體「國民性」問題，而是突出了作為意識形態的製造者、承擔者的知識分子的階級性問題。魯迅不僅猛烈地打擊那些屬於反動階級一邊的知識

分子，而且也著重革命內部的「蛀蟲」問題，一再指出那些口口
聲聲自稱屬於無產階級的知識分子，其階級性格和世界觀實際都
是大成問題的。魯迅一方面對知識分子給予極大的愛護和幫助，
同時也不斷揭露和批判了知識分子身上的個人主義、利己主義和
其他種種劣根性，特別是指出其中一些人實際拖著長長的傳統封
建意識形態的尾巴，只要條件一具備，氣候一適宜，就將暴露出
來。例如，從魯迅同輩和上輩的「想見漢官威儀」，到魯迅下一輩
的「紅袖添香夜讀書」，到更下一輩或沈溺於《莊子》《文選》之
類的國粹，或呼喊「張大吃人的血口」。總之，帝王思想，才子佳
人，或準法西斯……。本來，封建傳統與資產階級法西斯有某種
內在聯繫。中國是個封建主義極長而資本主義啓蒙工作作得極少
的社會，封建意識形態及其文化發展得非常完備而成熟，它不但
表現在政治、經濟上，而且滲透在人們的日常思想、生活、習俗
中。它不但凶狠地吃掉人們，而且也笑吟吟地誘惑著人們。魯迅
不斷看見他的同輩和下輩由提倡新文化始，以鑽故紙堆終，由反
對文言文的戰鬥始，以嘲笑青年寫別字終的種種實例，深刻地感
到舊勢力的巨大和慣於「同化」革命者，吞沒他們。千年陳貨可
以用新形式出現，而知識分子首當其衝，因為他們身上本來就伏
著舊事物的魂靈。所以，從早年到晚歲，魯迅雖然經歷了思想的
重大變遷，但始終抓住啓蒙不放[32]。啓封建之蒙，向它作持久的

---

32 「說到『為什麼』做小說吧，我仍抱著十多年前的『啓蒙主義』，以為必
　須是為『人生』，而且改良這人生。」（《南腔北調集・我怎麼做起小
　說來》）

韌性的戰鬥。特別是在晚年，魯迅對各種以新形式出現的舊事物，或附在新事物上的舊幽靈，總是剝其畫皮，示其本相，以免它們貽害於人民。魯迅是近代中國最深刻的啓蒙思想家。

這種啓蒙至今不失去它的深刻意義，中國革命將是一個漫長的革命。「四人幫」打著馬克思主義和社會主義旗號，實際要求經濟、政治、文化全面開倒車，退到封建時代去，他們還是通過知識分子為其鳴鑼開道，不就是驚心動魄發人深省的現代歷史的一幕麼？

魯迅曾經想寫包括自己一代在內的四代知識分子的長篇小說，可惜沒有實現。所謂四代，前面已講。這就是，章太炎一代，這一代是封建末代知識分子，其中的少數先進者參加（或受影響，下同）了戊戌，領導了辛亥。下面是魯迅一代，這一代的先進者參加了辛亥，領導了五四。再一代的優秀者是五四的積極參加者，1927 年大革命的（北伐）各級領導者。最後一代是大革命的參加者或受影響者，以後抗日戰爭的廣大基層的領導者。總之，辛亥的一代，五四的一代，大革命的一代，「三八式」的一代。如果再加上解放的一代（四〇年代後期和五〇年代）和文化大革命紅衛兵的一代，是迄今中國革命中的六代知識分子。（第七代將是一個全新的歷史時期。）每一代都各有其時代所賦予的特點和風貌，教養和精神，優點和局限。例如最早兩代處於封建社會徹底瓦解的前期，他們或來自農村環境或與社會有較多的關係和聯繫，大都沈浸在忠誠的愛國救亡的思想中，比較樸質認真，但他們又具有較濃的士大夫氣息，經常很快就復古倒退，回到封建懷抱中去

了。第三代眼界更寬，見聞更廣，許多成為學者教授，有的首創
與農民戰爭結合進行武裝鬥爭的道路，成為中國革命的棟樑和柱
石，第四代大多數是典型的小資產階級學生知識分子群，聚集於
城市，與農村關係更疏遠一些了，他們狂熱、激昂然而華而不實，
人數較多，能量較大，其中很多人在抗日戰爭中走上「與工農兵
相結合」的路途，成了革命的骨幹。第五代的絕大多數滿懷天真、
熱情和憧憬接受了革命，他們虔誠馴服，知識少而懺悔多，但長
期處於從內心到外在的壓抑環境下，作為不大。其中的優秀者在
目睹親歷種種事件後，在深思熟慮一些根本問題。第六代是在邪
惡的鬥爭環境中長大成熟的，他們在飽經各種生活曲折、洞悉苦
難現實之後，由上當受騙而幡然憬悟，上代人失去了的勇敢和獨
創開始回到他們身上，再次喊出了反封建的響亮呼聲。他們將是
指向未來的橋樑和希望。總之，這幾代知識分子縮影式地反映了
中國革命的道路，他們在辛亥革命失敗之後，邁過了啟蒙的二〇
年代（1919～1927 年），動盪的三〇年代（1927～1937 年），戰鬥
的四〇年代（1937～1949 年），歡樂的五〇年代（1949～1957
年），艱難的六〇年代（1957～1969 年），蕭條的七〇年代
（1969～1976 年），而以「四人幫」的垮臺邁向蘇醒的八〇年代。
當然，所有各代中都有工農出身的知識分子未計在內。每一代又
還可再分，並且每代中又有各種不同的類型和性格，有些人則介
乎兩代之間，有些人則屬於此代卻具有上一代或下一代的典型特
徵……，如此等等。總之，他們的命運和道路，他們的經歷和鬥
爭，他們的要求和理想，他們的悲歡離合和探索追求，他們所付

出的沈重代價、犧牲和苦痛，他們所迎來的勝利、歡樂和追求……，如果譜寫出來，將是一部十分壯麗的中國革命的悲歌。魯迅的遺志應當有人來完成。

　　魯迅是不朽的。只有他，自覺地意識和預見到這個具有重大歷史深度的中國知識分子的道路和性格問題，並指出他們有一個繼續戰鬥和自我啓蒙的雙重任務，它與中國革命的過去、現在和未來息息相關。

（原載：《魯迅研究集刊》，1978 年）

後 記

（一）

　　黑格爾和馬克思都說過，巨大的歷史事變和人物，經常兩度出現。令後人驚嘆不已的是，歷史竟可以有如此之多的相似處。有的相似只是外在形式，有的則是因為同一或類似的本質規律在起作用的緣故。之所以應該重視中國近代史的研究，也正在於中國近百年來的許多規律、因素、傳統、力量等等，直到今天還在起著重要作用，特別是在意識形態方面。死人拖住活人，封建的陳垢阻撓著社會的前進。從而，當偶然的事件是如此的接近，歷史似乎玩笑式地作圓圈遊戲的時候，指出必然的規律和前進的路途，依然是一大任務。

　　歷史的必然總是通過事件和人物的偶然出現的。如果沒有韋石之變或當時全軍北伐，太平天國革命本可成功。當滿清皇帝的個人權威還是至高無上的時候，倘若光緒是另一個人，戊戌變法未嘗不可取得某些成果。如果慈禧和袁世凱都短壽早死，辛亥前後的局面恐怕也將很不一樣。然而即使那樣，在有著數千年封建重壓而又幅員廣大人口眾多的中國大地上，要邁進工業化社會和實現富強，也仍將百折千回，歷盡艱險，決不會那麼一帆風順，

筆直平坦的。所以，太平天國盡可揮戈直下北京，但仍脫不掉農民戰爭歷史規律的制約，而終於沒有全力去打，也正是由這一規律所支配，是眼界狹隘，滿足既得勝利，停滯、腐化、分裂、爭權奪利等等封建的東西必然浮現的結果。譚嗣同不去找袁世凱，袁世凱不去告密，情況確乎將有不同，但改良派軟弱無力，最終只好依靠封建勢力，而封建反動派決不會輕易容許變法改良，在新舊勢力懸殊的關鍵時刻，「有維新之名」的政客、軍閥必然背叛，如此等等，又是必然的。可見，一切個人的素質、性格、教養，事件的偶然、巧合、驟變，儘管可以造成一代甚至幾代人的嚴重影響，遠非無足輕重，但如果與這歷史必然的途程比較而言，也就相對次要了。從《資政新篇》和改良派「向西方學習」要求實行近代化以來，一百年過去了。對幾代人是如此漫長的苦難歷程，在歷史卻不過是一瞬。然而，為了使曲折的瞬間盡可能縮短一些，則個人或偶然就有其極為重要的意義，必然論之所以不是宿命論，客觀歷史規律之所以要與主動創造歷史相統一，關鍵也在這裡。歷史的偶然一瞬間可以是一代人的幾十年。從而通過種種偶然去理解和把握必然，促使偶然更多地和更充分地體現歷史前進的「必然」，就應該是一件很重要的學習任務，也應該是歷史科學的一個首要課題。偶然與必然是需要深入研究的歷史哲學的最高範疇，如同它們也是藝術和生活中的最高哲學範疇一樣。

偶然不僅是必然的表現形式，而且還是它的「補充」，也就是說，並非每一偶然都一定是必然的體現。正如馬克思在青年時期就十分重視伊壁鳩魯那個不遵循必然規律的原子偏離運動一樣，我們在歷史研究中也應注意各種不同性質的偶然，它所帶來的種

種後果，和對必然的影響和關係，這樣歷史才能成為活生生的有血有肉的人所創造的歷史，而不是些呆板的公式和枯燥的規律，也才不是宿命論或自由意志論。但是，思想史和政治史畢竟有所不同，如果說，政治史更多是在大量的事件、人物活動和各種機遇中展現出歷史規律和階級鬥爭的必然和偶然，政治史應該更多在史實的詳盡活潑栩栩如生的剪裁記述中，來看出歷史發展的生命和趨向；那麼，思想史則將以更直接更赤裸也更枯燥的邏輯形式來表現出必然。非必然性的許多東西，從人物的生平活動，直到某些不相干的思想、學術，以及思想本身無關宏旨的某些細節的探討考證，等等，都可以擯除在描寫論述之外。黑格爾曾認為，哲學史和政治史相反，在後者中，個人的品格、天賦、氣質的特性是行動和事件的主體；在哲學史中，則完全不是這樣，無個人特性可言的思維本身才是歷史的創造性的主體。黑格爾這一觀點是深刻的。微不足道的細節或人物可以在政治事件中有時起決定性作用，思想史則不發生這種情況。政治史中充滿了繁複多變的偶然和機遇，思想史卻不然，它只指示著必然的行程。正是從這一觀點出發，我所講的中國近代思想史，重在主要思潮，而不在搜奇找異；重在真正具有時代代表性的人物，而不在包羅萬象各色俱全。不強調從思潮著眼，無法了解個別思想家的地位和意義；不深入剖解主要代表人物，也難以窺見時代思潮所達到的具體深度。因為有時甚至整個時代思潮所達到的深度，還不及一個思想家，這就是思想史的偶然性。思想家哲學家的意義和價值也正在於此，他獨到而深刻地反映了把握了時代的脈搏。由此可見，思潮和代表人物這兩者應該結合和統一起來論述。本書（論文集）

試圖朝這方面努力，想著重論述推動近代中國歷史發展的三大思潮（太平天國、改良派和革命派）和它們的主要代表人物。許多次要人物、反動人物以及這些主要代表人物其他與主題無關的或次要的思想（如某些學術觀點、佛學素養等等），大都略而未談。全書各篇也大都是概括性的而非專題性或傳記性的研究，它的目的不在對這些人或某個問題作詳盡無遺的記述，而只希望通過這些思潮和人物的概括論述，對理解近代中國歷史必然規律和趨向有點用處。

（二）

中國近現代是一個動盪的大變革時代。隨著這種政治、經濟、軍事、文化各方面劇烈的震盪、變革，中國近代思想在短短幾十年內，從封建主義到社會主義，像雷奔電馳似的，越過了歐洲思想發生成熟的數百年行程。這樣，一方面就使整個思想帶有浮光掠影的特徵，對好些問題經常一掠而過，未能得到廣泛深入的展開，未能產生比較成熟、完整、系統、深刻的思想體系，在理論領域顯得膚淺、貧乏和雜亂；但是，另一方面這又使思想緊緊隨著時代急迫課題迅速前進，密切聯繫了人民生活中的重大實際問題。普列漢諾夫說過，每個時代都有它自己中心的一環，都有這種為時代所規定的特色所在。在世界範圍內，近代資產階級民族民主革命由西而東，如果說，這獨具特色的一環在十八世紀末十九世紀初的德國，是那抽象而深刻的古典哲學；在十九世紀俄羅斯，是革命民主主義者的文學理論和批評；那麼，在近代中國，這一環就是關於社會政治問題的討論了。燃眉之急的中國近代緊

張的民族矛盾和階級鬥爭，迫使得思想家們不暇旁顧，而把注意和力量大都集中投放在當前急迫的社會政治問題的研究討論和實踐活動中去了。因此，社會政治思想在中國近代思想史上占有最突出的位置，是它的主要組成部分。其他方面的思想，如文學、哲學、史學、宗教等等，也無不圍繞這一中心環節而激蕩而展開，服從於它，服務於它，關係十分直接。

　　民族鬥爭和階級鬥爭的尖銳激烈，使政治問題異常突出。這是優點，也有缺點。優點是如前所說，思想與人民、國家、民族的主要課題息息相通，休戚相關。缺點則是由於政治掩蓋、滲透、壓倒和替代了一切，各個領域或學科的獨立性格反而沒有得到充分展開和發揮，深入的理論思辨（例如哲學）和生動的個性形式（例如文藝），沒有得到應有的長足發展，缺乏反映這個偉大時代的偉大哲學作品和藝術作品。

　　黑格爾曾認為，哲學史作為絕對精神的歷史，應該表現出時代的邏輯。中國近代思想史倒符合這一要求。從表面上看，中國近代思想似乎五光十色，龐雜混亂。事實也確乎如此。中國近代處在古今中外大聚匯大變革的交錯點上，各種新舊事物極為錯綜複雜地折射在人們的思想中，新舊思想和事物差距和變化是如此的大，當一些人已開始接受馬克思主義把共產主義當作理想的時候，另一些人還死死抱住「《詩》云子曰」「聖經賢傳」，要「修身齊家治國平天下」。一些人今天還沈浸在封建故紙堆中，明天卻已躍進到最激進的革命行列。新舊因素、勢力和意識形態是這樣交錯雜陳，急劇震蕩，表現為種種龐雜混亂五光十色，也就並不奇怪了。但是，在這龐雜混亂之中，並非毫無規則可尋；恰好相反，

中國近代思想有其歷史和邏輯的規律，是曲折地向前開闢著自己的道路的。它的矛盾發展的辯證過程，提供了整個時代活動的線索。可以清楚地看出，圍繞著中國近代社會反對帝國主義反對封建主義的歷史中心課題，中國近代思想的激劇波動，是與先進思想和正統思想之間的尖銳鬥爭分不開的。在鬥爭中，思想通過辯證的否定來提高和發展，終於到達了今天這樣的新階段。

在馬克思主義真正輸入中國以前，中國基本上出現和經歷了三種先進的社會思潮。它們處在不同歷史時期，屬於三個不同類型，帶著三種不同特色，彼此先後連續著、揚棄著邁上更高的階段，為馬克思主義在中國的傳播發展掃清道路。這三種社會時代思潮，就是太平天國農民革命思想，改良派自由主義的變法維新思想和革命派民主主義的「三民主義」思想。這三種思潮是中國近代舊民主主義思想發展中的主流。它們在近代中國陸續出現和相互交替，是一種具有深刻意義的歷史現象。

革命的農民風暴是在中國近代首先登場展開的巨大演出。十九世紀五〇年代的太平天國的革命思想是中國首先出現的近代先進思潮。這一思潮的基本特點就是要求摧毀舊有地主土地所有制的暴力狂濤。它以叱咤風雲的「衝天」精神對各種舊制度——從政權到風習，從經濟到文化——執行了武器的批判，提出了並進行了一系列的改革要求。從而，它與地主正統思想形成了對壘。這一思想的出現客觀上本應為古代封建社會的結束和近代資本主義的誕生作一次革命沖洗，在當時國內外資本主義因素的推動或影響下，平均土地的《天朝田畝制度》之後，絕非偶然地出現了主張興建近代企業的《資政新篇》。所以，這一思潮一方面是中國

古代農民革命思想的總結，包含了指向資本主義新因素的進程；另一方面，它的幼稚的平均主義、禁欲主義、宗法主義、宗教迷信主義等等小生產者的意識形態的特點也充分表露了出來，顯示出這些東西在近代中國社會確有其深厚的現實土壤和傳統。它說明，就是在反地主統治的革命中，小農的封建性及其沈重的社會影響也不可低估。

太平天國失敗了，歷史的進程曲折艱難地通過社會上層來實現。緊接著農民革命思潮的近代序幕後面的，真正的歷史主角的資產階級思想拋頭露面了。它首先表現為十九世紀七〇至九〇年代的自由主義改良派變法維新思想。這一思想所代表的階級立場和政治路線迥然不同於太平天國，這一思潮先進特點在於：反對帝國主義的侵略，要求中國獨立富強，在近代最先明確提出了必須發展資本主義經濟、改變君主專制制度、走西方資產階級君主立憲道路的主張。因此，它具有鮮明的現代性質。這種思想與當時封建主義正統思想進行了論戰，在社會上起了重要的啟蒙作用。像康有為這樣的人物是開時代之先聲的。

戊戌變法失敗，代替它興起了要求推翻清朝政府的資產階級小資產階級的革命民主主義。如果說，改良派自由主義是對太平天國革命思想的第一個否定；那麼，二十世紀最初十年中的革命民主主義思潮卻並不能算作第二個否定。革命民主主義吸取了前面兩個思潮的合理內容，在經濟上，太平天國提出了平均土地摧毀地主土地所有制，但未明確資本主義的發展方向；改良派提出了這一要求又反對土地革命；以孫中山為代表的革命派主張通過「平均地權」「土地國有」的社會革命來最大限度地發展資本主

義。在政治上，太平天國主張徹底打垮清朝異族專制政府，但又建立新的君主專制；改良派反對推翻清朝政權，卻主張用立憲君主代替君主專制；革命派反對改良派，主張用暴力手段推翻清朝，建立西方資產階級民主共和國來代替封建君主專制制度。革命民主主義作為中國近代舊民主主義時期整個思想的末端，本應是上兩階段的綜合和總結，是否定之否定，但實際上卻並沒能如此。革命派既沒有發動一場以農民為主體的暴力革命，也沒能在經濟、政治上實現資本主義進步改革。打倒了一個清朝皇帝，帶來的反而是新形式或舊形式的大大小小的洋皇帝或土皇帝，革命留下的只是一個痛苦淒愴的未完成交響樂。無論改良派、革命派都只是對太平天國螺旋形地上升的一環，都只是第一個否定，封建主義結合現代新形式，反革命的鎮壓反而變本加厲，這個否定之否定的全過程並沒有完成。所以，第二個否定的出現和這個中國近代歷史圈圈的完成是在「新民主主義革命」中。新民主主義由於回到農民戰爭（當然在「高一級」的新形態下）而取得了中國革命的勝利。但是，政權的取代卻不等於封建主義的自動全面消失，相反，從體制到觀念，留下了農民革命的深重印痕，從而，由改良派提出的人權、民主等歷史要求反而也以高一級的新形態更突出地展示在人們面前了。掃除一切封建殘存，實現祖國富強和人民民主，成為中國當代歷史的神聖任務。如本書好些論文所說明，太平天國之後，中國近代思想和活動的主流是由知識分子帶頭，從愛國救亡而轉向革命的。愛國反帝始終是首要主題。這一主題經常沖淡了和掩蓋了其他，這與歐洲為爭自由而革命的數百年思想行程很不一樣。資產階級的自由、平等、博愛等民主主義，在

近代中國並沒有得到真正的宣傳普及，啓蒙工作對於一個以極為廣大的農民小生產者為基礎的社會來說，進行得很差。無論是改良派的自由主義，或鄒容吶喊的平等博愛，或孫中山的民權主義，都遠遠沒有在中國廣大人民的意識形態上生根。相反，民族自尊和愛國義憤壓倒了一切，此外，從洪秀全到章太炎的種種小生產者的空想和民粹主義，具有深厚的社會土壤，享有廣泛市場和長久影響。康有為基於大工業生產的《大同書》雄大理想倒如同他這本收藏起來不讓人知道的書一樣，淡漠地消失在數千年農業小生產的封建社會中。經濟基礎決定上層建築和意識形態，馬克思主義唯物史觀這一規律對近代中國作了無情的諷刺。農民革命的道路可以通向新的封建剝削和統治；章太炎的半宗法半牧歌式的主張可變而為梁漱溟「以鄉村為本位」之類的民粹主義實踐，並為毛澤東所注意。[1] 經濟基礎不改變，自由民主將成為空談；而要改變小生產經濟基礎，社會主義民主又正是不可缺少的條件。在這方面，只有魯迅是偉大的，他開闢了不斷向前行進的反封建啓蒙道路，在今天仍然放射著光芒。

　　如前所指出，中國近代舊民主主義時期的思想在純粹理論部門（哲學或社會、政治、文化的理論學說上）內是缺乏深度的，沒能提出一個比較系統、深刻、完整的哲學體系。中國近代哲學思想的特點是內部蘊藏著十分錯綜複雜的矛盾，一方面具有豐富的辯證法的因素和貫徹著一種講求實際、主張科學的唯物主義精

---

1 毛之親近甚至破格垂青於梁，實因二人有關於農民的共同話語，後毛之批梁，亦因感梁以代表農民而向其挑戰，絕非一時性發的喜怒無常。

神，另一方面卻又包含著十分濃厚的誇張主觀心知和精神力量的唯心主義。其中由經驗論走向主觀唯心論和主觀地運用辯證法，是最值得注意的哲學迷途。與此同時，缺乏與近代科學的內在必然聯繫，低估、輕視理論思辨，帶來了日後實用主義大舉入侵和主觀主義與權力意志惡性泛濫的嚴重後果。

（三）

從洪秀全到魯迅，本書論述的是中國近代走向未來的浪潮。與這浪潮相對抗的，是同樣值得深入研究的中國近代正統派的思想。它們占據社會統治地位，其現實根源是建立在小農生產基礎上的封建生產關係和封建地主階級的意志、利益和要求，其思想淵源是以程朱理學為正宗的中國封建儒家思想。這個陳舊不堪的意識形態在近代條件下，卻極為頑強地通過變換各種方式阻撓著歷史行程的前進。它或者以封建生產方式這樣一個共同體作為基礎，從而滲進農民階級的思想觀念中，使農民革命創造出一個異化的實體，從精神和物質上統治、奴役壓迫和剝削自己，平均主義、禁欲主義反而創造出無所顧惜和無所不為的特權集團和階級。它或者隨著近代氣候而轉換衣裳，穿一件「中體西用」的新裝來抵擋資本主義；它最終則以素有傳統極為發達的中國帝王的統治權術，來破壞不可阻擋的近代民主潮流。雖然心勞力拙，每下愈況，但近代中國這種種封建主義的妖魔鬼怪卻並不可輕估，詳盡研究它的來龍去脈，是件很重要的工作。

本書未能進行這項研究。這裡只以曾國藩、張之洞、袁世凱三個典型，作為上述三大進步思潮的主要對立面，來概略窺視一

下這個統治意識形態某些重要特徵。

　　曾國藩是中國近代有赫赫聲名的大人物，是從滿清政府到蔣介石、毛澤東所優禮崇奉或大加讚佩的主要偶像之一。他的各種「全集」、「文集」、「日記」、「家書」充斥市場、鄉里，被一再翻印出版。從軍事、政治到詩文，從「修身齊家」到「治國平天下」，曾國藩成了「立德」、「立功」、「立言」「三不朽」的標準「完人」。儘管太平天國和資產階級革命派當年對他都有過衝擊，但他的那一套仍然頑強保持下來，甚至以前攻訐過他的人，後來又拜伏在他的思想或「人格」面前（包括像章太炎這樣的革命派健將和今天的許多人）。

　　那麼，他的特點在哪裡呢？曾全身沾滿太平軍戰士的鮮血，他公開主張殺人[2]，「一概剮目凌遲」「一律斬薙無遺」便是他的功業。另一方面他又用莊重肅穆而又溫情脈脈的封建道德的面紗把這一切掩蓋起來。所謂「剛柔兼備」「陽儒陰法」，並把它貫徹到日常生活和個人修養各種具體的細節中去。所以曾國藩不僅在軍事危急關頭提出保衛孔孟倫常的戰略性口號，把保衛滿清政權與保衛千百年地主階級意識形態和上層建築（核心就是三綱五常作為主幹的封建政制）自覺地統一了起來，而且他從一開始就把所謂「正心誠意修身齊家治國平天下」這一套封建道德建立在維

2　曾自稱：「用重法以除強暴，而殘忍嚴酷之名在所不辭」，「二三十年來，⋯⋯應殺不殺之人，充塞於郡縣山谷之間⋯⋯乃益囂然不靖，痞棍四出，劫搶風起，各霸一方，⋯⋯鄙意以為宜大加懲創。」（《曾文正公書札》）

護封建性的小農生產和宗族團結的基地上，強調所謂「耕讀為本」[3]，「早、掃、考、寶，書、蔬、魚、豬」[4]，都是要家中子弟一面讀書，一面要參加一些勞動，一定不能完全脫離這種封建性的小農生產，並且再三再四叮囑，規定得相當具體細緻[5]。似乎有點奇怪，高官厚祿者居然對自己的子弟如此強調「勤儉」和勞動，這不是十足的虛偽和欺騙麼？然而這並不是裝出點樣子來騙騙人的外在虛偽，而是一種忠誠的虛偽，因為曾國藩之流的確相信這一套能夠「修身齊家治國平天下」，即能夠保持家業不敗，也好出仕做官。不只是簡單地剝削農民鎮壓革命，也不只是簡單

3　「以耕讀二者為本，乃是長久之計」(《曾文正公家書》，同治 6 年 5 月初 5 日)，「吾在外，既有權勢，則家中子侄最易流於驕，流於佚，二字者，敗家之道也」(同上，咸豐 4 年 9 月 13 日)，「即在鄉間選一耕讀人家之女(作媳)……總以無富貴氣習者為主。」(同上，道光 29 年 4 月 16 日)

4　「早者，起早也；掃者，掃屋也；考者，祖先宗祀……也，寶者，親族鄰里時時周旋……」(同上，咸豐 10 年閏 3 月 29 日) 後四項自明，即種蔬菜養豬餵魚等等。

5　例如：「新婦初來，宜教之入廚作羹，……不因其富貴子弟不事操作，大、二、三諸女已能做大鞋否？……所織之布，做成衣襪寄來，余亦得察閨門以內之勤惰也」(同上，咸豐 6 年 10 月初 2 日)，「子侄除讀書外，教之掃屋抹桌凳，收糞除草，是極好之事，切不可為有損架子而不為也」(同上，咸豐 4 年 8 月 11 日)，「後輩諸兒，須走路，不可坐轎騎馬，諸女莫太懶，宜學燒茶煮飯，書蔬魚豬，一家之生氣，少睡多做，一人之生氣，……」(同上，咸豐 8 年 11 月 23 日)，等等，《家書》中觸目皆是。

地重複那些空談性理的高頭講章，而是要求官僚子弟也必須身體力行這種所謂「耕讀」、「勤儉」，以「正人心」「敦風俗」作為齊家治國的「本」，即要求鞏固封建小生產的，積極參與和經營管理這種經濟，以維持這種經濟基礎、生活方式和與之相適應的一切關係、風俗、道德、觀念、氛圍……，在這基礎上，來保衛封建倫常政制 6。曾國藩位極人臣，仍念念不忘所謂「耕讀為本」，這才是他的特色所在。

曾的這一套影響頗大，他的《家書》、《日記》所以比其詩文奏摺還更不脛而走，廣為流傳，被看作頗有道理值得學習，不是偶然的。它表明中國傳統生產方式及其意識形態的嚴重存在。

其實，從顏之推的《家訓》起，就有各種封建地主階級的「治家格言」，到曾國藩這裡，算是達到了高峰。然而，不同的是，顏之推處在封建經濟的上升時期，他的家訓還有其組織管理生產的歷史進步意義；曾國藩處在世界資本主義已敲醒中國的大門的時代，這一套便相當陳腐不堪了 7。儘管是提倡勞動，也掩蓋不了它保持封建秩序和傳統統治的殘酷實質。其虛偽的深刻意義也就在這裡。

中國近代正統思想是繼承這一衣缽的，只是隨著外國資本主

---

6 甚至連說話、走路也要求子弟不能太急太露太匆忙，寧肯遲鈍一些，因為遲鈍才會「穩重」，《家書》中一再問他的兒子「爾走路近略重否，說話略鈍否？」「說話遲鈍，行路厚重否？」

7 如果拿同樣有名的袁枚的書信與曾國藩相比較，便可清晰地看出二者的不同，一個具有浪漫生氣，憧憬個性解放，嘲笑陳規舊習，要求離經叛道；一個卻如此迂腐守舊。然而袁枚比曾竟早了一百年！

義的逐步侵入，隨著改良運動的興起，採取了新的形態，其中有
所謂頑固派與洋務派之分。

頑固派的特色是愚昧地頑固排斥西方資本主義的一切，也許
除了日用洋貨和鴉片煙之外，自然科學、工藝技術、鐵路、輪船
等等，都在排斥反對之列，更不用說思想、學說之類了。理由是
所有這些東西都不合中國的封建聖道，中國是「天朝上國」，自有
純正的「聖人之道」來治理[8]，這就是「正人心、敦風俗」、「有
治人無治法」、「重本抑末，重農抑商」，總之是搞清官，搞道德說
教，維護小農生產，反對「邪說異端」「離經叛道」[9]。洋務派在
本質上與頑固派一樣，不同的只是他們主張採用西方的工藝技術

---

8 「士大夫語及洋人則大憾，見洋人機器所以致富強者則益憾，獨於洋煙，
　甘心吸嗜⋯⋯。」（郭嵩燾：〈覆姚彥嘉〉）「今之自命正人者，動以不談
　洋務為高，見有講求西學者，則斥之曰名教罪人。」（鄭觀應：《盛世危
　言・西學》）「今之士大夫猶多鄙夷事務，有以西學用心者則譏之曰悖聖
　教，有以西法相尚者則斥之同攻異端。」（楊毓麟：《盛世危言・序》）
　「其言曰，我用我法以治天下，自有聖人之道在。」（王韜：《變法》）
　「疑為異學而擯之，囂囂然自命為聖人之徒⋯⋯。」（陳熾：《庸書・格
　致》）

9 如「奏為自強全在得人，法制未可輕變⋯⋯捨富強無立國之道，捨仿行
　西法更無富強之術等語，此離經叛道之談，人心風俗所關不可不辯。夫
　中國之所以維持於不敝者，以有聖人之教耳⋯⋯專攻泰西之書而加諸聖
　經賢傳之上，即令富強埒於泰西，而人心之陷溺之不救，臣恐天下之患
　不在夷狄，而在奸民，不在貧弱而在亂臣賊子。其禍有不可勝言者
　矣。⋯⋯治亂之機，總以正人心培國脈為本。⋯⋯由末及本可也，尊夷
　非聖不可也。」（李秉衡：《李忠節公奏議・奏陳管見折》，光緒 21 年）

以至科學（「用」）來保衛和鞏固封建主義的上述「聖道」（「體」）。
這些人可以主張開辦資本主義工商業，但必須是官督商辦，由封
建官僚來控制監督；這些人也可以同意讀西書，辦報紙，但必須
是不致引起對封建「聖道」和聖經賢傳的任何懷疑；他們也可以
提出著名的「江楚會奏」的變法三折（張之洞、劉坤一），但絕對
不能實行民主或民權。封建主義的政治體制及其意識形態是絕對
不能變動的，在這前提下才可以採用西方工藝科技以及某些資本
主義經濟因素。張之洞著名的「中體西用」就是這種封建主義在
近代條件下的變形。它被當時很多人視為真理，滿足了那些既要
頑固保持傳統封建文化和統治體系，又得適應環境搞點富強的人
的胃口，欺騙性很大。甚至過了幾十年，包括像陳寅恪這樣有高
度西方文化教養的學者也仍然自稱其政治思想是在「湘鄉（曾國
藩）南皮（張之洞）之間」（《馮友蘭中國哲學史審查報告》），這
就說明，決不可以低估這種理論的影響了。關於頑固派和洋務派、
關於張之洞，本書有關論文已有所評議，這裡就不多談了。

　　如果說，曾國藩的「耕讀為本」和張之洞的「中體西用」，還
具有某種思想理論意義的話，那麼，隨著封建統治的分崩離析，
到袁世凱這裡，就根本沒有什麼思想理論可言，而純粹是以個人
野心和陰謀權術來維護這種統治了。無論是權術陰謀或袁世凱本
人，都無資格進入思想史的篇章。然而卻正是這種封建糟粕，在
一定短暫時期內，居然可以玩革命於掌上，騙人民於鼓中，嚴重
阻撓了歷史的前進。袁世凱本人是中國近代最大的陰謀權術家，
而為以後各種軍閥統治者所效法不已。正是在這一意義上，思想
史又應該重視和著錄它。

　　馬克思在《法蘭西階級鬥爭》中描寫 1848 年革命到 1850 年
拿破侖第三稱帝這一時期，野心家陰謀家拿破侖第三如何利用形
勢，先後把小資產階級、資產階級各個派系勢力打下去，小丑終
於登上了皇帝的寶座，深刻標明這是革命的不斷敗北。如果拿辛
亥革命到洪憲稱帝這段歷史與之對照，真是何等相似！袁世凱一
步一步地收拾了國民黨、進步黨、原革命派、原立憲派等各種派
系勢力，又收拾了議院、國會本身，用暗殺（如宋教仁）、收買
（如議員）、軟禁（如章太炎）、籠絡（太多了），或憑空製造輿論
（從民初的「非袁莫屬」到「籌安會」「乞丐請願團」……），或
公開武力威嚇（如用軍隊包圍國會，強迫投票），……總之，用盡
一切陰謀權術，以達到唯一目的：作大權獨攬、人莫予毒、不受
法律約束、不受任何鉗制的實質上和名義上的專制皇帝。

　　這種獨裁權力當然首先靠軍隊，袁以練兵起家。然而，他搞
獨裁專制，卻總是盜用全國人民利益為名義[10]，並且總是以極端
謙遜的虛偽姿態出現。袁一面極力製造稱帝活動，一面卻極力否
認稱帝，再三公開駁斥、反對，口口聲聲是「退休鄉里」、「翻然
掛冠」、「長為老農以沒世」，甚至連他數十年的老朋友和最親密的
老同僚也欺騙。（所以終於眾叛親離，連老部下段祺瑞、馮國璋，

---

10 如「查中國歷史數千年，治亂興亡之跡，代各不同，然無論何種時期，
　　其國之能治與不能治，率親政權之能一與不能一以為衡……使為國之元
　　首而無權，即有權而不能完備無缺，則政權無由集中，群情因之渙散，
　　恐為大亂所由生」，「本大總統一人一身受束縛於約法，直不啻胥吾四萬
　　萬同胞之生命財產之重，同受束縛於約法。」好傢伙，他袁世凱受約法
　　束縛，就等於四萬萬中國人受束縛！

老同僚如徐世昌也抵制這位皇上。）

「大奸大竊，其貌每大忠大信」（白蕉：《袁世凱與中華民國》），除了這種標準的兩面手段之外，其他的權術陰謀也仍是中國封建帝王的老一套，從《韓非子》到《資治通鑑》中所在多有：無非是平衡術，互相監視術，喜怒不測、朝令夕更術，等等。總之使部下捉摸不透，畏懼萬分，誠惶誠恐地拜倒在地（雖然袁並未能完全做到這一點）。這一切並不新鮮，新鮮的是袁世凱居然把資產階級革命派和人民群眾用無數流血犧牲所召喚得來的西方資本主義議院制度和共和政體，通過這套陰謀權術的縱橫捭闔，不幾年便完全化為烏有，即使在形式上也不保留。而這一切又都是通過什麼「民意」——是四萬萬人民請他當皇帝——的「法定形式」來實現的。

馬克思曾深刻指出，拿破侖第三當上皇帝是由於農村的緣故。辛亥革命後的中國農村和農民，誠如列寧所說，是「非常閉塞，消極被動，沒有知識，對政治漠不關心」（〈中國各黨派的鬥爭〉，見《歷史研究》1978 年第 2 期，第 4 頁）的，這也正是政治上層儘管醜劇頻仍，人民群眾卻並不關心也無法關心的緣故。如果袁世凱不硬要設法讓兒子作繼承人以致損害了他的大將們（段、馮）的利益，即不硬要當名義上的皇帝，那麼他在實質上的皇帝（沒有國會制約的終身總統）也許還可能維持更長一些時候。但是，當上皇帝的拿破侖第三搞了二十年，法蘭西終於在經濟上迅速發展了資本主義，袁世凱八十三天的短命皇帝卻把中國拖進軍閥混戰的泥塘。中國缺乏資本主義經濟基礎，只能產生這種凶殘偽善的封建末代皇帝。袁世凱把資產階級民主扼殺在搖籃之中，繼承

曾國藩張之洞的傳統，復辟「耕讀為本」「中體西用」之類的封建政制，使整個社會停滯不前，甚至倒退。後來的獨裁統治者又幾乎走著同樣的道路。

專制獨裁統治億萬人民，人民不過是工具、牲畜，一任隨意擺弄。有人總結說：

億萬人是只准供他（指袁）試驗，四年之間，他試驗的東西又真多了，一會兒內戰，一會兒五國大借款，一會兒由臨時大總統到正式大總統，一會兒解散國會，一會兒大捕大殺反對者，一會兒臨時約法，一會兒終身總統，一會兒簽訂二十一條，一會兒國民代表大會，一會兒大皇帝……，這一切試驗，都是叫做拯救生靈，保衛祖國。

這說得不錯。然而，歷史的辛辣諷刺卻是，寫這些漂亮的批判語句的，不是別人，正是日後成為林彪王朝的元勛策士的陳伯達。中國近代歷史的圓圈遊戲竟至如此地捉弄人，野心、陰謀和權術居然又附在「新」一代的所謂「馬克思主義者」身上出現了。剛剛批過「竊國大盜」的人，自己又想做竊國大盜了。「稱天才」、「設國家主席」、「當女皇」、「按既定方針辦」，不斷上演的竟仍是這樣一幕幕令人作嘔的封建醜劇，一百年前的先進中國人已經在要求開議院重民權，一百年後的今天，封建主義的陰魂卻仍然如此不散，並且還打著馬克思主義的旗號，而似乎不以人們的意志為轉移。這不正是值得深思和總結的中國近代思想史的一個嚴重教訓麼？

（四）

　　最後把本書寫作情況簡略說明一下。

　　十篇文章實際寫於兩個不同時期，三篇〈研究〉（1958 年以《康有為譚嗣同思想研究》由上海人民出版社出版。這次有所增改）和孫中山文寫成、發表於五〇年代大躍進運動之前，其他各篇寫成和發表於七〇年代文化大革命之後。回憶五〇年代初在抗美援朝捐獻聲中寫成譚嗣同研究第一稿時，還在北京大學上一年級，對一切滿懷天真幻想；而在七〇年代末不無感慨地草寫太平天國時，歷史已過去快三十年了。儘管二者合成此書時作了一些統一修改，但畢竟各自帶有時代的不同印痕。寫於五〇年代的大體分析稍細而略煩瑣，寫於七〇年代的則又失之過粗，基本是些提綱性的東西。但整個文字、風格倒可能一致，即相當枯燥無味。其中，時代所給予的各種印痕，從論點、引證到文字，畢竟無可消除。如書中（也包括其他拙著）屢用的「封建社會」「封建主義」一詞，即三〇年代流行的 feudalism 之中譯，指的是兩千年的中國傳統社會和傳統體制，此譯、此詞毫不準確（中國早即「廢封建，立郡縣」），但既已約定俗成，便一時難以更換，只願不以辭害意，請讀者留意及之。

　　打倒「四人幫」後，中國進入一個甦醒的新時期：農業小生產基礎和立於其上的種種觀念體系、上層建築終將消逝，現代化必將實現。人民民主的旗幟要在千年封建古國的上空中真正飄揚。因之，如何在深刻理解多年來沈重的經驗教訓的基礎上，來重新看待、研究中國近代思想史上的一些問題，總結出它的某些「規

律」，指出思想發展的客觀趨向，以有助於人們去主動創造歷史，
這在今天，比任何時候，將更是大有意義的事情。

1978 年秋於中國社會科學院哲學研究所

中國古代思想史論

李澤厚　著

本書從剖析孔子仁學開始，論說了自先秦至明清的各種主要思潮、派別和人物。其中著重論證了中國的辨證法是「行動的」，而非「思辨的」。

秦漢時期的「天人感應」宇宙觀；莊子、禪宗對人生作形上追求的美學；宋明理學則作為道德形而上學而具有重要價值，以及在明清時期思想中「治人」與「治法」已出現分離，象徵著傳統中國的政教合一制度動搖，思潮逐漸向近代靠近。

中國現代思想史論

李澤厚　著

本書以「啟蒙」與「救亡」的雙重變奏，作為解釋中國近現代思想史上許多錯綜複雜現象的基本線索，在學術界引起了巨大討論。

此外，本書以數十年的新文學歷程，以及「現代新儒家」等哲學論題，深入淺出地探討現代中國思想的爭議與價值，並或明或暗地顯現了本世紀中國六代知識分子的身影與坎坷的命運。

批判哲學的批判：康德述評

李澤厚　著

作者以謹嚴清晰之筆墨，全面深入地論述了康德的認識論、倫理學和美學。其中對「第一批判」（認識論）的分疏佔全書過半，倫理學則一併論及康德之政治、歷史諸觀點，美學又特別注意了對康德的目的論的闡述，均層次井然，條理清楚。在分析康德之餘，各章節均附有基於作者個人哲學立場的「批判」，如作者認為應以「人類如何可能」來回答康德的「認識如何可能」之著名課題，以「客觀社會性」來理解康德提出的所謂「普遍必然」的「先驗」問題，以體用一源，一個世界的人類學本體論來對照以兩個世界的傳統為背景的康德本體現象斷然區分之二元論等等。

我的哲學提綱

李澤厚　著

「哲學只能是提綱，不必是巨著」，「我不喜歡德國那種沈重作法，寫了三大卷，還只是導論。我更欣賞《老子》不過五千言。《論語》篇幅也遠小於《聖經》，但它們的意味、價值、作用並不低，……也很欣賞禪宗那些公案，你能說它們沒有『體系』，沒有巨著，就不是哲學嗎？」看來，作者似乎有意從內容到形式都步踵中國先賢後塵，以簡潔形式提出自己的哲學體系，即「天大，人也不小」，以一個世界為根本特徵的人類歷史本體論：創造一使用物質工具為基礎的工藝社會本體和以心理情感為人性指歸的文化心理本體。在全書結尾的「哲學探求錄」中，作者概括地提出「人活著」、「人如何活」、「為甚麼活」和「活得怎樣」，深刻點觸了生活價值、人生意義諸基本問題。